厦门市人文社科研究基地集美大学产业与区域经济
福建省财政厅"福建省现代服务业发

# 福建省现代服务业发展研究报告 (2020)

## FuJianSheng XianDai FuWuYe FaZhan YanJiu BaoGao (2020)

黄阳平　黄　浩◎主编

经济管理出版社

ECONOMY & MANAGEMENT PUBLISHING HOUSE

图书在版编目（CIP）数据

福建省现代服务业发展研究报告.2020／黄阳平，黄浩主编.—北京：经济管理出版社，2020.12

ISBN 978-7-5096-7460-4

Ⅰ.①福… Ⅱ.①黄… ②黄… Ⅲ.①服务业—经济发展—研究报告—福建—2020

Ⅳ.①F726.9

中国版本图书馆 CIP 数据核字（2020）第 265328 号

组稿编辑：赵亚荣
责任编辑：赵亚荣
责任印制：黄章平
责任校对：张晓燕

出版发行：经济管理出版社
（北京市海淀区北蜂窝 8 号中雅大厦 A 座 11 层　100038）
网　　址：www. E-mp. com. cn
电　　话：（010）51915602
印　　刷：北京晨旭印刷厂
经　　销：新华书店
开　　本：710mm×1000mm /16
印　　张：26.75
字　　数：494 千字
版　　次：2021 年 11 月第 1 版　2021 年 11 月第 1 次印刷
书　　号：ISBN 978-7-5096-7460-4
定　　价：98.00 元

## 参与编写人员：

| | | | | |
|---|---|---|---|---|
| 黄阳平 | 黄 浩 | 马明申 | 朱爱萍 | 王 平 |
| 林媛媛 | 施晓丽 | 朱文涛 | 姜文辉 | 周闽军 |
| 曾妮娜 | 刘 晔 | 朱文娟 | 谢 颖 | 柳 杨 |
| 严玉华 | 魏 洁 | 张轶岚 | 林 静 | 姜 枫 |
| 陈 敏 | 何雪涵 | 车 璐 | 贾品品 | 程千驹 |
| 蒋林林 | 张 海 | | | |

# 前　言

2016 年 12 月，集美大学产业与区域经济研究中心现代服务业研究团队发布了《福建省现代服务业发展研究报告（2016）》，五年来，福建省委省政府高度重视现代服务业发展，坚持把加快发展现代服务业作为贯彻落实新发展理念、构建新发展格局和实现高质量发展的重要抓手，坚持生产性服务业与生活性服务业并重，使现代服务业发展呈现"发展提速、比重提高、水平提升"的良好态势，现代服务业已经成为福建经济发展重要引擎。为持续跟踪现代服务业发展过程中的新变化，研究中心现代服务业研究团队基于福建省现代服务业发展的实际，在充分调研的基础上，撰写了本书。

本书基本沿用上一版的框架，从总体情况、行业和区域三个维度分析了福建省现代服务业发展的基本状况、发展趋势、空间布局、发展对策等重要问题。与上一版相比，本书增加了产业发展的空间布局，并分析了新冠肺炎疫情影响下服务业发展面临的问题，力争使提出的对策更有针对性和可操作性。

本书第一章由黄阳平、姜枫等完成；第二章由马明申（第一节），朱爱萍（第二节），王平（第三节），林媛媛、陈敏（第四节），施晓丽、程千驹、蒋林林（第五节），姜文辉、张海（第六节），周闽军（第七节），曾妮娜（第八节、第九节）完成；第三章由刘晔（第一节），朱文娟（第二节），黄浩（第三节），姜文辉、何雪涵（第四节），朱文涛（第五节），谢颖（第六节）完成；第四章由柳杨（第一节），朱文涛（第二节），黄阳平、贾品品（第三节），严玉华（第四节），林媛媛、车璐（第五节），魏洁（第六节），张轶岚（第七节），林媛媛、车璐（第八节），林静（第九节），柳杨（第十节）完成。黄阳平教授和黄浩副教授负责全书的整理工作。本书的框架和总体内容的修改完善工作由黄阳平教授完成。由于水平和能力有限，书中还有不少内容需要完善，各种批评和建议敬请发送到邮箱 hyp796@ 163. com。

作者

2020 年 12 月

# 目　录

# 第 一 章

## 福建省现代服务业发展总体情况

## 第一节　发展现状

发展现代服务业，是调整优化结构、保障和改善民生的战略选择。福建省委、省政府高度重视现代服务业发展，坚持把加快发展现代服务业作为贯彻落实新发展理念、构建新发展格局和实现高质量发展的重要抓手，更是作为稳增长、调结构、惠民生的战略重点。在现代服务业的发展过程中，坚持生产性服务业与生活性服务业并重，其发展呈现"发展提速、比重提高、水平提升"的良好态势，服务业逐渐成为全省经济发展的引擎。

### 一、服务业发展规模不断扩大

近年来，福建省服务业整体发展较为迅速，服务业增加值从 2009 年的 5048.49 亿元增加到 2019 年的 19217.03 亿元，服务业总量不断上升的同时，对全省经济增长的贡献率和拉动力也在不断提高，服务业增加值占 GDP 比重上升至 45.33%，厦门市 2019 年服务业的增加值占 GDP 的比重达到了 58%，这表明服务业已成为福建省国民经济保持高质量发展的重要支柱，如图 1-1 所示。

在疫情和国际经贸环境恶化的双重冲击下，福建省服务业发展长期向好的局面没有改变。2020 年 1~9 月①，福建省实现地区生产总值 31331.55 亿元，同比增长 2.4%，其中服务业增加值为 14766.34 亿元，增长 2.8%，增幅比第一季度和上

---

① 资料来源：福建省统计局，http://tjj.fujian.gov.cn/xxgk/tjxx/jjyxqk/202010/t20201021_5419924.htm.

**图1-1　2009~2019年福建省服务业增加值**

资料来源：各年《福建统计年鉴》。

半年分别提高4.8个和1.2个百分点。分行业看，信息传输、软件和信息技术服务业与金融业增加值分别增长12.3%、6.6%；批发和零售业增加值增长由负转正，从上半年的下降0.7%转为增长1.9%；住宿和餐饮业下降9.4%，降幅比上半年收窄5.7个百分点。2020年1~8月规模以上服务业企业实现营业收入3199.64亿元，同比增长3.8%，增幅比第一季度和上半年分别提升9.6个和3.1个百分点。10个行业门类中，4个行业营业收入增长且增幅环比提高，6个行业营业收入负增长但降幅环比收窄。生产性服务业增势较好，道路运输业营业收入增长9.5%，信息服务业营业收入增长6.7%，科技服务业营业收入增长17.2%。

## 二、现代服务业发展迅速

从图1-2可以直观地看出，福建省传统服务业保持着良好的发展态势，尤其是批发和零售业在2017年以后发展到一个较高的水平，其增加值在2019年已达到4242.89亿元，批发和零售业是社会化大生产过程中的重要环节，是决定经济运行速度、质量和效益的引导性力量，是我国市场化程度较高、竞争最为激烈的行业之一。交通运输、仓储和邮政业在2017年经历了一个下降的阶段，但已逐渐回温，同时住宿和餐饮业也保持着稳定的发展趋势。与传统服务业相比，现代服务业是知识密集型和劳动密集型产业。从图1-2可以直观地看出，自2009年以来，福建省金融业发展迅猛，其在2014年的增加值明显超过交通运输、仓储和邮政业等传统产业，金融服务体系越来越个性化和多元化，建立包容、普惠的金融获得机制是促进国民经济发展的重要方式。

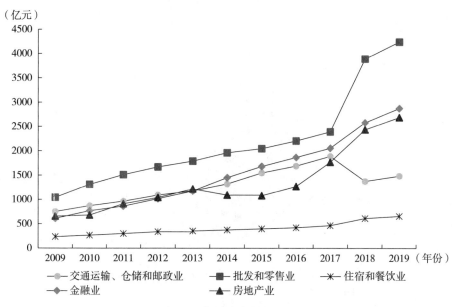

**图 1-2 2009~2019 年福建省服务业分行业增加值**

资料来源：各年《福建统计年鉴》。

## 三、现代服务业集聚程度不断提高

由图 1-3 可知，福建省的服务业主要集中在泉州、厦门、福州三个城市，其占福建省服务业企业总量比例依次为 24.40%、22.29% 和 20.28%，这三个城市的服务业企业数之和占到了福建省总量的 2/3。2019 年这三个城市的服务业产值分别为 3872.78 亿元、3474.56 亿元和 5034.84 亿元，占全省服务业总产值的比重分别为 20.15%、18.08% 和 26.20%。2019 年整个厦漳泉闽南金三角地区的服务业产值为 9293.01 亿元，占整个福建省的比重为 48.36%。这说明福建省服务业产业集聚程度较高，初步形成了以厦门为中心的厦漳泉城市群和以福州为中心的城市群两大城市群。服务业在福建省呈现出的空间集聚现象愈加明显，并成为缓解日益严峻的环境约束、推动城镇化进程和提高生产效率的重要抓手，尤其是生产性服务业聚集也是提高制造业生产率的重要途径。福州和厦门作为"一带一路"倡议核心城市，今后应进一步扩大对外开放程度，与沿线国家积极开展现代服务业合作项目。今后应继续发挥福州、厦漳泉两大服务经济核心区基础好、体量大的优势，进一步深化海峡两岸交流合作，在更高起点上加快发展现代服务业，特别关注发展信息服务、现代物流、电子商务、科技服务、金融等生产性服务业，提升海峡西岸中心城市和"海丝"核心区的综合服务功能。

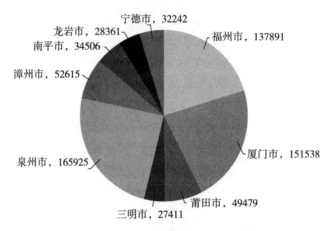

**图1-3 2019年福建省服务业企业法人单位数**

资料来源：《福建统计年鉴2020》。

## 四、现代服务业就业人数显著增加

近年来，福建省服务业越来越强，在经济增长、就业等方面发挥着"稳定器"的作用。服务业涉及领域较为广泛，包容性也较强，可以吸引不同层次的劳动力就业。随着福建省工业化和城市化的快速推进，企业、居民和政府对服务业的需求日益旺盛，服务业对经济增长的贡献率不断提高的同时也创造了大量的就业机会。此外，由于现代服务业属于高附加值行业，其利润率较高，吸引着更多劳动力转移到此行业。由配第—克拉克定理可知，随着经济的发展，人均国民收入水平的提高，第一产业国民收入和劳动力的相对比重逐渐下降，第二产业国民收入和劳动力的相对比重上升，经济进一步发展，第三产业国民收入和劳动力的相对比重也开始上升。从表1-1可以看出，随着福建省经济发展水平不断提升，福建省2017~2019年服务业整体就业人数逐年增加，但批发和零售业，交通运输、仓储和邮政业，住宿和餐饮业三个行业的就业人数有较小幅度下降，而金融业、房地产业、租赁和商务服务业、教育行业吸纳的就业人数和就业比重2019年都高于2017年。由此可见，传统服务业就业人数基本保持稳定，而现代服务业所占比重稳步上升，未来其对劳动力的吸纳作用和对国民经济的拉动作用具有不可估量的巨大潜力。

表1-1　2017~2019年福建省服务业分行业就业结构

| 年份 | 就业人数（万人） | | | 比重（%） | | |
|---|---|---|---|---|---|---|
| | 2017 | 2018 | 2019 | 2017 | 2018 | 2019 |
| 服务业合计 | 267.70 | 278.28 | 290.84 | 100 | 100 | 100 |
| 批发和零售业 | 28.73 | 29.55 | 24.73 | 10.73 | 10.62 | 8.50 |
| 交通运输、仓储和邮政业 | 23.92 | 23.04 | 22.87 | 8.94 | 8.28 | 7.86 |
| 住宿和餐饮业 | 9.97 | 11.06 | 9.19 | 3.72 | 3.97 | 3.16 |
| 信息传输、软件和信息技术服务业 | 10.85 | 12.27 | 10.78 | 4.05 | 4.41 | 3.71 |
| 金融业 | 20.82 | 20.03 | 25.16 | 7.78 | 7.20 | 8.65 |
| 房地产业 | 15.64 | 17.11 | 17.35 | 5.84 | 6.15 | 5.97 |
| 租赁和商务服务业 | 16.28 | 18.63 | 19.90 | 6.08 | 6.69 | 6.84 |
| 科学研究和技术服务业 | 7.80 | 7.72 | 7.88 | 2.91 | 2.77 | 2.71 |
| 水利、环境和公共设施管理业 | 5.84 | 5.70 | 6.92 | 2.18 | 2.05 | 2.38 |
| 居民服务、修理和其他服务业 | 3.79 | 3.14 | 3.47 | 1.42 | 1.13 | 1.19 |
| 教育 | 53.07 | 54.67 | 60.74 | 19.82 | 19.65 | 20.88 |
| 卫生和社会工作 | 23.98 | 23.76 | 25.75 | 8.96 | 8.54 | 8.85 |
| 文化、体育和娱乐业 | 4.34 | 4.34 | 4.19 | 1.62 | 1.56 | 1.44 |
| 公共管理、社会保障和社会组织 | 42.68 | 47.25 | 51.91 | 15.94 | 16.98 | 17.85 |

资料来源：2018~2020年《福建统计年鉴》。

# 第二节　存在的主要问题和面临的挑战

## 一、服务业总体规模较小，在全国并不突出

在第三次产业革命的推动下，以美国和德国为首的西方发达国家纷纷进行产业结构的深刻调整，将服务业作为本国经济发展的支柱产业。近年来，我国服务业发展迅速，服务业占 GDP 比重也在不断提升。2019 年我国服务业增加值达到

534233 亿元，同比增长 6.9%，占国内生产总值比重达到近 54%。由图 1-4 可知，尤其是北京、上海和天津这三个直辖市，其服务业占 GDP 比重分别为 83.52%、72.74%和 63.45%，服务业对这三个城市 GDP 的拉动作用远远高于第一产业和第二产业之和，服务业已成为这三个城市最有活力、最具竞争力的产业。相比之下，福建省的服务业发展规模从总量上来看，仅略高于天津市和辽宁省；从所占 GDP 比重来看，不仅远低于北京市、上海市、天津市、江苏省、浙江省和山东省等这些经济发展先进省份，其 45.33%的占比在所比较的九省市中并不突出，甚至与国内平均水平相比也有较大的差距。进一步分析福建省三产结构，传统服务业如批发和零售业的占比过高，现代服务业如科学研究和技术服务业及信息传输、软件和信息技术服务业的占比偏低，生产要素集中于第二产业。

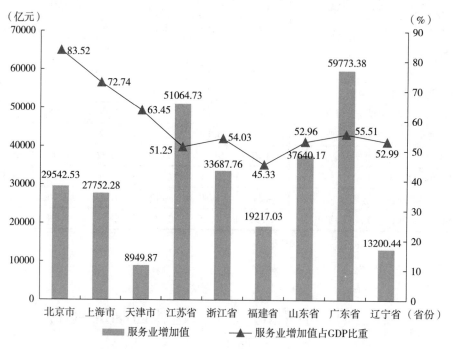

**图 1-4　2019 年福建省与先进省份服务业规模比较**

资料来源：《中国统计年鉴 2020》。

## 二、产业结构高级化水平较低

产业结构高级化是建立和实现高效益的产业结构的过程，这个过程是在既定的产业生产力条件下，通过产业结构的调整尽可能合理组织现有生产要素，从而更高程度地提高经济效益的过程。我们使用第三产业产值与第二产业产值的比值衡量产业高级化水平，从图 1-5 可以看出，北京市和上海市产业结构高级化水平较高，而天津市、江苏省、浙江省、山东省、广东省、辽宁省的产业结构高级化水平也都大于 1，但福建省产业结构高级化水平偏低，只有 0.93，与北京、上海、天津、广东等服务业发达省份比较，产业结构高级化水平并不高。服务业发展水平直接决定产业结构高级化水平，这与福建省服务业发展起步较晚、发展相对迟缓有关。

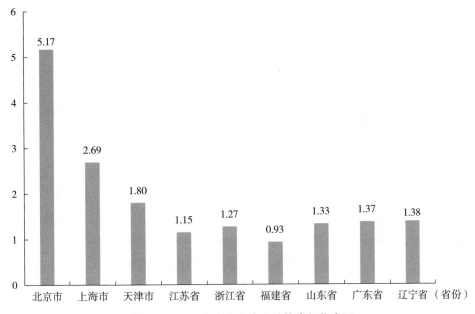

**图 1-5    2019 年九省市产业结构高级化水平**

资料来源：《中国统计年鉴 2020》。

## 三、服务业发展不平衡

福建省服务业发展地区差异较为明显，沿海地区和山区发展不平衡的问题较为严重。如图 1-6 所示，2019 年只有福州市和厦门市两个城市服务业增加值占 GDP 比重（分别为 53.61%、57.96%）高于 50%，剩下七个地级市的服务业发展水平都较低，尤其是三明市服务业增加值占 GDP 比重甚至没有达到 35%，各地区间服务业发展两极分化现象较严重，其中南平市服务业增加值仅为福州市的

17.6%。若要提升全省服务业发展水平，各地区之间要充分协调发展，服务业发展水平较低的城市更应充分发挥"后发优势"，充分把握住福建省政府要求大力发展服务业的政策优势和全省努力营造服务业发展良好生态的机遇，大力发展服务业，缓解地区间发展不平衡的现象。

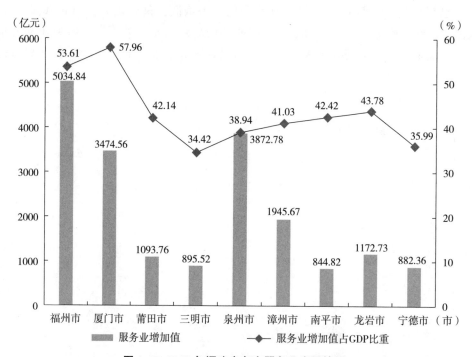

图 1-6　2019 年福建省各市服务业发展情况

资料来源：《福建统计年鉴 2020》。

# 四、现代服务业高端人才匮乏

经济竞争归根结底是人才的竞争，目前福建省专业精尖人才相对匮乏。服务业人才、队伍层次偏低，行业领军人才、高素质复合人才严重短缺严重制约了福建省现代服务业的高质量发展。服务业尤其是知识密集型产业的发展，如信息传输、软件和信息技术服务业，科学研究和技术服务业，以及金融业，需要大量专业型人才，传统劳动密集型服务业对人才的吸引力也不够。虽然近几年福建省人才总量不断扩大，但高层次服务型人才短缺的现象非常严峻。同时，由于在管理水平、营销技术上与跨国企业相差较大，福建省服务型企业难以在国内国际竞争中占据有利地位。

## 五、发展体制机制不顺畅

目前，福建省服务业顶层设计力度不够，统筹推进方面难以形成合力，服务业管理部门之间责权不明晰、政策不协调、合力不一致等问题仍然存在，部分行业的进入壁垒和垄断现象还较为严重，市场投资主体多元化格局与以往相比仍然没有取得实质性的进步。一方面，部分服务领域仍然以国有成分为主，无法真正实现公平有效的竞争；另一方面，新兴服务业行业进入壁垒较高，进一步制约了行业内的公平竞争。福建省服务业发展体制机制不顺畅的问题亟待突破。

# 第三节　福建省现代服务业发展的对策与建议

## 一、优化产业布局，促进现代服务业集聚发展

加快发展服务业，应是福建省稳增长、调结构、惠民生的战略重点之一。随着全球加快新一轮生产要素优化重组和产业转移，大力发展现代服务业有利于优化产业集群布局、提升城市功能品质、放大区域综合竞争力和知名度。结合福建省发展的实际情况，首先应着重优化现代服务业产业布局，充分发挥规模经济效应和集聚效应，推动建设一批现代服务业集聚区。一方面，着力加强省际合作，借助"21世纪海上丝绸之路"（以下简称"海丝"）核心区和福建自贸区的政策优势与海峡西岸的区位优势，向南连接粤港澳大湾区，向北积极与长三角城市群对接，实施"南北依托"发展战略，发展一大批规模大、技术高的产业集群。另一方面，以福州城市群、厦漳泉城市群为现代服务业的发展重点地区，发挥好福州、厦门的"双轮驱动"作用，把福州都市圈、厦漳泉都市圈建设成为现代服务业发展两大核心区，在全国层面形成现代服务业发展引领区和高端服务业发展示范区。

## 二、做大做强做优高端服务业

在疫情与国际经贸环境恶化的双重冲击下，福建省首先应集中力量抓好整体

经济发展、新动能培育、品牌和标准化建设，创新举措、加大投入，以大力发展生产性服务业为突破口，扬先进制造之长，显现代服务之优。尤其要以高端服务业为突破口，做强做优高端服务业，这是促进福建省现代服务业"质"的提升。福建省现代服务业特别是生产性服务业领域缺乏"行业龙头""全国第一"等产业和企业，要着重培育一批引领行业质态提升的生产性服务业领军企业，鼓励重点企业牵头建设一批规模效应明显、市场整合能力突出的互联网平台，支持企业抱团发展、做大做强，通过跨地区、跨行业、跨所有制兼并重组，打造跨界融合产业集团和产业联盟，力争在生产性服务业前沿技术、高端产品和细分市场领域取得重大突破。进一步整合临海航运、电子商务、高端滨海旅游等资源，推动商贸服务业结构优化升级的同时促进福建省整体服务业的转型升级。

## 三、加大人才培养力度，设立人才引进专项资金

当今社会的竞争归根结底是人才的竞争，福建省现代服务业仍然缺乏大量专业人才。福建省各级部门必须立即采取切实有效的措施，完善能够吸引人才、留住人才的制度。北上广深最大的优势除了发展基础和政策优势外，就是其对于人才的吸引力其他城市短时间内难以望其项背。福建省应完善人才教育培训平台，充分利用福建良好的教育资源和服务业企业资源，加大产学研力度，引导高等院校和职业教育院校开展多层次、多类型的服务业相关教育培训，培养服务业技能型应用人才，提供更多、更高质量的人力资源。

完善人才引进政策，加大服务业高端人才引进力度，通过良好的居住环境、工作发展前景和政策优势，重点引进高层次的管理型人才和中高端技术专业人才。设立人才引进专项资金，吸引现代服务业领军人才到福建发展，从而带动福建省现代服务业的发展。

## 四、推进生产性服务业快速发展，进一步促进各产业融合

生产性服务业是两化融合的核心，是全球产业竞争的战略制高点，是引领产业向价值链高端提升、实现产业发展"弯道超车"的关键环节和根本途径。福建省应加快发展生产性服务业，促进服务业与农业、制造业等产业深度有机融合，推动经济高质量发展。

促进现代服务业与农业深度融合。依托大城市的科研优势，鼓励高校和科研机构参与都市农业建设，建立农业科技联盟。积极打造农业科技服务云平台。完

善农业信息化服务体系。高效且全覆盖的农业信息化服务是实现农业现代化的重要条件。利用现代互联网、移动互联网、物联网等技术手段，通过全程闭环式运作，初步建立食品安全领域分级标准，重点突出食品安全检测，食品安全检测包括安全食品检测、绿色食品检测、有机食品检测和功能食品检测四个层面，打造食品安全领域的全球标杆与品牌形象。健全农机技术推广和社会化服务体系。建立农机化信息服务平台，组建"上下联通、资源共享"的农机化信息服务网络，开展示范推广、农机作业、技术培训、销售维修、信息咨询和中介等多领域、专业化、社会化服务，逐步形成以市场为导向、服务为手段，融示范、推广、服务为一体的多元化的新型农机化服务机制。

促进现代服务业与制造业深度融合，促进制造业服务化转型，使其从"制造"向"智造"优化升级。一方面，在制造业集群内，搭建研发设计、知识产权、信息服务、金融、商贸等服务平台，整合制造业内部投入要素间的关联性与互补性，确定各产业园区核心主导产业，构建围绕制造集群的区域服务体系，形成产业共生、资源共享的开放、互动、协同发展格局。另一方面，在服务业集群内，实现物流管理、人力资源管理、信息技术研发等生产性服务行业企业的聚集，支持设立和发展专业化服务外包企业，为制造业提供专业化、个性化服务，推动产业链节点细化和功能延伸，打造特色生产性服务业集群，以产业集群化发展促进制造业与服务业融合，实现制造业规模经济和核心竞争力的提升。

## 五、加快现代服务业对外开放步伐，积极融入"双循环"新发展格局

加快服务业发展，必须坚定不移推进对外开放。特别是在福建省当前服务业发展科技含量不高的情况下，需要吸收借鉴国外一切先进的技术和管理经验，在促进经济结构优化的同时，提高发展质量和效率。充分发挥福建省对台湾地区、对东南亚以及对"一带一路"沿线国家的区位优势，扩大服务业对外开放和闽台合作交流，加快推进闽台服务业合作试点。进一步加强与"一带一路"沿线国家和地区服务业领域的交流，积极探索合作模式，承接国际服务外包。在疫情以及国际发展环境不断恶化的今天，福建省更应充分利用国内国际两个市场，构建互惠互利的国际循环体系，进而与国内循环形成互补。无论何时，国内循环只是手段，不是目的，最终目的还是要积极融入国际循环，提升自身在全球价值链中的地位。福建省应积极扩大服务业对外开放，以开放倒逼改革，主动融入国际大循环中。

## 六、充分发挥市场作用，坚决破除体制机制障碍

习近平总书记指出，"充分发挥市场在资源配置中的决定性作用，更好发挥政府作用，激发各类市场主体活力"。福建省现代服务业的蓬勃发展离不开资金资本的支持和良好的市场化环境，福建省各级政府应建立良好的市场运行机制，打破传统垄断机制，打造公平有序的营商环境。一方面，要充分发挥市场在资源配置中的决定性作用，持续开展优化营商环境大行动。鼓励服务业企业之间融合发展，实现优势互补。在此过程中，政府应调动社会上的资源，促进公共服务平台的建设，从而促进服务业企业的规模扩展、总量扩大。另一方面，福建省应完善机制建设，深化服务业领域改革创新。围绕数字经济赋能，对金融、商贸、旅游和专业服务等重点服务业的创新发展予以重点政策和资金支持。建立科学的财税分成机制，率先突破机制体制障碍，增强服务业发展活力和内在动力，使之成为福建省经济高质量发展的重要驱动力。

# 本章参考文献

［1］戴魁早，李晓莉，骆莙函. 人力资本结构高级化、要素市场发展与服务业结构升级［J］. 财贸经济，2020，41（10）：129-146.

［2］黄之杰，叶凌寒. 基于人才视角下的福建省传统服务业综合发展研究［J］. 科技经济市场，2018（12）：121-123.

［3］徐丽兰. 福建省现代服务业集聚与区域经济发展差异研究［D］. 集美大学硕士学位论文，2018.

［4］杨航. 基于"互联网+"的福建省生产性服务业融合发展研究［J］. 中国管理信息化，2019，22（15）：125-127.

［5］钟惠芸. 福建省生产性服务业集聚水平的测度及特征分析［J］. 安徽工业大学学报（社会科学版），2019，36（3）：17-20.

［6］罗明. 现代农业与现代服务业耦合发展的困境及实现路径［J］. 农业经济，2020（8）：15-17.

［7］苏黄菲菲，黄跃. 让"数字"为"两业"融合赋能［J］. 人民论坛，2020（18）：70-71.

［8］徐小琴. 现代服务业集聚、产业转型与新型城镇化的协调性评价［J］.

商业经济研究，2020（5）：181-183.

[9] 王娟，张鹏. 我国制造业与现代生产性服务业融合发展研究——基于产品内国际分工的视角 [J]. 科技管理研究，2020，40（4）：154-163.

[10] 方毅，崔晶. 扩大服务业对外开放的路径研究 [J]. 理论学刊，2019（3）：56-65.

# 第二章

## 分行业发展研究报告——生产性服务业①

### 第一节 现代物流业发展研究报告

#### 一、2016~2020 年福建省现代物流业发展总体情况

##### (一)福建省现代物流业发展概述

1. 物流业支撑体系较为完善

福建加快构建现代化综合交通体系，实现了"市市通动车，县县通高速，镇镇通干线，村村通客车"，公路网络四通八达。到 2019 年底，全省公路通车里程达 109785.16 公里。其中，海西网高速公路通车里程 5535.32 公里，路网密度居全国前列；普通国省道通车里程 11074 公里，每个县城至少通一条二级及以上公路；农村公路通车里程 9.3 万公里，实现"村村通水泥路"。现代化港口群加速崛起。全省沿海港口实际年通过能力达 7 亿吨，拥有万吨级以上深水泊位 185 个，具备了停靠世界最大集装箱船、散货船、油轮、邮轮能力。厦门港、福州港年货物吞吐量均超过 2 亿吨，厦门港集装箱吞吐量居全球第 14 位。其中，全省港口完成外贸货物吞吐量 2.38 亿吨，比上年增长 13.0%。全省港口完成集装箱吞吐量 1725.97 万 TEU，比上年增长 4.8%。交通营商环境持续优化。厦门停止收取"四桥一隧"车辆通行费，福建成为全国第四个全部取消普通公路收费的省。全面取消 16 个高速公路省界收费站，高速公路 ETC 使用率居全国第一。货运车辆综检全国联网、通检和网上年度审验全面完成，全省"一站式"检车服务全面覆盖。在

---

① 本章数据如无特殊说明，均来源于 2016~2020 年《福建统计年鉴》。

全国率先上线交通"网购式"行政审批在线平台和审批 APP，省级"一网通办""全程网办"事项超八成。

2. 物流业对国民经济作用日趋突出

"十三五"时期以来，福建物流业发展迅速。2016～2019 年，全省货运量从 120379 万吨增至 133693 万吨，货物周转量从 6074.83 亿吨公里增至 8296.63 亿吨公里，增幅达 36.6%。沿海主要港口货物吞吐量从 2016 年的 50776.09 万吨增至 2019 年的 59500 万吨，增幅明显。尤其是快递业务量，与 2016 年相比，2019 年实现了翻倍扩张，达到 26.2 亿件（见表 2-1）。这些都为国民经济发展的物资流通提供了有力保障。

表 2-1　2016～2019 年福建省货物运输基本情况

| 年份 | 货运量<br>（万吨） | 货物周转量<br>（亿吨公里） | 沿海主要港口<br>货物吞吐量（万吨） | 快递业务量<br>（亿件） |
| --- | --- | --- | --- | --- |
| 2016 | 120379 | 6074.83 | 50776.09 | 12.90 |
| 2017 | 132252 | 6785.16 | 51995.49 | 16.61 |
| 2018 | 136974 | 7652.89 | 55806.88 | 21.16 |
| 2019 | 133693 | 8296.63 | 59500.00 | 26.20 |

资料来源：历年《福建统计年鉴》。

3. 创新货运物流业态

无车承运人是高效物流的最佳实践，可有效降低物流成本。2018 年 9 月以来，福建全力开展交通运输现代服务业集中攻坚，开展无车承运税务征管服务试点，积极吸引一批优质无车承运企业全国总部或区域总部进驻福建，打造无车承运人产业集群。目前全省 13 家企业列为交通运输部试点，5 家创新能力强、运营管理规范、资源综合利用效率高的品牌企业获重点培育。2019 年 1～4 月，福建省 5 家试点示范企业开票总额 76.99 亿元，占全省 98% 以上。据统计，试点企业与传统物流企业相比，平均运费降低 10%，单车吨位日产量提升 2.5 倍，单车利润提高 1.5 倍。[①]

4. 物流运输设备持续提档升级

一方面，物流运输装备向大型化发展。截至 2019 年末，载货汽车平均吨位数由上年末的 10.2 吨位提高至 14.8 吨位，运输船舶平均净载重量 6830 吨/艘，较

---

① 王有哲. 福建多引擎拉动物流提质增效［N］. 中国水运报, 2019-08-14.

上年末增长 13.0%。另一方面，运输装备更加专业化。截至 2019 年末，公路专用载货汽车吨位数达 9.48 万吨，较上年末增长 20.0%，牵引车、挂车车辆数分别增长 14.7% 和 14.6%。油船净载重量达 38.91 万吨位，增长 27.9%，集装箱箱位数达 27.75 万标箱，增长 9.8%。①

**5. 闽台物流发展特色突出**

福建发挥面向台湾地区的前沿区位优势，不断扩大两岸合作，积极融入"一带一路"建设，打造对台货运首选地，推动货运产业和配套服务换代升级。2018 年，福建出台"66 条惠及台胞措施"，为台企台胞提供同等待遇、同等便利，受到广大台胞欢迎。在创建协同联动的交通物流发展新模式方面，福建鼓励台湾海空海运企业、物流企业来闽投资兴业，设立电商物流企业，联合打造跨境电商物流服务平台；吸引台湾企业参与福建物流设施建设和港航业务合作经营；支持省内有实力的企业参与台湾重点港区的投资经营，支持闽台港航企业相互参股、合作经营，打造两岸交通物流产业集聚区。同时，近年来，福建大力发展两岸转口贸易物流、保税展示交易、供应链金融、物流增值等服务贸易新业态、新模式；强化闽台企业、高校、科研机构和协会间的交流合作，共同培养培训交通物流人才。

2016 年以来，平潭立足对台特色，逐步完善港口建设和物流通道，简化通关流程，打造平潭跨境电商公共服务平台，设立平潭两岸快件中心，引进新丝路跨境交易中心，设立首个"海外公共仓"等，对台海运在通关效益、时间成本等方面的优势凸显。

**（二）2020 年 1~9 月福建省物流产业发展情况②**

2020 年以来，福建省坚决贯彻落实中央、省委各项决策部署，科学统筹疫情防控和经济社会发展，扎实做好"六稳"工作，落实"六保"任务，全省物流市场需求逐渐回暖，物流运行保持稳定恢复态势。第三季度，全省物流业景气指数（LPI）平均值为 52.3%，分别比第一、第二季度提高 7.9 个和 0.4 个百分点（见图 2-1）。

**1. 物流业经营活动快速企稳**

2020 年 1 月业务总量指数为 50.6%，2 月大幅下跌至 29.7%（见图 2-2），3 月

---

① 福建省交通运输厅.《2019 年福建省交通运输行业发展统计公报》解读 [EB/OL]. http://jtyst.fujian.gov.cn/zwgk/tjxx/gbyjd/202005/t20200528_5284573.htm.

② 福建省工业和信息化厅，福建省物流协会.2020 年 1—9 月福建省物流业景气指数（LPI）情况 [EB/OL].http://www.fj56.org/contents/view.php?aid=6145.

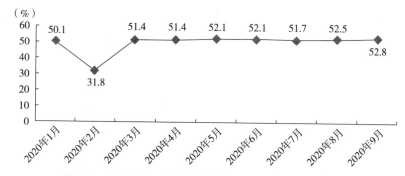

图 2-1　2020 年 1~9 月福建省物流业分月景气指数走势

随着复工复产复市的逐步恢复，比上月大幅回升 26.3 个百分点，回升至 56.0%；4~9 月总体运行较为平稳，指数在 56.0% 上下徘徊，分别为 55.8%、56.5%、56.1%、55.9%、56.2% 与 56.0%。1~9 月业务总量指数平均值为 52.5%，比上年同期平均值（56.7%）低 4.2 个百分点。

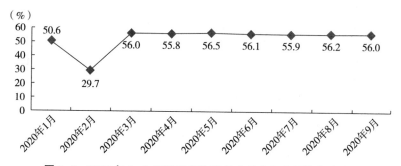

图 2-2　2020 年 1~9 月福建省物流业分月业务总量指数走势

2. 物流业就业状况总体稳定

2020 年 1 月从业人员指数为 50.9%，2 月福建省物流业回落至 37.8%（见图 2-3）；3 月随着疫情防控形势持续向好，就业形势出现积极变化，从业人员指数回升至 49.6%；4 月微幅回落至 49.5%；5 月持续微幅回落至 49.4%；6 月小幅回升至 49.9%；7 月小幅回落至 49.4% 后，持续回升至 9 月的 51.0%。1~9 月从业人员指数平均值为 48.6%，比上年同期平均值（54.3%）低 5.7 个百分点。

3. 利润指数起伏较大，成本指数居高不下

2020 年 1~9 月各月主营业务成本指数均处于 53.3% 以上高位区间（见图 2-4），平均值为 57.3%；主营业务利润指数起伏较大，其中 1 月、2 月、3 月、5 月、6 月、9 月这 6 个月指数均处于 50% 荣枯线以下。1 月主营业务利润指数为 33.5%，2 月主营业务利润指数回落至历史低值 20.2%，3 月指数快速回升至

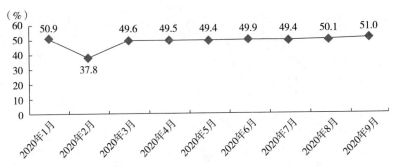

图 2-3  **2020 年 1~9 月福建省物流业分月从业人员指数走势**

48.4%，仅有 4 月回升至荣枯线以上，为 52.2%，5 月回落至 40.7%，6~8 月持续回升至 57.0%，9 月回落至 49.9%，平均值为 45.7%，比上年同期平均值（48.3%）低 2.6 个百分点，低于主营业务成本平均指数 11.6 个百分点，物流企业经营困难，"高成本、低效益"的运行特征仍持续存在。

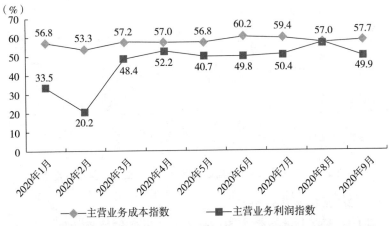

图 2-4  **2020 年 1~9 月分月主营业务成本指数、主营业务利润指数走势**

4. 资金周转率指数保持稳健，资金环境仍较为宽松

资金周转率指数 1 月为 59.6%，2 月回落至 32.9% 后，3 月迅速回升至 53.2%，4 月微幅回落至 53.1%，5 月回升至 53.7%，6 月小幅回落至 53.5%，7 月回落至 53.2%，8~9 月持续回升至 54.0%，1~9 月资金周转率指数平均值为 51.9%（见图 2-5），比上年同期平均值（59.8%）低 7.9 个百分点，表明资金环境仍保持较为宽松状态。

5. 物流业将延续平稳向好走势

1~9 月各月新订单指数平均值为 50.3%，低于去年同期平均值（56.8%）6.5

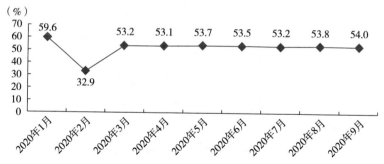

**图 2-5　2020 年 1~9 月分月资金周转率指数走势**

个百分点；但新订单指数除 2 月外，4~9 月均保持 52.0% 以上高位运行。业务活动预期指数平均值为 58.0%，比去年同期平均值（57.4%）高出 0.6 个百分点，表明企业对后市保持较乐观预期，物流业将继续保持平稳向好发展（见图 2-6）。

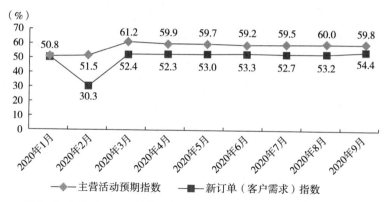

**图 2-6　2020 年 1~9 月分月新订单指数、业务活动预期指数走势**

## 二、福建省现代物流业发展存在的突出问题及面临的挑战

### （一）福建省沿岸港口功能单一，联动动力不足

福建省地处中国东南沿海地区，与浙江省、江西省、广东省毗邻，与台湾省隔台湾海峡相望，是中国大陆重要的出海口。全省海域面积共有 13.63 万平方公里，海岸线直线长度为 535 公里，曲线长度为 3324 公里，约占全国海岸线总长度的 18.3%，位居全国第二位。福建坐拥福州港、厦门港、漳州港、泉州港等多个天然港口，拥有丰富的港口资源，2000~2019 年，福建省沿海主要港口货物吞吐量由 6944.17 万吨增长至 59483.99 万吨，增长速度迅猛，但相比其他省份的港口

货物吞吐量，福建省港口货物吞吐量水平还是比较低的。由于港口规模较小，港口功能较单一，加上港口布局较分散，结构也不尽合理，港口大多数为干线小支线，枢纽作用不明显，导致港口功能难以互补，联动动力不足。

### （二）福建省区域物流产业联动的社会基础薄弱

近年来，福建各级政府强调加大物流产业的发展，出台相关政策部署并且进行了多次政府机构改革，但是一些问题并没有得到解决，物流市场和行业管理的统一协调仍存在问题。首先，物流管理机构只服务该部门及其地区，但部门与地区之间缺乏横向联系，而相关政府部门自成体系，这就形成分段式管理模式，即社会物流过程被分割开来。在这样的管理模式下，垄断现象层出不穷，紧接着地方保护现象屡见不鲜，这样不仅加快物流市场被人分割，也使得社会化物流系统或者说完整的物流网络难以形成。其次，第三方、第四方物流发展薄弱，运输外包意识淡薄，市场缺乏组织者，竞争秩序也不规范，物流资源被严重浪费，交通物流业的体系尚未健全，行业发展受到限制。最后，地区间的交通物流公共服务平台相对独立，信息系统数据难以达到自由交换，加上现有信息资源少、信息系统和交易平台功能不完善等诸多问题，信息安全难以得到保障。

### （三）冷链物流标准化建设相对滞后，企业规模相对较小

发展冷链物流，对于促进福建省的供给侧结构性改革，保障食品质量与安全，满足居民消费升级需求，整合延长产业链等具有重要意义。近年来，随着经济的发展、人们对食品安全意识的提高和消费升级的促进，冷链物流需求日趋旺盛。目前福建生鲜农产品冷链存在两大问题：一是冷链物流标准化建设不完善，很多企业按照自己的需求作业，缺乏统一性。种类不同的生鲜农产品对运输、储藏等温度及技术的要求不尽相同，只有先对温度及技术进行标准化，才能充分保障其质量。二是第三方冷链物流企业发展滞后。冷链物流的设备资金投入量大，而当前的第三方冷链物流企业普遍规模较小，质量参差不齐。

### （四）城市物流配送体系不够健全，集聚规模尚待提高

福建省物流产业集聚程度不高，效率较低，主要表现在两个方面：一方面，从物流业整体层面来讲，福建省物流产业集聚态势尚未完全形成，功能完善的物流园区较少；另一方面，从物流企业的运营层面来讲，福建省普遍存在物流企业数量多、规模小的特点，表现为低效率的运营状态，规模化、集约化程度不高。

### （五）物流智能化水平不高，区域物流竞争力不强

目前，福建省域内的物流企业中，上市、跨国等大型的物流企业较少，更多的是中小型企业，因资金、技术、管理等方面的原因，多数物流企业基本处于运

用叉车、打包机等初级机械运用系统阶段，物流作业仍然以人工操作为主，智能化水平较低，区域物流竞争力不强。

### （六）高层次物流人才缺乏，高质量可持续发展动力不足

新时代背景下，物流业从高速发展进入高质量发展阶段，5G、人工智能等高新技术逐渐在物流各项活动中应用，具有高学历、专业化的高素质、高层次的物流人才需求进一步加大。近年来，福建省物流相关专业的学历教育快速发展，培养了一批较高层次的物流人才，但是还满足不了物流企业对高素质物流人才的需求。

## 三、福建省现代物流业的发展趋势

中共中央总书记习近平在 2020 年 9 月 9 日主持召开的中央财经委员会第八次会议上提出，构建新发展格局，必须把建设现代流通体系作为一项重要战略任务，要贯彻新发展理念，推动高质量发展，深化供给侧结构性改革，充分发挥市场在资源配置中的决定性作用，更好发挥政府作用，统筹推进现代流通体系硬件和软件建设，发展流通新技术新业态新模式，完善流通领域制度规范和标准，培育壮大具有国际竞争力的现代物流企业，为构建以国内大循环为主体、国内国际双循环相互促进的新发展格局提供有力支撑。

结合实际，我们认为福建省现代物流业未来将呈现出以下四个趋势：首先，新型物流基础设施投资规模扩大。自动驾驶、无人仓等技术的发展对物流基础设施智能化的要求越来越高，建设互联互通的物流物联网迫在眉睫。而作为政府稳增长稳投资的重点领域，智慧型物流园区、物流物联网络、农村物流、冷链物流等新型物流基础设施的投资规模将进一步加大。其次，物流业务流程数字化改造。通过云计算、大数据、物联网等新型基础设施的建设，把物流每个环节的信息转化为数据，并将这些数据打通实现在线化，只是解决传统物流企业业务数据化的第一步。更重要的是按照数字化的要求对业务流程及组织管理体系进行重构，推动全流程的透明化改造，通过智能化技术赋能物流各个环节实现效率提高和成本降低，实现数据业务化。再次，物流业和制造业深度联动。作为生产性服务业的重要组成，物流业将在提升制造业核心竞争力方面发挥更加重要的作用。未来这种趋势将进一步驱动物流业与制造业深度联动融合发展。对于物流企业而言，竞争力的关键不再是单纯提供物流运营业务，而是能够输出上下游供应链一体化的解决方案，实现制造、流通和消费的无缝对接。培育具有国际竞争力的全球供应链体系，将成为物流业和制造业深度联动融合发展的核心。最后，区域物流一体

化将加速推进。一方面，推动城市圈（群）一体化发展，要求打破传统的城市行政边界，在更大的范围内调整物流布局；另一方面，以京津冀协同发展、粤港澳大湾区建设、长三角一体化发展三大国家战略为核心，福建现代物流产业的发展将以基础设施互联互通、运输组织协同高效、信息资源共享应用、管理政策规范统一、推动区域物流与产业协同为重点，区域物流一体化将加速推进。

## 四、福建省现代物流业的发展重点和产业布局

### （一）发展重点

#### 1. 港航物流

（1）统一规划港口，整合资源优势。福建沿海港口物流业必须制订长远的发展规划，统筹协调各港口的规划、定位和布局，防止地方保护主义各自为政给港口带来的无序影响，避免基础设施重复建设。福建经济腹地狭小的特点决定了在有限的区域内沿海港口不可能每个都成为干线港或区域性枢纽港，必须根据各港口资源特点进行分工合作，实现优势互补，促进福建沿海港口的协同发展，提升整体竞争力。厦门港深水泊位、集装箱专业泊位齐全，港口信息化水平高，具备良好的中转条件。泉州、福州等地虽然经济实力较强，但港口区位条件不如厦门港，而湄洲湾港集装箱泊位少。因此，应尽量促使福州港、泉州港和湄洲湾港的外贸货物往厦门港中转，将厦门港建设成为真正意义上的东南国际航运中心。

（2）加快推进智慧港建设。当前福建沿海港口也意识到港口物流信息化的重要性，都建立了相应的港口物流信息系统，EDI、条码、RFID 技术得到广泛应用。然而，在港口中仍然还有一些工作环节信息化程度不高，信息在各部门间流动不够通畅。此外，不同港口信息化程度还存在较大的差距。随着现代信息技术的发展，智能化也是港口物流发展的一大趋势。智能化能够解放劳动力资源，提高劳动效率、准确性和精确性，减少安全事故。港口物流信息平台可以把与港口业务相联系的政府部门和其他相关主体联系在一起，通过信息平台实现信息交换和共享，跟踪货物状态、单证传输、通关进程、船期预告、提货收货时间、电子报关报检等，实现无纸化信息传输，提高信息交换速度，降低错误率，加快各主体的反应速度，提高服务质量。目前，福州港和厦门港已经建立各自的物流信息平台，有效提高了港口的服务质量和货物通关的速度。

（3）优化整合沿海港区和内河港口功能布局，高水平打造国际一流现代化枢纽港和现代化江海河联运航道网络。创新集码头、物流、临港产业、综合服务于一体的港口开发模式，大力发展高端航运服务业，全面提升港航综合服务水平。

进一步拓展内河航运。优化内河水运网络，加快建设高等级航道网集装箱运输通道；促进内河港口转型升级，依托内河港打造具备物流集散、货物存储、分拨配送等功能的内河物流平台；延伸内河港口腹地，拓展港口物流服务功能，促进临江临河临港产业发展。

2. 多式联运

根据 2018 年国务院办公厅印发的《推进运输结构调整三年行动计划（2018—2020 年）》，以及 2019 年福建省人民政府办公厅印发的《福建省运输结构调整工作实施方案》的精神，应重点做以下工作：

（1）加快联运枢纽建设和装备升级。推进具有多式联运功能的物流园区建设，加快铁路物流基地、铁路集装箱办理站、港口物流枢纽、航空转运中心、快递物流园区等规划建设和升级改造，加强不同运输方式间的有效衔接。进一步拓展高铁站场货运服务功能，完善货运配套设施。有序推进货运机场建设，拓展完善机场货运服务功能。大力推广集装化运输，支持企业加快多式联运运载单元、快速转运设备、专用载运机具等升级改造，完善内陆集装箱配套技术标准，推广应用 45 英尺集装箱和 35 吨敞顶集装箱，促进集装化、厢式化、标准化装备应用。

（2）加快发展集装箱铁水联运。鼓励铁路、港口、航运等企业加强合作，促进海运集装箱通过铁路集疏港。在重点沿海区域和河流干线，打造"长途重点货类精品班列+短途城际小运转班列"铁水联运产品体系。鼓励铁路运输企业增加铁路集装箱和集装箱平车保有量，提高集装箱共享共用和流转交换能力，利用物联网等技术手段提升集装箱箱管和综合信息服务水平。

（3）加快闽江内河航运开发，完善内河港口规划，加快推进闽江水口电站枢纽坝下水位治理与通航改善工程等项目建设，健全闽江全线通航保障机制；着力推动港口集疏运体系建设，推进港口铁路支线和港后铁路通道建设，打通铁路进港"最后一公里"；对标周边大港营商环境，进一步规范港口经营服务性收费，发挥铁路和水路运输优势，推动集疏港运输向铁路和水路转移；积极推动闽江江海直达和江海联运配套码头、锚地等设施建设，推进江海直达和江海联运发展；重点建设厦门港、福州港江阴港区和晋江陆地港等具有公共服务属性和多式联运功能、运输组织无缝衔接的物流园区，搭建海、陆、空、铁、邮立体化多式联运服务体系。

3. 电商物流

福建省近日出台推进电子商务与快递物流协同发展实施方案，提出将快递物流相关仓储、分拨、配送等设施用地纳入城乡规划，将智能快件（信包）箱、快递末端综合服务场所作为重要的公共服务设施纳入相关规划，科学引导快递物流基础设施建设，构建适应电子商务发展的快递物流服务体系。

方案明确，要创新价格监管方式，引导电子商务平台逐步实现商品定价与快递服务定价相分离，促进快递企业发展面向消费者的增值服务。创新公共服务设施管理方式，明确智能快件（信包）箱、快递末端综合服务场所的公共属性，城市新建小区和旧城改造要将智能快件（信包）箱、快递末端网点作为社区公共服务设施，同步规划、同步设计、同步施工、同步验收，为专业化、公共化、平台化、集约化的快递末端网点提供用地保障等配套政策。同时，大力推广应用智能快件（信包）箱等自助设施，简化投递服务终端设置备案手续，加快社区、高等院校、商务中心、地铁站周边等末端节点布局。支持各级政府将传统信报箱智能化改造列为民办实事项目，推动邮政普遍服务与快递服务一体化、智能化。

在此基础上，福建应重点开展面向"一带一路"沿线经济联系紧密的地区、国家或城市，组织有关区市对"一带一路"重要节点城市开展对点合作，推动跨境电子商务合作通关建设，探索实现电子商务领域的信息流、物流、资金流高效流转的新模式。"一带一路"沿线的重点口岸、开通合作通道的城市值得物流企业重点布局。海外仓被政府视为与国外企业建立合作的重要途径，能逐步实现经营规范化、管理专业化、物流标准化和监管科学化的目的。这一领域的跨境电商发展值得期待，而相关企业的提前布局十分必要。

4. 冷链物流

福建的生鲜农产品流通模式有两个特点：一是生鲜农产品的流通主要以批发市场为中心，经过批发市场—零售市场—消费者这样的渠道。二是农产品的运输以第三方物流为主。少有大型物流公司和国际知名物流公司提供运输服务，多数是个体物流运输经营户。

周丰婕等（2018）分析认为，根据不同城市的经济发展阶段，福建省发展冷链物流应该遵循相应的经济规律。首先，福州是省会城市，地理交通优势明显，制度和政策等方面也占有优势，属于农产品冷链物流均衡型城市。生鲜农产品总产值较高，应以连锁超市和第三方冷链物流企业为中心的模式为主，以批发市场和生产加工企业为中心的模式为辅。其次，厦门是经济特区，其电子商务发展水平较高，国家政策的支持力度强，泉州港口条件优越。虽然厦门和泉州的生鲜农产品总产值较低，但其经济发展较快，创造出别具特色的农产品物流模式，属于物流市场需求导向型城市。这两个城市应该以第三方冷链物流企业和批发市场为中心的模式为主，以连锁超市和生产加工企业为中心的模式为辅。最后，漳州是铁路的重要枢纽地区，拥有众多优良港口。莆田和宁德水产非常丰富，龙岩和三明矿产资源和森林资源丰富，南平地理优势虽不明显，但该市有丰富的水力、森林和矿产资源。总的来说，本类地市有着丰富的自然资源，但由于物流发展系统功能不完善、产业结构不合理等，物流发展不是很好，属于物流滞后型城市。这些地市应以批发市场和生产加工企业为中心的模式为主，以连锁超市和第三方冷链物流企业为中心的模式为辅。

此外，还应加快低温物流园区和低温集配中心建设。尤其是在特色农产品产区分类发展预冷设施，打造一批特色产品低温物流集配基地。大力发展"生鲜电商+冷链宅配""中央厨房+食材冷链配送"等冷链物流新模式；鼓励发展"海运+冷藏班列""空运+冷藏班列""中欧冷藏班列"等业务，构建集产地预冷、冷冻运输、冷库仓储、定制配送等于一体的全冷链物流体系。

## （二）产业布局

根据全省产业发展基础、产业规模、产业链配套等情况，优选一批主业突出、特色明显、成长性好的产业集群，进行重点培育和发展。未来形成产业布局合理、区域特色突出、结构明显优化的福建省现代物流业发展格局。建议以厦门前场物流园、象屿保税物流园、福港综合物流园、漳龙物流园等为龙头，重点建设厦门、福州、泉州等国家物流园区，布局城市以及一批现代化综合物流园区、物流配送中心和共同配送末端网点，加快保税物流园区、保税海外仓等现代物流项目建设，推动物流、制造、商贸等联动发展。

### 1. 福州现代物流产业布局

作为省会城市，福州既有客观上的地理优势，也有主观上的政策优势。国家发展海西战略，明确福州是改革开放的前沿，国务院批准设立国家级福州新区和福建自贸区，福州就有福建自贸区的两个片区，被赋予很多先行先试的政策。目前，福州已经拥有国家跨境电商综合试验区、国家骨干冷链物流基地等多个现代物流业项目。未来，福州将加快物流产业集群化，建设面向"海丝"沿线国家和地区的物流航运企业总部集聚区、航空物流集聚区、铁路物流集聚区、高速公路物流集聚区四大物流业集聚区，以及物流业总部经济、空港高端商贸集聚区等商贸物流总部集聚区，保税物流、跨境电商物流集聚区，促进物流要素聚集，提升物流业核心竞争力。同时，大力发展冷链物流、电子商务物流、智慧物流，全力推进物流业与制造业、商贸业协同发展，增强物流产业竞争力。

### 2. 厦门现代物流产业布局

厦门的区位优势也较为突出。2018 年 12 月 24 日，国家发展改革委和交通运输部印发了《国家物流枢纽布局和建设规划》（以下简称《规划》），将厦门市纳入国家物流枢纽布局和建设规划。《规划》明确将厦门市纳入全国 30 个港口型、23 个空港型和 55 个商贸服务型国家物流枢纽承载城市之一。以此为契机，未来厦门应深化供应链创新与应用试点，培育一批供应链创新与应用示范企业，建立一批跨行业、跨领域的供应链协同、交易和服务示范平台，将厦门打造成全国供应链创新与应用重要中心城市。同时，应加快电商物流园区建设，引进和落地顺丰、苏宁等大型物流园区项目，构建物流产业集聚区。此外，应推进高效物流配送体系建设，完善城乡一体、高效协同的商贸物流配送体系。推动商贸冷链物流发展，落实扶持冷链发展政策，推广厦门冷链标准运用。

3. 泉州现代物流产业布局

泉州市位于福建省东南部，凭借优越的地理环境和得天独厚的资源优势，因地制宜地发展产业经济。泉州产业集群民营经济活跃、企业扩张能力强、侨台资源丰富、民间资本雄厚、区位条件独特，以及具备产业转型升级的条件优势，为加快培育一批规模大、技术含量高、品牌效应强的物流企业创造了有利条件。未来，泉州应借助获批国家第四批跨境电商综合试验区的契机，构建跨境电商采购功能区，探索建立"市场采购贸易+跨境电商+外贸综合服务+保税物流中心区+港口经济"等叠加优势模式；构建互联互通的物流智能信息、衔接顺畅的物流仓储网络、优质高效的物流运营服务等系统。同时，打造跨境电商"海丝"联运物流通路。一方面，拓展国际邮件物流通道，做大做强泉州国际邮件互换局，推进航空快件"绿色通道"建设，打造非危电子类邮件全国集聚地；另一方面，打造"海丝"核心区物流通道，积极争取更多泉州海运快件通路，打通福建通过台湾地区中转至全球的跨境电商物流新通道，拓展对台湾地区、香港地区、东南亚的海运快件资质。

# 五、促进福建省现代物流业健康发展的政策建议

## （一）加强港口物流基础设施建设，完善集疏运体系

当前福建沿海港口物流基础设施发展在不同港口之间以及同一港口的不同港区之间都存在着不平衡现象。经济发展较好的城市往往港区基础设施较好，经济发展较为落后的城市港区配套设施往往也相应落后。港口集疏运体系主要由与港口物流相关联的公路、水路、铁路和航空线路构成，是疏散和集聚港口货源的重要服务系统。目前，福建沿海港口集疏运体系还不够完善，一方面，疏港铁路还不够健全，很多港区后方无铁路，而海港联运是目前港口物流发展的重要方式；另一方面，水路运输线路没有充分挖掘，如福建省闽江、乌龙江、九龙江、汀江等水路运输资源尚未得到有效利用。未来应在考虑各港口布局、功能、定位、可持续发展等基础上完善港口物流基础设施建设和集疏运体系，充分发挥各种运输

方式的优势，形成高效的港口综合运输体系，大力发展海铁联运，增强港口的辐射能力，提高港口国际中转比例。

### (二) 优化港口物流发展的软环境，建立跨区域的港口综合协调机制

软环境是相对硬环境而言的硬件基础设施之外的环境条件，包括政策、文化、法律法规、金融、服务、人员素质等。政府政策的扶持、法律法规的健全、海关服务的改进、金融保险业务的完善、港口物流信息平台的建设都会改善港口发展环境，吸引更多船舶公司、港口相关服务商和港口产业集群的集聚。当前，我国过于重视港口的硬件基础设施和港口的吞吐能力，对港口软环境发展的重视程度还不够。福建省需要出台一系列政策，扶持港口开拓货源、开辟新航线、发展增值业务，协调、完善海关、商检、税务等港口服务，加快通关速度和出口退税速度，防止货物长时间滞留。此外，福建省沿海港口资源丰富，水域管理复杂，如湄洲湾北岸在行政区域规划上属于莆田市，南岸却属于泉州市；厦门湾南岸在行政区域规划上属于漳州市，北岸却属于厦门市。鉴于一湾分属不同行政区划的现实状况，为合理利用港口资源，避免重复建设，福建省亟须建立高效、跨区域的港口综合协调机制，加强区域港口管理机构的协调，推动区域港口互利合作，协调发展。同时，制定规范港口发展的规章制度、港口服务标准和资费标准，促进港口运营标准化和透明化，坚决制止恶性竞争行为。

### (三) 推进物流智能化建设，提升物流企业的竞争力

首先，加快物流园区信息化。促进现代信息技术与物流园区枢纽运营管理深度融合，提高在线调度、全流程监测和货物追溯能力；推动物流园区仓储设施从传统结构向网格结构升级，建立深度感知智能仓储系统，实现存、取、管全程智能化。其次，推动仓储配送装备智能化。支持物流企业应用智能化物流装备，提升仓储、运输、分拣、包装等作业效率和仓储管理水平；鼓励有条件的物流枢纽建设全自动化码头、智能化仓储等现代物流设施；鼓励搬运、装卸、终端配送等环节的无人车、无人机应用，解决物流"最后一公里"痛点。最后，促进物流信息平台协同化。对接国家综合物流信息平台，整合铁路、公路、水路、民航、邮政、海关、检验检疫等信息资源，促进物流信息与公共服务信息有效对接，鼓励区域间和行业内的物流平台信息共享，实现互联互通。完善综合信息平台应急功能，提升统一调度、信息共享和运行协调能力。

### (四) 强化物流协同发展，完善物流配送体系

一方面，促进物流与制造业深度融合。以深化实施"互联网+"高效物流和物流降本增效专项行动为突破口，推动物流装备向高端化、智能化、自主化、安

全化方向发展，鼓励制造业龙头企业仓储配送流程优化，提升供应链智慧化水平，实现物流业与福建省生产力布局的深度融合、创新发展。另一方面，促进物流业与消费升级需求协同发展。优化布局区域快递分拨中心，鼓励运用共同配送、统一配送、集中配送、夜间配送、分时段配送等模式，提升城市快递服务效能；加快发展农村物流，打通"工业品下乡、农产品进城"双向物流通道；探索发展"移动互联网+众包"模式，优化发展社区电商物流；强化快递末端网络建设，统筹优化配送服务资源，提供集约化配送、网订店取等多样化、个性化服务。

（五）创新人才培养机制

建议实施物流智库计划，建立健全全方位、多层次物流专业人才引进和培养体系。强化物流高层次人才引进扶持，吸引国内外现代物流领域领军人才、专业人才在福建开展创业创新、教学科研等活动。支持设立省级物流研究中心，鼓励骨干物流企业设立研究机构。引导企业和高校建立产教融合对接机制，建立一批产教深度融合实习基地，开设物流配送、智能物流、航运物流、电子商务物流等领域相关专业课程。

# 第二节  港口物流业发展研究报告

## 一、2016～2020 年福建省港口物流业发展总体情况

港口物流业是现代物流业的重要组成部分，在国民经济发展中有着重要战略地位。福建省港口包括厦门港、福州港、泉州港和莆田港四大港口，属于"一带一路"沿海重要战略港口节点。2016～2020 年正值"十三五"规划期，全球经济增长趋缓，我国"三期叠加"影响持续深化，经济下行压力加大。福建港口物流在不利的经济环境下克服中美贸易摩擦和新冠肺炎疫情带来的不利影响，努力确保全面完成"十三五"规划主要目标任务。

（一）2016～2019 年福建省港口物流业发展回顾

2019 年福建省全年完成交通投资 920 亿元，连续第三年超过 900 亿元，"十三五"前四年累计完成投资 3624 亿元，超过序时进度 6.3 个百分点，为实现"十三

五"规划目标奠定坚实的基础①。2019 年厦门港接待邮轮 136 艘次，位居全国第二位，旅客吞吐量增长 27.4%，居全国邮轮母港首位。2019 年全省（沿海）港口拥有万吨级及以上泊位 185 个，其中 10 万吨级以上泊位 32 个。2016～2019 年福建港口物流业的发展具体分析如下：

1. 港口货物吞吐量稳步增长

2016～2019 年全省沿海港口完成货物吞吐量分别为 5.11 亿吨、5.16 亿吨、5.61 亿吨和 5.95 亿吨，分别比上年增长 1.0%、1.6%、7.2%和 6.6%，属于稳步增长态势。其中，全省港口完成外贸货物吞吐量分别为 2.03 亿吨、2.04 亿吨、2.10 亿吨和 2.38 亿吨，分别比上年增长 0.8%、0.49%、3.3%和 13.33%，2019 年和以前年度相比，出现了快速增长的趋势。

2. 集装箱吞吐量增长趋缓

2016～2019 年全省港口完成集装箱吞吐量分别为 1440.16 万 TEU、1562 万 TEU、1647.03 万 TEU 和 1725.97 万 TEU，分别比上年增长 5.6%、8.5%、5.4%和 4.8%，整体呈增长趋势，但 2018 年和 2019 年的增速趋缓。

2019 年全省港口完成集装箱铁水联运量 7.89 万 TEU，增长 24.4%，占全省港口集装箱吞吐量的 0.46%，比上年提高 0.07 个百分点。

3. 港口旅客吞吐量持续下降

2016～2019 年全省港口完成旅客吞吐量分别为 1270.32 万人次、1186.57 万人次、1123.34 万人次和 901.54 万人次，分别比上年下降 2.4%、6.6%、5.3%和 19.7%，属于持续下降的状态，其中 2019 年相比 2018 年出现了较大幅度的下降。2016～2019 年全省港口旅客吞吐量中沿海港口完成旅客吞吐量分别为 973.14 万人次、890.30 万人次、899.44 万人次和 901.54 万人次，分别比上年增长 −3.9%、−8.5%、1.0%和 0.2%，可以看出 2016 年和 2017 年出现了下降趋势，而 2018 年和 2019 年出现了小幅上升的趋势反转。

2016～2019 年福建港口邮轮旅客吞吐量出现了较大的波动，2017 年相较 2016 年下降了 19.4%，邮轮旅客吞吐量为 16.18 万人次，2018～2019 年，全省邮轮旅客吞吐量出现了较快的增长态势，分别达到 32.48 万人次和 41.37 万人次，分别增长 100.7%和 27.4%。

4. 对台运输客运增长、货运下降

2016～2019 年闽台旅客运量分别为 191.70 万人次、195.66 万人次、215.37 万人次和 225.05 万人次，分别比上年增长 −1.3%、2.1%、10.1%和 4.5%，从数

---

① 除特别说明外，数据均来源于福建省交通运输厅官网统计信息，http：//jtyst.fujian.gov.cn/zwgk/tjxx。

据可以看出，2016～2019 年对台客运呈稳定增长趋势，其中 2018 年增幅超过 10%，增幅较大。

2016～2019 年全省完成对台港口货物吞吐量分别为 2123.32 万吨、1787.25 万吨、1827.96 万吨和 1462.56 万吨，分别增长-0.1%、-15.8%、10.1%和-20.0%，可以看出，除了 2018 年相较 2017 年出现了增长，其余年份均处于下跌状态，其中 2019 年下降了 20%左右，跌幅较大。2016～2019 年完成对台港口集装箱吞吐量分别为 72.56 万标箱、73.39 万标箱、76.81 万标箱和 62.31 万标箱，2016～2018 年分别上升 3.0%、1.1%和 4.7%，2019 年下降 18.9%。2019 年相较 2018 年港口货运吞吐量和集装箱吞吐量出现的大幅下降与两岸关系趋冷有关。

5. 水路运输客运波动、货运增长

2016～2019 年全省水路运输完成客运量分别为 2016.40 万人次、1924.64 万人次、1928.64 万人次和 1820.58 万人次，比上年分别增长 1.0%、-4.6%、0.2%和-5.6%；旅客周转量分别达到 2.72 亿人公里、2.78 亿人公里、2.75 亿人公里和 2.66 亿人公里，比上年分别增长-4.4%、2.4%、-1.1%和-3.5%。从数据可以看出，2016～2019 年全省水路客运量涨跌互现，下跌幅度大于上涨幅度。

2016～2019 年全省水路运输完成货运量分别为 3.17 亿吨、3.35 亿吨、3.69 亿吨和 4.23 亿吨，比上年分别增长 11.4%、5.7%、10.2%和 14.7%；水路运输货物周转量分别为 4846.44 亿吨公里、5429.82 亿吨公里、6209.37 亿吨公里和 7135.60 亿吨公里，比上年分别增长 12.7%、12%、14.4%和 14.9%。从数据可以看出，2016～2019 年全省水路货运量处于持续高速增长态势。

## （二）2020 年 1～9 月福建省港口物流业发展基本情况

2020 年初暴发的新冠肺炎疫情对全球经济产生了不利影响，港口物流业受到较大冲击。随着国内疫情的稳定，2020 年 9 月全省沿海港口生产已恢复正常增长水平[①]，1～9 月全省公路水路交通投资累计完成 796.30 亿元，同比增长 11.2%，超序时进度 4.6 个百分点。

港口货物吞吐量先跌后涨，已超前期生产水平。1～9 月，全省沿海港口货物吞吐量累计完成 4.58 亿吨，同比增长 4.3%，其中外贸货物吞吐量累计完成 1.78 亿吨，同比下降 0.2%。从图 2-7 可以看出，受疫情影响，2～5 月全省沿海港口货物吞吐量和外贸货物吞吐量都出现了不同程度的下跌，6 月之后进入稳定增长态势，至 9 月已累计同比增长 4.3%。

港口集装箱吞吐量先跌后涨，接近前期生产水平。1～9 月全省集装箱吞吐量

---

① 福建省交通运输厅官网未公布 2020 年 1～9 月全省港口旅客吞吐量月度数据，故文中未体现。

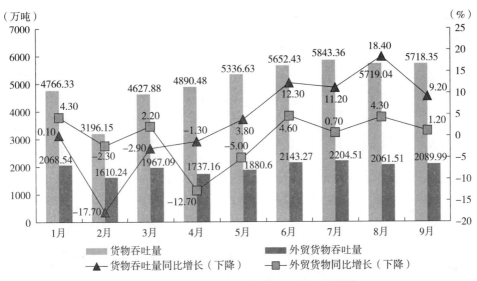

图 2-7　2020 年 1~9 月福建省港口货物吞吐量简况

累计完成 1263.42 万 TEU，同比下降 1.7%。受疫情影响，2~5 月全省集装箱吞吐量出现了不同程度的下跌，其中 2 月和 4 月下降幅度较大，跌幅超过 10%。6 月之后进入稳定增长态势，至 9 月累计同比下降 1.7%，已接近前期正常生产水平（见图 2-8）。

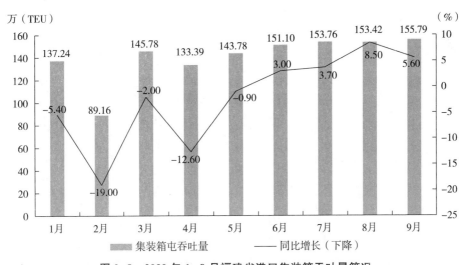

图 2-8　2020 年 1~9 月福建省港口集装箱吞吐量简况

对台运输客运停滞，与前期相比大幅下跌。自 2020 年 2 月 10 日起台湾方面暂停闽台海上客运，至9月仍继续暂停闽台海上客运。2020年1~9月，闽台海上客运共运营1747航次，运载旅客130436人次，同比分别下跌87.36%、92.81%。

对台货物和集装箱吞吐量先跌后涨，大幅超越前期水平。2020年1~9月，福建直航港口对台货物吞吐量1278.80万吨，同比增长16.63%；对台集装箱吞吐量49.72万TEU，同比增长8.37%。从图2-9和图2-10可以看出，福建直航港口对台货物吞吐量和集装箱吞吐量除了2月、3月和5月出现较大幅度下降外，其余月份均为大幅上升趋势。其中2020年8月对台货物出口量达到增幅50%以上，而集装箱吞吐量的增幅也达到37.18%。

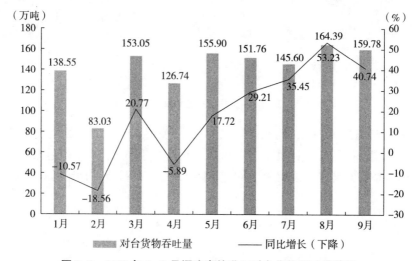

图2-9　2020年1~9月福建直航港口对台货物吞吐量简况

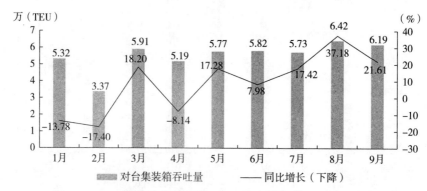

图2-10　2020年1~9月福建直航港口对台集装箱吞吐量简况

水路运输客运受疫情影响严重，与前期相比大幅下跌。受疫情影响，2020年

2月水路客运量和旅客周转量都出现"断崖式"下跌,同比下跌幅度超过90%,自2020年3月后水路客运量和旅客周转量开始跌幅收窄。2020年1~9月,福建水路客运累计完成495.69万人次,同比下降64.4%;水路旅客周转量0.52亿人公里,同比下降75.0%,与前期相比下跌幅度较大(见图2-11、图2-12)。

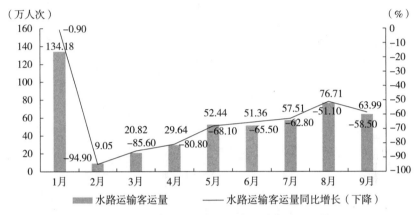

**图2-11 2020年1~9月福建省水路运输客运量**

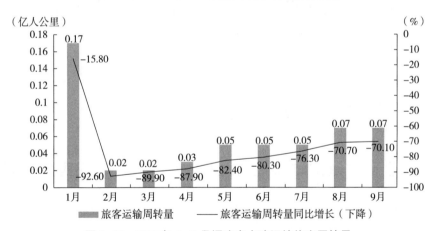

**图2-12 2020年1~9月福建省水路运输旅客周转量**

水路运输货运先跌后涨,与前期相比保持较好增长势头。受疫情影响,2020年2月水路货运量和货物周转量都下跌了,下跌幅度分别为15.3%和10.6%,自3月后水路货运量出现稳步回升。2020年1~9月,福建水路货运累计完成32509.00万吨,同比上升6.9%;水路货物周转量5577.96亿吨公里,同比上升8.9%(见图2-13、图2-14)。

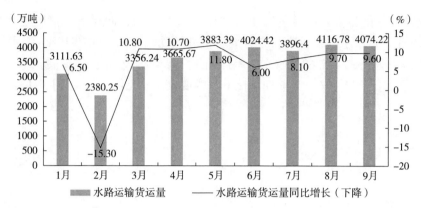

图 2-13　2020 年 1~9 月福建省水路运输货运量

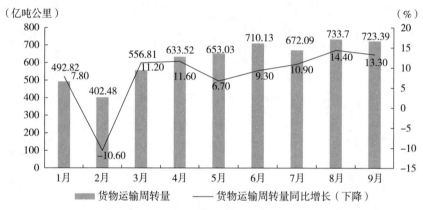

图 2-14　2020 年 1~9 月福建省水路运输货物周转量

## 二、福建省港口物流业发展存在的突出问题及面临的挑战

"十三五"期间，福建港口的发展取得了一定进展，但无论其货物吞吐量还是港口的盈利能力，与国内先进港口相比还有一定差距。其存在的主要问题分析如下：

### （一）缺乏大区域港口战略联盟

目前，长三角、珠三角等已结成新一轮港口超级联盟，构建了现代化的大区综合交通运输体系，港口竞争力大大增强。区域经济差异的存在和不断扩大导致大量的生产要素和资源要素流向长三角和珠三角，这在一定程度上对福建港口经济的发展产生了不利的影响。当前，福建仍缺乏大区域的港口战略联盟。

## （二）经济腹地"瓶颈"尚未突破

一般而言，江西、湖南、贵州等都在福建港口腹地的理论覆盖范围内，但由于目前联通中部地区的交通基础设施尚不健全，西进的物流通道也未完全打通，海铁联运便捷性和经济性的作用还无法充分发挥，福建港口的经济腹地难以拓展至江西、湖南、贵州等地，福建港口的货源仍然只能主要依赖省内，而福建直接经济腹地闽西北等地经济发展较慢，直接货源支撑较弱，经济腹地的"瓶颈"尚未突破。

## （三）福建港口群之间的协同发展待加强

长期以来，福建各大港口集团之间的利益博弈，港口雷同化现象依然突出，内部竞争激烈，价格竞争已经成为目前市场上一种主要竞争手段。2020 年 8 月 16 日，福建省国资委筹建福建省港口集团有限责任公司，将省国资委、各地市涉及港口和航运业务的国有资产整合到省港口集团，积极推进港口运营管理体制机制的改革创新和港口资源优化配置，实现全省港口运营企业管理一体化，但福建港口群之间的协同发展仍亟待加强。

## （四）外部不利形势的严峻考验

中美贸易摩擦的不断升级对我国外贸集装箱的发展产生了不利影响，尤其是对美国航线存在较多依赖的港口。从具体港口情况看，美国航线主要集中在深圳、上海、舟山、青岛、厦门五港，预计厦门港国际航线受影响程度超过 4%，仅次于深圳。2020 年疫情导致的经济衰退和贸易缩水对福建港口内贸和外贸吞吐量都造成很大的影响，尤其是港口客运吞吐量，邮轮产业更遭到毁灭性打击。此外，随着两岸关系趋冷，两岸港航交流停滞，客运至今仍未恢复通航，使福建对台优势减弱。

# 三、福建省港口物流业的发展趋势

"十三五"期间，面对全球经济下行、中美贸易摩擦以及疫情叠加的不利影响，福建港口主动作为、攻坚克难、狠抓落实，港口物流业总体上延续了近年来总体平稳、稳中有进的运行态势，主要港口生产（货运）指标保持增长势头，投资总量持续高位运行，设施网络更加完善，货运结构更加优化。

全球经济继 2020 年 4 月 "大封锁"期间跌入衰退深渊之后，目前正在恢复，但全球经济活动恢复到疫情前水平依然道阻且长，而且极易出现倒退。中国的经济复苏快于预期，2021 年全球经济增长预计将高于 2019 年，面对错综复杂的外部形势，福建港口物流业发展也将呈现出以下特点：①港口物流业将加快回升。据国际货币基金组织 2020 年 10 月的最新预测①，2020 年全球经济仍将深度衰退，但与 6 月预测相比，衰退的程度有所缓和，全球 GDP 增速预计为-4.4%，而中国 GDP 增速预计为 1.9%。预计 2021 年全球经济将增长 5.2%，比 2019 年略高出 0.6%，中国 GDP 增速将达到 8.2%。在全球经济复苏和国内经济快速增长的态势下，福建省港口生产运输预计也将出现快速回升，而且 2020 年下半年已经出现港口货运快速上升的局面。②港口物流货物多式联运加快推进。2019 年全省港口完成集装箱铁水联运量 7.89 万标箱，较上年增长 24.4%，占全省港口集装箱吞吐量的 0.5%、较上年提高 0.07 个百分点。全省货车甩挂比上升至 1∶1.27，货运结构将不断优化。③港口区域一体化发展水平提升。福建省港口的行政管理多年来一直遵循"一城一港"政策，区域间港口重复建设、产能过剩以及过度竞争等问题日益凸显，2020 年 8 月组建的福建交通运输集团将站在前瞻性、全局性、战略性视角，以区域港口一体化发展为主线，对整合后港口集团长远发展进行系统谋划和顶层设计，明确各港口分工定位，促进港口资源有效集聚，提升福建港口的强港地位。

## 四、福建省港口物流业发展重点

2020 年福建交通运输目标是：完成交通运输投资 900 亿元，力争 1000 亿元；"十三五"时期交通运输投资总规模达到 4600 亿元以上。港口航运确保完成投资 70 亿元，力争 80 亿元，实现货物吞吐量突破 6 亿吨，集装箱吞吐量 1730 万标箱。此外，还将加快推动古雷作业区北 1~2#泊位、福州港漳湾航道工程等 47 个项目，建成投产古雷作业区南 15~19#泊位等 3 个项目，新增港口吞吐能力 500 万吨。我们认为，2021 年福建港口物流业发展重点及产业布局如下：

首先，加快构建区域协调发展新机制。福建省港口物流应全力推进基础设施联通、产业配套协作、公共资源共享和生态协同保护。全面对接粤港澳大湾区建设，积极融入长三角一体化发展，更好服务国家重大战略的实施。

其次，推动货运物流数字化发展。根据交通运输部印发的《推进综合交通运输大数据发展行动纲要（2020—2025 年）》，福建港口物流也应逐步完善交通运输物流公共信息平台，推动多式联运公共信息系统建设，促进多种运输方式间数

---

① 资料来源：《世界经济展望》，国际货币基金组织官网，2020 年 10 月，https：//www.imf.org/zh/Publications/WEO/Issues/2020/09/30/world-economic-outlook-october-2020。

据交换共享，充分利用大数据开展综合交通运输规划和实施情况评估，持续提升规划决策和评估工作的科学性。

## 五、促进福建省港口物流业健康发展的政策建议

当今世界正经历百年未有之大变局，新一轮科技革命和产业变革深入发展，新冠肺炎疫情影响广泛深远，经济全球化遭遇逆流，世界进入动荡变革期。我国发展仍然处于重要战略机遇期，但机遇和挑战都有新的发展变化。"十四五"时期是我国全面建成小康社会、实现第一个百年奋斗目标之后，乘势而上开启全面建设社会主义现代化国家新征程、向第二个百年奋斗目标进军的第一个五年。针对福建港口物流业发展中存在的问题和发展重点，提出以下政策建议：

### （一）加强大区域战略联盟意识，广结盟友

大区域战略联盟形成的港口群可以起到配置全球航运资源要素、扩大城市群开放能级、提升城市群全球竞争力的节点功能。福建北部的长三角三省一市和福建南部粤港澳大湾区正朝着港口群一体化发展，纷纷组成了超级联盟，形成了巨大的竞争优势。面对这样一种新趋势，福建港口如果不想被边缘化，就要有自己的战略考量。福建港口应充分利用"21世纪海上丝绸之路"节点优势广结盟友：一是与国内其他港口结盟。福建港口应主动融入长三角和珠三角各大港口的结盟、合作浪潮中，寻求共同的利益契合点。二是与海峡对岸的港口结盟。虽然目前对台关系趋冷，福建港口仍要充分发挥优势，打好"对台牌"，与海峡对岸的港口结成联盟关系，深化双方的合作。三是与国外港口结盟。在结盟方式的选择上，可以通过投资合作、互相参股、业务融合、园区共建等多种方式，在港口、物流、航运、船舶修造、信息服务等领域加强合作。

### （二）加快基础物流设施的互联互通建设，拓展内地货源

厦门港口直接腹地包括福建、粤东地区、赣东南地区和浙南地区，间接腹地包括江西省、湖南省和贵州省等地区。与长三角和珠三角的港口相比，福建直接经济腹地闽西北等地经济发展较慢，直接货源支撑较弱；间接腹地受限港口集疏运体系等因素难以拓展，因此，要想拓展福建港口内地货源必须加快基础物流设施的互联互通。建立完备的港口集疏运体系包括：①构建港口货运铁路网，提升海铁联运比例。加快连接核心港区铁路支线建设和出省货运铁路建设，提升海铁联运比例，降低运输成本。②完善港口公路运输体系，实现无障碍通行。加快福建港口疏港公路网络化建设，实现高速公路、国道、省道等运输类型与港口的无

障碍、经济化通行。③提升内河航道等级，提高通行能力。加快改善闽江等主要内河的通航条件，重建福建内河干支流直达江海助力港口运输的友好格局。

（三）提升区域一体化发展水平，促进港口转型升级

区域分工理论认为，要根据资源禀赋、发展基础、经济结构和生产效率等方面的差异和比较优势，通过实现优势互补，获得最佳的整体效益和个体效益。2020年8月组建的福建交通运输集团将推进同港同策，对福建省内港口资源进行整合，发挥福建省内港口的生产潜力，将省内港口之间的竞争关系变为合作关系，避免彼此腹地货源的恶性竞争以及港口资源的闲置浪费。福建交通运输集团的成立将积极推进港口运营管理体制机制的改革创新和港口资源优化配置，实现全省港口运营企业管理一体化，从而促进港口的转型升级。

（四）推动货运物流数字化发展，打造绿色智慧港口

本次疫情导致各国政府对人们出行收紧，对生产企业尤其是传统的劳动密集型生产企业影响巨大。福建港口企业应充分认识到港口自动化建设、信息化建设是未来的发展方向之一，能更好地提升企业应对各类突发事件的能力。福建港口要进一步发展自动化码头建设、港口电子商务建设、安全管理信息化建设、远程办公管理模式等，充分利用5G等最新的信息化技术，提升港口企业信息自动化水平，并不断优化提升港口装卸工艺，逐步向高科技新型港口转型，打造福建绿色智慧港口。2020年5月，在厦门港口远海码头建成国内首个、全球领先的5G全业务场景智慧码头，成为全国唯一入选国家发改委"2020年新型基础设施建设工程（宽带网络和5G领域）"的港口项目，完成后有望成为全国第一个实现全智能化改造的传统集装箱码头。

# 第三节　金融服务业发展研究报告

金融是现代经济的核心，是实体经济的血脉，金融活经济活，金融稳经济稳。近几年来，福建省围绕供给侧结构性改革，不断优化金融生态环境，金融服务业快速发展，金融机构体系日益完善，金融服务实体经济的能力持续提升。除了传统的银行业、证券业、保险业，其他金融业态迅速发展，产业贡献度日益加大，极大地促进了福建省现代服务业的发展与经济增长。金融服务业已成为福建省经济发展新支柱，是现代服务业的核心产业之一。

# 一、2016~2020 年福建省金融服务业发展总体情况

## （一）2016~2019 年福建省金融服务业发展回顾

2016~2019 年，福建省金融业增加值从 2082.39 亿元增长到 2875.35 亿元，增长了 38.08%，年均增长率为 11.4%。2019 年，金融业增加值占第三产业增加值的 14.96%，占全省地区生产总值的 6.78%，分别比 2018 年提高了 0.18 个、0.11 个百分点（见表 2-2），在第三产业中位列第二，仅次于批发和零售业。下面分别从银行业、证券业、保险业三大主要业务的发展及金融生态环境的建设分析福建省金融服务业的发展情况。

表 2-2　2016~2019 年福建省金融业增加值及其占比

| 年份 | 金融业 加值（亿元） | 第三产业 增加值（亿元） | 地区生产 总值（亿元） | 金融业增加值占第三 产业增加值的比重（%） | 金融业增加值 占 GDP 的比重（%） |
|---|---|---|---|---|---|
| 2016 | 2082.39 | 12780.61 | 29609.43 | 16.29 | 7.03 |
| 2017 | 2343.43 | 15337.30 | 33842.44 | 15.28 | 6.92 |
| 2018 | 2581.10 | 17461.00 | 38687.77 | 14.78 | 6.67 |
| 2019 | 2875.35 | 19217.03 | 42395.00 | 14.96 | 6.78 |

资料来源：《福建统计年鉴 2020》。

1. 银行业稳健运行，服务实体经济能力明显提升

《福建省金融运行报告（2020）》统计显示，截至 2019 年末，福建省银行业金融机构资产总额约 10.3 万亿元，比 2016 年末（93278 亿元）增长 10.87%；机构个数 6555 个；从业人员约 12.4 万人，比 2016 年末（122827 人）增加 1080 人，增长 0.88%；法人机构数 142 个（见表 2-3）。142 家地方法人金融机构经营总体稳健，年末总资产、总负债分别比年初增长 8.3%、8.3%；平均资本充足率 15.9%，比年初上升 0.3 个百分点；拨备总体充足，平均拨备覆盖率达 303.9%，比年初上升 19.1 个百分点。

表 2-3　2019 年福建省银行业金融机构情况

| 机构类别 | 营业网点 | | | 法人机构（个） |
|---|---|---|---|---|
| | 机构个数（个） | 从业人数（人） | 资产总额（亿元） | |
| 一、大型商业银行 | 2290 | 53845 | 24022 | 0 |

续表

| 机构类别 | 营业网点 | | | 法人机构（个） |
|---|---|---|---|---|
| | 机构个数（个） | 从业人数（人） | 资产总额（亿元） | |
| 二、国家开发银行和政策性银行 | 44 | 1659 | 7489 | 0 |
| 三、股份制商业银行 | 832 | 24308 | 48575 | 1 |
| 四、城市商业银行 | 252 | 9601 | 9725 | 4 |
| 五、小型农村金融机构 | 1933 | 20725 | 8857 | 68 |
| 六、财务公司 | 7 | 175 | 471 | 6 |
| 七、信托公司 | 2 | 822 | 239 | 2 |
| 八、邮政储蓄 | 1064 | 6393 | 2438 | 0 |
| 九、外资银行 | 37 | 969 | 670 | 1 |
| 十、新型农村机构 | 89 | 1981 | 339 | 55 |
| 十一、其他 | 5 | 3429 | 593 | 5 |
| 合计 | 6555 | 123907 | 103417 | 142 |

注：大型商业银行包括中国工商银行、中国农业银行、中国银行、中国建设银行和交通银行；小型农村金融机构包括农村商业银行和农村信用社；新型农村机构包括村镇银行；"其他"包含金融租赁公司、消费金融公司、民营银行。

资料来源：《福建省金融运行报告（2020）》。

　　2019年末，全省金融机构本外币各项存款、贷款余额分别为49836.41亿元、52640.82亿元，分别比2016年末增长23.09%、39.31%（见表2-4）。2019年12月，福建宁德、龙岩普惠金融改革试验区获国务院批复设立，普惠领域信贷量增面扩。2019年末，全省普惠小微贷款余额5760.4亿元，较年初增长24.4%，增量占人民币各项贷款比重达19.1%，较上年提升4个百分点；普惠小微贷款户数达113.2万户，较年初增加17.55万户；涉农贷款、金融精准扶贫贷款均较快增长，年末全省涉农贷款本外币余额1.3万亿元，金融精准扶贫贷款余额230.7亿元。2019年末，全省银行业机构不良贷款余额比年初减少88.94亿元，不良贷款率同比下降0.33个百分点，创2014年第二季度以来新低，不良贷款继续实现"双降"。

表2-4　2016～2019年福建省金融机构本外币存贷款情况

| 指标 | 2016年末数 | 2017年末数 | 2018年末数 | 2019年末数 |
|---|---|---|---|---|
| 各项存款余额 | 40487.03 | 44086.83 | 45812.94 | 49836.41 |
| 　其中：住户存款 | 15412.31 | 16853.15 | 18532.74 | 21192.86 |

| 指标 | 2016 年末数 | 2017 年末数 | 2018 年末数 | 2019 年末数 |
|---|---|---|---|---|
| 非金融企业存款 | 14089.09 | 14730.29 | 14050.63 | 14883.48 |
| 其中：人民币存款 | 39275.82 | 42794.79 | 44677.70 | 48754.92 |
| 各项贷款余额 | 37787.26 | 41899.68 | 46503.45 | 52640.82 |
| 其中：短期贷款 | 13058.36 | 14457.14 | 15027.47 | 16815.19 |
| 中长期贷款 | 21936.14 | 25570.20 | 28674.55 | 32412.59 |
| 其中：人民币贷款 | 36356.06 | 40484.93 | 45173.87 | 51396.64 |

资料来源：2016~2019 年《福建省国民经济和社会发展统计公报》。

**2. 多层次资本市场平稳发展，融资功能进一步提升**

2019 年末，福建省共有证券期货机构 695 家，其中，法人证券公司 3 家、法人期货公司 5 家、法人基金公司 3 家、区域性股权交易场所 2 家；全省法人证券公司总资产 1852.3 亿元，净资产 461.0 亿元，分别比 2016 年末增长 21.6%、11.2%；全省法人期货公司总资产 239.4 亿元，净资产 44.8 亿元，分别比 2017 年末增长 22.7%、26.6%。首家闽台合资证券公司金圆统一证券于 2020 年 2 月获核准，瑞达期货、国贸期货香港地区子公司积极拓展海外业务。

2019 年末，全省共有境内 A 股上市公司 139 家，比 2016 年（106 家）增加 33 家，总市值 19021.74 亿元，居全国第 7 位，比 2016 年（14596.24 亿元）增长 30.3%；全省"新三板"挂牌公司累计达 310 家，居全国第 8 位（有关数据见表 2-5）；全省境内上市公司、挂牌企业、非上市公司实现直接融资 2491.6 亿元，同比增长 30.9%。

表 2-5 2016~2019 年福建省证券业基本情况

| 年份<br>项目 | 2016 | 2017 | 2018 | 2019 |
|---|---|---|---|---|
| 证券期货经营机构数（家） | — | 630 | 656 | 695 |
| 年末境内 A 股上市公司数（家） | 106 | 131 | 133 | 139 |
| 年末 A 股上市公司总市值（亿元） | 14596.24 | 16538.96 | 14122.70 | 19021.74 |
| "新三板"挂牌公司数（家） | 332 | 405 | 373 | 310 |

资料来源：2016~2019 年《福建省国民经济和社会发展统计公报》和《福建省金融运行报告》。

3. 保险市场良性发展，助推经济与保障民生作用日益凸显

2019 年末，福建省保险业总资产 3058.0 亿元，比 2016 年增长 40.6%。2019 年全年累计实现保费收入 1174.8 亿元，比 2016 年增长 28.0%，其中，财产险保费收入 338.4 亿元，人身险保费收入 836.4 亿元（寿险保费收入 585.0 亿元，健康险和意外伤害险保费收入 251.4 亿元），分别比 2016 年增长 23.4% 和 30.0%；全省累计承担风险总额 93.8 万亿元，支付各类赔款及给付 364.2 亿元，分别比 2016 年增长 148.8%、14.7%，其中，财产险赔款 193.9 亿元，寿险业务给付 84.1 亿元，健康险和意外伤害险赔款及给付 86.1 亿元。2019 年，全省保险密度为 2956.9 元/人，比 2016 年增长 24.8%；保险深度为 2.77%，比 2016 年降低 0.33 个百分点（见表 2-6）。

表 2-6　2016~2019 年福建省保险业基本情况

| 年份<br>项目 | 2016 | 2017 | 2018 | 2019 |
|---|---|---|---|---|
| 保险业总资产（亿元） | 2175.7 | 2378.3 | 2632.4 | 3058.0 |
| 全年累计实现保费收入（亿元） | 917.6 | 1032.1 | 1081.4 | 1174.8 |
| 其中：财产险保费收入（亿元） | 274.3 | 301.4 | 315.3 | 338.4 |
| 人身险保费收入（亿元） | 643.3 | 730.7 | 766.1 | 836.4 |
| 各类赔款给付（亿元） | 317.6 | 325.7 | 346.3 | 364.2 |
| 保险密度①（元/人） | 2368.6 | 2639.0 | 2744.0 | 2956.9 |
| 保险深度②（%） | 3.10 | 3.05 | 2.80 | 2.77 |

注：①保险密度是指某一地区常住人口平均保险费的数额，反映该地区国民参加保险的程度。保险密度=某一地区保费收入/该地区常住人口。②保险深度是指某一地区的全部保费收入与该地区国内生产总值（GDP）的比率，反映该地保险业在整个国民经济中的地位。保险深度=某一地区保费收入/该地区国内生产总值。

资料来源：2016~2019 年《福建省金融运行报告》和《福建省国民经济和社会发展统计公报》。

4. 金融生态环境不断优化，金融服务水平持续提升

自 2015 年以来，福建自由贸易试验区、泉州金融服务实体经济综合改革试验区等区域金融改革持续推进，福建省特殊经济区域台资企业资本项目管理便利化试点升级扩面，金融改革创新与对外开放不断深化。宁德、龙岩获批设立国家级普惠金融改革试验区，深化普惠金融发展取得突破。支付体系建设成效显著，全国首批推广取消企业银行账户许可，升级银政通系统，企业开户效率和账户监管实现双提升；云闪付人口渗透率居全国第一；支付清算系统安全高效运行（见表 2-7），2019 年全省支付清算系统可用率达 100%，大、小额支付系统业务金额

分别居全国第 6、第 7 位，网上支付跨行清算系统业务金额居全国第 5 位。信用体系建设不断完善，二代征信系统试运行稳步推进；金融信用信息与政务公开信息实现交换共享，守信激励和失信惩戒联动机制不断健全。金融司法环境进一步优化，金融消费者合法权益得到有效维护。

表 2-7　2016~2019 年福建省支付系统业务发展情况

| 年份<br>项目 | 2016 | 2017 | 2018 | 2019 |
| --- | --- | --- | --- | --- |
| 支付系统直接参与方（个） | 8 | 8 | 8 | 8 |
| 支付系统间接参与方（个） | 5148 | 5205 | 5235 | 5342 |
| 支付清算系统覆盖率（%） | 100 | 100 | 100 | 100 |
| 当年大额支付系统处理业务数（万笔） | — | 7512.4 | 8277.5 | 8457.4 |
| 当年大额支付系统业务金额（亿元） | 2165625.0 | 2690271.9 | 2820287.1 | 3146122.1 |
| 当年小额支付系统处理业务数（万笔） | — | 24603.0 | 17566.3 | 18241.7 |
| 当年小额支付系统业务金额（亿元） | 33559.0 | 29935.0 | 26505.8 | 42316.3 |

资料来源：2016~2019 年度《福建省金融运行报告》。

### （二）2020 年 1~9 月福建省金融服务业发展基本情况

2020 年，福建省金融业运行总体稳健，主要经营指标平稳增长。上半年，全省金融业实现增加值 1589.89 亿元，比上年同期增长 6.9%；金融业增加值占第三产业增加值（9509.97 亿元）的比重为 16.72%，比 2019 年末提高了 1.76 个百分点；占全省地区生产总值（19901.39 亿元）的比重为 7.99%，比 2019 年末提高了 1.21 个百分点。前三季度，全省第三产业增加值为 14766.34 亿元，同比增长 2.8%，其中金融业增加值同比增长 6.6%。

9 月末，全省金融机构本外币各项贷款余额 58401.67 亿元，同比增长 12.19%，9 月当月增加 503.86 亿元，同比少增 335.51 亿元；各项存款余额 55362.08 亿元，同比增长 11.66%，9 月当月增加 1182.65 亿元，同比多增 1169.40 亿元。1~9 月，本外币各项贷款累计增加 5760.86 亿元，同比多增 525.77 亿元；本外币各项存款累计增加 5525.67 亿元，同比多增 1773.57 亿元。9 月末，全省共有境内上市公司 145 家，上市公司市值为 24948.03 亿元；新三板挂牌企业 296 家。

1~9 月，全省保险业累计实现保费收入 1021.88 亿元，同比增长 8.27%。其中，财产险保费收入 257.21 亿元，同比增长 1.82%；人身险保费收入 764.67 亿元，同比增长 10.62%。各项赔付支出 290.05 亿元，同比增长 8.48%。其中，财产险赔付支出 148.59 亿元，同比增长 6.31%；人身险赔付支出 141.45 亿元，同比增长 10.86%。

## 二、福建省金融服务业发展存在的突出问题及面临的挑战

### （一）金融服务业专业化程度低于全国水平

在产业结构研究中，通常用区位商（Location Quotient，LQ）来反映某一产业部门的专业化程度。区位商又称专门化率，由哈盖特（P. Haggett）首先提出并运用于区位分析中，是指一个地区特定部门的产值在该地区总产值中所占比重与全国该部门产值在全国总产值中所占比重的比值。通过计算某一区域产业的区位商，可以找出该区域在全国具有一定地位的优势产业，并根据区位商 LQ 值的大小来衡量其专门化率。区位商的计算公式为：

$$LQ_{nj} = \frac{e_{nj}/e_j}{E_n/E}$$

式中：$LQ_{nj}$ 代表 n 产业在 j 区域的区位商；分子 $e_{nj}/e_j$ 代表 j 区域 n 产业的产值占 j 区域总产值的比重，分母 $E_n/E$ 代表全国 n 产业的产值占全国总产值的比重。$LQ_{nj}$ 大于 1，认为 n 产业是 j 区域的专业化产业，具有相对比较优势；$LQ_{nj}$ 值越大，其专业化水平就越高。从表 2-8 中可以看出，2016~2019 年，福建省金融服务业的区位商均低于 1，福建省金融服务业的发展明显弱于全国平均水平，行业聚集性特征不明显，专业化水平较低。

表 2-8　2016~2019 年福建省金融服务业的区位商

| 项目 ＼ 年份 | 2016 | 2017 | 2018 | 2019 |
|---|---|---|---|---|
| 福建省金融业增加值 $e_{nj}$（亿元） | 2082.39 | 2343.43 | 2581.10 | 2875.35 |
| 福建省地区生产总值 $e_j$（亿元） | 29609.43 | 33842.44 | 38687.77 | 42395.00 |
| $e_{nj}/e_j$ | 0.0703 | 0.0692 | 0.0667 | 0.0678 |
| 全国金融业增加值 $E_n$（亿元） | 59964.0 | 64844.3 | 70610.3 | 77077.0 |
| 全国国内生产总值 E（亿元） | 746395.1 | 832035.9 | 919281.1 | 990865.1 |
| $E_n/E$ | 0.0803 | 0.0779 | 0.0768 | 0.0778 |
| 区位商 $LQ_{nj}$ | 0.88 | 0.89 | 0.87 | 0.87 |

资料来源：福建省统计局，http：//tjj.fujian.gov.cn；国家统计局，http：//www.stats.gov.cn/。

## （二）金融服务业区域发展不均衡

一个地区的社会经济发展状况是该地区区位条件、自然资源、发展基础、政策体制等多种因素综合作用的结果。福建山多海阔，区域资源各具特色，区位条件差异十分明显，这是区域经济发展不平衡的重要原因。近几年来，福建省金融服务业取得了长足的发展，但由于区位条件、生产要素配置和优化程度不同，各区域之间金融服务业的发展并不均衡。以 2019 年全市金融机构本外币各项存款、贷款余额为例，全省九地市差异较大，排名第一的是福州市，分别为 15757.34 亿元、17443.72 亿元，而排在末尾的是三明市，分别为 1899.52 亿元、1523.66 亿元，前者分别是后者的 8.3 倍、11.4 倍（见图 2-15）。

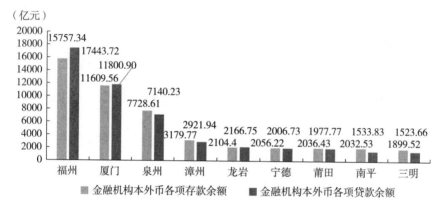

**图 2-15　2019 年福建省九地市金融机构本外币各项存贷款余额**

资料来源：福建省九地市的《2019 年国民经济和社会发展统计公报》。

从图 2-15 也可以看出，福州、厦门、泉州金融业较发达，这三个城市金融机构本外币各项存贷款余额占全省总余额的比例超过了 70%；而宁德、莆田、南平、三明等城市的金融服务业发展较落后，且金融机构本外币各项贷款余额均小于存款余额，金融服务实体经济的能力有待提升。此外，福建省证券业、保险业的发展也呈现出福州、厦门、泉州等地区较发达，而龙岩、宁德、莆田、南平、三明等地区欠发达的区域差异特征。

## （三）金融服务业结构不太完善

金融服务业主要由银行、证券、保险及其他金融服务组成。根据福建省第四次全国经济普查公报，截至 2018 年末，福建省共有金融业企业法人单位 0.33 万个，从业人员 44.95 万人；金融业企业法人单位资产总计 64184.16 亿元；全年实现营业收入 3681.66 亿元（见表 2-9）。其中，货币金融服务业资产总计 57029.57

亿元，占金融业企业法人单位资产总额的88.85%；全年实现营业收入2361.87亿元，占金融业企业法人营业收入的64.15%。可见，银行业是福建省金融服务业的主导行业，证券、期货、基金、信托、保险、金融租赁、财务公司、消费金融公司、汽车金融公司等非银行金融机构发展相对缓慢，银行体系在整个金融系统中占有重要的地位，金融服务业的发展很大程度上依赖于银行业的发展。

表2-9　按行业大类分组的金融业企业法人单位主要经济指标及占比

|  | 货币金融服务 | 资本市场服务 | 保险业 | 其他金融业 | 合计 |
|---|---|---|---|---|---|
| 资产总计（亿元） | 57029.57 | 3001.59 | 2642.15 | 1510.85 | 64184.16 |
| 资产占比（%） | 88.85 | 4.68 | 4.12 | 2.35 | 100 |
| 营业收入（亿元） | 2361.87 | 115.10 | 1074.36 | 130.32 | 3681.66 |
| 营业收入占比（%） | 64.15 | 3.13 | 29.18 | 3.54 | 100 |

注：金融业企业法人单位汇总范围包括人民银行、银保监会、证监会监管的单位和监管范围之外从事金融行业的单位。

资料来源：福建省统计局，http://tjj.fujian.gov.cn。

## （四）缺乏高层次总部金融机构

经过40多年的改革开放，福建省金融机构数量稳步增长，金融机构类型不断多样，构建了以大中型商业银行为主体、多种金融机构分工并存的金融组织体系。《福建省金融运行报告（2020）》统计显示，截至2019年底，全省银行业金融机构6555个，法人机构142个；证券期货机构695家，其中，法人证券公司3家、法人期货公司5家、法人基金公司3家、区域性股权交易场所2家；总部设在省内的保险公司3家，保险公司分支机构61家。从以上数据可以看出，虽然福建省金融机构的种类已经十分丰富，但是在这些金融机构之中，多数都是金融分支机构，总部金融机构数量相对匮乏。以银行类金融机构为例，大型商业银行、国家开发银行和政策性银行的总部都设立在北京和上海；全国股份制商业银行中，只有兴业银行一家的总部设立在福建。由于金融分支机构的运作在很大程度上受到总部机构的控制，因此缺乏高层次、有影响力的金融机构总部，福建省金融市场的活跃程度和规模都受到了一定的限制，金融机构的发展受限也在一定程度上制约了全省金融服务业的发展。

## （五）金融专业人才紧缺

金融服务业是知识和智力密集型产业，也是科技含量高、创新步伐快的产业，随着金融全球化的加速发展，人才作为金融服务业的核心资源，已成为产业发展的关键因素。近几年，福建省虽然重视金融人才的培养和引进，但目前金融专业人才总量仍显不足，人才结构性矛盾依然存在。根据福建省第四次全国经济普查公报，截至 2018 年末，福建省第三产业法人单位的从业人员为 725.81 万人，其中：金融业法人单位从业人员 44.95 万人，占第三产业从业人员的 6.2%；批发和零售业 187.40 万人，占 25.8%；租赁和商务服务业 81.09 万人，占 11.2%。而根据《福建统计年鉴 2020》，2018 年福建省金融业增加值占第三产业增加值的 14.8%，在第三产业中位列第二，仅次于批发和零售业（占第三产业增加值的 22.3%）。由此可见，第三产业从业人员更多地聚集在传统的劳动密集型行业当中，而知识智力密集型的金融服务业则人才总量不足。此外，由于福建省重点高校数量较少，中高端人才培养难以满足产业发展实际需求，且区域间、企业间人才竞争日趋激烈，目前福建省高层次金融人才缺口较大。

## 三、福建省金融服务业的发展趋势

### （一）国家战略的实施驱动金融服务业快速发展

中央高度关注、大力支持福建经济社会全面发展。2014 年以来，习近平总书记两次亲临福建视察调研并多次做出重要批示。"海丝"核心区、中国（福建）自由贸易试验区、平潭综合实验区、国家生态文明试验区、福厦泉国家自主创新示范区、厦门深化两岸交流合作综合配套改革试验区、福州新区、海洋经济发展示范区等均被党中央、国务院列为国家战略，且其中多项政策举措明确指向金融领域。这些国家发展战略叠加，使福建成为中国优惠政策最多、最集中的省份之一，势必将释放福建省对台生态、开放、海洋、民营经济等多重制度红利，大幅增加实体经济对金融业的有效需求，为福建省金融服务业发展带来新机遇，推动金融服务业持续健康快速发展。

### （二）金融服务实体经济质效不断提升

为实体经济服务是金融的天职，是金融的宗旨。福建省通过推进改革、引进机构、培育新型业态等方式，基本形成了以银行、证券、保险机构为主体，新型金融业态为辅助的多元化金融组织体系。随着金融组织体系的不断完善，金融服务水平将不断提高，金融服务实体经济的质效将不断提升。福建资本市场受益于率先改革开放的政策红利，实现了从无到有、从弱到强、从单一到多层次的成长，推动了福建企业的做大做强，证券经营机构和上市公司数量都有了长足增长。这些不断壮大的金融机构和不断推进的直接融资为福建企业成长注入强劲动力，并推动新产业孵化升级。近年来，福建积极先行先试，探索普惠金融发展路径，初步形成"宁德模式"、泉州安溪"金融扶贫示范基地"、三明大田普惠金融"123工程"、南平建阳金融服务示范村建设等实践模式，重点加大对"三农"、小微、扶贫等薄弱领域的支持力度，普惠金融服务质效将不断提高。

### （三）区域金融改革持续深化

福建是我国东南沿海经济带上的重要一环，更是加强两岸交流合作、推动两岸关系和平发展的重要前沿平台。近年来，福建区域金融改革发展得到了中央的大力支持，以自贸区金融开放创新、泉州金融服务实体经济综合改革、沙县农村金融改革和宁德、龙岩普惠金融改革等为代表的区域金融改革试点，立足本地实际，结合区域特色，深化体制机制创新，在金融服务实体经济、普惠金融发展、社会信用体系建设等方面开展了自下而上的基层创新，推动了福建经济社会跨越发展，也为国家层面的金融改革当好探路先锋。随着国际国内形势的变化，金融和实体经济发展与创新仍将持续，福建区域金融改革的步伐也不会停歇。未来，福建区域金融改革将围绕供给侧结构性改革，践行新发展理念，探索培育竞争新优势，有步骤、有重点、有针对性地将区域金融改革推向纵深，为福建经济社会发展做出更大贡献。

### （四）金融对外开放向纵深推进

福建充分发挥对台前沿优势，积极支持两岸金融业搭建载体、深化交流、创新合作，为两岸融合发展贡献金融力量。目前，有23家台资金融机构落户福建，居全国第二位，其中银行7家，数量居全国前列；海峡股权交易中心和两岸股权交易中心获批设立"台资板"，共挂牌展示台企600多家；在全国率先推进台资企业资本项目管理便利化改革，发放全国首张台胞台企"金融信用证书"，推动两岸征信机构全面合作，已初步形成具有特色的服务台胞台企"福建经验"。2019年12月，福建省印发《关于深化闽台金融交流合作的若干意见》，从四个方面提出18条措施，将进一步推进两岸金融交流合作，打造台胞台企登陆的第一家园。此外，福建省以自贸区为对外合作平台，加强了与"一带一路"沿线国家和地区之间的贸易投资往来，通过投资便利化改革、服务业开放、金融创新等体制机制创新，推动资本双向流动，金融对外开放将进一步深化。

## 四、福建省金融服务业发展重点及产业布局

当前福建经济由高速增长阶段向高质量发展转变，为金融服务业发展提供了

新机遇，拓展了新空间。放眼未来，福建要立足新阶段、新要求，聚焦重点领域，突破关键环节，优化资源配置，努力提升金融服务业对经济高质量发展的支持度、贡献度，促进金融与经济良性循环、健康发展。面对国际经贸环境的变化，更要保持战略定力，始终坚持开放合作、创新驱动、回归本源服务实体、严守底线防范风险。

## （一）发展重点

### 1. 全面推进普惠金融发展

福建省应以实施宁德、龙岩国家级普惠金融改革试验区建设为契机，以点带面全面推进普惠金融改革发展，为决战脱贫攻坚、决胜全面小康，全方位推动高质量发展超越提供有力的金融保障。

（1）完善普惠金融发展体系。进一步优化普惠金融组织体系，充分发挥银行、证券、保险、政府性融资担保等综合金融服务优势，建设广渠道、多层次、全覆盖、可持续的普惠金融体系。完善普惠金融基础设施，健全普惠金融系统运行机制，努力打造普惠金融综合服务平台。发挥人民银行货币信贷政策作用，拓宽小微企业融资渠道，抓好产业扶贫的金融服务，统筹直接融资与间接融资，引导金融资金流入普惠金融领域。

（2）提升普惠金融服务民生能力。鼓励金融机构下沉服务重心，巩固和增设基层服务网点，在行政村一级实现更多基础金融服务全覆盖。引导金融机构紧紧围绕目标群体，加强对小微企业、"三农"和偏远地区的金融服务，拓宽服务覆盖面。强化民富中心综合服务功能，努力形成统一的标准和品牌。积极发挥征信对信用信贷业务发展的推动作用，持续开展征信服务。

（3）支持普惠金融产品与服务创新。鼓励金融机构立足自身特点、优势和市场定位，发挥能动性，创新出更好的金融服务、金融产品。运用新兴信息技术等技术力量推进数字普惠，加快"金服云"平台建设，推动金融机构主力产品、政银企风险共担产品以及财政金融相关政策上平台。支持金融机构利用大数据、云计算等技术力量，开展客户识别、风险评估、监测预警，改进信贷审批发放流程。

（4）推动形成更多可复制、可推广工作经验。鼓励省内各分支机构立足本地实际，积极探索普惠金融发展路径，及时总结可复制、可推广工作经验。加强普惠金融理论和指标体系研究，探索建立可操作性强、具有特色的县域普惠金融指标体系，同时充分运用成果，更有针对性地持续推动普惠金融发展。

### 2. 加快发展绿色金融

当前，福建省肩负着为构建生态文明制度探索路径的重要使命，应建立健全绿色金融体系，加快发展绿色金融，切实发挥好生态文明试点改革的示范、突破和带动作用。

（1）推进绿色信贷产品或服务创新。鼓励金融机构加大绿色信贷发放力度，探索建立财政贴息、助保金等绿色信贷扶持机制，明确贷款人的尽职免责要求和环境保护法律责任。大力推广林权、碳排放权、排污权、用能权、用水权、环境服务项目未来收益权、知识产权抵质押融资等创新型信贷产品。支持符合条件的银行业金融机构打造绿色金融集团，建立绿色金融专业化经营体系。完善对节能低碳、生态环保项目的各类担保机制，加大风险补偿力度。充分借助政策性金融机构，通过多种合作模式引导和推动商业银行开展绿色信贷业务。

（2）加快运用资本市场拓展绿色投融资渠道。鼓励企业和金融机构发行绿色债券，对成功发行绿色债券的企业进行贴息，提高企业发行绿色债券的动力。积极探索绿色信贷资产证券化，拓宽绿色项目投融资渠道。鼓励设立各类绿色产业基金，有效利用 PPP 等多元参与模式，撬动更多的社会资本。培育绿色企业上市，利用资本市场融资，有效提高绿色企业直接融资比重，降低融资成本。

（3）积极发展绿色保险。不断完善环境高风险领域环境污染强制责任保险制度，推出土壤污染责任保险，以及绿色材料质量安全责任保险、绿色食品安全责任险等责任险种；拓展对绿色产业提供保障的，如光伏设备、风电设备、新能源汽车、森林保险等传统的财产保险品种；大力发展巨灾保险、环保技术装备保险、绿色企业贷款保证保险、生态农业保险等多种绿色保险险种，更好地满足社会和企业绿色发展的各种需要。

（4）加快建立碳排放权、用能权、排污权交易市场。支持在福建自由贸易试验区开设外汇账户，吸引境外投资机构参与碳交易市场，逐步开展跨境碳交易业务试点。支持海峡股权交易中心统一建设碳排放权、用能权、排污权等交易平台，提升服务水平，打造全国重要的综合性资源环境生态产品交易市场。

3. 积极培育新兴金融业态

福建应积极培育融资租赁、股权投资、科技金融、供应链金融等各类新兴金融业态，推动产业转型升级和供给侧结构性改革，加大对中小微企业的支持力度，服务实体经济。

（1）加快发展融资租赁。引导和规范各类社会资本发起设立融资租赁企业，福州、厦门、泉州、平潭等地发挥各自优势，努力建成融资租赁企业主要集聚地。引导融资租赁企业积极拓展船舶、飞机、汽车、工程机械等融资租赁业务，加大对高端装备制造、电子信息、新能源汽车、节能环保等行业以及基础设施、小微企业、"三农"等领域的资金投放。支持以工厂厂房、仓储用房、商业地产等生产用不动产和软件、技术等无形资产作为租赁物，开展融资租赁业务。大力发展跨境租赁，扩大高端设备进口，提升技术装备水平。鼓励优质融资租赁企业拓展海外租赁市场。努力推进融资租赁服务在公共领域的应用。建立健全融资租赁业运营服务和管理信息系统，促进融资租赁公司专业化发展，探索建立融资租赁产权交易平台。

（2）大力发展股权投资。积极引进各类股权投资企业和股权投资管理企业总部，支持境内外社会资本、企业年金基金、社保基金在闽设立股权投资企业。鼓励银行、证券公司、保险公司、信托公司、基金管理公司等金融机构在闽设立子公司开展股权投资业务。鼓励各类股权投资基金与各类金融机构加强合作，发展投贷联动、投保联动、投债联动等业务模式。建设基金服务平台，集聚各类股权投资基金资源要素，通过项目路演等方式，推动股权投资基金与投资主体、企业项目、行业协会及政府行业主管部门对接。推进股权投资基金所投资项目的股权转让和股权投资基金份额流转，拓宽股权投资基金投资退出渠道。

（3）加速发展科技金融。加快推进银行科技支行、科技保险分公司、科技小额贷款公司等科技专营机构建设，增加科技金融供给主体。在国家级高新区建设科技金融专营机构聚集区，为科技型企业提供多层次、差异化、全覆盖的融资服务，助推福厦泉国家自主创新示范区建设。引导金融机构开展知识产权等无形资产抵（质）押贷款，创新适应科技企业"轻资产"特点的信贷融资产品，探索投贷结合等新融资模式。完善市、区县（市）引导基金合作体系，吸引更多社会资本投资初创期、成长期科技企业。着力打造线上线下一体化的科技金融综合服务平台，促进金融机构与科技型企业精准、高效对接。

（4）创新发展供应链金融。鼓励银行业金融机构发起设立供应链金融专营机构、事业部和特色分支机构。鼓励保险机构在供应链融资业务中稳妥开展各类信用保证保险。支持商业保理公司、融资租赁公司、小额贷款公司、融资担保公司等机构在供应链金融领域发挥差异化作用。鼓励金融机构加强与供应链核心企业的合作，发展订单、仓单、存货、应收账款融资等供应链金融产品，为供应链上下游企业提供融资、结算、现金管理等"一揽子"综合金融服务，支持中小微企业开展应收账款、存货资产证券化等。引导金融机构建立专门的供应链金融产品、风控、考核等制度支持体系，开发适合供应链企业融资特征的信息系统。

（5）增强小额贷款公司和典当行的服务能力。拓宽小额贷款公司融资渠道，加快典当行连锁化经营。小额贷款公司要立足县域基层，按照"小额、分散"原则，充分发挥手续简便、操作灵活、贴近企业的优势，为小微企业、农户、个体工商户提供便捷的融资服务。典当行业要立足主业，深入挖掘行业优势，努力拓宽典当抵押品种范围，积极开发适用小微企业和个体工商户融资的典当产品，进一步发挥典当行业对企业融资的补充作用。加强对小额贷款公司、典当行等机构的规范管理，引导其合理控制贷款利率和服务费用，降低小微企业融资成本。

4. 优化跨境金融服务

福建毗邻台湾地区，是"海丝"核心区，也是全国重点侨乡，海外闽籍华人华侨众多，具有明显的区位优势、侨力资源优势和对台先行先试优势，应加强与台港澳地区、"21世纪海上丝绸之路"沿线国家和地区的金融交流合作，持续推动金融对外开放，优化跨境金融服务。

（1）加快自贸区跨境金融发展。吸引更多的跨国企业选择在福建自贸区内注册成立企业，并充分利用自贸区优势，搭建跨境双向人民币资金池，便利跨境调度资金，提高资金使用效率。支持省内企业从境外股东、集团内关联企业和境外金融机构融入人民币资金，拓宽企业境外融资渠道。积极推动符合条件的企业在境外发行人民币债券，支持将所募集的人民币资金回流境内，帮助企业解决经营资金短缺问题。鼓励兴业银行等借鉴上海自贸区经验，为自贸区内企业提供跨境贸易、跨境投融资、跨境资金管理、跨境集团供应链等专业服务。支持银行机构为自贸区内个人办理经常项下和直接投资项下的跨境人民币结算业务。

（2）推进企业贸易结算便利化。对于存在真实合法贸易基础但无法提供有效货权凭证、运输单据（或收付汇采取预收预付模式）的转口贸易业务，银行可按照"展业三原则"和"实质重于形式"的原则，为企业办理融资结算。为符合条件的企业使用电子单证办理货物贸易外汇收支业务时，银行在遵循"展业三原则"的前提下，可审核其电子单证，提升审核效率。支持银行与市场采购联网信息平台对接，解决市场采购商、供货商等主体在对外贸易中遇到的结算问题。加快推进跨境金融区块链服务平台试点工作，鼓励更多银行参与，积极推进服务贸易、资本支付便利化等新场景应用，进一步提升贸易投资便利化水平。

（3）推进资本项目管理便利化试点。在自贸区福州、平潭片区和泉州金改区、漳州台商投资区内开展台资企业资本项目管理便利化试点。允许试点企业先行使用资本项目结汇资金，无须事前向银行逐笔提供真实性证明材料。试点企业资本项目收入或结汇所得人民币资金可以用于境内股权投资。将试点企业外资外汇登记银行由企业工商注册地拓展到省外汇局辖内所有银行，允许单笔外币外债开立多个外债专户，将外债注销登记由所在地外汇局审核办理下放至外债专户开户银行直接办理。进一步扩大跨国公司外汇资金集中运营试点，便利企业融通资金，降低整体结算及汇兑成本，提升跨境资金运作空间。

5. 规范发展互联网金融

福建应建立和完善监管长效机制，实现规范与发展并举、创新与防范风险并重，促进互联网金融规范有序健康发展，发挥互联网金融支持"大众创业、万众创新"的作用。

（1）推进传统金融转型升级。鼓励传统银行、证券、保险等机构特别是地方法人金融机构转型升级，规范发展互联网金融。引导金融机构与互联网企业深度合作，支持探索利用云计算、移动通信、大数据等技术手段，提供多样化、个性化、精准化的金融产品和服务。拓展互联网金融的服务领域，推动互联网金融在医疗、交通、公共服务等领域的应用。支持金融机构加强对区块链、数字货币等新兴技术的研究探索。

（2）培育互联网金融龙头企业。支持符合条件的企业设立一批有影响力的第三方支付机构、金融服务综合平台等。支持符合条件的互联网企业发起设立或参股商业银行、证券、保险、基金、期货公司以及消费金融、汽车金融、金融租赁等机构，拓宽互联网企业进入金融领域渠道。支持本省电商企业开展供应链互联网金融业态创新，为相关品牌企业提供金融服务。引导海峡股权交易中心等要素交易平台完善平台服务功能，依法合规开展互联网金融业务，为"大众创业、万众创新"提供融资服务。

（3）引导互联网金融集聚发展。推动福州、厦门、泉州等有条件的市、县、区结合自身产业定位，依托本省互联网经济产业园区（含电子商务产业园、软件园、大数据产业重点园区）、中央商务区建设集聚发展互联网金融产业，形成有特色的互联网金融产业集中区，构建互联网金融产业联盟。

（4）强化互联网金融风险防范。支持省互联网基金加大对互联网金融产业的扶持力度。建立互联网金融企业信用信息数据库，设立面向互联网金融领域的征信机构或信用信息平台。探索建立互联网金融公共基础平台和数据共享交换平台。强化互联网金融行业自律，加快建立风险监测、预警、信息通报和应急处置机制，打击互联网金融领域违法犯罪行为。健全互联网金融领域支付安全、信息安全等方面监管制度、技术规范和标准体系。

**6. 鼓励发展适老金融服务**

目前，福建人口老龄化正处于快速发展期，发展适老金融服务刻不容缓，这不仅是深入推进福建经济结构调整，积极应对人口老龄化的重要举措，也是完善福建养老事业的关键渠道。

（1）创新养老金融组织形式。支持有条件的金融机构优化整合资源，提高养老领域金融服务水平。鼓励金融机构将支持养老服务业、发展个人养老相关的金融业务和战略转型相结合，探索建立养老金融事业部制。支持金融机构在符合条件的地区或分支机构组建服务养老的金融发展专业团队、特色分（支）行等多种形式的金融服务专营机构，提升金融服务专业化水平。

（2）积极发展服务居民养老的专业化金融产品。鼓励银行、证券、信托、基金、保险等各类金融机构针对不同年龄群体的养老保障需求，积极开发可提供长期稳定收益、符合养老跨生命周期需求的差异化金融产品。大力发展养老型基金产品，鼓励个人通过各类专业化金融产品投资增加财产性收入，提高自我养老保障能力。加快老年医疗、健身、娱乐、旅游等领域消费信贷、信托产品创新。鼓励银行业金融机构探索住房反向抵押贷款业务。鼓励金融机构积极探索代际养老、预防式养老、第三方付费养老等养老模式和产品，提高居民养老财富储备和养老服务支付能力。

（3）增强老年群体金融服务便利性。鼓励金融机构优化网点布局，进一步向养老社区、老年公寓等老年群体较为集中的区域延伸服务网点，提高金融服务可得性。支持金融机构对营业网点进行亲老适老化改造，加强助老设备、无障碍设施建设，开辟老年客户服务专区，提供敬老服务专窗、绿色通道等便捷服务，为老年客户营造便捷、安全、舒适的服务环境。鼓励银行业金融机构优化老年客户电话银行服务流程。

（4）积极创新养老保险服务。鼓励相关保险公司开发适应本省需求的"以房养老"保险产品。加快发展商业养老保险，支持商业保险机构为个人和家庭提供差异化养老保障，发展老年人意外伤害保险、长期护理保险等商业保险，更好满足群众养老保障需求。

## （二）产业布局

充分利用福建自贸区、厦门两岸区域性金融服务中心、泉州金融服务实体经济综合改革试验区、宁德龙岩普惠金融改革试验区等政策优势，支持地方法人金融机构做强做大，规范发展新兴金融机构，大力发展普惠金融、绿色金融、科技金融等，切实降低融资成本，更好满足人民群众和实体经济多样化的金融需求。加强与"一带一路"沿线国家和地区的金融合作，促进"资金融通"，切实壮大本省金融业整体实力。

### 1. 福州市产业布局

充分利用省会中心城市优势和福州新区、自贸区政策的"虹吸效应"，持续推进"引金入榕"工程，大力发展资本市场，加强政金企战略合作，加大金融精准扶贫，加快金融改革创新，促进金融资源优化配置，提高金融服务实体经济效能。推进金融业集聚，加快发展数字金融、科技金融、绿色金融等各类金融，支持市金控集团、海峡银行做大做强，鼓励金融机构加大对科技创新型企业的信贷支持，大力发展股权投资业。加快培育各类融资租赁主体，积极推广大型制造设备、工程机械、运输工具、生产线等融资租赁服务。进一步发挥对台金融合作创新优势，为产业转型升级和福州新区建设提供强大的融资支撑。

2. 厦门市产业布局

充分发挥经济特区、综改试验区、自贸区和自主创新示范区等多区叠加优势和有利条件，加快两岸区域性金融中心建设，全面实施金融强市战略，健全完善现代金融体系，推进金融改革创新，增强金融聚集辐射能力，提升金融服务实体经济功能，在更高水平上推动金融对外开放，打造特色鲜明、功能突出和具有国际特征的金融科技之城。以全球化视野、国际化高度和未来产业的趋势方向来确立发展定位，全力打造"两区两高地"：金融对外开放先行区、产融结合发展示范区、金融科技发展高地、财富管理创新高地。建设服务两岸、辐射东南亚、连接"海丝"、面向全球的区域性金融中心，有效提升厦门金融服务业国际化水平、国际认同感和国际知名度。

3. 泉州市产业布局

着力打造闽西南协同发展区的"金融服务实体经济示范基地"和"金融创新运营示范中心"，推进"金融+实体产业"双创新，逐步打造国际化、多元化、高效化的金融服务平台。加快发展金融服务产业集群，推进产业金融、小微金融、民间金融、普惠金融、区域资本市场以及对台对外合作金融等领域改革突破，着力建设区域性实体金融服务中心，努力为全国、全省金融改革创造经验。大力发展供应链金融，引导金融机构以供应链核心企业为依托制订集群服务方案。推动金融机构利用互联网、云计算、人工智能、大数据、区块链等技术手段，提供多样化、个性化和精准化的金融产品和服务。着力打造覆盖面广的社会信用体系，持续提升中小微企业信用信息交换共享平台功能，积极推进公共金融服务平台建设。

4. 平潭综合实验区产业布局

依托"实验区+自贸区+国际旅游岛"叠加优势，以打造两岸特色金融集聚区为主要抓手和基础平台，秉持创新的金融理念，发展协调的金融业态，打造绿色的金融生态，拓展开放的金融环境，构建共享的金融平台。建设形成业态比较丰富、门类相对齐全、适应区域发展、协同服务"海丝"的特色金融支柱产业，为建设两岸共同家园和国际旅游岛提供金融服务和资金保障。在持续发展传统金融业的基础上，重点集聚发展互联网金融、股权投资基金和要素交易场所等新兴特色金融，实现"两个带动，一个深化"，即带动传统金融向新金融产业升级；带动产业结构从第一、第二产业快速向第三产业延伸；深化两岸金融合作，突出对台特色。

5. 其他区域产业布局

省内其他地区根据区域经济特点和资源优势，推动金融改革，创新金融产品和服务，加大对主导和特色产业的金融支持力度，提升特色金融产品服务多样性和可获得性，避免同质化发展竞争，推进全省经济金融协调可持续发展。比如，漳州市突出"全面集聚金融资源、服务工业新城建设"主题，组织实施金融资源招商、金融组织壮大、资本市场提升、产融结合创新、金融环境优化五项子行动，促进漳州金融服务业提速做大做强。三明市推动绿色信贷、普惠金融、科技金融创新，积极发展金融仓储、融资租赁，推广"福农贷"系列产品，完善中小微企业和"三农"金融综合服务体系，积极推广沙县"金"改成功经验，统筹推进金融服务乡村振兴发展。

## 五、促进福建省金融服务业健康发展的政策建议

### （一）增强金融机构实力，提升金融产业主体支撑

以服务实体经济为导向，着力健全金融组织体系，增强金融机构实力，强化金融产业主体支撑，打造功能齐全的金融机构"集聚区"。

1. 做大做强法人金融机构

推动本地法人金融机构通过增资扩股、整合重组、引进战略投资者、公开发行上市等方式增强资本实力，完善现代企业制度和市场化经营机制，申请金融牌照开展综合化经营。政府等公共部门采购金融服务、财政资金存款等，优先考虑政府公共资源配给本地法人金融机构。支持本地法人金融机构"走出去"发展，拓展东部沿海、台湾地区及"海丝"沿线等业务市场。

2. 增设持牌法人金融机构

积极填补金融牌照空白，支持境内外知名企业、金融机构在闽发起设立银行、证券期货、保险等各类持牌金融机构，抓紧填补民营银行、汽车金融、专业保险公司、再保险公司等机构类型空白。积极争取各金融机构总部在闽设立资产管理、风险管理、投资银行、直接投资等专业化子公司。鼓励本地符合条件的企业、法人金融机构参与境内外重大金融项目的并购重组并争取总部迁至福建。推动民间资本进入银行业，鼓励民间资本进入证券业、保险业。

3. 充分发挥金融分支机构作用

鼓励各金融分支机构发挥业务渠道等优势，积极争取总部资金业务资源，支持地方经济建设。加强政府与各金融机构总行（总部）业务联络，通过签订战略合作协议、高层定期互访等方式，争取总行（总部）加大对福建本地资源、资金

投入及业务政策倾斜，重点引进总行（总部）级职能中心、业务板块。支持在闽区域分支机构通过跨区域整合资源实现做大做强，实现业务升级和机构升格，增强金融业辐射能力。

### 4. 培育地方金融机构体系

稳健发展小额贷款、融资性担保、商业保理、融资租赁、典当等地方金融机构，鼓励符合条件的优质企业发起设立类金融机构。支持地方金融机构以福建为总部拓展区域及全国市场，推动其与银行、保险、信托、基金等机构合作，提供"投保联动""投贷联动"等创新金融服务。支持符合条件的产业集团申设地方金融机构牌照，为产业链上下游企业提供金融服务。拓宽地方金融机构融资渠道，支持地方金融机构利用境内外资本市场开展资产证券化、发行可转债、开展资产转让等业务。

## （二）强化长效机制建设，激活服务实体内生动能

增强金融机构服务实体经济的内生动力是提升其服务实体经济质效的关键环节。必须坚持市场需求导向，聚焦金融供给结构错配等问题，提高金融自身效率，提升金融服务精准性。

### 1. 深化改革创新

引导大银行下沉服务重心，发挥"头雁"效应，依靠科技优势大力发展智慧金融、场景金融等，重塑金融综合服务生态圈。推动中小银行聚焦主责主业，坚持差异化定位，注重服务区域经济、服务小微企业、服务城乡居民。深化农村信用社改革，加强农村金融的供给力度，提升服务"三农"能力。加大上市后备企业培育和扶持力度，支持更多企业通过境内外、多层次资本市场上市融资。大力拓展公司债、企业债、银行间市场债及私募债等债券融资。引导保险公司回归本源，针对不同类型的民营、小微、制造业企业适当放宽承保条件，给予保险费率下降、缩小免赔额等优惠措施。发挥开发性、政策性和商业性金融机构作用，完善融资对接机制和风险保障，撬动更多金融资源投入"一带一路"建设、自贸区建设、两岸经济合作等领域，支持福建企业"走出去"实现高质量发展。

### 2. 强化内部控制

引导金融机构把党的领导融入公司治理，强化公司治理和股权管理，建立健全有中国特色的金融机构公司治理结构。加强风险管理和内部控制，优化制度流程，严控贷款用途和资金流向，严禁向不符合国家产业政策导向的行业、领域实施授信，支持科技创新、先进制造，引导金融资源更有效地流向实体经济的关键领域。

### 3. 完善尽职免责和容错纠错机制

推动银行业金融机构强化正向激励机制，增强尽职免责制度的针对性和可操作性，明确尽职标准，细化免责情形，向重点行业、重点领域贷款倾斜配置人员和经费，适当提高小微企业不良贷款比率风险容忍度。引导保险、证券等金融机构健全激励约束机制，加强商业盈利模式创新和金融产品创新，打造金融品牌。

### 4. 加大金融人才的引进和培养力度

加大引进高层次金融人才工作力度，在住房落户、税收优惠、医疗保障、子女入学、出入境管理等方面给予扶持。依托本外地知名高校师资力量，推进金融特色学科建设、专业资格认证和专业人才联合培养。建立与金融监管部门、金融机构总部以及金融发达地区之间的人才交流学习机制。鼓励金融机构设立博士后工作站、实习实践基地，创新金融人才培养模式。常态化开展金融从业人员综合管理能力、风险防控技能、一线专业技能授课培训，大力培养实战型、复合型金融人才，打通金融人才向上成长通道。加强与国际华人华侨金融人才联络，为引进闽籍金融人才回乡创业就业提供优质条件。

## （三）扩大金融对外开放，提升国际化发展水平

把握建设"一带一路"和两岸融合发展的重大机遇，积极、有序推进福建扩大金融业对外开放，进一步积极利用外资，实施更加积极主动的开放战略，为完善福建现代金融服务体系、推动经济高质量发展提供有力支撑。

### 1. 深化闽台金融交流合作

深入推进在闽台资企业资本项目管理便利化试点，持续优化服务流程，促进跨境投融资便利化。做大跨境人民币贷款、跨境双向发债、跨境双向资金池等业务规模，扩大人民币结算代理清算覆盖面。支持台资企业在闽设立股权投资类企业、融资担保公司、融资租赁公司、商业保理公司、典当行等金融组织。支持在闽台资企业在大陆上市或挂牌，推动两岸保险业在资金运用、离岸保险、防灾理赔、产品研发等领域资源共享和业务合作。积极出台有利于台胞在大陆就学就业生活的金融政策，进一步便利台胞在大陆学习和工作。

### 2. 落实放宽金融业外资准入政策

按照国家金融开放时间表和路线图，放宽金融外资准入限制，重点引进世界500强金融机构以及"一带一路"沿线国家和地区金融机构。支持已在闽设立的合资银行金融机构提高外资股权比例，鼓励在闽信托、金融租赁、消费金融、证券、期货、保险等领域引入外资，支持外资在闽参与设立、投资入股商业银行理财子公司及金融投资、汽车金融、货币经纪、第三方支付、保险经纪、保险资产管理、养老金管理等公司。

### 3. 推动区域金融市场更高层次开放

支持在闽外资银行分行争取管理行授权，开业即一并申请人民币业务，开展衍生产品交易、代理债券发行兑付及承销等业务。支持外资机构、境外机构投资者通过在闽金融机构进入银行间债券市场，开展相关交易业务。积极探索对外商投资实行准入前国民待遇加负面清单的管理模式，在闽打造跨国公司总部经济和资金结算集聚地。完善离岸账户体系及管理机制，逐步构建"内外分离型"离岸金融中心。

### 4. 打造"海丝"金融服务基地

争取各银行、保险等金融机构总部支持，授权在闽分支机构作为"一带一路"业务管理总部，打造对外拓展业务的窗口。做大做强人民币结算代理清算规模，进一步拓展"一带一路"沿线合作国家和地区范围，充分发挥福建在参与人民币国际化进程中的作用。引进相关行业龙头企业通过福建拓展面向"一带一路"沿线的现代化、国际化支付结算业务。推动加快组建专业保险公司，探索参与"一带一路"国际保险再保险共同体和投资共同体建设。

## (四) 优化金融发展环境，助推金融业持续健康发展

充分利用各级政府和相关职能部门的优势资源，加快构建多层次、广覆盖的金融服务体系，促进金融资源在供需双方之间更加公平有效流转。

### 1. 完善跨部门协调联动机制

深化与法院、财政、工信、税务、工商联等相关部门及单位的联动协调，完善福建银行业、保险业服务民营企业跨部门联席会议机制，着力打造机制灵活、突出实效的横向联动平台，逐步解决银保企共同聚焦的难点问题，助推民营、小微企业发展。

### 2. 加强信用体系建设

加快建设由省级、设区市公共信用信息平台和行业信用信息系统纵横联通的福建省公共信用信息系统，构建全省信用信息资源共享平台，形成共享、智能、全面、规范的信用体系，并健全守信激励和失信联合惩戒机制，为建设良好金融生态环境创造条件。深化金融机构与税务、市场监督管理、海关、科技、知识产权、会计师事务所等部门（机构）的信息资源对接整合，打通数据"孤岛"，降低交易成本，提供征信和增信的"一站式"服务。

### 3. 优化风险分担和补偿机制

积极推动银行业金融机构与融资性担保机构的业务合作，在依法合规、风险可控的前提下，适度降低授信门槛，简化授信程序；疏通合作渠道，按照"利益共享，风险共担"的原则，结合担保费率和银行利率来灵活确定风险分担比例。

推动小额贷款保证保险业务发展，优化风险共担、风险补偿金使用机制，提高产品适应性。

### （五）加强金融风险防控，营造金融稳定发展环境

金融风险防控关乎金融稳定、国家安全，与服务实体经济相辅相成，对深化金融供给侧结构性改革具有至关重要的作用，因此必须牢牢守住风险底线。

1. 防范化解重点领域风险

加强企业信贷信用风险、互联网金融及各类交易场所风险、房地产金融风险、"影子银行"风险、上市公司股权质押风险等重点领域金融风险防控，防范在处置风险过程中产生的次生风险。严格金融风险源头管理，严把准入关口，坚持金融机构及业务持牌经营，落实风险防控主体责任。强化公众金融知识宣传教育，增强群众识别和防范能力。

2. 提升风险防范化解能力

推动金融机构主动适应新经济特性，推动科技赋能、创新赋能，借助人工智能、大数据、云计算、区块链等现代信息技术手段，完善数字风控技术，提高企业信息获取和分析能力，丰富尽职调查渠道，构建实体企业融资信用评级指标体系，有效降低信息不对称风险。

3. 加强地方金融法治建设

加快制定出台地方金融监管条例，填补部分地方金融监管法律空白，理顺地方金融事权，解决地方金融监管授权缺位、手段缺失、有效性不足等问题。加强金融司法体系建设，完善府院常态化沟通机制，确保金融案件信息及时共享，设立互联网金融法庭，构建适应开放型经济发展的金融司法体制机制，提升金融审判效率和专业化水平。

### （六）推动金融监管能力升级，不断提升监管工作效能

金融监管工作必须进一步深化对金融本质和规律的认识，找准金融创新与风险管控的平衡点，理顺监管逻辑，加强监管能力建设，持续提升监管有效性。

1. 积极创新监管方式

不断完善监管工具箱，健全监管机制，提升非现场监管、现场检查的信息化、科技化水平。科学分析企业融资难、融资贵问题的症结所在，注重从资本约束、流动性管理、风险准备等方面入手，将服务实体质效与金融机构的经济利益紧密挂钩，更好地将监管的外在约束转化为金融机构经营的内在动力，从根本上提高政策执行力。

2. 丰富金融监管技术手段

完善金融风险预警系统功能，实现苗头性、趋势性风险及时预警，助力对金

融风险事件打早打小。制订完善突发性风险应急处置预案，建立健全恢复与处置计划制订，明确对问题机构接管、管理、撤销、破产处置程序和机制，推动问题机构有序退出。构建包括法律约束、行政监管、行业自律、机构内控、社会监督五位一体的金融监管体系。

3. 加大市场乱象整治力度

强化"严监管"导向，围绕公司治理不健全、"影子银行"和交叉金融产品风险、侵害金融消费者权益等重点领域、重点环节，开展全面评估和监管检查。严肃处罚问责，对屡查屡犯、重大案件、严重违法违规、恶意冲击监管底线的从严从重处罚，提高违法成本。

# 第四节　信息服务业发展研究报告

随着"数字福建"和"互联网+"建设的深入推进，技术进步和产业格局变化正孕育着新一轮重大变革，为福建省信息服务业创新发展、突破提升带来了难得的发展机遇。"十三五"时期，福建省加快软件产业与工业深度融合，深入实施产业龙头促进计划，加快培育新模式、新业态，建设完善软件产业生态体系，产业整体竞争力进一步提升。

## 一、2016～2020 年福建省信息服务业发展总体情况

### （一）2016～2019 年信息服务业发展回顾

2019 年，福建省数字经济增加值突破 1.7 万亿元，占地区生产总值比重超过40%。其中，数字政府服务指数位居全国第一。① 在"数字福建"的带动下，福建省信息服务业继续保持着良好的发展态势，产业规模不断扩大，使其优势产业的地位逐渐稳固。

1. 产业整体规模快速增长

2015～2019 年，福建省信息传输、软件和信息技术服务业由 2015 年的 555 亿元上升至 2019 年的 944 亿元，已是"十二五"年末的近 1.7 倍，年平均增长率超过14.2%，预计到"十三五"收官之年 2020 年，保守估计信息传输、软件和信息

---

① 刘立菁，谢毅梅. 关于完善福建数字经济发展环境的政策建议［J］. 发展研究，2020（6）：69-79.

技术服务业产值可达 1078 亿元。[①]

到 2019 年，计算机、通信和其他电子设备制造业、电子信息产业工业增加值年增速达 12.0%，在规模以上工业 38 大行业中居第 6 位。[②] 新经济领域服务业加快发展，规上互联网平台营业收入增长 39.9%。电信业务主营收入已达 3234.74 亿元，比上年增长 37.3%。[③]

2. 骨干企业实力显著提高

2019 年，福建省骨干企业逐步壮大。在智慧水务领域，以智恒科技为代表的一批信息服务业企业脱颖而出，位于全国前列。在集成电路领域内，三安光电快速发展，已成为国内半导体和集成电路龙头企业之一。在互联网产业中，四三九九、美图、吉比特、美柚、翔通动漫上榜"中国互联网企业百强"。在物联网产业中，上润公司、新大陆集团、福光股份、厦门信达等企业引领福建省传感技术领先全国，厦门雅迅、星海通信等企业形成福建省物联网数据采集传输产业核心。中国电子信息行业联合会发布的 2019 年电子信息百强企业中，福建省有 3 家企业入选。入围企业最低主营业务收入接近 70 亿元，比上届提高近 17 亿元。

3. 基础设施投资力度持续加大

2019 年信息服务业的固定资产投资额为 429.9 亿元，同比下降了 14.1%，是 2015 年的 1.34 倍，占服务业固定资产投资额的 2.3%（见图 2-16）。

**图 2-16　2015~2019 年福建省信息服务业固定资产投资额与增速**

资料来源：福建省统计局；2015~2019 年《福建省国民经济和社会发展统计公报》。

在第十七届中国·海峡创新项目成果交易会上，福建省共对接合同项目 7106

---

① 2016~2020 年《福建统计年鉴》。
② 《2019 年福建省国民经济和社会发展统计公报》。
③ 《福建统计年鉴 2020》。

项，总投资 1786 亿元。科技特派员制度深入实施，乡镇覆盖率达到 100%。在成功举办第二届数字中国建设峰会后，福建省获批设立国家数字经济创新发展试验区，5G 商用正式启动，人工智能双百工程顺利实施，数字经济规模约 1.7 万亿元。①

此外，作为全国社会信用体系建设的一项国家级重要基础设施，全国中小企业融资综合信用服务平台已于 2019 年落户福建，能够有效缓解中小企业融资难的问题。

4. 人民群众的获得感不断增强

2019 年末，福建省信息运输、软件和信息技术服务业私营单位从业人员平均劳动报酬达到 81306 元，同"十二五"期末相比，增长 17570 元。非私营单位从业人员平均劳动报酬已超过 12 万元，是 2015 年的 1.5 倍（见图 2-17）。根据福建省统计年鉴显示，2015~2019 年，信息运输、软件和信息技术服务业非私营企业从业人员年均劳动报酬居全行业第一位，该行业私营企业从业人员年均劳动报酬稳居全行业第二位（见图 2-18）。

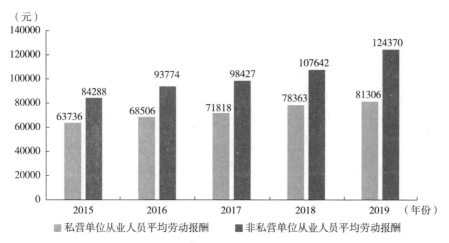

**图 2-17 2015~2019 年福建省信息运输、软件和信息技术服务业从业人员平均劳动报酬**
资料来源：2016~2020 年《福建统计年鉴》。

此外，移动流量平均资费较 2015 年底下降超 95%。APP 侵害用户权益专项整治行动纵深推进。全国行政村通光纤和 4G 比例均超 98%，有力支撑乡村振兴和脱贫攻坚工作。

———————————

① 《福建统计年鉴 2020》。

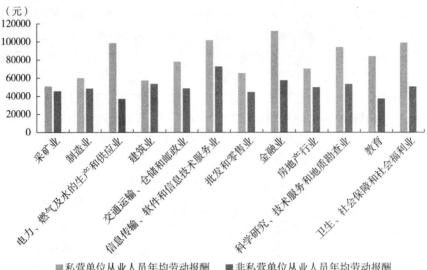

**图2-18 2015～2019年福建省从业人员年均劳动报酬**

资料来源：2016～2020年《福建统计年鉴》。

### 5. 自主创新能力增强

经过2015～2019年的努力，福建省高成长企业达406家，全年新增高新技术企业700家，每万人发明专利拥有量11.1件，增长12.8%。2019年，第十七届中国·海峡创新项目成果交易会共对接合同项目7106项，总投资1786亿元。实施数字经济领跑行动，成功举办第二届数字中国建设峰会，获批设立国家数字经济创新发展试验区，5G商用正式启动，人工智能双百工程顺利实施，数字经济规模约1.7万亿元。此外，福建省试验区创新探索实践入选十大"2019中国改革年度案例"。①

### 6. 闽台产业合作加强

2019年，友达、冠捷、捷联等一批重点企业年营业收入超百亿元人民币，联芯集成电路、古雷炼化一体化等一批重大项目先后落地福建。同年5月，国台办、工信部联合批复福建省设立海峡两岸集成电路产业合作试验区，为福建推进闽台集成电路产业合作提供了更好的平台空间。与此同时，福建还实施新一轮促进龙头企业改造升级行动计划，新一批台资重点企业列入福建省级龙头企业，推动台资重点企业进一步发挥龙头带动作用，带动上下游企业集聚发展。

---

① 郑腾. 关于福建省2019年国民经济和社会发展计划执行情况及2020年国民经济和社会发展计划草案的报告［N］. 福建日报，2020-01-22（5）.

## （二）2020 年 1~9 月福建省信息服务业发展基本情况

2020 年 1~9 月，虽然发生了新冠肺炎疫情，但福建省信息服务业继续保持良好发展态势，产业规模不断扩大，投融资速度加快，创新性成果不断涌现，逐步成为主要增长点。

（1）产业规模继续扩大。2020 年前三季度福建省实现地区生产总值 31331.55 亿元，同比增长 2.4%。就服务业而言，规模以上服务业企业实现营业收入 3199.64 亿元，同比增长 3.8%。其中，生产性服务业增势较好，科技服务业营业收入涨幅 17.2%，位居第二；信息服务业位居第四，营业收入增长 6.7%。[①]

（2）资本市场表现活跃。截至 2020 年 9 月初，新三板共有 8402 家挂牌公司，福建省共有 296 家新三板企业。而其中市值 100 强的企业中，软件和信息技术服务业企业共有 11 家，互联网和相关服务业企业有 9 家，在全行业分布中分别位列第一、第二（见图 2-19）。

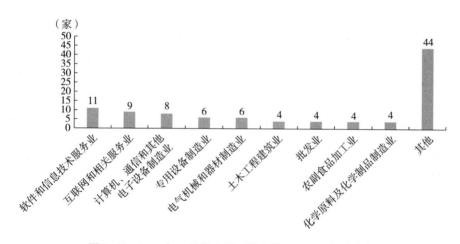

**图 2-19  2020 年 9 月福建新三板企业 TOP100 行业分布**

资料来源：王思宇.2020 年 9 月福建新三板企业市值 TOP100 星源农牧 63 亿元居第一［EB/OL］.http：//wabei.cn/Home/News/143497.2020-10-07.

（3）信息服务业领域取得创新性成果。在第三届数字中国建设成果展览会上，福建省经济信息中心承建的"闽政通 APP""八闽健康码""网上办事大厅""数据中心整合"等项目建设成果亮相数字福建展区。在新冠肺炎疫情防控最紧要的

① 福建省经济信息中心.2020 年前三季度福建经济运行情况［EB/OL］.http：//tjj.fujian.gov.cn/xxgk/tjxx/jjyxqk/202010/t20201023_5421664.htm.2020-10-23.

关头，福建省依托"闽政通 APP"于 2020 年 2 月 14 日研发上线覆盖全省的防疫健康码——"八闽健康码"，通过互联共享人员健康状况、个人行程记录数据等实时信息，采用后台大数据在线自动比对校验个人防疫健康信息。10 月 23 日，2020 政府信息化大会在北京召开，福建省经济信息中心负责建设的闽政通"八闽健康码"荣获"2020 公共安全与应急管理信息化创新奖"。

## 二、福建省信息服务业发展存在的突出问题及面临的挑战

近年来，尽管福建省信息服务产业总体发展良好，取得的成绩令人振奋，但是在信息产业快速增长的背后，还存在一些突出的问题。

### （一）企业创新能力亟待提升

福建科技创新能力居全国中游，短板主要体现在高水平科研机构不足、研发投入强度偏低。在高水平高校规模、科技企业孵化器、研发（R&D）投入占比、创业创新载体等领域，福建省科技原始创新能力都还有巨大的提升空间。

在福建省信息服务业的发展过程中，占据数量优势的是中小企业，它们的科技创新能力很大程度上受限于企业的研发基金，中小企业融资困难致使其创新能力无法取得突破性进展。虽然近年来福建省龙头企业实力显著提高，但是与较发达地区相比，龙头企业的基础研发能力还是存在较大差距的。关键核心技术和产品对外依存度大，产业链核心环节的协同创新能力有待增强。特别是处于微笑曲线两端的高端软件产品和高端软件服务等方面尚未形成竞争力。

### （二）复合型人才缺乏

信息服务业是典型的对中高端人才需求较大的产业，而该行业今后的发展方向是多产业融合发展。这就意味着，信息服务业对人才的要求不仅仅停留在其专业化水平上，还要求中高端人才需要具备部分跨领域的综合知识。

现阶段比较突出的问题是，高校人才培养质量与实际需求存在较大的差距。高校的传统教育模式很难培育出同时具备实操能力和多学科知识的高端技术人才，而高校转型需要一定的时间。另外，人力资源稀缺的问题仍然存在。福建重点高校数量偏少，与北上广等信息产业发达地区存在明显差距，教育资源分布不均直接导致了人力资源分布不均。

### （三）信息服务业处于产业链低端

福建信息服务业在企业规模、产品结构等方面已经取得较大的提升，但依然处于产业链低端。一方面，中小企业仍占据着福建省信息服务业的半壁江山。而

中小企业普遍存在着规模小、资金和人才不足、抗风险能力差等问题。为了获取短期利润，这些企业承接的项目技术含量偏低，成本高，长期利润薄弱，可持续发展能力差。另一方面，电子信息产业上游薄弱，供应链体系掌控水平不够。核心半导体制造、软件受制于人，随着国际贸易争端的加剧和全球疫情持续蔓延，可能会给我国信息产业发展带来不利影响。这种低层次的信息服务限制了其业务空间和利润空间的提升，不利于整个行业整体实力的提升。

### （四）中小企业发展资金不足

福建信息服务业内，有相当一部分企业属于科技型中小企业。这些企业往往以技术起步，但其内部资金不足。中小企业融资难的问题就直接导致了企业后续发展动力不足。

中小企业融资困境的核心在于高风险导致高交易成本，这与现有金融体系服务中小企业能力不够、商业金融机构动力不足有紧密关系。一方面，融资风险的存在阻碍有效市场形成。企业在融资的过程中，风险不是消失而是转移。此时通过风险交易市场即可完成风险配置，但现阶段风险交易的低效直接导致融资交易的无效率。另一方面，中小企业融资风险无法有效地识别和配置，所造成的其金融环境的缺失直接导致高融资交易成本，中小企业融资难上加难。

### （五）产业政策实施不畅

产业政策的制定主要是政府官员和专家参与，地方政府、企业、行业组织参与程度较低，制定政策的科学性不足。地方政府通常需要根据本地的实际条件，有选择地执行国家产业政策。政策实施还缺乏一套科学严谨的激励约束、评估机制、退出机制。另外，产业政策法治化程度不高，缺少体现法律权威的责任制度作保障。这些外在因素给政策的落实和实施带来了一定难度，阻碍了政策的顺利执行，破坏了政策的延续性，制约了产业的健康发展。

## 三、福建省信息服务业的发展趋势

### （一）政策利好驱动信息服务业快速发展

近年来，推动信息技术服务业发展的利好政策连续出台，成功推动着行业持续增长。"十三五"期间，福建先后研究并出台了《福建省加快5G产业发展实施意见》《福建省新一轮促进工业和信息化龙头企业改造升级行动计划（2018—2020年）》《福建省人民政府关于深化"互联网+先进制造业"发展工业互联网的实施意见》等重要政策措施。此外，还设立了产业发展专项资金以及人才培养专项资金。信息服务产业发展的制度环境不断优化，必将推动信息服务产业持续健康快速发展。

## （二）产业集聚效应逐步显现

"十三五"期间，福建省加大了省市级数字中心、产业园、软件园的建设力度。目前数字福建（长乐）产业园、数字福建（安溪）产业园、福州软件园、厦门软件园、马尾物联网基地、泉州芯谷等重点产业园发展势头良好。其中，以数字福建（长乐）产业园将集聚发展千亿级的信息化高端产业为代表，力图将福建产业园打造成为全国数字经济示范区。

同时，一批与数字经济发展相关的平台加快落地建成。福州在全国率先出台《健康医疗大数据资源管理暂行办法》的基础上，启动建设国家健康医疗大数据平台和安全服务平台。全省一体化的数字福建大数据中心和行业数据资源分中心启动并已初步汇聚共计14亿条数据记录和文件。首批27个数字福建大数据研究院（所）已展开建设。

这一系列的举措，推动着福建省信息服务产业集聚效应逐步显现。

## （三）新一代信息技术深度渗透传统产业领域

大数据、云计算、人工智能、物联网等新兴信息技术应用已经成为引领各领域创新不可或缺的重要动力和支撑。传统产业在与互联网融合的过程中，探索新的发展空间，产业数字化、数字产业化的趋势越来越明显。

通过今后产业数字化平台，发展工业互联网的建设，传统工业、制造业中生产者和消费者的关系将会发生转变，其商业模式和产品服务将会升级，实现智能化、平台化、品牌化发展，让消费者能够参与制造业的生产环节。大力发展工业互联网平台，实现消费者与生产者无缝对接，促进产业链整合和价值链优化，发展先进制造。传统批发和零售业将以新兴信息技术应用为基础，推动经济活动由线下到线上的转型，实现产业上下游在线上的无缝衔接、配合联动，倒逼供给侧结构性改革，此时，不再局限于强调产品的功能性，而更多地重视消费者体验。

## （四）先进制造业与现代服务业深度融合

福建是制造业大省，制造业在稳定就业、拉动投资、带动出口、提升消费等方面发挥不可替代的作用。

近些年，福建省提出，要继续推进先进制造业加快与现代服务业深度融合。发挥泉州、厦门国家服务型制造示范城市引领带动作用，继续培育省级服务型制造示范企业，加快总集成总承包、个性化定制、在线支持与诊断、全生命周期管理、整体解决方案等融合发展新模式的推广应用；支持工业设计中心建设，培育创建省级工业设计研究院，推动制造业向产业链两端延伸。积极创建省级示范物流园区，持续实施物流园区提升工程包，推进物流标准化试点。大力发展平台经济，培育一批商品现货交易网络服务平台。随着先进制造业的高级化发展和现代服务业的渗透性发展，必将使福建经济发展方式加快转变，进而快速提升福建信息服务业发展水平。

# 四、福建省信息服务业发展重点及产业布局

福建省积极探索"福建路径"，立足于本省信息服务的产业结构特点和独特的区位环境优势，重点发展 IC 设计、软件服务、信息安全、动漫游戏等产业，加快在传感器与物联网终端产业、智慧社会、大数据、区块链、5G 等领域开展前瞻性布局，形成地方特色和区位优势的软件产业。努力增强福建信息服务业产业在全省经济中的支撑作用。

## （一）重点产业

### 1. 集成电路设计产业

福建省集成电路发展的重点，应放在移动智能终端芯片、移动通信芯片及光通信芯片的研发与产业化上。

（1）依托福州软件园、厦门软件园等载体，开发设计需求量大、市场面广的多媒体芯片、移动智能终端芯片、数字电视芯片和网络通信芯片。

（2）加快发展基于新业态、新应用的信息处理、传感、新型存储等关键芯片。推动成立集成电路设计与应用解决方案联合研发中心。跟踪基于量子计算的芯片研究。

（3）进一步优化完善集成电路产业发展环境，加强产业链上下游协同创新，加强知识产权保护，促进要素资源的自由流动，营造公平公正的市场环境，推动集成电路产业的健康发展。

### 2. 软件服务

福建省以加快软件产业与工业深度融合为主线，准确把握新时期软件和信息技术服务业网络化、服务化、平台化和融合化的发展趋势，充分发挥本省软件产业特色优势。以嵌入式软件、工业控制软件、工业安全软件、工业 APP、工业数据库等为重点领域。

（1）培育壮大产业基础。支持工业企业通过主辅分离、投资入股、自主创新等多种形式发展工业软件，支持软件和信息技术服务企业大力发展工业软件。积极引进和支持国内外知名工业软件企业及研发机构来闽投资。

（2）开拓工业软件市场。推广和应用具有自主创新技术的首版次工业软件，并且支持工业软件企业参与省外公开招标。对于省内工业企业选用省内工业控制系统、工业数据库、集成电路芯片及智能化仪器仪表等工业软件或自行研发工业应用软件进行改造升级。

（3）推进福建省智能制造工业软件公共服务平台建设，支持有条件的设区市建设专业的工业软件公共服务平台。支持企业建立面向行业的工业软件工程中心和企业技术中心。

### 3. 游戏动漫产业

支持福州、厦门等地动漫产业集聚发展，打造动漫公共技术研发中心和动漫游戏版权交易等公共服务平台。推动动漫内容创作、形象设计、版权交易的发展，培育拥有自主知识产权、具有较强影响力的动漫形象和品牌。支持原创动漫游戏产品出口，扶持一批掌握核心技术的内容提供商和服务运营商开拓国际市场。

（1）重点提升企业的高端制造能力和自主创新能力，同时加强企业间的合作。一方面，可以采用强强联合的方式组建动漫游戏集团企业；另一方面，要充分发挥以福建网龙为代表的骨干动漫企业的带动作用，与具有不同特长的中小动漫游戏企业组成产业联盟，充分发挥群体优势。

（2）为适应手机动漫游戏新业态的发展，动漫企业应加强同互联网、移动互联网动漫游戏运营平台开展业务合作，并逐步完善福建省游戏产业基地建设。

（3）继续推动动漫游戏产业与鞋服、食品、旅游等福建优势传统产业跨界融合发展，创新营销方式，拓展产品市场，打造一系列动漫衍生品产业链。

### 4. 大数据应用

数字经济时代，数据就是新的生产要素。大数据在经济发展、社会治理等方面的应用，成为福建省今后的发展方向。福建发展大数据应用重点在于加快技术研究，深化大数据应用服务，加快大数据产业集群的建设。

（1）促进大数据技术与服务创新。着力构建自主可控的大数据产业链、价值链和生态系统，以数据为纽带促进产学研协同创新和开源社区开放创新。

（2）加快数据存储、清洗挖掘分析、自然语言理解等大数据技术研发；支持发展分布式文件系统、海量存储数据库、搜索引擎、数据挖掘、数据可视化、数据安全保障等基础软件。

（3）发展大数据技术外包和知识流程外包服务，开发行业应用模型，培育数据采集、分析、运营等新业态，探索发展数据流通交易新兴服务。

（4）支持产业园联合省内优势企业打造国家级大数据智库，推动省电子信息集团组建大数据交易中心，争取建成大数据流通与交易技术国家重点工程实验室。

5. 传感器与物联网终端产业

福建省物联网产业发展的关键在于关键技术的突破、物联网产品的规模化应用以及物联网产业基地的建设。

（1）围绕信息通信、汽车电子、医疗电子和工业电子应用领域，大力发展高性能、低成本、低功耗传感产品。支持物联网园区基地、产业联盟、技术研发等公共平台建设。

（2）加快发展物联网感知产业，加强与窄带物联网标准制定及芯片设计龙头企业合作，推进高精度传感器、智能仪器仪表等技术研发与模式创新，建设物联网云创新中心。

6. 5G 服务

5G 是一个崭新的平台，它大大突破了传统信息通信领域的范畴。目前 5G 进入了发展的关键阶段，应用推广是当前工作的重点。

（1）继续夯实网络在 5G 发展方面的"主力"地位。适度超前部署 5G 网络，形成"以建促用"的良性模式。加快推进 5G 共建共享和异网漫游，打造资源节约、运行高效的 5G 网络。

（2）坚持市场在 5G 应用创新方面的"主导"作用。抓住 5G 在网络教育、在线医疗、远程办公等方面的发展机遇，以丰富 5G 应用场景。充分调动各行业应用 5G 的积极性，积极探索可复制、可推广的商业模式，打通 5G 与各个行业的应用通道。泉州九牧厨卫的 5G 应用项目、厦门"5G+智慧港口"工程、柒牌服装的智能生产线等就是很好的模式，值得后续发展推广。

（3）充分发挥各个地方、各级政府的政策红利，鼓励各个地区因地施策，结合各地的产业优势和数字化转型需求，将 5G 的发展迅速转化为支持经济高质量发展的关键动力。

（4）形成全球 5G 合作共赢的"主流"认识，继续加大国际合作力度，广泛开展 5G 技术、产业、应用等方面的合作，持续推动 5G 应用创新，促进形成新的经济增长点。

7. 智慧产业

智慧产业作为"互联网+卫星应用"的典型代表，正在蓬勃兴起。为继续推进智慧产业的发展，需要把以下几个方面作为着力点：

（1）加快基础设施的建设。推广以卫星产业为依托的宽带网络接入系统。特别地，要逐步提升卫星产业在互联网网络接入、卫星电视、卫星电话等服务中的应用质量，推进宽带城市、乡村全面覆盖。

（2）加快提升智慧产业在卫星导航、通信、遥感等方面的技术水平，继续推进智慧城市、智慧政务、智慧林业的建设，努力开拓智慧能源板块，重点把握在社会治理领域的新机遇，加快在健康养老、旅游等领域催生新业态、新模式。

8. 区块链产业

区块链的"诚实"与"透明"的特点，为今后解决信息不对称、创造信任奠定基础。福建省区块链技术还在起步阶段，今后发展的关键在于，要推进区块链的技术融合，深度挖掘区块链技术的价值。

（1）加强与区块链优质企业的交流与合作。继续挖掘区块链技术价值，鼓励企业加入开源社区，利用国际开源技术资源进行再创新，推动区块链在社会治理、资产管理、公示公证、社会救助、知识产权、工业检测存证等领域的应用。

（2）抓住区块链技术融合、功能拓展、产业细分的契机，发挥区块链在促进数据共享、优化业务流程、降低运营成本、提升协同效率、建设可信体系等方面的作用。

## （二）产业布局

福建省信息服务业分布，以福州、厦门、泉州、莆田为中心，向周边地区辐射。其中，福州作为"数字福建"的发源地，把控着福建数字经济发展的主要方向。

（1）福州片区。以数字大项目为切入点，打造一批具有较强区域竞争力的产业集群，继续提升福州"互联网+"服务水平。重点在推进大数据中心、区块链经济综合试验区、人工智能超算平台建设。

（2）厦门片区。以促进工业数字化转型升级为核心，重点在推动区块链、物联网、大数据与人工智能、5G 等新兴数字产业发展，打造千亿规模的计算机与通信设备产业链群。依托智慧城市整体规划，主要推进政务、民生、生态等领域的数字平台建设。

（3）漳州片区。重点在发展工业互联网、工业数字经济、基础赋能平台、行业特色平台、工业数字化服务平台，推动企业"上云上平台"。智慧社会服务在多个民生领域先后建成使用，让智慧生活成为新常态。

（4）泉州片区。重点在推进制造业数控化智能化改造，发展电商平台经济以及动漫产业，打造一批具有较强创新实力和竞争力的产业集群。在鼓励民间资本投入科技创新和传统产业转型升级等方面，继续发挥典范作用。

（5）三明片区。发展重点应放在推动传统产业数字化上，特别是要着力构建以互联网、大数据、物联网等新一代信息技术为创新驱动力量的传统优势产业集群，继续推进"互联网+"区域化链条化试点。巩固提升"三医联动"改革成果，稳步推进电子政务公共应用。

（6）莆田片区。重点在创建具有莆田特色和竞争优势的平台产业，着力于创新政府背书、国企领衔、跨界融合、行业联盟参与平台运营模式。加快建设电子信息"一中心两基地"、网格化服务平台和基于城市服务交付总线的社区综合应用窗口。

（7）南平片区。将数字信息产业作为重点培育发展的七大绿色产业之一，重点打造以延平区和武夷新区为基本构成的南北两翼数字经济发展核心区，协同推动数字经济新业态。

（8）龙岩片区。实施"互联网返乡工程"，基于工业互联网平台，重点开展工业大数据处理、生产设备健康管理、工业产品远程运维等方面的应用。拓展"互联网+金铜产业"区块链试点，建设推进数字矿山、智慧工厂、产业链协同服务平台等示范工程。

（9）宁德片区。统筹构筑"沿海先行山区延伸多点衔接"的产业发展格局，打造信息服务业发展新兴区域。运用"互联网+"思维，推进特色数字农业助力农村精准扶贫，对接省集成电路和光电产业集群、软件和信息技术服务产业集群，促进数字经济与实体经济深度融合。

（10）平潭片区。大力推进智慧岛建设，打造两岸协同数字经济创新基地。推进社会治理一张网、智慧联动一平台、指挥调度一中心、热线服务一号通建设，形成统一网络化服务管理体系和信息化资源共享体系。继续完善"台陆通"APP应用场景的建设，发挥好闽台交流合作的桥梁作用。

## 五、促进福建省信息服务业健康发展的政策建议

### （一）加快基础设施建设

（1）探索"5G+"应用服务新模式。以"技术试验、应用拓展"为主线，以应用服务为导向的发展模式，在地方特色产业中深度挖掘5G应用需求，形成试点应用案例，培育一批可推广、可复制的行业应用新标杆。

（2）建设工业互联网网络架构体系。构建人、机器、物料三者之间互联的网络结构，打通数据链，提高企业的数据分析和管理能力。组建工业大数据研究中心，加强平台型基础设施的建设。

（3）加快省市级工业园区、数字中心的审批和建设的步伐。合理利用规划用地，鼓励将闲置用房先行改造为产业园区。完善工业园区内相关制度和体制机制的建设，加快公共设施智能化转型。

## （二）强化人才保障力度

（1）培育信息服务实用性人才。鼓励工业企业联合高校开展信息服务业复合型人才的培养，支持相关院校开设信息服务业课程，增设信息服务相关的专业，积极推选一批国内外高水平的专家、学者作为专业培训课程的主要带头人。鼓励省内工业龙头企业与高校或培训机构合作，加强面向国产信息服务产业的实训，建立人才培养和实训基地，加强技能型人才培训和职工在岗、转岗技能培训。完善信息服务业人才培养机制，提升人才专业化水平。

加强闽台人才信息的交流合作，鼓励海峡两岸联合建立职业技术标准，开展闽台职业资格互认，共同培养和发展高技能专业人才。

（2）积极引进信息服务业中高端人才。加大产业领军团队培育和引进力度，遴选一批予以专项扶持。鼓励引进外国人才，可依托福建国企在海外的分公司，设立华裔人才联络站，激励联络站代表福建挖掘人才，帮助人才解决境内外法律、文化、环境差异困扰，提供相关政策咨询，找商业伙伴等。

## （三）提升信息服务企业整体实力

（1）推动龙头企业培育壮大。健全"五个一批"抓项目机制，完善重点项目挂钩联系服务制度，健全福建省信息服务业龙头企业拟培育发展对象重点项目库，项目实行动态更新，推动有基础、有条件的企业加快项目建设，力争实现提前投产，稳步壮大企业规模，争取培育发展为行业龙头企业。

优化龙头企业兼并重组的市场环境。支持龙头企业跨地区、跨行业、跨所有制开展兼并重组，整合品牌资源和创新资源，健全完善生产、研发和服务体系，快速提高产业集中度和资源配置效率。鼓励龙头企业积极参与全球资源整合配置，实现国外高端品牌并购。鼓励各地组建以龙头企业为核心的产业联盟，实现市场信息共享、营销渠道共享、互惠互利。

（2）提升行业发展活力，积极带动产业集群建设。增强大企业同上下游产业链的协同作用，促进一大批与之配套的中小企业发展，提升经济发展活力。积极培育一批主营业务突出、竞争能力强、具有良好发展前景的福建中小企业，并开展极具发展前景的省中小企入库工作，增强配套龙头企业的生产服务能力。加大政策倾斜和要素保障力度，积极发展科技小巨人领军企业，着力培育在细分行业、产品、市场、技术工艺上居全国前列的"单项冠军"企业。

以龙头企业为依托，推进厦门新型显示、福州纺织化纤、湄洲湾石化、泉州纺织服装、建材家居等产值超千亿产业集群壮大规模、提升竞争力，加快培育厦门计算机及通信产业、漳州古雷石化、宁德时代新能源、青拓不锈钢新材料、厦钨稀土永磁材料（电机）、莆田化工新材料、莆田鞋业、泉州工艺制品等一批新兴产业集群，打造龙头引领、关联配套、专业分工、协作发展、社会化服务的产业集群格局。

（3）加强知识产权保护力度。信息服务业属于知识密集型行业，企业内部能够创造财富的创意及才华决定了企业的价值，因此加强知识产权保护对发展信息服务业的意义十分重大。

健全完善统一的知识产权保护法律体系，从法律层面对知识产权提供全面的、跨类别的一体化保护。积极开展知识产权保护专项教育活动，在社会宣传知识产权的相关知识。积极引导信息服务重视知识产权的保护，增强其自身的职业道德建设和知识产权的保护力度。

优化信息服务业的行政管理体系，确定行业统一的知识产权行政管理与执法部门，加强信息产业自主创新基础条件平台建设，畅通政府对知识产权产业的管理与引导机制。

## （四）加大信息服务企业资金投资力度

（1）加强财政的扶持和引导作用。发挥省级和地市相关基金引导作用，重点投向初创科技型企业，对投资初创科技型企业的省内创业投资企业，财政按其累计投资额的一定比例给予奖补。加大信息服务业基础研发资金的投入，鼓励"大众创业、万众创新"。引导社会主体自主投资、建设数字经济平台，以平台建设费用为标准，为参与投资数字平台提供支持，推动和加快福建省具有相对优势及发展潜力的信息服务产业发展。

（2）进一步完善投融资服务。建立企业创新融资需求与金融机构、创投机构信息对接机制。向金融机构、创投机构开放高新技术企业、科技型中小企业和承担省重点领域研发计划项目企业融资需求相关信息。省财政积极引导设立各地市科技风险准备金，对金融机构开展科技型中小企业融资业务所发生的损失，给予一定比例的风险补偿。鼓励政策性担保机构加大对数字经济领域知识产权质押贷款的担保支持力度，对为相关企业提供信用担保的机构给予补贴。

（3）优化龙头企业金融扶持方式。建立完善龙头企业信贷审批绿色通道，引导银行业金融机构将龙头企业列为总行级、分行级重点客户，对龙头企业优先配置信贷资源，增加对龙头企业的资金供给。组织实施应收账款融资专项行动，依托龙头企业带动中小企业融资。充分发挥好福建省龙头产业基金作用，福建省各级地方产业股权投资基金、企业技术改造基金等加大对龙头企业的并购扩张、技术改造等投资支持力度。

### （五）改善要素供给匹配

政府要保证精准的政策靶向，抓住信息服务业的"牛鼻子"，紧扣人才、资本、数据、制度等要素供给精准发力，改善要素供给匹配，推进数字经济发展"乘风破浪"。

（1）聚焦人才。当前，闽籍数字大咖所引领的经济体已达万亿级，其中，以字节跳动张一鸣、美团王兴和微医廖杰三人为代表的互联网"龙岩军团"引人关注。省政协应加大市场开放力度，释放更多数据红利，高位对接闽籍数字大咖回归，催生新业态、新企业、新项目。

（2）聚焦资本。加大省技改基金、省100亿元中小微企业纾困资金对数字经济产业链关键环节的支持力度，力争到2022年电子信息制造业产业规模达到1万亿元，软件和信息技术服务营业总收入超4500亿元。

（3）聚焦数据。探索数据要素全流程应用，初步建成省、市两级政务数据汇聚共享平台，在37个领域实现了近7亿条政务数据的开放，出台政务数据共享管理有关政策举措。

（4）聚焦制度。构建产学研协同攻关机制和梯次精准培育扶持企业机制，注重完善区域创新协同机制，持续提升数字福建建设制度机制供给竞争力。

### （六）完善公共服务体系

继续完善公共服务支撑平台建设，丰富平台资源和内容，创新服务运营模式，形成覆盖全省、资源共享、互联互通的服务平台网络，促进产业公共服务体系专业化、网络化、一体化。

加强已建成的软件公共服务平台、集成电路设计中心、动漫游戏公共技术服务平台、数字媒体技术平台和软件公共测评中心的推广使用，加快建设嵌入式软件公共服务平台和人才公共服务平台，适时增加平台服务功能或投资建设新的技术平台。

### （七）深化闽台交流合作

加快应通尽通，探索闽台经贸合作畅通、基础设施联通、能源资源互通、行业标准共通新路径。推动闽台优势产业融合发展，增强各类载体和平台承载能力。完善福建自贸区、平潭综合实验区等对台先行先试的制度创新体系。落实"42条融合措施""26条台胞台企待遇措施"等各项惠台利民政策措施的实施情况。

持续推进基本公共服务均等化、普惠化、便捷化，健全台湾地区青年来闽实习就业创业的开放机制和市场机制，逐步构建完善台胞台企登陆的第一家园服务体系。深化闽台文化交流，完善海峡论坛等民间交流机制化平台。发挥闽籍侨亲、侨商优势，推进"并船出海"，打造综合服务平台。

# 第五节　科技服务业发展研究报告

在全球化进程的大浪潮下，知识和科学技术等创新要素在不同国家间相互渗透，联系日益密切。全方位推动高质量发展，创新是引领发展的"第一动力"，以科学技术为依托的创新驱动发展逐步成为各国各地区经济进步的主旋律。科技服务业桥接科技成果的供应者和需求者，促进着科技研发和生产性部门的黏合，以创新驱动社会经济高质量发展。中国经济进入新常态后，面临着产业结构转型升级、要素资源优化配置和供给侧结构性改革等多方压力，科技服务业在国民经济中扮演的角色也越发重要，被认为是科技创新发展和产业结构优化的重要推手，是国家创新体系建设的重要内容以及评价区域创新发展和综合实力的重要指标。创新驱动发展，对各区域科技服务业的协同发展提出要求。由此，如何促进科技服务业的发展，优化其空间布局，逐步成为区域发展战略的关注点。

福建省是海峡西岸经济区的主体，东临台湾海峡，西接广大腹地地区，南北分别与珠三角、长三角相邻，区位优势明显，然而与其他沿海发达区域相较而言，其科技服务业的发展明显滞后。现阶段，福建省产业结构亟待优化升级，经济提质增效的需求也日益迫切，深度融合科技与经济，发展并充分利用科技服务业的优势已然是大势所趋。福建省在 2015 年 8 月出台了促进科技服务业的八条措施；2016 年 4 月印发了《福建省"十三五"科技发展和创新驱动专项规划的通知》；并且在 2017 年出台了《福建教育系统服务我省创新驱动发展战略行动计划》，通过建立高校成果转移转化的支持机制，激励专业服务体系加快高校的科技成果转化，并促进科技服务业发展。政府相关政策的支持为福建省的科技服务业发展创造了良好的政策环境。

福建省如何在起步较晚、科技服务业发展不成熟的现状之下，坚持创新发展，最大限度释放创新创业创造动能，促进福建省科技服务业的发展，并以此促进海峡西岸经济区的高质量发展成为了当前关注的焦点。

## 一、科技服务业的界定

### （一）概念内涵及基本特征

科技服务业是现代服务业发展中的重要一环，具有技术密集、服务密集、对经济的辐射作用强等特征，是影响区域经济发展的重要因素。科技服务业的概念源自经济合作与发展组织（OECD）定义的知识密集型服务业（KIBS）。Bell（1974）曾尝试阐释该概念，认为在经济发展的过程中，随着理论知识中心地位的日益突出，科学与技术之间产生了一种新的关系，并由此发展为知识服务业。这种知识服务业具有知识密集的特征，既可以作为知识的供应者，也可以是知识的合作生产者，其发展有利于突破产业间进行单向专业信息转移的局限性。

科技服务业紧密联系经济活动和科技要素，是科技成果的供应者和需求者之间的重要纽带，具有促进科技研发与生产和推动产业升级的重要作用。王晶等（2006）认为，科技服务业是以科技和知识为手段向社会提供服务的第三产业。李建标等（2011）认为，科技服务业是专门服务于科技创新和科技成果商业化运作的产业。科技服务业的发展有助于优化科技资源配置，实现科技成果的顺利转化。作为现代服务业的重要组成部分和发展的新业态，科技服务业具有知识密集、高附加值和双向互动的特点。高技术性和高知识性的特点也反映出科技服务业的发展顺应了当代发展的潮流。

## （二）科技服务业的分类

科技服务业的分类经历了一定的演变，1992年，中国国家科学技术委员会发布了《关于加速发展科技咨询、科技信息和技术服务业的意见》，首次将科技咨询业、科技服务业和科技信息业统称为科技服务业。随着研究的不断深入，不断赋予科技服务业更深层次的内涵。2018年12月，我国的《国民经济行业分类》（GB/T4754—2017）修订完成，在修订后的行业分类中，将科技服务业分为科学研究与试验发展服务、专业化技术服务、科技推广及相关服务、科技信息服务、科技金融服务、科技普及和宣传教育服务、综合科技服务七个大类，并进一步细分为24个中类和88个小类，科技服务业的定义逐步清晰，内涵日益明确。

## （三）发展模式

李键和刘红梅（2015）总结归纳了科技服务业的发展模式，主要包括市场导向模式、创新平台模式、产业链驱动模式和知识管理模式等类型。廖颖宁（2015）以内部结构和外部驱动力为主要研究视角，将科技服务业发展模式分为技术创新驱动、新兴服务业带动和创新平台支撑模式。张前荣（2014）分析了发达国家科技服务业发展经验，提出了有序放开市场准入和加大财税政策支持等科技服务业发展新模式。高劼祎（2015）提出了科技服务业集成化发展机理与发展模式。厉娜等（2016）在"互联网+"背景下，提出要从战略高度推动科技服务业与互联网深度结合，充分利用互联网优势，加强科技服务业发展顶层设计，培育科技服务业与互联网相互融合的新业态和新模式。针对目前科技服务业的发展现状和发展前景，有如下几种主要的发展模式。

1. 集聚发展模式

随着经济的发展，服务业在国民经济中扮演着越来越重要的角色，服务业逐步成为经济稳步高质量发展的重要支撑，科技服务业知识密集型和技术依托型的特点以及区域内的创新资源促使具有不同分工与合作的科技服务业企业在一定区域内集聚，由此形成科技服务集聚区。

基于现代经营理念，科技服务业的集聚发展模式由此发源。具体而言，该模式是以某一服务产业为核心，在一定区域内形成科技服务企业集群，具有产业集聚、空间集约、成本节约和协同合作的特点。集聚区这种产业生态环境为集聚区内的科技服务企业提供了丰富的社会资本、知识等创新要素、有效的竞争机制和巨大的外部集聚优势。空间集聚的科技服务企业之间能够利用共同且完善的基础设施，并且减少不同企业间科技交流过程中发生的交通、物流与时间成本，增强信息交流与合作，有利于实现高效益和规模效益。

2. 产业协同模式

随着产业竞争日趋激烈，寻求协作发展是竞争取胜的重要方式。融合发展、加强互动和产业协同创新已成为当前区域经济获取外部知识和能力的重要途径。在这种模式下，科技服务业与先进制造业、高新技术产业和互联网行业等产业加强融合发展，充分发挥彼此产业优势。此中，科技服务业依靠其丰富的创新要素和创新资源，实现对其他产业的引导发展和技术带动作用，为其提供科技转化的平台，其他产业如高新技术产业，又反过来对科技服务业发展提出需求，进而实现两者间的良性互动与合作水平的螺旋式上升。

3. 多维协同发展模式

科技服务业与其他产业的深度融合发展，形成以科技服务业各细分行业、重点产业和外部支撑为核心的多维协同发展模式。该模式以科技服务业为核心，包括但不限于制造业和高新技术产业，各行业、各个创新主体之间能够进行相互协作和互动，形成创新发展的多方力量。科技服务业以技术研发为核心，辅以技术宣传、转化和科技金融担保等诸多服务职能。政府是政策的制定者和实施者，提供各种有利于创新发展的制度环境；高校是技术研发的重要主体；企业是技术成果的接受者和转化者，促进成果转换和创新资源的高效利用；各方的协同合作共同促进了科技服务业的价值转化，有利于区域经济的创新发展。

4. 创新驱动模式

创新驱动模式主要是指依托创新平台整合各种创新资源和创新要素，以解决阻碍创新发展等技术问题的模式。创新驱动的模式离不开政府监管、创新支持和政策鼓励，这主要体现在建立技术研究中心、重点实验室、科技金融服务平台和产业技术创新平台等方面。

5. 知识服务模式

互联网、大数据、云计算、5G 等先进技术已经成为该模式优化与创新的重要手段，Asikainen（2015）对不同产业进行对比后，发现知识密集型服务业更多扮演"创新者"角色，而不是"改进者"角色。科技服务业的知识服务模式需要更大程度地依赖以知识为核心的高新技术，然后通过开放式创新，实现各种创新资源要素的互动、整合与协同。在以知识为载体，创新技术为导向的开放式创新模式下，开放式的知识密集型服务模式能够最大限度地解决创新资源利用率和科技成果转化率低下等问题，实现知识和技术的内部和外部转化。

## 二、福建省科技服务业发展总体情况

### （一）行业规模有明显的增长趋势

自福建省出台各项推动科技服务业发展的政策以来，福建省科技服务业的行业规模有了明显的扩张趋势，表现为科技服务业法人单位数、科技服务平台等的逐年增加，且增长趋势明显。

截至 2019 年底，福建省科技研究和技术服务业法人单位数达到了 4.04 万个，较 2018 年的 2.73 万个，增加了 48%。目前，福建省共布局建设了 18 家省级产业技术研究院和 31 家省级产业技术创新战略联盟，拥有国家重点实验室 10 个、省级创新实验室 4 个、省级重点实验室 216 个、国家级工程技术研究中心 7 个、省级工程技术研究中心 527 个、省级新型研发机构 102 家，科技服务与研发平台不断完善。

### （二）科技服务业投入与产出逐年增加

科研经费投入是促进科技服务业发展，实现科技创新的重要驱动力量，主要包括企业用于内部基础研究、应用研究和试验开发的内部支出，用于委托高校或者研发机构的外部经费支出，政府的科技支出以及研发人员等人力、物力资本投入。如图 2-20 所示，福建省的科技投入逐年增加，具体表现为政府一般财政预算科技支出不断增加；此外，R&D 内部经费支出和 R&D 人员投入同样呈现递增趋势，分别达到 543.09 亿元和 243391 万人（2018 年）。

科技服务业的产出主要是指创新产出，即新知识、新技术、新工艺和新价值

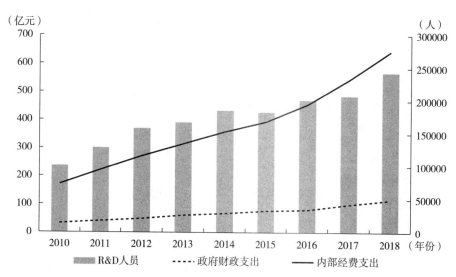

**图 2-20　福建省科技服务业投入趋势**

资料来源：《福建统计年鉴 2020》。

的产出。通常而言，技术市场成交额、专利申请量和授权量是反映创新产出的重要指标。如图 2-21 所示，近十年来，福建省技术市场成交额除部分年份略有下降外，总体上呈现出较为明显的上升趋势。2019 年福建省技术市场全年共登记技术合同 8786 项，成交额达到了 145.94 亿元，成交额相比 2018 年增加了 31.54%。除此之外，如图 2-22 所示，专利授权量和申请量等科技成果产出同样表现出一定的增长趋势。

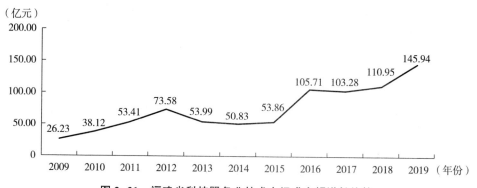

**图 2-21　福建省科技服务业技术市场成交额增长趋势**

资料来源：《福建统计年鉴 2020》。

图 2-22　福建省专利授权与申请数变化趋势

资料来源：《福建统计年鉴 2020》。

## （三）产业发展环境逐步优化

福建省科技服务业的产业发展环境日益改善。2015 年 8 月，福建省出台促进科技服务业发展的八条措施，将科技服务业纳入全省现代服务业统筹规划，加强各部门的沟通协调机制，此外，明确提出科技服务企业可享受与高新技术企业同样的科技保险，以此提高科技服务企业的自主创新能力。同年，国家修订出台《中华人民共和国促进科技成果转化法》，为高校、企业和科研机构的科技成果转化提供了政策支持。2016 年 4 月，福建省人民政府办公厅印发《福建省"十三五"科技发展和创新驱动专项规划的通知》，针对创新基础薄弱、科技投入低、科技成果转化不畅的问题，提出相应解决方案。2019 年 10 月，福建省科技厅等四部门联合印发《关于进一步促进高校和省属科研院所创新发展政策贯彻落实的七条措施》，大力支持科技成果权属改革，为科技成果转化提供便利。这些国家政策和福建省政府的诸多措施为福建省的科技服务业发展营造了良好的产业政策环境。

除此之外，福建省整体经济平稳健康发展，2019 年，全省 GDP 增长 7.6%。其中，第三产业增长较快，对经济增长的贡献率达到了 46.3%，对经济的拉动达到了 3.9%，政府公共预算支出中科技投入和 R&D 经费投入均逐年增加，良好的经济环境为福建省的科技服务业发展吸引了巨大的优质创新资源和创新要素。

福建省社会环境不断改善，城乡协调发展、新型城镇化和小城市培育试点持续推进，福州大都市区、厦漳泉大都市区的建设不断深入，为科技服务业发展提供了良好的空间载体。此外，社会民生和基础医疗水平逐步提升，民生支出逐年递增，社会治理机制和平台建设也趋于完善。社会环境的改善吸引着大批创新人才的涌入和高新技术企业的进驻，为福建省科技服务业持续发展提供驱动力。

### （四）创新服务平台显著增强

福建省的科技服务平台发展迅猛。截至2019年底，福建省共建设国家专业化众创空间备案示范3家、国家备案众创空间50家、省级众创空间277家，科技企业孵化器备案178家，孵化器总面积达到353.43万平方米，在孵企业3521家，科技服务创新平台数量较往年有较大增加。海峡技术转移中心升级成为国家技术转移海峡中心，推动两岸技术合作，科技成果转移转化对接实效不断加强，逐步发展成为链接海峡两岸创新资源要素技术转移的枢纽。福建省知识产权科技创新服务平台建成并投入使用，承担起重要的科技资源共享、技术研发协作与提供科技中介服务等职能。各种国家级、省级的工程技术研究中心也不断增加，科研平台的发展壮大为福建省创新发展提供了契机，为科技服务业发展营造了更加适于发展的环境。

## 三、福建省科技服务业发展存在的突出问题及面临的挑战

### （一）福建省科技服务业发展存在的突出问题

福建省科技服务业虽然在近几年不断发展，但仍然存在较多的突出问题，如科技要素投入不平衡、科技产出存在显著区域差异、科技产业发展潜力不一、科技服务业的产业关联不足等。

#### 1. 要素投入不平衡

如表2-10所示，福建省的科技要素投入不平衡状况较为突出，科技服务要素投入主要集中在福州、厦门和泉州三地，其他地区的资源相对匮乏。要素投入决定着科技服务业发展的强度，由2018年的数据可知，在R&D经费投入方面，福州、厦门和泉州的数额较大，投入最少的南平仅为福州的11%，仅占全省R&D经费投入的3.08%。R&D经费投入存在的巨大区域差异，直接导致科技创新和科技服务的相关驱动力严重分化。

R&D人员是科技服务的重要投入之一，福州、厦门和泉州在R&D人员投入上同样在福建省处于领先地位。由于漳州近些年努力发挥厦、漳、泉同城化优势，大力发展现代新兴行业，其R&D人员数量也有了大规模提升。地方财政科技支出标志着当地政府对科技发展的重视程度以及扶持力度，为科技发展提供必要的财政资金支持。据统计，2018年，福州、厦门和泉州的地方财政科技支出在全省处于第一层次，三市地方财政科技支出总计高达72.23亿元，占据全省地方财政科技支出的60%以上。

表 2-10　2018 年福建省各市要素投入情况

| 地区 | R&D 内部经费支出（亿元） | R&D 外部经费支出（万元） | R&D 人员数（人） | 地方财政科技支出（亿元） |
|---|---|---|---|---|
| 全省 | 642.79 | 228766 | 243391 | 115.25 |
| 福州 | 180.66 | 72632 | 69762 | 29.08 |
| 厦门 | 155.15 | 96975 | 71163 | 28.46 |
| 莆田 | 27.36 | 5863 | 7100 | 3.22 |
| 三明 | 24.74 | 4655 | 8336 | 3.48 |
| 泉州 | 94.77 | 10128 | 35769 | 14.69 |
| 漳州 | 57.74 | 12269 | 22771 | 4.99 |
| 南平 | 19.81 | 3867 | 8010 | 3.70 |
| 龙岩 | 40.50 | 13906 | 11211 | 8.98 |
| 宁德 | 42.06 | 8472 | 9269 | 6.80 |

资料来源：《福建省科学技术厅、福建省统计局关于 2018 年福建省科技发展主要指标情况的通知》。

### 2. 科技产出存在显著区域差距

福建省的科技产出在区域间存在着较大的差异，由表 2-11 可知，2018 年福州和厦门在发明专利拥有量和每万人口发明专利拥有量上，都处于遥遥领先的地位，而莆田、三明、南平等市相对落后。福州和厦门由于其经济优势和产业特性，2018 年两地技术市场合同成交额共计达 107 亿元，表现十分突出，然而莆田、宁德技术市场合同成交额仅为约 0.1 亿元，福建省各市之间的科技产出差异可见一斑。

表 2-11　2018 年福建省各市科技产出情况

| 地区 | 发明专利拥有量（件） | 每万人口发明专利拥有量（件） | 技术市场合同成交额（亿元） |
|---|---|---|---|
| 全省 | 38522 | 9.85 | 110.95 |
| 福州 | 12635 | 17.52 | 36.62 |
| 厦门 | 11312 | 28.21 | 70.79 |
| 莆田 | 802 | 2.77 | 0.10 |
| 三明 | 647 | 2.52 | 1.10 |
| 泉州 | 8658 | 10.01 | 0.99 |
| 漳州 | 1466 | 2.88 | 0.49 |

| 地区 | 发明专利拥有量（件） | 每万人口发明专利拥有量（件） | 技术市场合同成交额（亿元） |
|------|---------------------|------------------------------|----------------------------|
| 南平 | 785 | 2.93 | 0.43 |
| 龙岩 | 1080 | 4.09 | 0.29 |
| 宁德 | 1065 | 3.67 | 0.11 |

资料来源：《福建省科学技术厅、福建省统计局关于 2018 年福建省科技发展主要指标情况的通知》。

### 3. 科技产业发展潜力不一

福建省各市的科技产业发展潜力不一，主要表现为创新型企业和高新技术企业在空间分布上存在失衡状况。创新型企业和高新技术企业既是科技服务业服务的供给者，同时也是科技服务的需求方，因此该类企业的数量是衡量地区科技产业发展潜力的重要指标。由于福建省未公布 2018 年相关数据，这里借助 2017 年的数据进行分析。由表 2-12 可知，2017 年，福建省的创新型企业，福州和泉州占据了半数以上，而国家创新型（试点）企业和高新技术企业，厦门市占比将近 50%，集聚现象突出，各地区发展失衡较为严重。

表 2-12　2017 年福建省各市创新企业情况

| 地区 | 创新型企业 | 国家创新型（试点）企业 | 高新技术企业 |
|------|-----------|------------------------|--------------|
| 全省 | 680 | 23 | 3054 |
| 福州 | 140 | 3 | 744 |
| 厦门 | 55 | 11 | 1425 |
| 莆田 | 38 | 1 | 55 |
| 三明 | 47 | 1 | 89 |
| 泉州 | 228 | 1 | 390 |
| 漳州 | 48 | 2 | 154 |
| 南平 | 23 | 0 | 44 |
| 龙岩 | 36 | 1 | 108 |
| 宁德 | 52 | 0 | 44 |
| 平潭 | 0 | 0 | 1 |

资料来源：《中国区域创新能力监测报告 2019》《福建省科学技术厅、福建省统计局关于 2017 年福建省科技发展主要指标情况的通知》。

### 4. 科技服务业的产业关联不足

产业间的关联分析可以借助于投入产出表来进行，通过计算感应度系数和影响力系数来反映出产业关联的特征。影响力系数是指国民经济某一特定产业部门增加一单位的最终使用，对国民经济其他产业部门所产生的生产需求波及程度。影响力系数高于1，表明该特定产业对其他产业的影响效果高于产业的平均水平，小于1则是低于产业平均水平；而感应度系数则反映国民经济各产业部门均增加一个单位最终使用时，某一特定产业部门由此受到的需求感应的程度。感应度系数大于1，表明该特定产业受到其他产业的影响要高于产业平均水平，数值越大，越容易受到其他部门的影响，小于1则表明所受影响较小。

本报告基于最新发布的2017年福建省142部门的投入产出表进行计算，并结合142部门投入产出表的行业分类，将科技服务业分为研究和试验发展、专业技术服务、科技推广和应用服务、软件和信息技术服务以及互联网和相关服务业，得到各产业的影响力系数和感应度系数如表2-13所示。

表 2-13　科技服务业各细分行业的影响力系数和感应度系数

| 行业 | 感应度系数 | 影响力系数 | 产业综合波及度 |
| --- | --- | --- | --- |
| 互联网和相关服务 | 0.343314 | 0.661609 | 0.502461 |
| 软件和信息技术服务 | 0.266415 | 0.751693 | 0.509054 |
| 研究和试验发展 | 0.205219 | 0.820879 | 0.513049 |
| 专业技术服务 | 0.591652 | 0.73125 | 0.661451 |
| 科技推广和应用服务 | 0.735464 | 0.76905 | 0.752257 |

资料来源：根据《2017年福建省142部门投入产出表》计算整理所得。

由表2-13可知，从影响力系数的角度看，福建省科技服务业各细分行业的影响力系数均小于1，表明其拉动作用低于行业平均水平，从而说明福建省科技服务业发展仍处于较低水平，对其他产业的拉动作用较弱，科技服务业尚未成为福建省创新发展的主要驱动力。从感应度系数的角度看，感应度系数均低于1，说明受到其他行业的拉动作用也不明显，整体规模相对较小，基础服务平台的建设仍需完善，为其他产业提供服务的能力仍需进一步加强。根据以上分析，福建省科技服务业与其他产业的关联性较差，不仅体现在对其他产业的影响不足上，也体现在受其他产业的影响较小的表现上，科技服务业尚未形成与关联产业之间的良性互动。

## （二）福建省科技服务业发展面临的挑战

### 1. 科技服务业区域竞争激烈

在创新驱动发展的战略影响下，我国各省对科技服务业的发展均给予了较多关注，科技服务业区域竞争激烈，与福建省同属沿海地区的广东、浙江和江苏比较而言，福建省的科技服务业发展相对滞后。

由表 2-14 所示，近五年福建省的 R&D 经费投入强度始终保持在 1.45~1.8，远低于广东、浙江、江苏各省，甚至尚未达到全国平均水平。而在 R&D 人员投入方面，虽然福建省 R&D 人员每年都在持续增长，但总量和增长速度远不及其余三省，由此可见福建省仍需加大研发人员的投入。

表 2-14　福建、浙江、江苏、广东四省科技服务业投入对比

| 年份 | R&D 经费投入强度（%） | | | | | R&D 人员全时当量（人年） | | | | |
|------|------|------|------|------|------|------|------|------|------|------|
| | 全国 | 福建 | 浙江 | 江苏 | 广东 | 全国 | 福建 | 浙江 | 江苏 | 广东 |
| 2015 | 2.06 | 1.47 | 2.32 | 2.53 | 2.41 | 3758848 | 126572 | 364710 | 520303 | 501696 |
| 2016 | 2.10 | 1.53 | 2.39 | 2.62 | 2.48 | 3878057 | 132155 | 376553 | 543438 | 515649 |
| 2017 | 2.12 | 1.60 | 2.42 | 2.63 | 2.56 | 4033597 | 140325 | 398091 | 560002 | 565287 |
| 2018 | 2.14 | 1.66 | 2.49 | 2.69 | 2.71 | 4381444 | 160922 | 458038 | 560263 | 762733 |
| 2019 | 2.23 | 1.78 | 2.68 | 2.79 | 2.88 | 4800768 | 171452 | 534724 | 635279 | 803208 |

资料来源：《中国统计年鉴》《中国科技统计年鉴》、各省统计年鉴。

在科技服务业产出方面，如表 2-15 所示，福建省的技术市场成交额每年都在快速攀升，到 2019 年已达到 139.59 亿元，但与浙江省、江苏省、广东省相比差距明显，仅为同年广东省的 6.2%，虽然这与广东等地区的经济发展水平较高存在一定关系，但也说明福建省自身在科技成果转化、应用方面能力不足。而从每万人专利授权数来看，福建省虽然高于全国平均水平，但较浙江、江苏、广东仍存在一定差距，且伴随 2019 年专利授权总数的下降，福建省的每万人专利授权也有所下降。

表 2-15　福建、浙江、江苏、广东四省科技服务业产出对比

| 年份 | 技术市场成交额（亿元） | | | | | 每万人专利授权数（件） | | | | |
|------|------|------|------|------|------|------|------|------|------|------|
| | 全国 | 福建 | 浙江 | 江苏 | 广东 | 全国 | 福建 | 浙江 | 江苏 | 广东 |
| 2015 | 9835.79 | 52.14 | 98.10 | 572.92 | 662.58 | 12.50 | 16.05 | 48.22 | 31.38 | 22.23 |
| 2016 | 11406.98 | 43.22 | 198.37 | 635.64 | 758.17 | 12.68 | 17.33 | 39.62 | 28.88 | 23.55 |
| 2017 | 13424.22 | 75.46 | 324.73 | 778.42 | 937.08 | 13.21 | 17.46 | 37.79 | 28.27 | 29.78 |

续表

| 年份 | 技术市场成交额（亿元） | | | | | 每万人专利授权数（件） | | | | |
|---|---|---|---|---|---|---|---|---|---|---|
| | 全国 | 福建 | 浙江 | 江苏 | 广东 | 全国 | 福建 | 浙江 | 江苏 | 广东 |
| 2018 | 17697.42 | 84.52 | 590.66 | 991.45 | 1365.42 | 17.54 | 26.04 | 49.61 | 38.13 | 42.14 |
| 2019 | 22398.39 | 139.59 | 888.01 | 1471.52 | 2223.08 | 17.67 | 24.91 | 48.78 | 38.96 | 45.78 |

资料来源：《中国统计年鉴》。

**2. 福建省科技服务业发展所需的资源匮乏**

科技服务业的发展需要各类资源要素的支撑，目前福建省的科技服务业发展虽然已经取得一定的成效，但部分产业发展所需资源自始匮乏或者后续不继，对福建省科技服务业的持续发展产生制约影响。

（1）高层次专业人才缺乏。相关的高层次专业人才是科技服务业发展的重要战略资源，科技服务业的蓬勃发展有赖于高素质专业人才的数量与质量。福建省R&D人员全时当量的总体数量相对欠缺，2019年福建省R&D人员全时当量仅为广东省的21.35%，其主要原因是福建省R&D人员全时当量基数较低且增速缓慢。从2015年的126572人年，到2019年的171452人年，五年间福建省的R&D人员全时当量仅增加了35.46%。与同期相比，广东省则增加了60.10%，浙江省增加了46.62%。不仅如此，研究人员中具有博士、硕士学位的人员占比较低，整体发展思路较为保守，难以满足科技服务企业对思维方式、竞争意识、专业特长、运作方式的要求。

（2）中介服务发展滞后。技术市场是科技产品从研究层面向生产销售层面转移，并继而转化为实际生产力的依托，因此技术市场成交额可以很好地衡量一个地区科技成果转化率。2019年全国技术市场活跃，成交总额为22398.39亿元，而福建省仅为139.59亿元，约占全国的0.62%，占比非常低，这在很大程度上反映了福建省科技中介服务发展滞后。目前，福建省科技中介服务机构的数量较少、业务能力相对不足，以及相关平台搭建尚未完善或者不能有效运行等，导致科研机构及科研院校与需求企业的沟通合作不畅，供需对接困难，最终影响了技术市场的交易活动。

**3. 科技服务企业缺乏市场竞争力**

对比发达国家和我国科技服务业发达区域，福建省的企业研发投入相对较少。《中国区域创新能力监测报告2019》的数据显示，福建省2017年全省企业R&D经费投入达448.79亿元，相较2016年的388.26亿元增长了25.9%，企业R&D经费投入是R&D经费投入的主体，企业R&D经费投入占全省R&D经费投入的比重高达 82.64%。然而与全国其他各省相比，福建省的经费投入总额明显偏少，仅比全国各省平均经费投入略高。此外，企业 R&D 经费支出占主营业务收入比重仅为0.98%，基本与全国平均持平，这在一定程度上表明福建省的科技服务企业自主研发意识与市场竞争意识薄弱。目前，福建省的科技服务企业主体仍由政府出资或主导，民营资本比例较少，所承接的项目也以政府分配为主，项目运营缺乏自主性，市场意识和服务意识仍然欠缺。这在一定程度上导致科技服务企业对自身的定位不明确，市场竞争力略显不足。

4. 大数据对科技服务业发展的冲击影响

大数据与物联网、云存储、云计算、智慧城市相伴而生，密切联系。大数据意味着在信息交换、信息存储和信息处理的过程中产生了海量数据。如何对这些海量数据进行存储、利用与分析是大数据时代科技服务业发展的重要方向。随着大数据的发展，越来越多的行业开始通过不同方式将大数据纳入并融合到各自的发展战略中。科技服务业作为现代服务业的重要组成部分，有着为其他相关产业发展提供服务的天然属性，因此大数据对其发展产生了重要的冲击影响。在此过程中，要求科技服务业加强大数据服务平台的建设，整合信息资源，进行数据挖掘与分析，强化信息安全，以能够为其他相关产业的发展提供必要的数据支撑。

## 四、福建省科技服务业发展趋势

### （一）创新环境不断优化，科技服务要素不断聚集

创新环境是区域创新活动赖以发生的基本前提，是促进科技服务业发展的重要外部因素。国家层面和福建省政府层面出台实施的相关政策为福建省科技服务业发展营造了良好的创新环境。除了创新资本投入的不断增加外，政府颁布实施的人才政策也为福建省吸引了大批的专业人才资源。市场是引导资源优化配置最有效的手段，伴随着政策环境和创新投入产出环境的改进，公平、高效与开放的福建省科技服务市场在不断地发展壮大。创新环境带来的正外部性，刺激着省内产业和各种创新资源的集聚，并继续促进创新环境的优化。

### （二）科技创新服务平台建设与服务产业链不断完善

随着福建省经济社会的不断发展，相关政策制度的完善，人才、资本等创新要素不断集聚，为科技服务业科技创新服务链的不断完善创造了条件，也为提升科技服务产业价值和扩大产业规模提供了坚实基础。面对当今大数据、云计算、物联网和区块链等科技发展前沿，福建省科技服务业迎来了前所未有的发展契机。

围绕福建省的优势产业以及科技发展前沿，打造高水平科技服务平台是科技服务业发展的必然选择，通过构建高水平的科技服务平台，壮大面向产品研发、技术推广和科技成果转换的科技服务主体；通过形成科技创新服务链，深化科技服务业与科技金融、高新技术企业、高校和科研机构等主体间的良性互动；通过加强科技要素的流动，逐渐破除科技成果转化障碍，促使各创新主体联系日趋密切。

### （三）以科技服务业为依托的产业协同发展格局逐步形成

科技服务业在区域集聚并与其他产业协同发展是当前区域经济发展的主要趋势，科技服务业作为知识和高新技术的主要载体，担负着科技成果的产出和转化等诸多功能。目前，福建省正逐步形成以科技服务业为依托的产业协同发展格局，紧密的产业间关联和科技服务业的科技支撑作用为福建省创新驱动发展提供坚实的现实基础。福建省科技服务业正逐渐形成与其他产业紧密联系的集聚区，在增加创新互动、促进产业协同的过程中，科技服务业的主体地位得到不断夯实，以科技服务业为代表的知识密集型产业发展通过带动其他产业不断提高科技密集度与知识密集度，形成了创新发展的良性互动格局。

## 五、福建省科技服务业发展重点及产业布局

### （一）福建省科技服务业发展重点

国务院在 2014 年 10 月印发了《关于加快科技服务业发展的若干意见》，为响应该政策，福建省相继在 2015 年 2 月发布了《关于促进科技服务业发展八条措施的通知》，在 2016 年 4 月印发了《福建省"十三五"科技发展和创新驱动专项规划的通知》，大力加强对科技服务业发展的支持。根据科技服务业的发展特点与趋势、福建省产业发展的已有格局与方向，福建省科技服务业的发展重点主要包括以下几个方面：

#### 1. 研究开发服务

研究开发服务是指围绕科技创新和研发，为存在研发需求的各类企业、机构提供多种形式的应用研究和试验发展的服务。研究开发服务是科技创新的基础，加快研究开发服务有助于为整个科技服务业的发展奠定坚实的基础。福建省拥有中科院海西研究院与国家海岛研究中心等高端研发平台，拥有国家技术转移海峡中心——海峡技术转移中心，在研究开发服务上具有一定优势，因此福建省要在保持原有科研平台优势的基础上，围绕高校和科研机构、其他研究型单位，推动研究开发服务的进一步发展。同时加强发展第三方研发企业，开拓为企业提供针

对性技术解决方案的市场,以此推动研究开发服务持续发展。

2. 技术转移服务

技术转移服务是指为技术在不同实体间的转移、转化提供的相关服务,包括技术评估、转让、交易、代理及集成等。技术转移服务一般发端于技术市场的开放初期,其主要目的是促进技术商品的贸易流通,加速科研成果的转化与应用。福建省应继续大力扶持这类企业,鼓励其促成福建省科技成果转移转化,或科技成果在福建省落地转化,以加强福建省技术转移体系建设。同时,考虑信息技术和大数据对技术转移服务业的影响,其正在从线下、零散的技术转移服务向线上、集成的技术转移服务发展。

3. 创业孵化服务

创业孵化服务是指为处于初创期的企业提供场地、设备、辅导、投资等,有助于企业成长的一系列服务,这对于科技服务企业从萌芽阶段到成熟阶段的过渡至关重要。福建省应整合资源,推动"专业孵化器+加速器"的创业孵化服务链条,从传统的提供基础服务向培育、咨询和投资扩展。同时基于互联网技术的不断升级,逐渐形成"孵化+创投"等新型孵化模式,促进创业孵化服务向整合全产业链中各级资源的高级服务转变,不断加深其专业化程度。

4. 知识产权服务

知识产权服务是指对专利、技术等知识产权进行分析评议、运营实施、评估交易、保护维权、投资融资等的相关活动,包括知识产权的代理以及法律咨询等服务。2017 年,福建省知识产权局与福州市鼓楼区政府合作,共同建设"知创福建"福建省知识产权公共服务平台,经过试运行,平台功能逐渐完善,在 2019 年12 月正式上线,这标志着福建省知识产权服务业发展进入了一个新的阶段。福建省应继续推进平台建设,做到不仅为企业提供咨询、申请、推介等"一揽子"服务,还要在了解企业诉求的基础上,为企业提供精准匹配、专利布局等方面的指导,继续拓展提升知识产权服务的内容和服务品质,推进知识产权市场化价值实现机制的健全。同时主动联系高等院校,组织开展知识产权服务业专场招聘会,带动本地区知识产权服务机构积极吸纳高校毕业生,促进知识产权服务业与高校人才资源的高效有效对接。此外,应清楚了解知识产权服务的需求方不仅只限于科技企业,众多飞速发展的工业及制造业也是知识产权服务的重要客户,应当充分考虑两者的市场需求。

5. 科技金融服务

科技金融服务是指针对科技型企业在科技创新链各环节中的资金需求,而为其提供的相关金融服务。科技金融服务是适应现代技术产业、新兴技术产业的发展而兴起的一种新型服务，对促进福建省科技创新和发展有着重要影响。福建省应持续推动科技金融服务创新，稳步开展科技保险和专利保险业务，支持科技担保业务发展。

6. 科技普及服务

科技普及服务是以通俗易懂的方式向大众传播普及自然科学和社会科学知识的活动。科普服务应依托科技馆、博物馆、书籍、纪录片、期刊和网络等多样化的传播平台及渠道，积极发挥展示和教育科普知识的功能，面向全社会不同群体开展科普活动。此外，由政府财政投资建设的相关科普场馆、设施除了向公众开放外，还应当对青少年群体实行免费或者优惠开放，促进科普教育的传播与普及。同时严肃科技普及服务的本质，积极开展更为有意义、有价值的科普活动，由单纯"科学结论普及"向"科学精神普及"与"科学方法普及"转变。

## （二）福建省科技服务业产业布局

科技服务业的细分产业由于其发展要素、发展基础及发展环境的不同，其产业布局也各不相同，福建省各市应该根据自身城市特质选择合适的细分产业进行扶持和发展。

1. 研究开发服务

研究开发服务主要依赖于高校、科研院所等科研机构提供专业研发服务，依赖第三方研发企业为企业提供针对性的技术解决方案，因此研究开发服务主要分布在拥有大量高校的福州、厦门和泉州等地，以高校为核心带动地区研究开发服务的持续发展，因此要把握利用好高校所在地的优势，持续吸引人才和资金，加强对研究开发服务的投入和支持力度。研究开发服务是科技服务业的基本内容，也是促进科技创新的重要驱动力量，因此，未来福建省各地市均应该将研究开发服务纳入城市科技发展规划之中，通过对接大型企业和院校，引进研究机构，搭建产业联盟，促进产业集群开展共性技术研发，适当缓解研究开发服务的区域分化情况。

2. 技术转移服务

技术转移服务业目前主要布局于福州和厦门，同时泉州由于其近年对科技服务业的重视正在逐渐追赶，2019年公布的省级技术转移机构名单中，泉州占据 12 席名额里的 3 席。由于技术转移服务业的关键中介作用，对其应继续支持发展，同时在拥有大量技术转移服务需求的地区，积极鼓励其开拓技术转移服务的发展路径。

3. 创业孵化服务

创业孵化服务的起步更多的还是依赖于政府的支持，因此更多出现在相对开放和较为发达的城市。目前,福建省的创业孵化服务企业主要集中于厦门、福州、泉州、漳州等市,这几个城市拥有福建火炬高新技术创业园、福州开发区火炬高新技术创业园、福州 863 软件专业孵化器服务中心、厦门高新技术创业中心、泉州市高新技术创业服务中心、漳州国家高新区众创园等国家级科技企业孵化器。同时三明和龙岩也在政府的大力支持下不断发展创业孵化服务,逐渐获得大量省级科技企业孵化器补助名额。创新孵化服务有利于形成协同创新的合力,促进从研发到成果转化应用,形成产业能力。因此,福建省各地市应加大投入,鼓励发展同时合理规划各孵化园和众创空间的分布,依托并承接本地高校和社会的优秀项目,保证高效地推进上下游良性互动。

4. 知识产权服务

知识产权服务企业主要分布在福州、厦门和泉州,主要原因是科技服务的需求企业大多分布在这三个城市,因此应保持这三个城市的知识产权服务的优势,并促使其朝着多元化方向发展。同时,合理高效运用"知创福建"平台,促进平台向全省各地区延伸服务,设立工作站,实现与服务机构精准对接,推动省市县各层级的纵向联动,进而形成资源共享、服务联动、智库支撑的多级协作体系。此外,还应考虑对需要知识产权服务的新型工业及制造业进行布局,强化知识产权服务企业的区域影响力。

5. 科技金融服务

目前科技金融服务主要集中于拥有国家自主创新示范区、拥有较多融资担保机构的福州、厦门、泉州等地。福厦泉等地政府应继续加大财政投入,放宽贷款条件,继续鼓励本地区企业进行自主创新与持续发展,支持创投机构对科技型企业进行注资,探索投贷结合等新型融资模式。其他地区受限于经济发展水平,具备科技金融服务资格的融资担保机构数量可能较少,因此主要依赖商业银行的地区分行、支行,通过加强对科技型中小微企业提供信贷服务的科技支行建设,在科技、财政资源上给予科技支行倾斜支持,将促成科技金融服务在全省多点开花的局面。

6. 科技普及服务

科技普及服务是社会生活的基本服务,福建省各地区均有通过不同方式提供科技普及服务,但受限于资金、思维、技术等原因,科普服务的质量参差不齐。福建省各地应在持续推进现有科普服务的基础上,加强对科普工作的监管和审查,针对性地制定促进科普工作发展的政策措施,进一步建立健全科普信息资源共享和交流机制,努力提高为公众提供科普服务的能力和水平。此外,可以通过鼓励有条件的高校、科研机构开放实验室、陈列室或者举办讲座和提供咨询的方式,实现科普的方式多样化。

## 六、促进福建省科技服务业健康发展的政策建议

### （一）继续加大对科技服务业的扶持力度，合理制定扶持策略

科技投入是科技服务业发展的基本要素、区域创新能力提升的物质前提，也是科技服务业发展的现实基础。由于研发本身存在回报率低、不确定性大的特性，很多科技服务企业在发展过程中会面临资金短缺的情况。福建省的科技服务业对比发达省份起步较晚，仍处于成长的早期阶段，面临的资金不足困境尤为突出。

自福建省人民政府发布《关于促进科技服务业发展八条措施的通知》以来，福建省科技服务业的资金情况已大为改善，然而这仍不能很好填补科技服务业的巨大资金缺口。因此，政府在加大科研经费投入的同时，要实施更为广泛的扶持政策来促进科技服务业发展。对于不同阶段、不同性质的科技服务企业提供差异化的扶持政策，实施相关资助计划。如对处于发展初期的科技服务企业，评价其发展潜力，选取达到评价标准以上的企业，给予一定的优惠补助，如对企业发展初期急需的固定资产及研发设备，给予购买补贴、税收减免，降低企业的研发成本。对紧缺型的科技服务业，制定如长期贷款、财政补贴、设立专项扶持资金、贷款担保、信贷优惠等相关政策来加速该类科技服务业的发展。然而，仅仅依靠政府资金难以满足众多科技服务企业的资金需求，政府应发挥政府资金的引导作用，逐步扩展科技投入资金来源渠道，引导、鼓励民间资本对科技服务业的投资，实现资本来源的多元化。如此，在减轻财政压力的同时，充分满足科技服务业的资金需求，也为民间资本所有者带来收益，实现多方共赢。

### （二）建设科技服务中介平台，增强科技服务业对其他产业的促进作用

科技服务中介平台作为紧密联系科技服务供需双方的纽带，是科技成果转化的重要助力，也是促进科技服务业不断推动其他关联产业快速发展的关键所在。建设科技服务中介平台，大力培育科技服务企业，有助于促进福建省实现创新驱动发展。

完善的科技服务中介平台，职能多元，它既可以帮助科研机构寻找需要科技服务的相关企业，也可以根据企业特点推荐或者个性化定制符合该项需求的相关科研机构。但在当前情况下，福建省的科技服务业服务效率相对较低，主要是由于科技服务中介企业发展思维较僵化，业务积极性不强，不能有效地与日益变化

的产业需求相匹配。政府应考虑统筹多方资源，加强建设综合的、多元化的科技服务中介平台，将金融机构、高新技术企业、高等院校、科研机构以及民间资本等紧密关联起来。通过该平台，满足涉及科技服务的各方需求。金融机构和民间资本可以在研发领域获得预期收益，而有科技服务需求的企业或单位也可以通过该平台发布信息，对接供需各方。通过多方协作，合作共赢，促进科技服务中介平台与当地特色产业的互联互动，促进政产学研一体化，协同提升福建省的科技服务业水平。

## （三）健全和完善管理体制机制，激发科技服务企业的研发热情

虽然，福建省已先后制定了《福建省科技服务业发展规划（2013—2015）》，修订了《科技进步条例》《科技成果转化条例》《专利保护条例》等地方性法规，也发布了《关于促进科技服务业发展八条措施的通知》等利于科技服务业发展的政策措施，但2020年是全面建成小康社会和"十三五"规划收官之年，也是为"十四五"良好开局打下基础的关键之年，在这样的新形势下，落实确立一套完善、标准、符合现阶段福建省发展特性的法规体系，为福建省科技服务业的发展营造一个良好的生态闭环，仍然任重道远。

政府应通过建立健全科技服务业发展的相关法律法规，进一步明确科技服务业的自身定位与产业使命，推动其独立发展，提高为其他产业提供服务的水平与能力。应完善帮助科技服务产业发展的各项政策措施，帮助其按照市场准则独立化、专业化、多元化发展，建立以财政投入为引导，企业参与为主体，社会参加为补充的完整体系。同时，政府在加大投入和扶持力度的同时，也要制定适当的考核体系，加强对科技服务业成果绩效的考核，对不能达到考核要求的企业视情况考虑是否取消其政策福利，对达到甚至超额完成考核目标的企业继续给予一定的奖励，以此来激发企业的积极性，促使企业针对市场需求进行技术创新，不断增强其创新能力，以提升科技服务业的整体创新能力。

## （四）加快培养和引进科技服务业的高端人才

科技服务业的高质量发展，有赖于科技人才的培养和引进。目前，福建省科技服务业的专业人才，尤其是高端人才仍然比较紧缺。人才资源的短缺导致科技服务业的发展动力不足，发展"瓶颈"凸显。

福建省应采取相关措施吸引科技服务业相关人才，借鉴国内其他发达地区引进海内外专业人才的制度设计与有益经验，适时通过推出住房补贴、购房优惠、所得税减免、落户条件降低、创业支持等人才吸引政策，吸引人才来闽，做到人才"引进来"，同时关注人数众多的就读于福建省高等院校的优秀毕业生，吸引他

们"留下来"。此外，发挥福建省优势产业与主导产业的相关特性，鼓励研究机构和高等院校建立科技人才"柔性聘任"的机制，通过研究机构和高等院校的相关政策来吸引高端人才。不仅如此，福建省还应加强对辅助性行业相关专业人才的引进，如律师、科技评估师、相关鉴证人员、经纪人等，促使福建省科技服务业的高层次、多元化、系统化发展。

### （五）大力发展科技企业孵化器，积极培育产业基础

产业基础薄弱是福建省科技服务业发展面临的"瓶颈"问题之一，实现科技服务业的发展，加强产业基础是重要的抓手。首先，福建省应从战略上重视企业孵化器的作用。企业孵化器能够为各类科技企业、科技项目与理念的初期孕育与快速成长提供载体。通过孵化器的发展，有助于快速建立起一批具有创新思想的科技创新型企业，通过落实与孵化器相关的政策措施，逐步建立福建省科技创新产业的产业基础。其次，建设综合性产业试验园区，积极培育产业基础。结合福建省优势产业，建立集科研、生产、服务于一体的综合性产业园区，引导科技服务业集聚发展，最大限度发挥科技服务业集聚优势，努力打造国内知名的科技服务业园区。在园区内，建立健全共享机制和平台，通过集聚发展，降低企业成本，提高科技成果转化率和有效利用率，促进福建省科技服务业的高质量、高效率发展。进一步地，综合性产业试验园区发展完善，还将通过其扩散效应的发挥，在福建省各区域逐步推广科技服务综合性产业园区的实践，推动福建省科技服务业的全面发展。

### （六）加强区域合作，统筹整体发展

当前，福建科技服务业主要布局在福州、厦门、泉州等地，区域发展不平衡状况较为突出，在一定程度上制约福建省科技服务业的整体发展。因此，在全省范围内加强产业合作，促进协调发展是福建省科技服务业实现全面、持续发展的必要途径。省内各市应在思想意识层面打破行政区域边界对科技服务业发展的固有枷锁，认可并促进科技服务业集聚发展，发挥空间扩散效应的影响。在保持先发区域优势的前提下，即福州、厦门、泉州等地继续保持其先行者的地位，加大对发展质量的重视程度。在现有的产业基础之上，着力打造具有国内影响力，甚至国际影响力的科技服务品牌，在持续发挥其集聚效应的基础上，逐步释放其扩散效应。后发地区则通过政府加以引导，积极实践福州、厦门、泉州发展科技服务业的有益经验，实现错位发展。科技服务业的发展，仅靠某一地区或者某一具体产业难以持续，必须由众多有机部分相互扶持，通力协作实现。因此，必须加强区域之间的沟通与合作，以此统筹福建省科技服务业的整体发展。

# 第六节　服务外包产业发展研究报告

"十三五"期间，福建省服务外包获得较快发展，服务外包已成为推动福建省产业结构转型升级和服务贸易高质量发展的重要引擎。2018 年，国家商务部联合发改委等部门对 31 个中国服务外包示范城市开展综合评价，福州和厦门均位于中国服务外包示范城市的先进行列。其中，厦门市综合得分名列第 6 位，较上次评价上升了 15 位；福州市综合得分名列第 12 位，较上次评价上升了 16 位。同时，"十三五"期间，泉州市和平潭综合实验区服务外包产业也得到了较快的发展。如今，福建省已逐渐形成服务外包产业集群，其中福州软件园、福州经济技术开发区、厦门软件园和中国国际信息技术（福建）服务外包产业园等高新技术产业园区发展抢眼。依托福建在数字经济建设方面的先行优势，服务外包已经成为经济新常态下拉动福建经济增长的重要动能之一。

## 一、2016～2020 年福建省服务外包产业发展总体情况

### （一）2016～2019 年服务外包产业发展回顾

2016～2019 年，在国内经济依然面临供给侧结构性改革挑战、以中美贸易摩擦为代表的逆全球化趋势日益明显的背景下，福建省服务外包产业虽然受到一定程度的冲击，但其发展依然呈现稳定增长趋势，除了规模不断扩大和企业数量及从业人员进一步增加外，发展质量和国际认可度也在不断提高。如表 2-16 所示，2016～2019 年，福建省服务外包接包合同签约金额和合同执行金额每年均实现正增长，新增企业和新增就业人数保持较高水平，新增认证数量逐年增加。

2019 年福建省服务外包接包合同签约 1520269.29 万美元，合同执行金额为 599862.08 万美元，同比分别增加 76.36% 和 14.64%，分别为 2016 年的 7.72 倍和 3.49 倍，其中福州市合同签约 833416.57 万美元，合同执行 156473.18 万美元；厦门市合同签约 683282.05 万美元，合同执行 442638.81 万美元；泉州市合同签约 2345.09 万美元；平潭综合实验区合同签约 1225.58 万美元，合同执行 750.09 万美元。2019 年福建省服务外包新增企业家数 275 家，其中福州 130 家，厦门 102 家，平潭综合实验区 43 家（同比新增明显，达到 152.94%）；新增从业人数 54782 人，其中福州 17917 人，厦门 34085 人，平潭综合实验区 2780 人（厦门和平潭两地同比新增明显，分别达到 262.38% 和 225.91%）；新增十三项国际认证数

量140个，其中福州87个，厦门53个（同比新增明显，达到43.24%）。

表2-16　2016~2019年福建省服务外包发展情况

| 年份 | 新增企业 | | 新增从业 | | 接包合同签约 | | 接包合同执行 | | 新增认证 | |
|---|---|---|---|---|---|---|---|---|---|---|
| | 家数（家） | 同比（%） | 人数（人） | 同比（%） | 金额（万美元） | 同比（%） | 金额（万美元） | 同比（%） | 数量（个） | 同比（%） |
| 2016 | 122 | 82.09 | 30767 | 214.88 | 196841.18 | 35.77 | 172004.71 | 22.88 | 66 | 127.59 |
| 2017 | 151 | 23.77 | 15457 | -49.76 | 228335.4 | 16 | 195585.42 | 13.71 | 79 | 19.7 |
| 2018 | 323 | 119.73 | 59508 | 287.55 | 850131.48 | 78.09 | 511261.55 | 41.08 | 152 | 97.4 |
| 2019 | 275 | -13.79 | 54782 | -7.78 | 1520269.29 | 76.36 | 599862.08 | 14.64 | 221 | 47.33 |

注：2016~2017年数据反映福建省国际服务外包情况，2018~2019年数据反映福建省服务外包情况。
资料来源：福建省商务厅，http://www.fiet.gov.cn/。

## （二）2020年1~9月福建省服务外包发展情况

2020年1~9月，尽管遭受新冠肺炎疫情的冲击，福建服务外包产业依然保持较强的发展韧性。如表2-17所示，接包合同签约金额494734万美元，同比下降8.73%；接包合同执行金额264497万美元，同比下降3.31%。其中，福州市服务外包产业抵御风险的能力较强，接包合同签约金额同比下降1.94%，接包合同执行金额同比增长49.33%。此外，服务外包新兴城市充分发挥政策优势，积极于冲击中谋新机。泉州市和平潭综合实验区接包合同签约金额分别同比增长57.62%和278.55%；平潭综合实验区接包合同执行金额同比增长462.61%。全省新增服务外包企业50家，厦门、福州两市新增数量较多；新增就业11121人，其中福州市同比增长99.52%；全省新增认证数量102个，厦门、福州两市新增数量较多。这反映了作为全国服务外包示范城市的福州、厦门两市所积累的服务外包发展经验有助于应对疫情冲击和发挥引领恢复服务外包产业发展的作用。

如图2-23所示，从每个月来看，疫情蔓延初期，服务外包接包签约金额和执行金额均呈现增长趋势，反映服务外包产业在疫情下的发展机遇；随着疫情的进一步发展和服务外包市场短期内的饱和，签约金额和执行金额均呈现下降趋势；之后在国内基本稳定、国外疫情依然严峻的情况下，签约金额和执行金额均保持稳定发展，其中签约金额在9月呈现增长态势，反映服务外包产业逐渐恢复发展。

表 2-17　2020 年 1~9 月福建省服务外包情况

| | 新增企业 | | 新增从业 | | 接包合同签约 | | 接包合同执行 | | 新增认证 | |
|---|---|---|---|---|---|---|---|---|---|---|
| | 家数（家） | 同比（%） | 人数（人） | 同比（%） | 金额（万美元） | 同比（%） | 金额（万美元） | 同比（%） | 数量（个） | 同比（%） |
| 全部 | 50 | -60.32 | 11121 | -71.44 | 494734 | -8.73 | 264497 | -3.31 | 102 | -27.14 |
| 福州 | 22 | -38.89 | 9886 | 99.52 | 90959 | -1.94 | 49907 | 49.33 | 41 | -46.05 |
| 厦门 | 26 | -45.83 | 1045 | -96.66 | 395439 | -11.28 | 210370 | -12.11 | 61 | -4.69 |
| 泉州 | 1 | — | 188 | — | 3696 | 57.62 | 0 | — | 0 | — |
| 平潭实验区 | 1 | -97.62 | 2 | -99.93 | 4639 | 278.55 | 4220 | 462.61 | 0 | — |

资料来源：福建省商务厅，http：//www.fiet.gov.cn/。

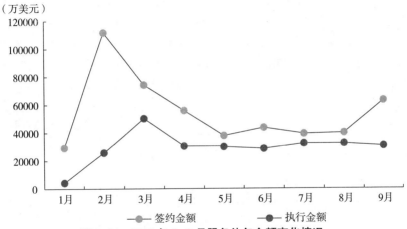

图 2-23　2020 年 1~9 月服务外包金额变化情况

资料来源：根据福建省商务厅网站数据计算所得。

## 二、福建省服务外包产业发展存在的突出问题及面临的挑战

### （一）人力资本积累不足

服务外包产业是典型的知识密集型行业，人力资本的培养对其可持续发展和产业升级具有重要的意义。随着福建省对外开放程度的进一步提高，服务外包产业对专业化的要求也越来越高，因此对专业化人才的需求也在不断增加。但在高校人力资本的供给和市场对服务外包人才需求的匹配上仍存在要素错配的问题。虽然福建省抓住对台优势和"21 世纪海上丝绸之路"起点的历史积淀，积极加快

和提升服务外包人才的培养，如成立服务外包学院，但当下福建省服务外包产业发展所需求的立足福建区位优势的复合型国际化人才依然较少。以外语能力的培养为例，大多数高校开设的课程在实际的商务口语模拟训练上和学习融入不同文化差异上仍有较大的提升空间。此外，服务外包是一个实践性很强的行业，大多数高校在产学研深度融合方面仍存在不足，致使部分毕业生缺乏实践经验，不能很好地较快适应工作，增加了服务外包企业的学习成本。因此，在数字经济重塑全球生产分工的新机遇和新挑战下，对兼具人工智能、机器学习等技术能力、商务交往能力和外语应用能力的复合型服务外包人才的需求会更加突出，解决当下服务外包人才在数量和质量上的不足意义重大。

### （二）基础设施建设有待提升

服务外包产业作为服务贸易的载体，其对交通和互联网基础设施有较高的要求。特别是在新冠肺炎疫情全球蔓延和各国纷纷采取防控举措的情况下，完善的基础设施服务体系将降低贸易成本，增强福建省服务外包产业的国际竞争力。具体来说，基础设施对转变服务外包产业的业态、促进服务外包产品向数字化和智能化升级、推动服务外包产业与制造业融合和实现全球价值链攀升等方面具有重要意义。但相比服务外包产业发展排名靠前的广东省和浙江省，福建省无论是在公路、铁路和海运运输的运量方面，还是在互联网普及率方面所体现的基础设施服务能力都较为薄弱。

### （三）技术创新能力不强

技术含量是服务外包产品国际竞争力的重要组成部分。技术创新对于提高服务外包产业的全要素生产率，实现产业升级起到关键性的作用。一个地区的研发水平和专利申请数量可以较好地反映当地的技术创新水平。2018年，福建省 R&D 经费内部支出 642.79 亿元，占该年福建 GDP 的 1.66%，而浙江省 R&D 经费内部支出 1445.7 亿元，占该年浙江 GDP 的 2.49%；福建省 R&D 人员 243391 人，仅约为浙江省的一半（浙江省 R&D 人员 450700 人）；福建省专利申请数 166610 项，仅约为浙江省的 1/3（浙江省专利申请数 455526 项）[①]。因此，相比服务外包产业发展位于前列的省份，福建省的技术创新能力较为薄弱，主要从事数据录入、软件开发及测试等业务，这将制约服务外包产业的高质量发展，抑制其向价值链高端的攀升。

---

① 资料来源：《福建统计年鉴 2018》和《浙江统计年鉴 2018》。

### （四）规模经济效应需进一步释放

虽然福建的服务外包企业在数量上已有上千家，但在经营规模上，多数服务外包企业业务量小，开拓新市场的能力较弱，通过规模经济降低成本的效应难以释放。而在产业集聚上，尽管厦门和福州被国家先后列为"中国服务外包示范城市"，但两地仍在服务外包发展水平上呈现出较大的差距。2019 年福州市离岸服务外包接包合同签约 26031.38 万美元，占全省的比重仅为 8.03%，而厦门市占比91.53%；福州市离岸服务外包接包合同执行金额为 23659.38 万美元，占全省的比重仅为 9.45%，而厦门市占比 90.55%；福州市在岸服务外包接包合同执行金额为132813.8 万美元，占全省的比重为 38.23%，而厦门市占比 61.55%。

### （五）相关制度体系有待完善

福建省高度重视为服务外包产业发展提供高效便利的制度环境，先后出台了《关于促进服务外包加快发展的若干意见》《关于促进服务贸易和服务外包加快发展十二条措施》等政策文件。但政策的实施和完善具有时滞性，制度体系由大部分旧制度和少量新制度构成。如服务外包政策较多倾向于为离岸服务外包企业提供财政奖励、税收减免和人才引进支持，而对新兴的在岸外包业务则未出台充分的政策扶持。另外，虽然 2012 年就提出了建立服务外包的统计制度，但对泉州和平潭综合实验区以及在岸业务的服务外包统计数据近三年才在福建省商务厅的网站上公布。而在知识产权保护方面，福建省缺乏如接包企业需对发包企业的专利、版权、商业机密等进行保护的具体规章制度，使企业违约成本较低，没有很好的激励去加强信息安全的投入和防止因员工跳槽而导致的信息泄露问题，这将对福建服务外包企业的市场形象和可信度产生重要影响。

## 三、福建省服务外包产业发展趋势

### （一）离岸业务和在岸业务协调发展

在国内外经济下行的背景下，福建省离岸外包业务量依然保持增长。"十三五"期间，福建省承接的国际接包合同签约金额和接包合同执行金额分别从 2016年的 196841.18 万美元和 172004.71 万美元上升至 2019 年的 324126.91 万美元和250356.24 万美元，年均增幅分别达到 21.6% 和 15.2%。与此同时，离岸服务外包业务的蓬勃发展也为在岸服务外包业务的兴起奠定了基础。在国家和福建省政府相继出台政策支持在岸服务外包与离岸服务外包协调发展，国内在岸服务外包需求日益增加的背景下，2019 年福建省在岸接包合同签约金额和接包合同执行金额分别达到 1193704.99 万美元和 347367.25 万美元，分别同比增加 110.57% 和 24.53%。随着以物联网、大数据、云计算、移动互联网为代表的新一代信息产业的发展，服务外包越来越多地以互联网作为平台发展。在数字经济时代，数据作为一种新的关键性的生产要素，将为离岸服务外包和在岸服务外包相互借鉴发展经验提供支撑。以后服务外包的要素流动将更加自由，福建省的服务外包企业不仅能够更为高效地承接国外的服务外包业务，而且可以跨越省域开拓其他省市的在岸服务外包市场。

## （二）发包主体多元化

"十三五"期间，福建省服务外包产业在保持规模扩大的同时，也积极发展海外不同地区的目标客户群体。发包主体的多元化将为福建服务外包产业实现转型升级和抵御国际市场风险提供机遇和保障。当下除了承接与中国台湾、欧美、日韩、中国香港等传统发达国家和地区的服务外包业务外，福建省还着力发挥好"一带一路"核心区的建设优势，在维持已有的 60 多个国家和地区合作伙伴的基础上，积极发展与"一带一路"沿线国家的服务贸易。比如，2016 年厦门市承接"一带一路"沿线国家服务外包业务的执行金额达到 2.6 亿美元，在全省离岸服务外包执行总额中占比 16%，其中，往来紧密的国家主要有阿拉伯联合酋长国、以色列、新加坡和俄罗斯。

## （三）服务外包产业高端化攀升趋势明显

服务外包企业标准化具有质量可靠、减少多样化、兼容协同的特点，因此将对服务外包企业的竞争力产生重要影响。而提升标准化水平主要通过申请并通过国际资质认证。2016 年，福建省服务外包企业新增十三项国际认证数量 66 个，2019 年新增十三项国际认证数量 140 个，增加数量逐年上升。2020 年 1～8 月，虽然受到疫情的冲击，但新增十三项国际认证数量仍达到 48 个。国际资质认证在给发包方提供标准化服务的同时也有利于优化服务外包产业的结构，提高服务外包产品的增加值。比如，2015 年，厦门市承接的信息技术外包（ITO）、业务流程外包（BPO）和知识流程外包（KPO）业务执行金额分别占比 17.04%、71.33% 和 11.63%，而 2017 年 1～10 月则分别占比 18.2%、66.0% 和 15.8%，分别增长 89.1%、15.0% 和 305.3%。[①] 可以发现，作为服务外包产业中知识密集程度最高的业务类型，KPO 业务执行金额占比在不断提升，增长速度也最为抢眼。这表明，科学技术在福建省服务外包产品中的含量越来越高，反映出高端化发展的趋势，

---

① 资料来源：福建省商务厅，http://www.fiet.gov.cn/。

服务外包产品的附加值得到提高。

## （四）服务外包跨界融合度提高

在中国制造业服务化和服务业制造化的大背景下，福建省服务外包产业在其特色业务（信息技术、供应链管理、金融保险、维修、研发设计等）的基础上，积极推动与制造加工、电子商务、物流运输、文化、旅游、娱乐等领域的深度跨界融合，以培育复合型的服务外包比较优势，形成对外贸易新动能。以厦门市为例，厦门太古发动机服务有限公司为土耳其航空、埃及航空、印度航空、达美航空、中国南方航空、中国货运航空等国内外航空公司提供发动机测试、发动机维护、零部件维修等服务；雅马哈发动机（厦门）信息系统有限公司提供在经营、生产、物流、会计、销售和人事领域的全方位解决方案以更好地服务众多生产销售型企业等。这是由于随着各国不断重视服务贸易发展的机遇，服务外包出现竞争全球化的趋势。传统的接包国家如爱尔兰和印度占据了欧美国家的大部分市场份额。而近年来，诸如菲律宾、柬埔寨、斯里兰卡、乌克兰、俄罗斯、南非等新兴国家也纷纷参与全球服务外包市场，且具有不同的比较优势。比如柬埔寨和斯里兰卡等国生产成本低，主要开拓低端的服务外包市场；乌克兰和俄罗斯信息技术体系发展较完善，相应的人力资本充足，故着重承接信息技术外包和软件外包业务；南非英语使用率高，积极发展欧美国家的语音 BPO 业务。

# 四、福建省服务外包产业发展重点和产业布局

## （一）重点产业

2019 年 1 月，商务部、海关总署和财政部等部门合作发布了 2018 年版的《服务外包产业重点发展领域指导目录》（以下简称《指导目录》）同时废止 2016 年发布的《指导目录》，且指出今后《指导目录》的修订周期为两年。相比 2016 年的《指导目录》，2018 年版的《指导目录》涉及 23 个重点发展领域，数量上减少一个。在具体业务领域的划分中，2018 年版的《指导目录》中，信息技术外包范畴包含 8 个领域，业务流程外包范畴包含 6 个领域，知识流程外包范畴包含 9 个领域（具体见图 2-24）；而在 2016 年的《指导目录》中，信息技术外包范畴包含 10 个领域，业务流程外包范畴包含 6 个领域，知识流程外包范畴包含 8 个领域。可以看出，信息技术外包范畴的重点发展领域有所减少（剔除软件技术服务、信息系统运营和维护服务、新能源技术解决方案服务和信息技术咨询服务，增加网络与信息安全服务和人工智能服务）；业务流程外包范畴中专业业务服务、数据处

理服务和人力资源管理服务被替换为内部管理服务、金融后台服务和维修维护服务；知识流程外包范畴的重点发展领域有所增加（剔除数据分析服务，增加大数据服务和服务设计服务）。这表明中国服务外包产业正审时度势，向高端化转型，提高产品的增加值，发展全球价值链的高端环节。

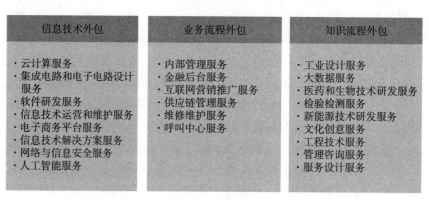

图 2-24　服务外包产业重点发展领域

　　福建省要把握国家层面服务外包产业发展的趋势和机遇，发挥自身独特的区位优势、历史积淀和经济特色，夯实传统优势领域的高质量发展，重视发掘和创新服务外包竞争新优势，进一步强化福建省两岸服务外包产业聚集区和海峡西岸服务外包中心区对接国际标准的建设。福建省服务外包产业应着重发展以下重要领域：

　　1. 软件研发服务

　　软件研发服务主要涉及定制软件研发、嵌入式软件研发、套装软件研发、系统软件研发、软件咨询、软件维护、软件培训、软件测试八种业务类型。福建应利用厦门和福州两个"中国服务外包示范城市"的优势，加强与台湾地区软件和信息产业的交流和合作，在数字经济时代制定与时俱进的发展战略。

　　（1）发展新兴软件研发业务。把握福建省建设数字中国示范区和国家数字经济高地的机遇，加强软件研发外包与信息消费、现代农业和传统服务业等领域的深度融合，发展车联网、船联网、厂联网、人体感知、智能家居、智慧城市等集成应用，引导服务业态和产品创新，培育互联网平台型软件研发龙头企业。

　　（2）构建大数据应用生态。推动数字福建（长乐）产业园和中国国际信息技术（福建）产业园的建设和运营，把利用好大数据这一关键性生产资源的理念贯彻于软件的研发外包服务中，帮助企业在后疫情时代更好地开拓市场和控制库存成本，同时也为政府医疗便利化和疫情防控等方面提供高效的软件设计服务。

（3）借鉴台湾地区在软件和信息产业方面的发展经验，推动闽台两岸 IT 人才职业技能等级对接互认和培训活动进行，加强两岸人才市场的交流与合作。加快闽台合资的云计算企业集聚发展，制订海峡两岸离岸数据中心建设方案，推动闽台软件研发外包企业间、相关行业协会间和研究咨询机构间的高层次合作。

2. 集成电路和电子电路设计服务

集成电路和电子电路设计服务主要包括集成电路产品设计及相关技术支持服务、电子电路产品设计及相关技术支持服务两个业务类型。

（1）把握福建省积极完善"一带、双核、多园"集成电路产业格局的机遇，释放龙头企业的带动效应，推动产业集中集聚发展，重视 IC 公共服务能力的提升，吸引有基础的 IC 设计外包企业向以福州、厦门、泉州和莆田为中心的沿海 IC 产业带集聚发展，发挥厦门和泉州双核心的辐射引领效应，积极打造厦泉和福莆南北两个"一小时"产业圈，加强集成电路特色园区的建设。

（2）充分发挥近台优势。台湾地区聚集了全球集成电路和电子电路设计服务人才，两岸有基础一同开拓国际市场，发挥出互补优势，实现"双赢"。福建可以承接台湾地区的产业转移，吸引台资 IC 企业入驻福建，通过 FDI 的技术外溢效应、前后向关联效应和本地竞争效应实现产业升级。另外，学习台湾地区 IC 产业打入国际市场的经验，进一步完善多元化的发包国家群体结构。

（3）鼓励福建省内 IC 企业的发展"走出去"，通过 IC 企业、公共服务平台和科研院所开展多样合作，比如并购省内企业与入股境内优秀 IC 企业和研究机构，实现服务外包跨界深度融合，提升企业品牌形象，以闽、赣、浙、粤为中心加快拓展境内市场。

3. 人工智能服务

人工智能服务是指利用机器人、语言识别、图像识别、人脸识别、自然语言处理、视频分析、无人驾驶、专家系统等各类应用技术为传统企业提供人工智能、机器学习等技术咨询及整套专业解决方案服务。

（1）推动互联网与工业制造、现代农业、传统服务业、信息消费等领域深度融合发展。推动建设车联网、船联网、厂联网、智慧城市、智能家居、人体感知等集成应用，在商贸流通、医疗健康、智能交通、数字娱乐、减灾防灾等领域发展示范应用，培育一批有影响力的互联网平台企业。

（2）鼓励"互联网+制造"。鼓励过程控制、先进控制、运动控制等核心技术的研发，推动发展国产化的新一代 DCS 分布式控制系统、嵌入式操作系统、MES 制造执行软件、工业控制通用技术平台，加快人工智能的产业化发展。

（3）加快物联网应用公共服务平台的建设。支持省内物联网领军企业成立省海峡物联网应用促进中心。积极推进窄带蜂窝物联网技术（NB-IOT）产业的布局，争取吸引 NB-IOT 全国首批商业实验局入驻福建，加快 NB-IOT 与福州水务智能化管理的对接进程。

4. 供应链管理服务

供应链管理服务是指为客户提供供应链方案设计与物流方案设计服务，包括对整个供应链系统进行计划、协调、操作、控制和优化的各种服务。主要包括供应链方案设计服务与物流方案设计服务两个业务类型。福建省应把握国际航运中心和自贸区建设的契机，加快一体化服务和全方位解决方案设计业务的发展，提高物流资源的配置效率和产业链贯通效率。

充分利用省内重点港口和重点物流中心的发展基础，实现供应链管理服务外包在航运物流过程中的嵌入，构建一体化管理和整体解决方案设计服务提供体系；把握两岸直接"三通"港口和"海上两岸高速公路"的建设机遇，重点发展采购规划和方案设计、仓储设计和库存优化、物流运输方案设计、流程改造等服务外包业务，逐步构建闽台联运"大物流"体系；立足福建自贸区的建设，提高通关效率，协调好供应链、物流载体平台、物联网平台的发展，实现闽台口岸贸易供应链设计的突破发展，优化服务台湾地区乃至海峡西岸的现代化城际物流配送网络体系。

5. 文化创意服务

文化创意服务以文化领域创造力为核心，通过技术、创业和产业化的方式开发、营销知识产权的业务，主要包括广播影视、动漫、音像、传媒、视觉艺术、表演艺术等方面的创意服务。福建应为创意人才和动漫专业人才提供优质的发展环境，打造动漫游戏的多元化和全方位的服务，建立国家动画产业基地和动漫游戏外包产业园区。

重点培育具有原创品牌资源、高端制作能力和市场运营能力的骨干文化创意服务外包企业。积极培育动漫原创力量，促进动漫精品实现影视化。鼓励原创文化创意产品出口，支持掌握核心技术、拥有资质的服务运营商和内容提供商开拓国际市场。落实厦门软件园二期数字娱乐研发配套设施和中国国际信息技术（福建）产业园数字媒体产业基地的建设，加强动漫等文化创意企业与省内外、国内外的互联网、移动互联网运营平台的合作，承接台湾地区乃至全球的文化创意产业转移，推动文化创意新业态、新模式的产生，实现文化创意产业的跨界融合发展，延伸文化创意的产业价值链。

6. 工业设计服务

工业设计服务是指提供专业的工业产品设计整体解决方案服务，或产品策划、外观造型设计及产品包装、产品展示等某一业务流程的服务，主要包括外观设计、结构设计、试验认证、环境设计、工业生产线设计五个业务类型。福建应把握产业升级带来的市场需求，着力发展智能化、高端化和环保化的工业设计服务供应链、产业链和价值链。

加快全省工业设计服务外包行业的转型，依托福建轻工业发展基础，学习北上广等工业设计服务发展较好地区的优秀经验，立足市场需求精致创新，重点发展相关产品研发、策划创意设计、外观造型设计、产品包装和展示、工程结构设计等业务流程外包，打造电子、汽车、船舶、机械制造等重点领域的工业研发设计供应链和产业链。加强闽台合作，建立以点带面、功能互补的"闽台工业设计走廊"，引领厦门、漳州、泉州、福州乃至全省的工业设计服务外包产业发展。

7. 医药和生物技术研发服务

医药和生物技术研发服务是指为制药企业、医疗器械厂商、医疗机构等提供的医药、医疗器械研发及生物技术服务，主要包括药物产品开发、临床前试验及临床试验、药物注册、国际认证及产品上市许可服务、产业化技术咨询服务五个业务类型。

新冠肺炎疫情给医药生物行业的发展带来了机遇和挑战，全省应紧跟未来发展的趋势，结合疫情期间暴露出的"短板"，夯实原有医药和生物技术研发服务外包产业的发展基础，提高医药生物研发的附加值。发挥国家级闽台（厦门）生物医药产业基地和福州生物医药产业园的集聚效应，鼓励企业研发位于医药产业链前端的核心技术，着力发展疫苗、海洋生物医药、基因工程药物等方面的原料药研制、病理毒性检测、药品注册认证服务等服务外包业务，重点扩大厦门生物产业基地、厦门国家海洋研究中心、海峡中医药合作发展中心科研联盟平台、闽台诊断产品创新创业园的品牌影响力。利用好福建自贸区建设的政策优势，降低医药和生物技术研发服务外包企业进入国际市场的门槛。大力培育和吸引高端医药生物人才落户福建，为其提供安心便利的研究环境。

8. 大数据服务

大数据服务是指借助大数据技术，为客户提供数据采集、录入、存储、检索、加工、变换、分析、挖掘等服务，主要包括采集与录入、数据存储及检索、数据分析、数据挖掘四个业务类型。福建省正依托数字经济发展基础，大力发展大数据服务产业，打造具有全国乃至全球影响力的大数据产业和应用示范园区。

积极建立大数据应用生态。加快中国国际信息技术（福建）产业园和数字福建（长乐）产业园等重点园区的建设和运营，充分发挥园区的孵化和服务功能。重点挖掘和利用大数据资源，延伸数据分析服务产业价值链，积极打造大数据服务公共平台，完善数据交易市场制度建设。开发可靠、可信、可控的安全技术产品，完善大数据安全保护体系。大力发展大数据服务在文化教育、医疗健康、交通旅游、环境监测保护、自然灾害、公共安全、各类突发事件的预警处置等方面的大数据服务外包业务，进而提供公共产品供给效率，推动政府治理能力实现现代化。

## （二）产业布局

福建省应积极建设福州、厦门这两个"中国服务外包示范城市"，引领全省服务外包产业的发展。以打造国家服务外包基地城市、国家软件出口基地和对台服务外包示范城市为目标，加快福州、厦门、泉州和平潭服务外包产业园的建设，大力培育福州软件园、厦门软件园、中国国际信息技术（福建）产业园等产业集聚项目，形成功能完善、优势互补的服务外包发展格局，充分发挥对台优势，吸引台湾地区乃至全球的服务外包企业入驻福建，把福建建设成为海峡西岸具有全球影响力和竞争力的服务外包发展新高地。

### 1. 福州市产业布局

福州市目前主要拥有福州高新技术产业开发区、福州软件园和福州经济技术开发区三个典型的服务外包专业园区。

（1）福州高新技术产业开发区。主要管辖海西高新技术产业园、生物医药和机电产业园两个核心园区以及台西、洪山、马尾、仓山四个老园区。福州高新技术产业开发区重点发展总部经济，发挥先进高新技术行业的引领作用，以点带面推动产业发展，视科技研发产业和创意产业为园区的核心产业，重点发展创意产业、高新技术产业、软件和电子信息、物联网、新能源、环保节能、生物制药和新材料等服务外包领域，着力建设成为资源节约型、创新型和环境友好型的高科技产业园区。同时，福州高新区积极加强与台湾新竹科技园、台北内湖科技园区的产业对接，重点打造海峡两岸科技创新和高新产业合作的先行区。

（2）福州软件园。福州软件园是目前全省规模最大的软件园。重点发展动漫创意设计、网络技术和系统集成、系统程序评估与咨询服务、嵌入式软件开发、软件测试服务、信息系统的维护和运行服务、数据服务和加工服务、集成电路设计等服务外包领域。全园区企业积极开拓海内外市场，着力打造面向产业转型的技术创新基地、面向东南地区的传统产业改造基地和软件人才培训基地、面向海峡两岸的软件产业合作基地和面向东南亚地区的软件出口基地，彰显发展特色和核心竞争力。

（3）福州经济技术开发区。福州经济技术开发区应依托第一批国家级经济开发区的产业基础，充分发挥高科技园区、台商投资区、保税区和出口加工区的独特优势，构建优势互补、功能齐全的园区发展格局。大力发展港口经济、高新技术产业和对台合作，重点实现研发设计外包、物流服务外包、商务流程外包、后台服务外包等业务的突破发展。

2. 厦门市产业布局

（1）厦门软件园（Ⅰ期、Ⅱ期和Ⅲ期）。厦门软件园Ⅰ期、Ⅱ期重点发展信息技术服务、软件研发、游戏开发设计、动漫设计、IC 设计等服务外包领域，推动企业发展高技术含量和高附加值的服务外包业务，建设成为产业发展高地和功能示范区。厦门软件园Ⅲ期主要发展软件研发、嵌入式软件、IT 教育、数据中心、云计算、物联网、IC 设计、动漫创意等服务外包产业，承接软件园Ⅰ期、Ⅱ期孵化壮大企业的转移，与软件园Ⅰ期、Ⅱ期共同构建产业协调和空间互补的服务外包发展格局，打造厦门服务外包产业的新型集聚区和交付中心，在岛外服务外包产业快速发展过程中发挥引领作用。

（2）自贸试验片区。自贸试验片区包括厦门现代物流园区、厦门海沧保税港区和厦门航空工业产业园区。大力吸引和培养园区内物流航运业的地理空间信息处理、物联网方案设计和信息技术服务、供应链管理设计、物流信息管理系统开发、第四方物流服务等服务外包企业，建设供应链一体化管理和服务中心，推动物流产业保质提速发展，提升园区配套服务能力。积极支持飞机及其零部件维修等专业性服务外包业务的发展，打造航空上下游一体化的产业链服务，着力发展一站式航空服务维修基地。

（3）湖里高新技术园。重点发展软件开发和信息技术服务、动漫游戏设计运维等服务外包领域，通过构建政府管理和园区生态建设等高标准服务体系，在园区承租或自建厂房等方面为软件园等园区孵化壮大的企业提供政策支持，发挥特色产业的集聚效应。

（4）火炬高新技术产业开发区。火炬高新技术产业开发区包括火炬园、信息光电园、北大生物园、创业园等。利用好制造业企业和高新技术企业已有的发展基础，充分发挥在技术研发方面的比较优势，结合具体发展情况支持园内企业实现专业化和高端化发展，灵活选用"嵌入"和"剥离"的方式发展医药研发、工业研发设计、IC 设计、嵌入式软件开发、IT 技术服务等服务外包领域，推动企业在加快技术创新的同时也提升其业务能力。

（5）厦门两岸金融中心。重点发展金融产品的研究开发、供应链金融服务、金融信息技术服务、保险理赔、财务管理、呼叫中心、信用卡服务、数据采集处理等金融 BPO 业务，打造完整的金融服务产业链，推动金融服务外包企业实现专业化集聚，进一步建设"海西金融后台服务基地"。

（6）国家级闽台（厦门）生物医药产业基地。重点发展原料药研发、医疗器械研发、数据统计分析、药品注册认证、病理毒性检测等服务外包业务，加强与国际生物医疗产业的合作与交流，鼓励申报国际医疗行业资格认证，培育一批专业能力强的生物医药服务外包企业，完善对研发成果的知识产权制度，支持生物医药研发外包企业向价值链高端攀升。

（7）两岸新兴产业和现代服务业合作示范区。主要发展研发设计、动漫创意、信息技术服务、电子商务外包、知识产权和技术服务、客户关怀、财务管理、IT教育等服务外包领域。发挥总部经济效应，鼓励国际性、全国性、区域性总部在园区内积聚发展，打造企业资源调度、产品研发、客户管理、销售服务、财务管理等满足现代企业需求的集中式运营中心集聚区，提升配套服务体系的水平，营造高效便捷的营商环境。

3. 中国国际信息技术（福建）产业园

中国国际信息技术（福建）产业园是商务部构建"中国商务云"信息化战略在华东地区的重要布局，其作为支撑"数字福建"和"厦漳泉同城化"的信息化重大基础设施，着力建设成为辐射海峡两岸的国际化信息技术产业园。该园区位于闽南金三角的中间接合部，园区核心定位为建设服务外包公共平台、高等级数据灾备中心和综合配套基础设施，重点发展数字媒体、文化创意、云计算、电子商务等服务外包产业，并与著名IT企业和国内外知名院校合作建设具有全国影响力的IT信息技术服务外包培训学院。

中国国际信息技术（福建）产业园的服务外包基地作为互联网、大数据、云计算、物联网技术交流中心、产品研发创新中心、服务运营中心和应用示范中心，为服务外包产业提供全面的服务支持，并吸引了亚洲最大的数字媒体集群渲染平台、国家电子商务示范基地和福建省最大规模的电商基地入驻；数字中心根据国际上最高标准T4等级建设，可承接T2~T4等级服务，着力打造华东地区最大的高可用数据中心；大数据应用研究中心采用"学院+实训"的教学模式，努力成为国内最具特色和最具现代化的教育实践基地之一，为全省以及华南地区培育大量的信息技术与服务外包人才；信息技术教育实训中心汇聚了一批大数据领域的专家，建设推动大数据服务外包发展的"政、产、学、研"产业化与创新研发机构；APEC国际交流中心积极发挥APEC电子商务工商联盟永久性会址的优势，把握国际信息技术发展大趋势，指明服务外包发展方向；惠普聚贤国际数字媒体产业基地致力于建设动作捕捉中心、数字渲染中心和音乐音效中心，努力成为亚洲规模最大和专业化程度最高的动漫制作中心和数字影视基地；弘桥智谷电子商务产业基地以建设集电商运营、仓储物流、产品分销、金融扶持和人才培训为一体的国家电子商务示范基地为目标，积极吸引各类电商企业入驻园区。

此外，要积极推进平潭两岸服务外包合作示范区的建设。利用平潭自由贸易试验区、综合实验区示范基地等政策优惠，发挥平潭自然资源丰富、与台湾地区隔海相望的区位优势，加强对台交流，重点发展物流、仓储、港务、旅游等区内服务外包优势产业，承接台湾地区电子科技、教育服务、文化创意、医疗保健等先进服务外包产业的转移。

## 五、促进福建省服务外包健康发展的政策建议

### （一）加强市场创新，推动国内外市场协同发展

#### 1. 立足国内市场

随着社会分工程度的提高，国内的服务外包需求不断增加，在岸服务外包业务快速崛起，发展迅猛。福建省应积极开发国内服务外包市场，加大政策支持，借鉴离岸服务外包的发展经验，推动在岸服务外包和离岸服务外包协调发展。把握国内一线城市转移服务外包业务的机遇，发挥二、三线城市从事服务外包业务低成本的优势，打造精细化、个性化的服务外包服务，加强"福州服务""平潭服务""厦门服务"的品牌影响力，引领全省服务外包产业在国内市场的创新发展，加快服务外包产业向价值链高端攀升。

#### 2. 面向国际市场

福建省应把握"一带一路"倡议发展的契机，发挥好侨乡的历史优势和海洋经济的区位优势，加强与沿线国家在经贸往来和人文交流等方面的合作，进而带动国际市场对贸易平台构建、信息技术服务、金融保险、人力资源、会计、法律等服务外包行业的需求。同时，释放福建省与"一带一路"沿线国家共同参与离岸服务外包业务的潜力，发挥好各自的比较优势，比如同印度合作接包和合作发包等。福建省也应正确认识印度、俄罗斯、爱尔兰、波兰等"一带一路"沿线国家服务外包产业的竞争优势，着力培育和扩大自身的国际竞争力。

### （二）优化财税政策，引导服务外包产业发展

#### 1. 增加财政资金在服务外包领域的投入

当前经济面临着新冠肺炎疫情蔓延和中美贸易摩擦等不利冲击，支持服务外包产业的发展，有利于产生较强的正外部性，吸纳大量的劳动力。福建省应加大在服务外包产业上的政府支出，更好地解决服务外包企业发展初期的资金问题，同时释放政府重视服务外包产业发展的信号，吸引更多的社会资本参与服务外包

产业的发展。

2. 提高企业所得税政策的适用性

长期以来，众多的服务环节或服务业在制造业内部存在。随着社会分工程度的提高，企业正加快分离制造业内置的服务环节。但某些服务流程嵌入在制造业内部可以和制造业一起被列入高新技术企业的名录，与制造业分离后则不能被认定为高新技术企业，故制造业部门新设的服务外包企业就不能再次享受高新技术企业的优惠政策。福建省应结合本省发展实际，完善企业所得税政策，减少新设服务外包企业的体制性障碍。

3. 提高税收优惠的覆盖率

产业园区对服务外包发展起到了重要的推动作用，为进一步提升园区建设的质量，福建省应考虑在企业所得税等方面给予园区开发企业政策红利，降低企业税费成本，进而为园区内的服务外包企业提供便捷高效的硬件设施和软环境。

(三) 创新服务外包人才培养模式，加快优化人才结构

1. 全方位培养服务外包人才

在培养掌握基本服务技术和信息技术的基础型服务外包人才的同时，重视培养精通服务外包专业知识、具备业务开发和决策能力的复合型中高端人才。服务外包人才培养模式的创新需要加强学校、研究机构、培训机构、企业和政府的交流与合作。省政府应把握服务外包在数字经济时代的发展新趋势，通过财政和金融等方面的支持引导服务外包人才的培养，通过试点项目的形式，在符合条件的高校设置打破学科壁垒，实现学科协同发展的服务外包培养模式；高校和研究机构应发挥好培养服务外包人才主要载体的作用；培训机构应为在职的服务外包从业者提供便利的学习机会；企业应加强校企联系，及时反馈市场需求，积极建设服务外包校外实习基地。优化服务外包人才培养质量考察体系，及时调整培养方案。

2. 合理配置服务外包人才资源

增强全省科教文卫、基础设施等方面的吸引力，提升服务外包人才落户的幸福感；完善服务外包人才引进体制，设计高效便捷的人才流动办理程序，减少人才跨区域流动的壁垒。通过爱踢侠、JointForce、tonelink 等互联网服务众包平台，根据发包企业的需求，灵活利用好企业外部的人力资本，解决企业内部出现人员暂时不足的问题。

(四) 加强技术创新，加快产业向价值链高端攀升

1. 制定以技术创新为核心的发展战略

服务外包企业作为技术创新的主体应抓住大数据、云计算、物联网、人工智

能等新信息技术发展的机遇，加快"互联网+服务外包"业务的发展，制定创新发展战略，提升服务外包产品的技术复杂度和附加值，推动商业模式在服务体系、交付体系等方面的创新。同时，企业应培育创新文化和创新机制，规划好开发有机会、有动机和有能力的发包方，在实践中激发创新；在从事离岸服务外包业务的过程中，特别要利用好与科技先进的发达国家的合作机会，通过学习效应奠定创新的基础。提高政府在服务外包相关研究项目上的财政支出，提供充足的经费引导服务外包产业创新。

2. 推动服务外包智慧园区创新

建设创新引领的服务外包智慧产业园区，发挥产业集聚效应。对于发展较为成熟的服务外包园区，如厦门软件园、福州软件园、中国国际信息技术（福建）产业园等，应通过互联网打造智慧园区，发展服务外包新模式、新业态，提高服务外包各环节的增加值。对于刚刚起步的服务外包园区，当地政府应结合园区发展优势和发展情况，制订合适的发展规划。在园区的公共服务平台和基础设施建设方面，政府应广泛听取园区内外企业的建议，构建完善的产业配套体系。对园区入驻企业给予资金支持、人才支持、租金优惠和工商登记、准入审批、行政审批等便利，同时发挥好吸纳、集聚和辐射园区外企业的作用。

## （五）加强信息基础设施建设，推动产业高质量发展

信息基础设施对服务外包产业的发展起到至关重要的作用。为实现服务外包产业的高质量发展，福建省政府应发挥好建设数字经济积累的经验优势，打造广覆盖、高水平的信息基础设施，发展可靠性高、容量大、多业务承载、智能化的光传输网，加快云计算基础设施的建设，完善云计算管理平台体系，支持三大电信运营商和其他第三方数据机构转型为云计算基础设施服务提供商。在建设过程中，省政府应成立领导小组，做好顶层设计工作，协调政策实施，避免信息基础设施建设过程中出现恶性竞争和低水平重复建设等问题。鼓励社会资本参与信息基础设施的建设，发挥 PPP 模式的优势，避免投融资体系的单一化，支持发挥市场机制提高信息基础设施建设效率。

## （六）发挥行业协会作用，加强企业交流与合作

行业协会应充分发挥政府和企业间的桥梁作用，提升其助力服务外包企业把握市场动向、提升品牌宣传力、产品参展、会员协作等方面的能力。积极学习国际服务外包强国和大国中行业协会的发展经验，内化为福建省服务外包行业协会的发展规划。比如，印度软件和服务业企业行业协会（NASSCOM）在印度服务外包产业的快速发展过程中发挥了关键性作用。福建省服务外包行业协会应加强与

政府的联系，及时反馈企业的政策需要，参与服务外包行业政策和法规的制定过程；实行完善的监督体制，推动协会成员企业依法诚信经营，严格执行服务外包产品的质量标准，加快建设完善的知识产权制度和信息安全制度；贯彻服务要素全球化最优配置的理念，加强与国际会员的沟通与合作，培育国际竞争优势。

# 第七节 创意设计产业发展研究分析

## 一、福建省创意设计发展总体情况

### （一）总体概况

创意产业是在全球产业结构调整和升级的背景下发展起来的，强调创意对经济的支持与推动的新兴理念、思潮和经济实践。目前，在发达国家和国内发达地区，文化创意产业已经成为增长最快的产业之一，而福建省文化创意产业则还处于起步、探索、培育、发展的初级阶段。近年来，受国内外经济因素的影响和产业自身发展的需要，文化创意产业发展的步伐明显加快，并渐入佳境，正逐步朝着福建省经济发展的重要支柱，即最活跃、最具增长潜质的产业目标迈进。从创意设计产业的企业数、从业人员、资产总额、营业收入等指标看，2019年福建省设计创意产业已达到一定的规模。福建省创意设计产业的从业人员为121.35万人，占创意产业就业人数的23.17%。创意设计产业的资产总额4260.5亿元，占创意产业的4.06%，年营业收入5011.49亿元，占全行业的13.10%，创意设计产业以较少的投入取得了较大的产出，这符合创意设计产业高附加值的产业特征。其次是福建省创意设计产业还处在初级发展阶段，中小企业占有绝对的优势。从福建省创意设计企业的资产结构和营业收入结构来看，资产总额在100万元以下的企业占到52.6%，而营业收入在100万元以下的则高达68.04%[①]。资产额和营业额较低的中小企业数量在福建省创意设计产业中占有相当大的比重，成为福建省发展创意设计产业的主力军。事实上，创意设计产业的主体是中小企业，实力不强、抗风险能力较差，迫切需要政府的支持。

---

① 资料来源：福建省统计局和福建省文化产业网。

## （二）福建省创意设计产业发展情况

1. 福建省政府大力支持创意设计产业，各地市纷纷出台文化创意产业规划

2019 年，福建省政府出台《加快平台经济发展的实施意见》，指出通过打造五大平台和建立支撑体系，推动经济发展质量变革、效率变革、动力变革，力争到 2020 年福建省平台经济总体规模和发展水平进一步提升，为坚持高质量发展落实赶超提供有力支撑。支持打造集创意设计、科技研发、采购交易、展览展示、时尚消费、品牌发布等功能于一体的消费服务平台，提供个性化服务。2016 年 10 月，福建省经委出台了《福建省工业设计发展行动方案（2016—2020 年）》（闽经信服务〔2016〕535 号），把持续提升福建省工业设计发展水平，壮大工业设计产业，推动工业设计与制造业融合发展作为一项重要的专项任务来推进。省工信厅和各地市近年来陆续出台促进政策，极大地推动了福建创意设计产业的发展。比如《福建省工业设计发展行动方案（2016—2020 年）》为全省发展工业设计提出了目标，明确了措施；《福建省省级工业设计中心认定管理办法》为全省工业设计行业发展制定了标准，强化了引导；《厦门市人民政府关于促进工业设计产业发展的意见》提出建造具有国际影响力的"工业设计之城"；《泉州市人民政府关于印发促进全市工业设计产业发展九条措施的通知》提出每年市级财政安排 1000 万元作为落实工业设计产业发展的专项资金；等等。福建创意设计的学术研究和促进政策相得益彰，带动了福建创意设计产业积极向好的发展趋势。

2. 建立众多创意设计产业园基地，打造园区集聚效应，推动创意设计产业快速发展

福建省着力培育特色文化创意产业集群，构建重点突出、特色明显、富有活力、协调推进的创意设计产业发展格局。福州在动漫游戏、工艺美术产业方面具有较好的产业基础，形成了以漆器、珠宝、寿山石为主的工艺美术集聚区；厦门龙山文创园、厦门软件园等园区集聚大量影视文化、文化创意、动漫游戏企业；莆田工艺美术在全国具有较高的影响力，形成黄金珠宝首饰、油画、木雕等比较优势产业。泉州产业资源集聚度较高，形成德化陶瓷、安溪藤铁、惠安石雕等产业集群。由表 2-18 可知，福建文化产业园区初步形成以旅游休闲、创意设计和工艺品制造、销售为主，影视文化和印刷、玩具制造为辅的业态。从园区功能类型分，文化旅游休闲园区有 31 个，占 33.7%；文化创意产业园区有 29 个，占 31.5%；文化工业产业园区有 27 个，占 29.3%；工艺品有 22 个，占 23.9%；影视文创园区有 5 个，占 5.5%。

表 2-18　福建省分地区文化产业园区分类型情况

| 园区类型 | 全省 | 福州 | 厦门 | 莆田 | 三明 | 泉州 | 漳州 | 南平 | 龙岩 | 宁德 |
|---|---|---|---|---|---|---|---|---|---|---|
| 总计 | 92 | 19 | 10 | 6 | 10 | 13 | 9 | 10 | 8 | 7 |
| 文化旅游休闲园区 | 31 | 5 | — | — | 9 | 1 | 6 | 6 | 3 | 1 |
| 文化创意产业园区 | 29 | 11 | 7 | 1 | 1 | 7 | — | — | 1 | 1 |
| 影视文创园区 | 5 | 2 | 1 | — | — | — | — | — | 1 | 1 |
| 文化工业产业园区 | 27 | 1 | 2 | 5 | — | 5 | 3 | 4 | 3 | 4 |
| 工艺品 | 22 | 1 | 2 | 5 | — | 5 | — | 4 | 2 | 4 |

3. 创意设计产业快速增长，在经济结构中地位显著提高

在福建省各地级市中，福州、厦门、泉州文化创意产业发展快速，领跑全省，2019 年三市文化产业增加值均超过 300 亿元，三市总额占全省文化创意产业的比重为 67.7%（至 2019 年第三季度稍有回落，为 66.3%）；其他各设区市稳中有升，福州、莆田、厦门三市 2019 年创意设计产业增加值比上年增速分别为 23%、19% 和 15.1%，高于全省平均水平；2019 年莆田、厦门和福州增加值占地区生产总值的比重分别为 7.7%、7.1% 和 4.9%，超过全省平均水平，至 2019 年第三季度莆田创意设计产业增加值占 GDP 比重已达 8.8%，为福建省之最。

2019 年，福建省成功举办第七届福建艺术节、第十一届海峡两岸文化产业博览会，创作和展示了一批反映新时代精神、突出主旋律的文艺精品。34 人入选第五批国家级非物质文化遗产代表性项目代表性传承人名单，福建文化海外驿站建设取得明显进展。继续完善现代公共文化服务体系，建成一批市县级档案馆和广播电视高山发射台等城乡广播电影电视公共服务设施。全省出版业发展加快转型升级，文创设计与相关产业进一步融合，优秀传统文化传承创新步伐加快。为深化文化创意和设计服务与相关产业融合发展，利用台湾地区的创意设计资源优势，福建省与台湾地区创意设计中心合作，建设文创产业孵化平台，福建文创奖评选活动已连续举办了六届，2019 年大赛以"传艺新生·非凡造物"为主题，通过"文创+"模式，深度融合现代文创与传统手工艺，按照五大类别进行征集，共计收件 1716 件，初评入围 325 件。同期举办了获奖作品巡回展、创意市集、主题论坛等活动，初步建立了文化创意、企业、技术、项目对接服务平台和机制。

4. 相关产业的联系和融合得到强化

产业融合正日益成为产业经济发展的重要趋势，创意产业具有消费服务和生产服务双重属性，创意产业与制造业融合可以帮助福建实现制造业产业升级的目标，同时扩长了创意产业的发展空间。创意产业和制造业主要有三种融合类型：

延伸融合、交叉融合与关联融合。

创意设计产业除了与传统制造业的融合外，创意产业的不同门类之间也出现内容及应用上的业务融合。这些业务上的融合使创意产业的资源得到优化配置，并带来无限商机。例如动漫制作，就融合了文学艺术、剧本创作、艺术设计、动画设计等创意产业中的不同门类。

福建省各级政府通过技术创新项目，引导制造企业与创意设计企业通过跨界合作实现基于技术创新平台的融合。随着"工业4.0"时代的到来，智能化、网络化的生产将全面改变制造企业的面貌。福建信息产业发达，网络通信基础设施完备，这成为支撑传统制造企业转型升级的重要保障。制造企业将逐渐打开"厂区的围墙"，以更开放的形式直接面对社会、面对消费者。技术进步逐渐成为制造企业与创意设计企业跨界合作的催化剂。

### 5. 通过创意设计发展不断提升城市竞争力

福建省城市创意设计产业的高速发展不仅带动了城市经济的发展，而且成为提升城市竞争力的主要来源。通常城市综合竞争力强的城市，往往也是创意设计产业竞争力强的城市。根据2015~2019年《城市竞争力蓝皮书》对中国城市综合竞争力的排名，实力最强的福建省前4名城市分别是厦门、福州、泉州和莆田；而与此相对应的是，上述4市其文化创意产业的增加值始终在福建省各城市中居前4位。根据中国人民大学发布的《中国省市文化产业发展指数》的统计分析，2019年中国创意设计产业竞争力综合指数福建省内排名前4位的省市是厦门、福州、泉州和莆田，其创意设计产业竞争力综合指数分别为79、76.7、76.5、76.1和76.1；这4个城市2019年的创意设计产业增加值占GDP的比重也是全省最高的。这表明，文化创意产业与城市经济发展和城市综合竞争力之间存在着相辅相成、相互促进的关系。一方面，文化创意产业的高速发展成为领跑城市经济发展的主要动力；另一方面，城市经济发展又为文化创意产业的发展提供了良好条件。福建省形成以泉州、厦门、福州为核心的创意设计、动漫游戏集聚区，以莆田、泉州、福州为核心的工艺美术产业集聚区，以南平、龙岩等闽西闽北地区为核心的生态和文化旅游产业集聚区。福州、厦门获批闽台国家文化产业试验园区、国家级文化和科技融合示范基地。厦门软件园二期动漫园区、福州软件园影视动漫产业基地分别获评国家动画产业基地和国家影视动漫实验园。全国最大的正版数字内容聚合和发行平台——中国移动手机动漫基地落户厦门。海峡两岸（厦门）文化产业博览会、海峡两岸图书交易会、中国（莆田）海峡工艺品博览会等平台影响力不断扩大。

## 二、福建省创意设计产业发展趋势

### （一）国家实施创新驱动发展战略带来强劲内生动力

党的十九届五中全会提出，加快发展现代产业体系，推动经济体系优化升级，坚持创新在我国现代化建设全局中的核心地位，坚定不移建设制造强国、质量强国、网络强国、数字中国，推进产业基础高级化、产业链现代化，提高经济质量效益和核心竞争力，这些战略的制定为创意设计产业的发展指明了方向。国家连续出台的融合发展、众创空间、"一带一路"、互联网、供给侧结构性改革等相关的政策文件和实施意见，为科技创新和文化创意两轮驱动的福建创意与设计产业发展带来强劲动力。

经济新常态下，呈现出个性化、多样化的消费趋势，质量型、差异化的竞争态势等诸多特征。这也是我们推进供给侧结构性改革的空间所在、动力所在。无论是研发设计、时尚创意，还是质量提升、品牌建设，创意与设计产业都必须顺应新常态下发展趋势，从低成本的规模竞争走向品牌化的价值竞争，着力于提升供给结构的有效性和针对性，这会给福建创意与设计产业发展带来巨大的市场空间。

### （二）经济发展水平的提高为创意设计产业拓展了空间

经济是创意设计产业发展的基础。经济越发达，创意设计需求越旺盛，经济建设中的创意因素越凸显。创意设计不仅影响人们的日常生活，而且广泛影响了旅游业、制造业甚至农业等相关产业，大幅度提升了相关产业的附加值，创意设计产业也在与相关产业的渗透融合中获得了新的发展空间。

高新技术的发展为文化创意产业加速发展提供了条件。高新技术带来的信息化、数字化、网络化、智能化趋势不仅极大地推进了文化创意产业的发展，而且主导着未来创意设计产业的发展。

## 三、福建省创意设计产业存在的突出问题及面临的挑战

福建省创意设计经过近年来的发展，虽然具备了一定的基础优势，但与发达地区仍存在着一定差距。从总体上看，福建创意设计发展起步较晚，创意设计整体实力不强，产业化程度低，对工业经济贡献度不高，与长三角、珠三角、环渤海湾等先进地区尚有差距，与日本、韩国和我国台湾地区相比则差距更明显，存

在以下问题：

一是创意与设计产业引领供需结构优化的作用有待提升。创意设计较多地停留于作品、礼品、样品层面，对互联网等新技术革命的发展趋势认识不足，对老龄化社会等各类深层次、多样性市场需求缺乏预判，对跨界融合等引领制造升级、优化供给结构的手段把握不够，产业发展的水平与层次有待进一步提升。

二是创意与设计产业高端要素仍需进一步集聚。创意与设计领域里高端化、国际化、权威性的人才、赛事、奖项、媒体等仍然比较欠缺，使福建创意与设计产业的全球话语权不强，活动项目虽不少但影响力却相对有限。

三是创意与设计产业支撑体系亟待加强。创意与设计产业的投融资体系和要素市场有待完善，一方面要通过资本并购和要素集聚，做大做强领军优势企业；另一方面要结合创意与设计产业以小微企业为主的特点，通过大数据、互联网等平台，形成线上线下、共享共赢的协同创新、互动发展的良性机制，构建小微企业群的发展平台和生态环境。

## 四、福建省创意设计产业发展重点

### （一）推进创意设计与制造业的融合发展

充分发挥创意设计促进新产业、新业态、新技术、新模式发展的纽带、黏合作用，推动"传统制造"向"智能型制造、服务型制造"高端方向发展。聚焦战略性新兴产业和高端装备制造业，围绕新能源汽车、高技术船舶和海洋工程装备、轨道交通装备、智能电网成套装备、工程机械、印刷机械、数控机床、医疗器械等领域，提升总体设计、系统集成、试验验证、应用转化能力，加强产品和关键性零部件的外观、材料、结构、功能和系统设计；加强在工艺美术、智能家居、服装服饰、智能穿戴、包装印刷及养老用品和服务等领域的创新设计，提高产品附加值，满足消费需求；加强"工业云"平台建设和推广，为中小制造企业提供计算机辅助设计、工艺过程设计等软件服务、设计标准、零部件库等共性资源服务，以及仿真分析、创意设计等功能服务，实现中小企业和社会创新创意资源的无缝对接；加强创意设计相关新材料、新技术、新工艺等的研究和应用，提升产品设计创新能力和技术水平。

### （二）推进创意设计与科技的融合发展

通过创意设计，打通科技成果进入市场的"最后一公里"。把握虚拟现实（VR）与增强现实（AR）产业发展机遇，支持研发具有自主知识产权的软硬件产品与内容制作平台，推进虚拟现实技术与电影、电视、游戏、设计、医疗等产业领域的有机融合，培育在国内具有影响力的虚拟现实特色产业园区，加快打造产业生态圈；加快对高校院所、企事业单位等科技成果类无形资产处置方式和成果转化收益分配机制进行重大改革，赋予科研团队研发成果的使用权、经营权、处置权和收益权，促进科技成果转化；加快各领域数字化、信息化进程，推进航空、装备、船舶、电器、仪表、汽车、纺织等重点行业的协同设计信息化平台建设，实现企业内或上下游企业间研发设计与生产制造、销售管理等环节的综合集成和应用；进一步推动基础软件、行业应用软件、信息安全软件、信息服务外包等向高端发展，着力建设中国软件名城和国家信息消费试点城市，加快建设以数字化、网络化、智能化为主要特征的智慧城市。

### （三）推进创意设计与文化旅游的融合发展

充分挖掘福建历史文化资源，通过设计赋予旅游产业更多文化内涵。加强对历史文化风貌区的保护和利用，保护性开发利用历史文化名镇（村）、文物保护单位、传统村落和历史建筑，注重城市风貌、历史文脉保护与改善居民居住质量相结合；加强对红色旅游、工业旅游、建筑旅游、博物馆旅游、市井风情旅游等特色旅游线路的开发和设计，不断推出具有鲜明海派文化地方特色的旅游文化"秀"；加强重点旅游项目建设，加强对节庆、展会活动的创新和设计，借鉴国外成功商业模式，实现社会效益和经济效益双丰收；加强对旅游纪念品的开发力度，凸显海派文化特色，引导旅游纪念品企业特色化、规模化、品牌化发展。

### （四）积极推进创意设计与都市农业的融合发展

提高农业领域的创意和设计水平，推动创意农业、都市休闲农业发展。加强休闲农业与乡村旅游的经营场所和产品的创意设计，打造集农业观光、体验、科教及文化传承于一体的农业旅游集聚区；加强对农村文化资源的挖掘、保护、传承和利用，不断丰富农业旅游景点、产品、包装、服务等的文化内涵，推进农业旅游星级景点及示范点创建，着力培育一批农业旅游知名品牌；加强对农产品地理标志的推广和普及，保护性发展地理标志农产品，对知名度高、历史悠久、品质特征明显、产业发展强劲的农产品，优先纳入登记保护范围，列入当地品牌农产品支持目录；加强应用信息技术，创新农产品营销模式，实现农村宽带网络全覆盖，发展农产品电子商务，促进产销对接和产业升级。

### （五）加强创意设计平台的建设

加强创意与设计产业公共服务平台建设，提升平台服务功能和发展水平。构建以福建创意产业公共服务平台为龙头，整合相关专业技术类、综合信息类、产业要素类服务平台的第三方公共服务平台体系。加强对已有公共服务平台的梳理，围绕其上下游产业链的功能建设，开展专业分工、特色明显、有机贯通的整合；聚焦创意设计、信息发布、品牌咨询、标准制定、营销渠道、展示交流等专业领域，为创意设计、时尚产业及各类品牌企业发展提供服务。

加强行业技术创新专业服务平台建设，充分利用已有的科技研发公共服务平台，建立符合创意与设计业特点的技术支撑服务平台，重点推进材料和色彩研发、人体工效研究、生物力学研究、人机交互研究、虚拟现实与辅助设计研究、用户体验测试研究；搭建创新技术整合平台，实施"互联网"计划，运用大数据、云计算等手段，重点关注创意设计与新能源、智慧城市、节能环保技术等融合创新的平台建设；按行业构建检验检测、数据库、知识库等平台，完善自主品牌数据库，进一步加强量化科学的统计分析和管理。

## 五、促进福建省创意设计产业健康发展的政策建议

### (一) 扩大投融资渠道，扶持创意企业健康成长

无论是制造业融入创意设计元素，还是创意设计企业将各种构想变为现实，都需要有资金的支持。因此，政府应在引导和规范的基础上，适当应用金融创新工具，帮助金融机构与制造企业、创意设计企业对接，解决它们在实施创意设计项目过程中的"融资难"问题。

支持符合条件的创意设计服务企业上市。鼓励企业发行公司债、企业债、集合信托和集合债、中小企业私募债等非金融企业债务融资工具。政府引导、推动设立文化创意和设计服务与相关产业融合发展的投资基金。鼓励私募股权投资基金、创业投资基金等各类投资机构投资文化创意和设计服务领域。发挥好福建省创意（设计）产业投融资基金联盟作用，整合相关资源，形成包括银行、担保机构、投资基金等多源的投融资体系。

鼓励银行业金融机构支持文化创意和设计服务小微企业发展。鼓励金融机构创新金融产品和服务，为创意设计企业提供有针对性的综合金融产品和特色金融服务，拓展贷款抵（质）押物的范围，探索开展软件著作权、品牌等无形资产质押和收益权抵（质）押贷款等业务。鼓励保险公司加大创意设计服务保险产品开发力度，提升保险服务水平，探索设立专业保险组织机构，促进创意设计服务领域保险发展。

### (二) 加强创意设计学科建设，加快创意设计产业人才培养

创意设计产业的本质是一种"创意经济"，其核心就在于人的创造力以及最大

限度地发挥人的创造力。文化创意产业的发展，依靠的是人，任何文化遗产或资源并不能天然地成为产品或商品，只有经过一定形式的再创造，才能成为具有丰厚知识产权的文化产品。因此，要大力开展文化创意领域的理论研究，加强文化创意产业学科建设；要健全文化创意产业人才培养、选拔和评估激励机制，培养大批善于管理、长于经营、精于专业技术的优秀文化创意人才。要依托福建本土高校，建立产、学、研一体的文化创意产业人才培训基地，设立文化创意产业专业，开设包括文化创意产品设计、文化创意生产经营、文化创意经纪人、文化创意市场营销、文化创意产业管理等相关专业课程，形成多层次、开放式的人才培养机制，造就一批高素质复合型创意设计产业人才，以保障福建创意设计产业的可持续发展。

基于创意设计人才复合性、创造性和文化特异性这三个特征，高校设计教育应结合市场动态：首先，设计教育必须结合经济管理类学科知识。创意的市场化才是创意设计产业的生存之道。现代创意设计人才既要具备艺术设计修养与知识，又要具有管理能力和市场意识，才能符合市场对人才的需求，才能更好地服务创意产业。同时，高校艺术设计专业既可以在课程设计中加入创意市场营销、创意经济学、文化管理等课程，也可以结合设计与管理，增设新的专业方向，培养懂设计、懂管理、懂融资、懂市场的应用型、创新性人才，注重培养学生解决实际问题的能力以及前瞻性的视野。

## （三）做好顶层设计，加大政策扶持力度

当前福建省推动创意设计产业发展的部门主要包括各级经信委、科技（厅）局等。厦门市、泉州市、漳州市等地虽然建立了地方创意设计协会，并举办创意设计创新大赛，但总体来看，全省缺乏在国内外有影响力的创意设计大赛，各部门、各地区都各自为政，尚未形成合力。因此，政府部门首先要做好顶层设计，整合现有创意设计资源，加强引导，统筹协调，形成合力，因地制宜推动具有区域特色的创意设计产业的发展，凸显"福建设计"。建议在具备较好发展潜力的福、厦、漳、泉设立创意设计专项发展资金，重点对发展良好、具备较高活力的中小微型企业进行扶持。同时，政府部门要聚焦战略新兴产业与优势行业，通过制定各项鼓励扶持政策，加大对创意设计产业资金投入，支持符合条件的创意设计企业在资本市场上上市融资，从而推动全省创意设计产业健康、有序、快速发展。

## （四）优化产业发展市场环境

一是健全知识产权保护和运用机制。加强知识产权运用和保护，健全创新、

创意和设计激励机制。加强创意设计知识产权的行政执法以及民事和刑事司法保护，降低维权成本，提高侵权代价；建立行政执法与刑事司法相衔接的工作机制，对各类侵权行为形成有效追究，打击侵犯知识产权的犯罪活动；发挥行业协会自律作用，用行业内力量自觉抵制和约束侵犯知识产权的行为发生。鼓励创意设计企业加强对创意作品及形象的专利申请、商标注册、软件著作权登记等工作。二是加强基础建设，营造良好氛围。完善产业统计体系，与统计部门合作开展相关产业统计工作，建立市、区两级统计制度，加强对产业统计数据的研究分析，关注产业发展趋势和企业经营中出现的问题，为企业经营和政府决策提供参考依据；适时发布产业发展报告，形成完整的规划指导体系；加强对福建省创意设计产业发展动态与成果、人才、企业等方面的积极宣传，提高社会对创意设计产业的关注度。

# 第八节　商务服务业发展研究报告

商务服务业作为现代服务业的重要组成部分，为商务活动提供辅助性服务。商务服务业对于区域经济的发展及区域竞争力的提升具有重要的推动作用。商务服务业具有知识技术密集型特征，服务对专业性要求高，对人力素质要求高，是具有较高附加值的现代服务业。商务服务业的涵盖面较广，包括企业管理服务、法律服务、咨询与调查、广告业、知识产权服务、人力资源服务、旅行社及相关服务、安全保护服务和其他商务服务业。

## 一、福建省商务服务业发展的总体情况

### （一）商务服务规模扩大

随着商务活动的活跃，对商务服务的需求发展迅速，推动了福建商务服务业的发展。福建省相应出台多个文件，将商务服务业作为重点发展，以优化福建省的营商环境。近年来，福建商务服务业发展稳定，发展规模不断扩大，具有较强的发展潜力。2019 年福建全省租赁和商务服务业在岗职工数 16.97 万人，较 2018年增加 1.41 万人。其中，国有单位 2.34 万人，城镇集体单位 0.39 万人，其他单位 14.24 万人。[①] 其中，厦门、福州和泉州的商务服务业发展较快，行业分布呈现

---

① 资料来源：《福建统计年鉴 2020》。

多元化发展趋势。

## （二）会展行业稳定发展

福建省政府《促进展览业改革发展实施方案》为福建会展业的发展提供了政策支持，提出未来福建会展业的发展方向是国际化、品牌化、专业化和信息化，并将厦门、福州和泉州作为展览业发展的重点城市。至2019年底，福建省会展企业合计1402家。[①]厦门会展集团、福建荟源展览公司都是省内的会展龙头企业。其中，厦门会展业在省内居于领先地位，产业集聚格局初步显现。

1. 展馆设施不断完善

福建省内九地市都拥有自己的会展场馆设施，包括厦门国际会展中心、福州海峡国际会展中心、晋江SM国际会展中心、武夷山风景国际会展中心、宁德会展中心、三明科技文化会展中心等。海峡国际会展中心占地面积达67万平方米，建筑面积达45万平方米，从单体面积看，属于国内最大的展馆。展厅面积达12万平方米，可设置国际标准展位6000个。厦门国际会展中心占地面积达47万平方米，建筑面积达42万平方米，展厅面积达15万平方米，可设置国际标准展位7500个。厦门国际会议中心建筑面积14万平方米，达到国际水准，曾举办过2016 G20峰会第三次协调人会议、第八次上合组织成员国总检察长会议、金砖国家领导人厦门会晤等重要会议。厦门国际会展中心和福州海峡国际会展中心等省内大型会展设施正逐步将现代化信息和智能化技术应用于场馆设施的改造中，以更好顺应智能化、信息化趋势，提升会展设施的信息化和智能化水平。

2. 展会数量持续增长

福建展会的规模与数量稳步增长，办展的面积也逐年增加。2019年福建省合计组织内展项目118个，有30多个行业的2514家企业参展，摊位数量达4218个，在会展企业的组织下，有7261家企业到境外参加12714个展览，其中1416个展览属于UFI认证项目，摊位数达18550个。[②]2019年厦门会展经济效益凸显，总效益达450.94亿元，较2018年增长12.0%。全年展会面积合计240.03万平方米，较2018年增长1%，共举办展会236场，其中参会人数超过50人的商务会议9978场，较2018年增长7.7%，参会人数合计205.04万人，较2018年增长8.9%。[③]

3. 展会项目品质提升

近年来，福建致力于提升展会品质，创建展会品牌，展会的质量与影响力逐

---

① ② 陈扬，李小玲. 福建会展业的现状与展望——疫情当下我省会展业发展的思考［N］. 东南快报，2020-07-27.

③ 厦门市统计局，国家统计局厦门调查队. 厦门市2019年国民经济和社会发展统计公报［R］.

步提升。投洽会、海交会、618 项目成果交易会、数字中国建设峰会、文博会、旅博会等都具有相当知名度，而厦门的石材展和佛事展、泉州的鞋博会、漳州的花博会和农博会等也都具有一定的品牌影响力。2020 年福州成功举办了第三届数字中国建设峰会、第三届全国青年企业家峰会、2020 中国国际渔业博览会、第八届海峡青年云上峰会、第 35 届中国福州国际汽车博览会等。厦门的投洽会、佛事展、石材展、旅博会已经是具有相当知名度的会展项目。漳州也依托其农业优势，发展特色农业会展项目，如海峡两岸特色农博会、海峡两岸花博会等。

### 4. 线上展会发展活跃

在疫情背景之下，许多线下展会延期或取消，而线上云展会则成为重要的办展形式。福建省商务厅出台措施对相关参展企业给予一定的金额补助，以鼓励支持企业参与线上展会。2020 年，县域优选产品线上经贸对接会、"一带一路"沿线国家经贸对接会、第十一届海峡两岸电机电器博览会等均通过线上方式举办。

## （三）总部经济持续壮大

福建总部经济日益壮大，《关于促进总部经济发展的意见》为福建总部经济的发展提供了政策支持，省内各城市纷纷致力于发展总部经济。厦门和福州是总部企业在福建的主要聚集地，泉州也有相对较多的总部企业。平潭近年来总部经济发展很快。

### 1. 厦门总部经济优势明显

厦门凭借良好的营商环境和独特的区位优势，吸引了许多国内总部企业落户厦门，许多跨国总部企业纷纷在厦门注册。2019 年厦门总部型企业提供了 22 万个就业岗位，全年营收占全市的 29.07%，利润总额占全市的 43.09%，对经济的带动作用明显。厦门总部经济已经实现集群化发展，观音山、鹭江道、筼筜湖都聚集了大量的总部企业，除本地大型总部企业如建发、象屿、国贸、厦航、金龙等外，还吸引了许多国内大型企业总部如安踏、特步、九牧王、七匹狼等，大型跨国企业总部如亚马逊、戴尔、壳牌、ABB 等。在 2020 年 10 月的厦门总部经济发展大会期间，新签约总部项目达 66 个，投资额 1135 亿元，包括了平台经济、电子信息、生物医药、文化旅游等诸多新兴产业领域。大会发布了《关于加快总部经济高质量发展的意见》，并提出要将厦门建设成为东南沿海总部经济聚集地的目标。2020 年 8 月，厦门启动了位于滨北核心黄金地段的首个超级总部基地建设。

### 2. 福州总部经济稳步发展

2020 年 5 月福州市政府发布了《关于鼓励新引进企业总部的四条措施》，进一步明确了扶持对象和支持政策，以推进企业总部的引进，加快总部经济的发展。目前福州拥有各类综合型总部企业，如福建广电网络集团股份有限公司、福建永辉超市有限公司、中石化森美（福建）石油有限公司、福建省建设人力资源集团股份公司等，引进了一些运营中心职能总部，如福建联创智业建设工程有限公司，福州京东方光电科技有限公司、福建建中建设科技有限责任公司在福州设立了研发中心职能总部，福建省平行进口汽车交易中心有限公司、福州鹭燕医药有限公司在福州设立了销售中心职能总部。

3. 平潭总部经济发展强劲

2018年平潭修订出台了《关于进一步完善扶持总部经济发展的若干举措》，并成立总部经济产业工作小组，致力于扶植总部经济发展。在政策利好之下，许多总部经济企业纷纷在平潭综合实验区注册，逐步形成总部经济的聚集。平潭以平台型总部企业为引进重点，重视发展实体型总部经济，致力于吸引航运业、隧道业总部企业。2019年平潭综合实验区总部经济产业工作小组新认定的总部经济企业19家，其中平台型3家、实体性6家、注册型10家。在政策支持下，平潭平台型总部经济快速发展，截至2020年10月营收超过300亿元。

# 二、福建省商务服务业发展存在的突出问题

## （一）区域发展不平衡

福建商务服务业区域发展的不平衡与区位条件、基础设施、政策环境等紧密关联。厦门凭借独特的区位优势和政策环境，福州凭借其省会城市优势，已经率先发展成为福建省商务服务业的"领头羊"，但对周边城市商务服务业的辐射与带动作用十分有限。从会展业发展水平来看，厦门和福州在省内居于前列。厦门致力于打造国内的会展典范和国际的会展名城，依托良好的基础设施、政策环境、地理优势，会展业发展成绩突出，是现代化的会展旅游城市。厦门已经形成了厦门国际会展中心、厦门国际会议中心、厦门五通佰翔会展中心的南北会展产业聚集格局。福州也出台各类政策，致力于打造海峡会展经济创新示范区和东南会展名城。而漳州、宁德、泉州的会展发展与其经济发展极不相称。虽然这些城市经济总量不小，也具有一定的产业基础，但其会展业发展与厦门、福州差距很大。

## （二）区域同质化竞争

福建省各区域间商务服务业，包括总部经济、会展经济等存在重复建设和过度竞争现象，区域间欠缺协调，缺乏区域统筹。近年来福建各地纷纷实施总部经济发展战略，致力于发展总部经济，将其作为城市经济发展的重点与增长点，区域竞争激烈。但许多地区未能针对本地基础设施、产业条件等比较优势，对总部

经济发展进行准确定位，使各地对总部资源的争夺更加激烈。从会展业来看，整体规划水平有待提升。展会的主题设计雷同，重复办展，展会创新不足，各地展会同质化竞争。省内展会及省内与省外展会出现同质化竞争现象，目标受众因展会同质化出现分流现象，降低了办展的效益。

### （三）竞争优势不明显

虽然近年来福建商务服务业规模有所增长，实力有所增强，但服务的质量和层次均有待提升。目前福建省的商务服务主体规模较小，商务服务业中规模以上企业不多，仍以中小型企业为主体，商务服务主体总体实力有待增强，综合服务能力有待提升。以会展业为例，福建会展品牌的影响力仍有待提升。目前，福建省获得 UFI 认证的展会只有投洽会，虽然有许多企业赴境外参展，但有能力在国外自己办展的会展企业仍只有少数。展会国际化水平有待提升，办展的质量和层次仍有很大的提升空间。在总部经济发展方面，跨国公司总部入驻福建的数量十分有限。

### （四）结构性人才短缺

商务服务业的发展离不开人才支撑。商务服务业属于知识技术密集型的高智力行业，对从业人员的专业素质要求较高，需要具备专业化服务知识的高素质人才支持。福建商务服务业的发展需要具有掌握专业知识、了解国际商务趋势、具备营销经验和创新理念的高层次人才。而当前福建省商务服务业人才供应不足，专业人才缺乏，高端专业人才依然较为欠缺，发展存在结构性人才短缺，成为福建商务服务业深入发展的重要制约。

## 三、商务服务业的发展趋势

### （一）服务智能化

在信息化和智能化的时代背景下，依托信息技术和计算机技术，能提供更加高效高质的商务服务，智能化已是商务服务发展的大趋势。智能化能更有效地促进服务主体和服务对象之间的信息沟通，既有助于实现信息的共享，提供更加个性化的信息服务和咨询服务，也有助于提升资源的利用率并提高服务的效率。

### （二）服务高端化

商务服务的方式与内容更加专业化和高端化，能提供更加综合化和个性化的服务。商务服务本身作为智力型行业，也具有较高附加值。商务服务行业的品牌化趋势日益增强，品牌价值更加得到重视，品牌培育与品牌塑造是企业提升知名度和影响力的主要手段。高端品牌价值往往与高端商务服务相挂钩。

### （三）服务全球化

商务服务企业的市场范围进一步拓宽，企业的服务市场不再局限于本国，而是向全球市场扩张。许多具有实力的商务服务企业纷纷制定国际化战略，开展国际化经营，在国外设立办事机构，向海外市场提供商务服务。商务服务主体的国际化程度日益加深，商务服务市场的全球化特征日益显著。

### （四）服务聚集化

聚集发展有利于集中优势资源，优化资源配置，实现资源共享，促进技术外溢和信息交流，有助于商务服务业专业化水平的提升。依托良好的基础设施、政策环境、配套服务，许多优质商务服务企业在中心城市聚集，形成商务服务聚集区，形成完善的商务服务产业链体系，规模集聚效应得到有效发挥。

## 四、福建省商务服务业的发展重点

### （一）商务会展

#### 1. 促进会展业智能化升级

支持福建发展智慧会展。智慧会展是会展业未来发展的趋势，在"互联网+"背景下，会展业的智慧化迎来了新的发展机遇，会展业朝着智慧化方向转型升级。智慧会展以现代信息技术为依托，通过互联网、物联网、人工智能、大数据、云服务等，对会展产业链上的资源进行智能配置，是对需求进行智能响应的智慧化会展服务体系。智慧会展在管理上实现了信息化和智能化，能提供更加个性化、高效率的服务。智能化技术在会展业的应用能有效提升展会主办方和参展单位的信息交换效率，并为参展单位及展会观众构筑沟通互动的高效平台。完善优化信息服务平台，通过大数据和云计算等信息技术集合参展商信息及观众需求，进行数据挖掘和数据分析预测，以提供更加精准和完善的服务。升级改造现有会展设施，打造智慧型场馆设施。优化升级展馆的功能，促进会展设施的智能化改造升级，将大数据、云计算、现代通信和网络技术应用于场馆设施设备的改造，提升资源的优化整合和信息的共享互通。

#### 2. 推动会展业国际化运营

提升福建展会的国际化运营水平，加入知名国际会展组织，构建国际化会展营销网络。加强与国际知名会展企业的交流合作，加强与国际知名展览城市的交流，在信息共享和人才交流上进行合作，学习先进办展经验，探索合作办展的可能性。加强与国际展览机构的合作交流，与 UFI、ICCA、AFECA 等知名国际展览机构开展合作，引进国际性展会项目，学习和引进国际先进的办展理念，借鉴国际先进办展模式。吸引国际知名企业到福建参展，同时鼓励有实力的企业到国外举办展会，拓展海外市场。加强展会的宣传与营销，扩大福建会展业的国际知名度和影响力，打造福建会展国际品牌。依托地域优势和政策优势，将厦门和福州打造成为国际会展名城，面向海峡两岸和东南亚地区。

3. 实现展会品牌化、特色化

深入挖掘展会主题，形成福建展会品牌特色。市场定位和市场细分是提升办展效应的基础，准确的市场定位和市场细分有助于针对特定市场情况进行展会规划，为市场提供与需求相符的特色鲜明的展会，更好发挥品牌影响力。福建各地应发挥本地优势，结合各地产业基础、区位优势，在充分了解市场趋势和把握行业动态的基础上，进行展会主题挖掘和展会品牌塑造。实施品牌战略，塑造更多会展品牌，实现品牌化发展。做好品牌宣传，提高品牌知名度，完善品牌服务，加强品牌创新，提升品牌效益、品牌价值及品牌影响力。依托独特优势，未来厦门在举办国际展会上仍有很大的发展空间。应发挥厦门独特的区位优势、国际交通枢纽地位及开放性经济特征，打造具有国际影响力的国际展会品牌，提升厦门作为国际会展城市的知名度。泉州会展业应紧紧依托其产业优势，发展轻工业会展，如石材、陶瓷、服装、箱包等行业特色展会。

4. 支持发展线上展会

福建会展业应将移动互联网技术应用于展会。线上展会打破空间限制，可以将全球各地的参展单位与观众通过网络联系在一起，通过线上展示和线上互动，为供求双方搭建更加便捷的沟通平台。借助 AR 技术，观众可以在虚拟世界体验参展产品，并能实现在虚拟时间的互动。在疫情背景之下，线上展会的优势更是得到充分发挥。将互联网、大数据应用于展会，线上展会与线下展会协同发展，互相补充，实现良性互动，提升线上展会的交易展示与跨境贸易功能。

5. 推进会展产业集群

整合资源，发展福建会展产业集聚。在聚集区内打造完善的会展产业链，实现会展企业与配套服务机构协同发展。厦门已经在会展产业集聚方面先行起步，未来应进一步提升会展集聚的配套服务，提升集聚水平。福州海峡国际会展中心处于福建自贸区内，依托自贸区的优惠政策，在发展会展聚集区方面具有很强的优势。泉州应在晋江国际会展中心、东海国际会展中心的基础上加快会展产业的集聚。重视聚集区配套设施的完善，如酒店、交通等的建设，规划建设高档次、国际化的大型酒店，规划完善的交通线路。

## （二）总部经济

### 1. 发展总部经济聚集区

总部经济的聚集有助于实现产业链的聚合与升级，能实现以商引商，吸引更多产业链上相关产业的入驻和聚集。有助于资源与人才的集合，实现人流、物流、资金流、信息流等的汇集，对于福建的产业升级、区域竞争力的提升以及经济高质量发展具有重要的推动作用。完善总部经济空间载体，推进总部经济空间载体建设，完善配套设施建设，拓展总部经济的空间规模，使总部经济从中心商务区聚集逐渐向周边区域扩散，实现福建总部经济的规模化和集群化发展。形成多维度的总部经济聚集，规划一批专业特色总部经济聚集区，使总部企业及其供应链相关企业在聚集区内聚集，实现联动发展。发展专业总部经济聚集区，吸引核心总部企业供应链的上下游企业在总部经济聚集区联动发展，吸引相关服务型企业聚集，为总部经济的发展提供技术咨询、法律服务、金融服务等支持，以形成协调发展的良好格局。

### 2. 提升总部经济层级

积极引进跨国公司总部和区域性总部，提升福建总部经济发展的层次。充分发挥厦门经济特区的外向型、开放型经济优势，吸引跨国公司总部入驻，实现科技与人才的汇集，集合优势资源与创新要素，助力福建区域经济发展。厦门要把握国际化战略定位，发展国际性总部经济、东南区域性总部经济，引进和培育成长型总部和职能型总部。将总部经济建设从岛内延伸到岛外。岛内完善五缘湾商务营运中心功能，加快两岸金融中心建设，推进滨北超级总部基地建设，同时在岛外布局商务中心，加快诚毅国际商务中心等岛外总部经济聚集区建设，加强招商引资，实现岛内和岛外总部经济的平衡发展。

### 3. 优化总部经济结构

福建应将增加总量与优化结构相结合，在总量增加的基础上进行结构调整。结合产业导向和产业结构调整需要，进行准确定位，积极引进科技型、文化型、服务型总部机构。提升总部企业功能结构，大力引进研发中心、设计中心、管理中心、营销中心、采购中心、投资中心、结算中心、物流中心等职能型总部。大力引进研发设计总部，吸引跨国公司在福建设立研发中心。发展高成长型企业总部，引入高新技术产业、互联网产业等高成长型企业总部，充分发挥其技术研发和创新开发方面的优势，为区域经济发展注入新的活力。

### 4. 发展平台型总部经济

平台经济基于数字技术，通过数据驱动。伴随数字技术和信息技术的发展，平台型总部经济应运而生。平台型总部经济基于"云网端"，消费者、服务商和平台之间呈现网状协作关系，实现线上线下的融合。平台型企业具有数字经济、共享经济和"互联网+"的特征，是当前热点经济形态的集合体，具有良好的发展前景，平台型总部经济将成为未来福建区域经济发展的重要增长点。加快平台型企业总部发展，吸引平台型总部企业落户福建。

5. 发展科创型总部经济

科创型企业具备较强的技术创新能力，是提升福建经济实力和竞争能力的重要力量。制定相关激励政策和支持政策，大力引进各类科创型企业总部，构建科创型总部经济。做好专项规划，设立专项基金，重点吸引现代科技企业总部入驻，如人工智能、区块链、物流网等新兴科技领域。吸引国际知名科创企业入驻，培育具有国际竞争力的本土科创总部企业。

6. 培育、留住与引进总部

积极培育本土总部企业，留住本土总部企业，同时引进外来总部企业。培育总部，培育本地具有潜力的优势企业尽快成长，将其总部落户福建。留住总部，随着企业的发展壮大，企业的经营网络将扩展到全国乃至世界。各地都在致力于打造总部经济，现有的总部企业极有可能在优惠政策的吸引下将总部迁出福建。为此，福建应致力于为现有总部企业提供更加完善的服务，使其把根留在福建。从鼓励扶持政策和完善政务服务入手，为现有总部企业的发展创建良好的发展环境。积极扶植本土总部企业的发展，鼓励本土总部企业扎根福建。引进总部，细化招商引资细则，提供更加精细化和人性化服务，引进外来总部企业，包括国内知名企业总部及跨国公司总部。

## (三) 商务咨询

### 1. 完善服务体系

完善商务咨询服务体系，加快商务咨询中介服务的发展。加快发展广告、会计、审计、信托、评估、监理、代理、经纪、拍卖、担保、策划、营销、调查、律师、公证、仲裁、培训、售后、信息咨询、检验检测、产品认证、人力资源、标准与计量等商务咨询服务，对会计、审计、资产评估等领域进行重点扶植。在政策上给予支持，在财政税收上给予优惠，以扶植重点商务服务咨询领域的发展。

### 2. 培育服务品牌

积极培育福建商务咨询服务品牌，实现品牌化经营。提升商务咨询服务专业化水平，不断提升专业化服务能力。打造福建商务咨询服务品牌，积极进行品牌培育，不断提升品牌知名度和国际竞争力。通过品牌塑造和品牌建设构建品牌价值，培育具有品牌影响力的商务服务企业，提升福建商务咨询服务的竞争能力。

### 3. 壮大服务主体

壮大福建商务咨询服务市场主体，做好产业培育。增加中介服务数量和规模，多措并举，培育本土企业，吸引外来企业。培育具有较强竞争力的本土商务咨询服务企业，为福建商务服务业的发展起带动示范作用。从财政、税收、人才政策等多方面给予支持，帮助企业扩大业务规模，提升服务水平。支持企业扩展规模，鼓励企业通过并购、重组等方式扩大企业规模，实现规模化经营。将培育与引进相结合，引进国际知名服务机构，提供与国际接轨的高水准的专业化服务。

## 五、促进福建省商务服务业发展的政策建议

### （一）培育吸纳高端专业人才

福建商务服务业的发展以高端专业人才为核心要素，专业人才是福建商务服务业发展的核心资源。人才的培养与引进、人才结构的优化是福建商务服务业健康发展的要素保证。构建专业化人才培养体系，为福建商务服务业的发展供给人才。专业人才的培养应有效利用产学研平台，企业与教育机构、培训机构、高校合作建立人才培养和人才培训平台，建设专业人才培养培训基地。鼓励企业与高校合作培养人才，在高校设置相关专业，根据企业人才需求设置专业人才培养方案并进行相应的课程设计，使人才培养更好地适应市场需求。鼓励企业与高校和国内外知名教育机构合作，通过继续教育和职业培训，提升员工专业素质。将人才培养与人才引进相结合。完善人才政策，从国内外引进高素质的专业化人才，从外部引进和吸纳高端型、专业型紧缺人才。

### （二）持续优化产业发展环境

良好的产业发展环境是福建商务服务业发展的重要保障。本地商务服务业的发展、总部经济招商引资的顺利发展均依赖于良好的营商环境。多方面优化营商环境，完善基础设施，优化政策环境，提升服务水平。

首先，加强金融支持，帮助商务服务企业拓宽融资渠道。鼓励金融机构为商务服务企业提供信贷，积极开发新的金融产品，创新金融服务，为商务服务企业提供更多样化和个性化的融资支持。支持鼓励有实力的企业上市融资，鼓励企业与金融机构合作设立专项产业基金，投资助力产业成长。

其次，强化政策支持，完善政策保障。加大政策扶植的力度与范围，出台针对性更强的政策细则。设立专项资金支持福建商务服务业的发展。对于总部企业的引进从开办资助、办公场所的租用购买、运营奖励、人才引进等方面给予扶持。

再次，提升政府的服务能力、服务水平和服务效率。在政策咨询、招商引资、人才引进等方面为企业提供"一站式"的便捷化、个性化服务。不断优化政务服务流程。积极推进相关行政审批制度改革，大力推进"互联网+"政务服务，简化和优化服务流程，提高服务效率，为商务服务业提供更加便捷高效的政务服务。做好政府各部门之间的协调和业务衔接工作，打造"一站式"的政务服务，不断提升政务服务的效率与水平。

最后，完善信息服务，构建完善的信息服务平台。为商务服务企业提供市场、技术等方面的信息资源，为福建商务服务业的发展提供信息支持。

### (三) 实现区域协调与错位发展

加强政府的整体规划和引导，建立统一科学的规划与协调机制，以减少资源浪费与效率损失。坚持区域合作理念，整合区域优势要素，实现资源优化配置。加强区域联动，促进区域合作与交流，整合优势资源，逐步缩小发展差距。整合人流、物流、资金流等资源要素，实现各区域协同发展。目前厦门和福州两地的商务服务聚集发展较快，应发挥厦门和福州的领头作用，增强同周边城市的联动，发挥商业服务业聚集的空间外溢效应，带动促进周边城市商务服务业的协同发展。依托各地的区位优势和资源禀赋以及产业基础及产业重点规划商务服务业的发展，加强各城市之间的协调和协作，实现区域协调发展，提升整体实力。整合资源，优势互补，差异化发展，错位发展。结合各地区优势，对福建商务服务业的发展进行总体规划，避免同质化竞争现象，实现各地的错位发展，提升全省商务服务业的整体竞争力。结合各地产业发展导向，统筹规划，差别定位，协调发展。实现福建各地区的商务服务业的差异化和特色化发展，形成多层次、错位发展和协同发展的格局。厦门、福州、泉州、漳州、平潭等地，有必要进行整体规划，充分依托本地优势，实现总部经济、会展业等的错位发展和差异化发展，形成各自的特色。

### (四) 发展产业聚集与产业融合

福建商务服务业应提升聚集水平，聚集高端产业要素，实现聚集发展，增强聚集效应。进行战略规划，合理配置商务服务聚集区、总部经济聚集区、会展聚集区内的资源，实现聚集区资源的高效合理配置。产业融合有助于产业的转型升级，并对关联产业具有带动效应。推动商务服务业与其他产业，如先进制造业等的有效融合和良性互动。打造会展业生态圈，构建总部经济生态圈。商务服务中的会展业具有很强的产业联动效应，溢出效应十分明显。打造完整的会展生态圈将有助于相关产业的联动发展。实现产业融合，使会展与旅游、酒店、商贸、物流等产业融合发展。商务会展服务与商贸服务业、旅游服务业、酒店服务业的深度融合对城市的经济增长具有很强的带动作用。总部经济生态圈是一个相互协作与依存的共生系统。高水平的总部经济生态圈的构建要求形成高水平的总部企业聚集、完善的配套供应链体系、专业的服务网络。

### （五）探索服务升级与业态创新

在市场竞争日益激烈的背景之下，福建商务服务业要在市场上站稳脚跟，保持竞争能力，必须坚持创新思维，就要推进服务的升级与创新。不断升级服务，拓展服务功能，提升服务能力，拓展服务领域，提供更加个性化、专业化的服务，推动服务向高端化方向发展。当前，数字经济、共享经济、"互联网+"等蓬勃发展。福建商务服务业应积极探索发展新型业态，培育新的服务业态和新的服务模式，将现代互联网技术、信息技术应用于商务服务，"互联网+"融入福建商务服务业，将移动互联网、大数据、云计算等现代技术与商务服务业相结合，探索新的服务业态，创新服务模式，利用现代网络信息技术提升商务服务品质。

### （六）完善行业标准与信用体系

建立行业服务标准，实现服务的标准化与规范化。加强行业自律，规范企业市场行为。建设完善的与国际接轨的行业标准化体系，是福建商务服务业提升服务水平，与国际先进商务服务业缩小差距的必然要求。建立符合福建实际情况的商务服务业标准体系，同时要与国际标准体系接轨。在行业监管不完善和行业自律不足的情况下，企业的失信行为和无序竞争现象仍在一定程度上存在。商业服务业市场秩序及市场行为的规范化，依赖于健全的行业信用体系。完善商务服务信用体系建设，建立行业诚信体系，健全职业认证体系，提升行业自律。建设完善的商务服务信用管理体系，建立商务服务信用评级制度，建立企业信用档案。构建商务服务信用信息平台，实现信息共享与信息披露，以规范商务服务市场秩序，引导和监督商业服务机构市场行为，增强行业自律，提供诚信服务。

# 第九节　节能环保服务业发展研究报告

节能环保服务业是现代服务业的重要组成部分，属于生产性服务业。发展节能环保服务业有助于传统制造型企业实现成本节约和绿色发展，符合绿色经济、循环经济的可持续发展理念。节能环保服务业提供节能减排、环境保护及污染防治、回收利用等专业化服务。节能服务涵盖能源审计、节能诊断、节能项目设计、节能项目融资、设备材料采购、工程施工与安装、运行与管理等。环保服务涵盖环境咨询、环境监测、环境工程设计与施工、污染治理项目运营与管理等。回收利用服务则主要涉及废弃物的循环使用和再生利用。

## 一、福建省节能环保服务业发展的总体情况

### （一）产业规模持续增大

在国家宏观政策指导和政府配套政策支持下，福建省节能环保服务业发展势头良好，近年来呈现稳步发展态势，未来仍有相当广阔的发展前景。2019 年福建全省水利、环境和公共设施管理业在岗职工数 5.72 万人，较 2018 年增加 1 万人。其中国有单位 1.84 万人，城镇集体单位 0.05 万人，其他单位 3.83 万人。[①] 节能服务业已实现规模化发展，环保服务业在各市均有分布，回收利用服务业规模也稳步上升。

### （二）产业实力逐步提升

福建节能环保服务业产业龙头逐渐增多，如福建龙净环保股份有限公司、新大陆环保科技有限公司、厦门三维丝环保股份有限公司、三达膜科技（厦门）有限公司等。龙净环保等十几家龙头企业已经在国内上市，还有一些企业已经在新三板挂牌。福建龙净环保股份有限公司在大气污染治理方面在国内处于领先水平，福建永恒能源管理有限公司在建材行业及轻工行业的节能服务提供方面在国内处于领先水平。

### （三）业务领域不断拓宽

福建节能环保服务业服务的行业领域持续拓展，范围不断拓宽。节能服务方面，涵盖太阳能热利用以及节能材料、节能照明、节能电机、节能风机、节能泵类、节能变压器、高效锅炉等的节能技术研发和节能改造服务。环保服务方面，涵盖大气污染治理、污水治理、废气处理等。回收利用服务方面，涵盖城市垃圾、废纸、废金属、废旧轮胎、废旧塑料、农业废弃物等的回收利用。

### （四）科技实力逐步增强

福建省内一些节能环保龙头企业实现自主创新，科技实力逐步增强。福建龙净环保股份有限公司拥有多个技术创新平台，包括国家环境保护电力工业烟尘治理工程技术中心、国家地方工程联合研究中心、院士专家工作站、博士后科研工

---

① 资料来源：《福建统计年鉴 2020》。

作站、国际科技合作基地等，承担 116 项科技创新项目，拥有专利数量 1099 项。福建新大陆环保科技有限公司设立了紫外技术研发应用基地和国家环境光催化工程技术研究中心产学研基地，拥有国内专利数量近 150 项，此外还拥有 9 项美国专利。

## 二、福建省节能环保服务业发展存在的突出问题

### （一）行业发展结构性不平衡

福建节能环保服务业发展不均衡，虽然有如福建龙净环保这样的龙头企业，具备较强的资金实力和技术研发能力，能提供综合性的节能环保服务，但众多中小型企业和民营企业规模相对较小，行业中的许多中小型企业和民营企业在融资、人才引进、技术创新等方面仍存在诸多困难，发展面临诸多障碍，综合实力与服务能力偏弱，造成行业发展存在结构性不平衡现象。

### （二）技术创新能力有待提高

节能环保服务业提供专业化服务，是技术驱动型行业，其核心竞争力的主要来源是技术，技术是节能环保服务企业的核心资源，也是其竞争优势来源。福建节能环保服务业中具备核心技术和研发实力的企业只是少数。许多中小型企业在技术开发与创新上能力依然不足。缺乏技术研发所需的资金，也缺乏技术创新所需的高级技术人才，尚未建立起产学研的技术研发机制，自主技术开发能力不足，自主创新的知识产权十分有限，存在技术依赖，缺乏竞争优势。

### （三）综合服务能力有待提升

虽然福建有具备相应实力、能提供综合性服务的节能环保服务龙头企业，但毕竟只是少数。许多中小型企业受资金和技术实力制约，只能提供单一服务，尚无法提供综合性、系统化的节能环保服务解决方案，难以承接综合性的大型节能环保项目，市场竞争能力依然不足。当前服务主要集中于工程施工建设服务，在咨询、监测、认证、评估、审计等方面仍有很大发展空间。

### （四）服务市场空间面临制约

在节能领域，当前用能单位的节能需求以激励为主，没有强制性，导致企业的节能意愿不足，节能动力不强，节能改造的积极性不高，节能服务企业市场空间的拓展有限。受疫情因素影响，许多企业的出口订单量缩减，销售收入有所下滑，面临着较大的资金压力和成本压力，节能环保改造的意愿与需求也受到影响，使福建节能环保服务业的市场空间进一步受限。

### (五) 企业融资渠道有待拓宽

当前福建的节能环保服务企业存在许多中小企业，"融资难、融资贵"现象普遍存在。相对于实力雄厚的大企业，对于处于起步阶段的中小型企业而言，融资渠道不畅、融资难问题更加突出。目前，自有资金和商业银行贷款是节能环保服务企业的主要资金来源。节能环保服务项目往往项目投入较大且周期较长，项目复杂度较高，项目风险较大，因此，为规避风险，银行往往要求有固定资产做抵押。而节能环保行业属于技术密集型行业，企业主要提供节能环保服务，有形资产所占比例往往较小，可供抵押的固定资产十分有限，许多中小型节能环保服务企业难以提供贷款所需的固定资产抵押。近年来，随着政府对节能环保产业的政策倾斜，融资难题有所缓解，但中小企业的融资问题仍较为突出。

## 三、节能环保服务业的发展趋势

### (一) 商业模式趋于多元化

未来节能环保服务的商业模式将更加多样化。在节能服务领域，合同能源管理、能源托管、BOOT 等模式在美国、日本、德国等发达国家得到广泛应用。合同能源管理既是分享节能收益的服务模式，也是节能服务业的主要模式，但近年来能源托管、BOOT 也快速发展。BOOT 在美国节能服务市场已经占据 16% 以上的市场份额，德国和法国能源托管的市场份额已经超过 80%。

### (二) 服务模式趋于综合化

未来节能环保服务业将不再是单一环节服务，而是朝着综合服务方向发展。服务内容将不断整合升级，为客户提供完善的全方位的"一站式"的综合服务。"一站式"、一体化服务是当前节能环保服务需求的大趋势，市场需要有能整合产业链资源的综合服务提供商。这就要求节能环保服务的提供方从单一服务提供者转向提供咨询、设计、融资、运营、管理等综合性服务，需要进行全产业链的资源整合。

### (三) 多领域交叉全面发展

节能、环保、可再生能源交叉发展、一体化发展。节能、环保、可再生能源均归属于节能环保产业，在发展过程中，节能服务、环保服务、可再生能源服务联系紧密，边界越来越模糊，许多有实力的企业往往同时涉及，既提供节能服务，也提供能源的再利用服务。

## （四）并购重组规模化发展

节能环保服务领域的并购重组十分频繁，行业集中度持续提升。行业整合并购，规模化发展，企业规模趋于大型化。并购重组是企业扩展自身规模和提升竞争实力的有效方式，实力较强的企业依托自身资金优势和融资优势，通过兼并重组进入节能环保服务行业或通过兼并重组拓展产业链以提升服务能力。

## （五）智能化技术广泛运用

伴随信息技术的发展，信息化、智能化技术广泛运用于节能环保服务的各个环节，并且成为企业核心竞争力的重要指标，也是其提升服务效率与能力的重要途径。智能化的能源管理、用能监控，大数据分析客户需求已是行业发展的热点。智慧能源与智慧环保是未来发展的方向。智慧节能是现代互联网技术的产物，利用互联网技术实现信息交互和资源优化组合。集合了大数据、云计算、物联网等现代技术，实现对数据指标的实时动态处理与分析，制订最优节能方案，最大限度提升节能效率与效果。

## （六）市场需求前景广阔

可持续发展、绿色发展是当前经济发展的方向，随着政府对绿色发展和节能环保服务业的重视，政策扶植的力度将不断加大，产业支持政策趋于多样化。降低能耗、减少污染的需求将不断扩大，这必然给未来节能环保服务业的发展创造更大的市场空间，将激励节能环保行业的发展。从国内市场来看，近年来随着国家对节能环保的重视，我国的能耗强度逐年下降，环境保护力度也逐年加大，但与发达国家相比仍存在较大差距，节能环保服务市场仍然具有巨大的潜力。

# 四、福建省节能环保服务业的发展重点

## （一）节能环保技术服务

提高福建节能环保技术服务水平，加强技术研发与创新，提升技术服务实力。拓宽技术服务范围，涵盖技术咨询、技术研发、技术培训、技术推广等。为相关企业的节能减排、污染治理、清洁生产、回收再造等提供专业化的技术支持。

## （二）节能环保监测服务

培养第三方监测服务机构，发展福建节能环保第三方监测服务，促进节能环保监测服务的市场化。为用能企业提供节能监测服务，为排污企业提供环境监测服务。为公共领域提供大气、水体和土壤监测。升级监测设施，提升监测技术，提高监测质量。

### （三） 节能环保咨询服务

发展各类节能环保咨询机构，构建福建完善的节能环保咨询服务体系，提供包括节能环保政策咨询、法律咨询、技术咨询、技术认证咨询等在内的各类咨询服务，解决相关企业在生产运营过程中的信息不对称问题，为其提供专业化、个性化的信息咨询服务。

### （四） 节能环保评估服务

发展福建专业化的评估服务机构，开展环境影响评价，分析环境风险与损害。建设完善科学的评估指标体系，对环境影响进行准确评估，并制定相应的防范措施和紧急预案，帮助企业提升风险防范能力和突发事件应对能力。

### （五） 节能环保技术评价

培育和引入第三方技术评价服务机构，开展福建节能环保技术的评价服务，实现节能环保技术评价的市场化和社会化。建立科学合理的节能环保技术评价指标，不断提升评价机构的专业化服务能力，提升其技术评价的行业认可度和社会公信力。

### （六） 节能环保产品认证

培育福建专业认证服务机构，提供第三方认证服务，开展节能环保绿色产品认证。建立科学合理的能效指标和环保指标，运用专业化的检测技术，对相关产品的节能性能和环保性能进行检测和评价。提高检测技术水平，提升产品认证的行业认可度。

### （七） 能源审计与清洁生产审核

培育福建专业的第三方机构，为企业开展能源审计与清洁生产审核服务。为重点用能行业和高能耗行业提供能源审计服务，核查能源使用情况，规划具体节能方案，提高能源使用效率。为高污染行业提供清洁生产审核服务，在分析评价的基础上规划清洁生产方案，减少污染排放。

## 五、促进福建省节能环保服务业发展的政策建议

### （一） 确保核心要素投入

节能环保服务业具有智力密集型和资金密集型特征，技术、人员、资金等要素投入是节能环保服务业的核心要素，技术创新、人才培育及融资能力是其发展

的保障和竞争力的来源。

1. 人才培育与引进

节能环保服务人员的业务水平是服务水平提升的关键。福建节能环保服务企业应与高校、科研机构合作，培养复合型专业人才。为在职员工制订定期培训计划，定期开展再培训。聘请行业专家对从业人员进行针对性的专业知识培训，提升专业技能与认知，持续提升专业素养，培养适应国际市场需求的高层次复合型人才。培养针对性人才，与高校联合培养专业复合型人才，从培养计划、课程设置入手，为节能环保服务业输送培养高素质专业化人才。学校与企业开展实习基地合作，企业为在校大学生提供实习场所，学生到企业实地实习，高校教师与企业技术人员对实习学生进行实训指导。引进高水平综合性紧缺人才，留住人才。

2. 技术研发与创新

坚持技术创新，提升核心竞争力。技术是节能环保服务企业竞争力和服务能力提升的核心要素，节能环保服务的专业化服务以技术为支撑，技术实力决定了企业的业务范围和服务水平。技术创新是其核心竞争力来源，自主创新是节能环保服务业长远发展的根本保证。福建节能环保服务企业技术能力的提升需要坚持技术创新，完善技术创新的体制与机制，提升技术创新成果的转化率。鼓励企业提升科研投入比重，积极进行技术创新，增加科技研发投入，产学研结合实现自主研发、技术创新和技术升级，形成自主知识产权。形成更多的发明专利、实用新型专利等自主知识产权，并重视知识产权的保护。加强产学研合作，鼓励企业与科研院所、高校合作，通过合作促进科研成果的形成与转化。企业要加大技术研发投入，并与高校及科研院所开展合作技术研发。鼓励支持科研机构利用其在知识、人才方面的优势资源积极开展技术研发，推进研发成果转化，实现技术的产业化应用。推进技术交流，开展国际技术合作，推动产业向科技型转变。

3. 融资渠道多元化

融资难仍是当前福建节能环保服务业面临的重要问题。尤其对于缺乏自有资金的规模较小的服务企业，融资方面更是困难重重。多渠道融资，多元化融资。拓宽融资渠道，如基金支持、股权融资、债权融资、融资租赁、银行贷款、项目合作等，实现多种融资方式的有机结合。发展绿色金融，鼓励银行加大对节能环保服务业的信贷支持，降低对节能环保服务业的放贷门槛，为节能环保服务业提供贷款。设立或增加专用贷款额度，为节能环保服务企业提供低息绿色信贷以支持其发展。鼓励银行创新服务，以企业知识产权、项目未来收益或应收账款作为质押，为节能环保服务企业提供贷款。鼓励担保机构为节能环保服务企业提供绿色担保。鼓励民间资本投资，引导社会资本参与投资节能环保服务业。鼓励节能环保服务企业拓展融资渠道，通过上市发行股票或者发行债券获取企业发展所需资金。支持具备相应实力的节能环保服务企业上市融资，发行绿色债券，进行股权融资和债权融资。推广融资租赁，降低节能环保服务项目的运营成本。开展供应链融资，节能环保服务企业可以考虑向供应链上的其他主体融资，比如向产品生产厂商、设备供应商等融资。

### （二）改善产业发展环境

产业发展环境是节能环保服务业发展的重要影响因素。节能环保服务的发展需要政策支持及财政税收、服务平台等的保障，改善福建节能环保服务的产业发展环境可以从加强政策激励和完善配套服务入手。

#### 1. 实施全方位激励措施

实施全方位激励措施，包括财政补贴、税收优惠、贷款优惠、基金扶植等。强化财政税收激励，加强财政税收支持，在财政和税收方面给予补贴，为福建节能环保服务业的发展提供财政优惠补贴支持、税收减免支持等，以激发市场活力。加强财政支持，增加财政资金对节能环保服务优秀和重点项目的补助与奖励。完善针对节能环保服务行业及节能环保改造企业的税收减免政策，以提高其积极性并释放市场需求。优化税收支持，扩大税收优惠范围与力度。设置节能环保服务业产业发展基金，对产业发展给予专项资金支持。为鼓励技术创新，政府也可对企业的技术研发给予适当补贴。

#### 2. 构建公共服务平台

平台是资源与要素的聚合，具有整合与共享功能。节能环保公共服务平台建设涵盖资金、技术、人才、市场等方面，整合优势要素资源，实现资源的开放、共享与对接，有助于节能环保服务企业服务能力的提升，为福建节能环保服务业的发展提供平台支持。

（1）服务供需对接平台。搭建供需对接的平台，并实现常态化发展。政府与行业协会紧密合作，构建节能环保服务供需对接平台。联合举办各种线上或线下活动，为节能环保服务企业与重点用能行业、排污行业牵线搭桥，促进节能环保服务企业与用能排污企业的供需对接，将先进的节能环保技术引入传统制造企业，支持传统制造企业的绿色转型，也带动福建节能环保服务的发展，为其开拓更加广阔的市场机会与市场空间。构建结合互联网、大数据的供需平台，需求方根据自身需求选择标准化或个性化的服务项目，供给方根据需求提供专业化、个性化服务。

（2）技术交流转化平台。构建技术交流合作的平台。集中优势资源，吸纳第三方节能环保企业及行业专家入驻平台。举办各类节能环保技术的技术服务对接会、供需对接会，并实现常态化。提供节能环保技术交流的平台和技术供需的对接，并将融资服务业纳入其中，实现技术信息的共享与交流及技术成果的转化与交易。

（3）综合信息服务平台。将节能环保服务企业、设备供应厂商、金融机构、科研院所纳入其中。提供和发布节能环保服务的供给与需求信息，为需求方提供信息获取的渠道，提供广泛的服务企业信息，减少信息获取的成本，也为节能环保服务提供和创造更大的市场空间。完善平台服务功能，提供政策信息服务、技术信息服务、供需信息服务、投融资服务。充分了解节能环保服务企业的投融资需求，为信誉好的节能环保服务企业和优秀的节能环保服务项目提供完善的投融资服务。综合信息服务平台是政府、节能环保服务需求企业、节能环保服务提供企业共享的服务平台，政府也可通过公共平台进行监督和管理。

（4）园区信息服务平台。在经济技术开发区、产业园区设立节能环保信息服务中心，建立节能环保服务信息平台，充分搜集调研区内企业的节能环保需求，充分了解本地节能环保服务企业的技术需求，一方面为节能环保服务的需求方和供给方实现供需的对接，另一方面也为园区环保服务技术需求方寻找和提供技术供给方的信息。高校与科研院所在技术与人才方面具有优势，将高校与科研院所纳入信息服务平台，为节能环保技术需求提供智力支持。

## （三）完善产业组织体系

### 1. 培育壮大服务主体

实施龙头带动，培育福建具有综合服务能力的实力型企业。对有潜力的企业进行扶植，支持其成长。由节能环保服务龙头企业带动，壮大企业规模，发展规模化经营。鼓励节能环保服务企业通过并购、重组等方式逐步扩大企业规模，整合优势资源，提升规模实力。鼓励企业上市重组，整合产业链资源，实现产业化发展。

### 2. 提升产业集聚程度

产业集聚的形成，产业集中度的提升，有利于整合优势资源，更好地掌握市场，提升整体竞争实力，也有助于构建完整的产业链，提升服务的能力与服务的质量。福建节能环保服务业应进行集中布局，引导节能环保服务企业聚集发展，提升聚集度，整合优势资源，发挥集聚规模效应。形成以龙头企业为核心，中小型企业协作的均衡协同发展格局。在聚集区内构建完善的产业链体系。

### 3. 发展产业联盟合作

节能环保服务内涵丰富，福建节能环保服务业通过产业联盟形成合作伙伴，发展稳定的合作关系，有助于资源的整合共享并降低风险。对于中小型服务企业来说，自有资金不足，服务类型相对单一，难以提供综合性的一站式服务。可以通过组成供应链联盟，各自承担不同的服务环节，为需求方提供完善的综合服务。产业联盟内的人员交流、信息共享、技术合作，也有利于整体专业服务能力的提升。

### 4. 完善行业标准规范

完善行业标准，健全节能环保标准体系。完善服务技术标准与规范，形成科学合理的与国际接轨的标准化体系。健全行业规范，规范服务主体，规范节能环保服务市场和主体行为。加强监督管理，确保行业的规范化发展。建立责任明确的服务质量体系，确保节能环保服务质量。完善行业资质管理，健全企业资质管理制度，实行企业资质认定制度和从业人员职业资格制度。对从业企业进行资质考核，以规范行业市场。对相关从业人员进行执业资格认证，确保从业人员素质。

### 5. 完善行业信用体系

推行行业自律，完善节能环保服务信用体系，对节能环保服务企业开展信用评价，以信用评价规范行业市场和企业行为。建立合理公正的信用评价指标，建立企业诚信档案，形成信用信息共享机制，定期对企业信用评价信息进行公开和公示，通过信用信息公开和披露，加强社会监督和促进行业自律。实施信用激励和失信惩戒，将失信企业列入黑名单，提升节能环保服务业的整体信用水平。

## （四）提升产业竞争实力

### 1. 提升综合服务能力

发展系统化综合性服务，培育福建综合性节能环保服务企业，提供咨询、评估、融资、设计、施工、运营、管理等全方位、一体化服务。推动福建节能环保制造业的服务转型，鼓励支持有实力的节能环保制造企业服务化转型，成为专业化综合性的节能环保服务提供商。鼓励有实力的具备相应的资金实力和技术实力的企业开展综合性节能环保服务，提供包括诊断分析、项目设计、投资建设、运营管理等在内的全方位服务。将服务范围从节能环保改造扩展到融资、咨询等环节。系统化、综合化的服务提供也需要相应的技术支撑，鼓励和支持节能环保服务企业加强研发投入，提升技术能力。学习国外先进管理经验和经营模式，提升管理能力。积极引入国内外高级技术人才，对在岗员工定期开展业务培训，提升专业技能和综合素质。深入考察市场需求，充分挖掘市场潜力，对客户需求进行深入调研，为客户提供综合性的、全流程的、个性化的节能环保服务，提高服务水平和层次。

### 2. 不断创新服务模式

结合新技术进行服务模式创新。"互联网+"借助移动互联网、大数据、云技算、物联网等，实现传统行业的数据化和在线化。将互联网思维融入节能环保服务，是信息化技术发展背景下服务模式的创新，将为福建节能环保服务业的发展注入新的活力。在"互联网+"的背景之下，福建节能环保服务企业应结合互联网技术优势，融合互联网思维，创新服务模式，利用"互联网+"助力企业的转型升级。利用互联网平台充分了解客户的个性化需求并实现与客户的互动。依托互联网进行服务的重新设计，实现更加精细化的运营管理，提供综合性的一站式服务。利用"互联网+"整合线上线下资源、产业链上下游资源。利用互联网实现价值链上管理、营销、融资等各个环节的资源整合。服务模式应基于数据分析，充分利用互联网平台，整合产业资源，优化资源配置，提升服务效率。充分运用现代信息数字技术，将大数据、云计算、物联网等应用于节能环保服务提供过程。实现智能化管理，通过数据接入，对能源使用、污染排放等进行实时动态监控，实现服务的信息化、数据化和智能化。整合线上和线下资源，实现业务的线上线下推广，创新服务模式，提升服务质量和效率。节能环保服务业的智能化发展趋势也要求掌握大数据、云计算、物联网等现代技术。

3. 发展多种商业模式

持续推进福建节能环保服务的市场化和社会化运营，进一步完善效益分享机制，发展多种商业模式。深入推广合同能源管理、合同环境服务，持续推进第三方节能环保服务，如第三方环境污染治理、第三方环境监测等，推动政府与社会资本合作的 PPP 模式。

（1）合同环境服务。在合同环境服务模式中，环境服务公司投资的回收及利润的获取来源于客户改造后的环境效益。环保管家属于合同环境服务，是对传统环保服务的升级，提供的是环境综合服务和一体化环境解决方案。当前企业对环保服务的需求从单一服务转向全方位的"一站式"综合服务，要求环保企业从单一被动服务向提供综合服务、系统服务升级。环保管家提供全过程服务，提供更加专业化和定制化的服务，流程更加规范，标准更加精细。既满足了相关企业的环保需求，同时有助于提升企业的环保管理水平与管理效率。环保管家服务提供全周期咨询服务，从规划、建设到运营，是一种系统服务和按需服务。环保管家提供全方位、全流程的专业技术服务，提供事前、事中、事后的全周期服务。服务内容包括环境监测、环境治理、环境修复、排污许可、环保法规培训等多方面，涉及环保设计咨询服务、节能节水服务、生态修复和保护服务、环境治理服务，包括工业环境治理及城乡环境治理。

（2）合同能源管理。推进合同能源管理模式在福建节能服务领域的应用，鼓励金融机构对符合条件的合同能源管理项目提供信贷。合同能源管理是市场化的运作方式，也是当前节能环保服务业的主要运作模式，为企业提供从诊断到技术、资金、培训等全方位服务。合同能源管理是节能服务的市场运作形式，用能单位与节能服务公司签订契约，节能服务公司提供包括诊断、设计、融资、施工、安装、运行、维护等一系列服务，其投资的回收及利润的获取源于节能改造后的节能收益。

（3）第三方治理。积极完善第三方治理模式，健全第三方服务模式。环境污染第三方治理是排污企业支付费用委托第三方环境服务公司进行污染治理，是环境治理的市场化和社会化运营模式。在重点污染行业及公共环境服务领域，积极推进第三方治理，招标采购第三方环境服务，由第三方负责环保项目的运营，并按照实际服务效果支付相应费用。

（4）PPP 模式。PPP 模式是政府与社会共同合作，是公共设施项目中较为常见的运营方式。在公共节能项目和公共环保项目中推行 PPP 模式，通过 PPP 模式建立企业与节能环保服务企业之间的合作关系，使节能环保服务企业参与公共节能项目与公共环保项目，进行项目的规划、设计、施工、运营和维护。

4. 积极开拓国际市场

积极引导具备相应技术、管理、人才优势的企业实现全球资源配置，开拓国际市场，开展国际化经营，推动福建节能环保服务业的国际化发展。发挥龙头企业的引领作用，鼓励企业开拓海外市场，向境外提供节能环保服务，参与国际竞争。在"双循环"战略背景下，国内的大循环以及国内国际双循环是未来经济发展的重要方向，也对福建省节能环保服务产生重要影响。企业既要把握国内市场，发挥内需对产业发展的重要作用，实现内循环，也要兼顾国际市场需求，充分开拓国内和国际两个市场，在双循环中不断提升产业竞争能力。节能环保服务企业在积极开拓国际市场的同时也应重视国内市场开发。

## （五）刺激行业市场需求

市场需求是节能环保服务业发展的基础与动力，多方面刺激节能环保服务市场需求。

1. 政府与公共机构购买

政府和公共部门是具有很高信誉度的市场采购者，政府和公共机构购买节能环保服务能起到很好的示范作用。政府和公共机构如学校等在节能环保方面应起引领作用。深入推广节能环保服务政府采购。充分利用公共机构的示范效应，推进公共机构节能环保服务市场化采购的发展，发挥其对节能环保服务市场的影响力和节能环保服务行业发展的推动力。政府通过社会化采购，向节能环保服务机构购买服务，开展节能环保改造。公共机构购买节能环保服务，通过向第三方机构采购节能环保服务，开展公共机构节能环保改造。例如，政府办公大楼是重要的能源消耗场所，可通过购买节能服务，实施能源管理，起到向全社会示范和倡导节能减排的作用。可为公共单位制定节能环保目标责任，并实行定期考核，约束和监督其达成目标。

2. 强化对重点单位的管理

对于重点用能单位强化节能管理，实行重点用能单位用能情况报告制度，加强检查和监督，设定约束性指标，强制其实现节能义务。加强对重点排污行业和企业的监管，加强环保督查和执法检查力度。执行环境信息披露制度，监督其履行环境保护与治理责任。推动传统产业节能环保改造，推进重点行业，如化工、电力、建材、造纸等能耗高、污染大的行业实施节能环保改造，在经济技术开发区、保税区等先行先试。

3. 建设节能环保示范基地

推进福建生态型工业园区建设，打造节能环保和资源循环利用示范基地，建设示范项目。在产业园区推广清洁生产、节能改造，通过回收利用服务，在产业园区企业间建立资源回收再利用网络，园区内一些企业的废弃物作为另一些企业的原料回收再利用，实现废弃物的循环使用。在产业园区开展环保管家服务，为园区和企业提供政策指导、信息咨询、环保诊断、污染调查、环境监测、环境监理、工程设计规划、施工运营的综合性服务。

4. 工业园区发展环保管家

园区和企业付费购买环保托管服务，将环保问题交于专业第三方环境服务公司托管。环保管家服务可为园区及园区内企业提供全方位的环保托管服务。环保管家协助园区进行科学的环保规划，提供专业的污染治理服务，有助于园区建立绿色循环的产业链。利用第三方环境服务机构的技术和人才优势，协助园区进行科学规划，使产业空间布局更加合理。环保管家为园区企业提供全流程的技术解决方案，实现"一站式"环保托管，包括环保体检服务、环保咨询服务、环保业务培训等。对潜在环境问题提供评估咨询，为前期污染排放调查、中期污染治理方案设计、后期污染治理运营等提供系统性环境咨询服务。提供环境监测与监理、环保设施建设与运营、污染治理等一体化解决方案。为园区制订科学的环境整治方案，对大气、水、固体废弃物等污染制订科学的治理规划。提供监管服务，对废气、废水排放进行监督，为企业提供专业技术指导，改进处理工艺以达到排放标准。

# 本章参考文献

［1］福建省工业和信息化厅.福建省物流协会：2020年1—9月福建省物流业景气指数（LPI）情况［EB/OL］.http：//www.fj56.org/contents/view.php？aid=6145.

［2］周明璐，陈梦.21世纪海上丝绸之路背景下福建省自贸区物流发展研究［J］.物流科技，2020（2）：108-110.

［3］肖晶晶，王承娜，郭子维，陈潇.福建区域物流产业联动发展现状分析［J］.福建轻纺，2020（6）：44-48.

［4］李衡，郑文明，任引.港口型国家物流枢纽多式联运发展策略研究——以福建某港口为例［J］.贵阳学院学报（自然科学版），2020（2）：54-58.

［5］郑颖，曾倩琳.港口资源整合后福建沿海港口物流的协同发展［J］.福建江夏学院学报，2019（2）：1-10.

［6］朱文娟.基于因子分析的福建省区域物流竞争力研究［J］.福建工程学院学报，2019（6）：593-598.

［7］陈怀钧.新时代福建物流业高质量发展对策研究［J］.现代营销（经营版），2020（8）：80-81.

［8］周丰婕，林伟力.基于因子分析和聚类分析的福建生鲜农产品冷链流通模式研究［J］.农业展望，2018（12）：95-100.

［9］余林锋.基于粤港澳大湾区建设背景下港航业发展的思考［J］.中国港口，2020（5）：53-55.

［10］童孟达.长三角港口一体化港企整合构架设计的思考［J］.中国港口，2020（5）：22-25.

［11］何银坤."新丝路"视角下福建港口发展存在的问题及对策研究［D］.华侨大学硕士学位论文，2018.

［12］李靖.疫情影响下港口企业发展对策［J］.中国港口，2020（9）：10-13.

［13］贺莉.福建省金融服务业竞争力研究［J］.北方经贸，2017（11）：107-108.

［14］单强.八闽激荡改革潮扬帆奋楫新时代——福建金融业改革开放历程回顾与展望［J］.福建金融，2018（9）：4-11.

［15］丛林.以金融供给侧结构性改革推进福建银行业保险业高质量发展

［J］．福建金融，2020（1）：12-18．

　　［16］单强．当前的普惠金融发展：几个理论问题及福建省的实践［J］．福建金融，2019（1）：4-10．

　　［17］邓伟根，潘捷，张守哲．区域金融视角下城市金融竞争力与辐射力研究——以大珠江三角洲地区为例［J］．金融经济学研究，2014（4）：107-117．

　　［18］吴莉云．浙江省金融服务业发展现状与对策研究［J］．农村经济与科技，2020（9）：146-148．

　　［19］金丹．海南现代金融服务业发展现状、问题及对策研究［J］．财经界（学术版），2018（21）：4-5．

　　［20］李楠．吉林省金融服务业发展水平及空间格局［J］．长春金融高等专科学校学报，2016（3）：12-19．

　　［21］袁林，王竹君．江苏省金融业发展的现状、问题及发展对策［J］．改革与开放，2013（9）：27-29．

　　［22］江岚菲．提高我国金融服务业竞争力研究［J］．南方论刊，2019（6）：14-18．

　　［23］胡晔．海南发展现代金融服务业的路径思考［J］．海南金融，2018（4）：33-37．

　　［24］福建省统计局．2015—2020年福建省统计年鉴［R］．中国统计出版社，2015-2020．

　　［25］福建省统计局．2015—2019年福建省国民经济和社会发展统计公报［R］．

　　［26］福建省经济和信息委员会．福建省软件和信息技术服务业专项发展规划（2016—2019）．

　　［27］颜珂，钟自炜，邵玉姿．福建省经济和信息委员会．数字福建大步向前［N］．人民日报，2020-10-12（13）．

　　［28］郑腾．关于福建省2019年国民经济和社会发展计划执行情况及2020年国民经济和社会发展计划草案的报告［N］．福建日报，2020-01-22（5）．

　　［29］韩凤芹，赵伟．中小企业融资困境：基于风险治理的解释与应对［J］．宏观经济研究，2020（8）：15-23+50．

　　［30］刘立菁，谢毅梅．关于完善福建数字经济发展环境的政策建议［J］．发展研究，2020（6）：69-79．

　　［31］福建省经济信息中心．2020年前三季度福建经济运行情况［EB/OL］．http：//tjj．fujian．gov．cn/xxgk/tjxx/jjyxqk/202010/t20201023_5421664．htm．2020-10-23．

［32］王思宇.2020年9月福建新三板企业市值TOP100星源农牧63亿元居第一［EB/OL］.http：//wabei.cn/Home/News/143497.2020-10-07.

［33］张鹏，梁咏琪，杨艳君.中国科技服务业发展水平评估及区域布局研究［J］.科学学研究，2019，37（5）：833-844.

［34］刘晖，刘佳薇，于静怡等.科技服务评价指标体系及方法研究综述［J］.标准科学，2019（3）：18-24.

［35］Bell D.Coming of Post-industrial Society［J］.Journal of the Operational Research Society，1974，31（1）：83-84.

［36］陈如洁，张鹏，杨艳君.科技服务业发展水平对制造业升级影响的区域差异——基于劳动生产率的视角［J］.中国科技论坛，2019（7）：96-106.

［37］王晶，谭清美，黄西川.科技服务业系统功能分析［J］.科学学与科学技术管理，2006（6）：37-40.

［38］李建标，汪敏达，任广乾.北京市科技服务业发展研究——基于产业协同和制度谐振的视角［J］.科技进步与对策，2011，28（7）：51-56.

［39］吴标兵，许为民，许和隆等.大数据背景下科技服务业发展策略研究［J］.科技管理研究，2015，35（10）：104-109.

［40］李键，刘红梅.刍议现代科技服务业发展模式［J］.科技与企业，2015（9）：3-4.

［41］廖颖宁.科技服务业结构优化模式与广东的实践［J］.科技管理研究，2015，35（11）：127-133.

［42］张前荣.发达国家科技服务业发展经验及借鉴［J］.宏观经济管理，2014（11）：86-87.

［43］高劼祎.科技服务业集成化发展模式研究［J］.中国商论，2015（13）：144-146.

［44］厉娜，谭思明，刘瑾.互联网模式下科技服务业发展战略研究［J］.特区经济，2016（6）：165-166.

［45］梅强，赵晓伟.江苏省科技服务业集聚发展问题研究［J］.科技进步与对策，2009，26（22）：74-76.

［46］罗雪英.福建省科技服务业对先进制造业发展影响研究——基于面板数据模型的实证分析［J］.集宁师范学院学报，2019，41（4）：22-28.

［47］周柯，李嘉雯.河南省科技服务业多维协同发展模式研究［J］.郑州航空工业管理学院学报，2019，37（6）：72-78.

［48］Asikainen A.L.Innovation Modes and Strategies in Knowledge Intensive Business Services［J］. Service Business，2015，9（1）：77-95.

［49］Chesbrough H. The Logic of Open Innovation：Managing Intellectual Property
［J］. California Management Review，2003，45（3）：33-58.

［50］商务部，财政部，海关总署．服务外包产业重点发展领域指导目录
（2018年版）［EB/OL］. http：//www. mofcom. gov. cn/article/b/xxfb/201901/2019
0102825402. shtml. 2019-01-10.

［51］福建省人民政府．福建省软件和信息技术服务业发展行动规划（2016—
2020年）［EB/OL］. https：//wenku. baidu. com/view/05c81cc70e22590102020740be
1e650e52eacf9c. html. 2019-11-30.

［52］厦门市人民政府办公厅关于印发厦门市"十三五"期间促进服务贸易
和服务外包加快发展工作措施的通知［EB/OL］. https：//wenku. baidu. com/view/
05c81cc70e22590102020740be1e650e52eacf9c. html. 2016-09-12.

［53］福建省人民政府．中国国际信息技术（福建）产业园介绍［EB/OL］.
https：//wenku. baidu. com/view/88c266815af5f61fb7360b4c2e3f5727a5e9243e. html.
2020-05-02.

［54］王晓红，刘德军．中国服务外包产业发展报告（2013—2014）［M］. 北
京：社会科学文献出版社，2014.

［55］王力，刘春生．中国服务外包竞争力报告（2013—2014）［M］. 北京：
社会科学文献出版社，2014.

［56］陈亚峰．福建要加快工业设计转型发展［N］. 福建日报，2019-05-27
（009）.

［57］包娟．经济后发区域服务外包产业发展战略分析——以平潭综合实验区
为例［J］. 对外经贸，2019（11）：58-63.

［58］霍景东，刘悦欣．推动在岸、离岸服务外包协调发展［J］. 经济研究参
考，2019（11）：93-99.

［59］吴幼华，乔红芳．新时期福建服务外包的创新发展与提升路径［J］. 长
春理工大学学报（社会科学版），2018，31（6）：100-103+126.

［60］曹祎遐，耿昊裔．上海创意设计与制造业融合发展研究［J］. 华东师范
大学学报（哲学社会科学版），2017（4）：137-144.

［61］许蚌．江苏文化创意产业园转型升级与可持续发展的问题与对策［J］.
创意与设计，2020（3）：25-29.

［62］马仁锋，沈玉芳．中国创意产业区理论研究的进展与问题［J］. 世界
地理研究，2010（2）：91-101.

［63］尹宏，王苹.创意设计促进文化产业与实体经济融合［J］.工业技术经济，2016（6）：159-163.

［64］肖蕾.福建省创意产业发展研究［D］.福建师范大学硕士学位论文，2010.

［65］金元浦.三大设计之都引领中国创意设计走向世界［J］.中国海洋大学学报（社会科学版），2014（5）：31-38.

［66］陈扬，李小玲.福建会展业的现状与展望——疫情当下我省会展业发展的思考［N］.东南快报，2020-07-27.

［67］方璐萍.福建自贸区背景下会展企业塑造品牌展会研究［J］.蚌埠学院学报，2020，9（3）：36-40.

［68］刘潇.用好"三支箭"助推总部经济新发展［J］.浙江经济，2020（3）：53.

［69］张云鹏，修勤绪，周雅男，王茜.关于加快发展节能环保服务业的政策建议［J］.中国能源，2019，41（11）：19-22.

［70］修勤绪，张云鹏，尹玉霞.美、日、德节能服务业发展经验及启示［J］.中国能源，2019，41（3）：18-21.

［71］张娜，刘金山，贺琛.中国节能环保服务发展现状及建设展望［J］.经济资料译丛，2018（3）：45-54.

［72］李柏桐，郭汉丁，伍红民.基于PLS-SEM模型的我国节能服务产业竞争力形成机理研究［J］.科技管理研究，2018，38（14）：105-110.

［73］徐杰彦，张薇，谢婷，李清举，曹宁.国外节能服务产业发展特点及趋势［J］.电力需求侧管理，2019，21（3）：77-80.

# 第三章

## 分行业发展研究报告——生活性服务业

### 第一节 旅游产业发展研究报告

#### 一、2016~2019 年福建省旅游产业发展总体情况

##### （一）福建省旅游资源概述

福建地处我国东南沿海，东北与浙江省毗邻，西北与江西省接界，西南与广东省相连，东南隔台湾海峡与台湾省相望。地势西北高、东南低，呈"依山傍海"之势，境内山地、丘陵面积约占全省总面积的90%；地跨闽江、晋江、九龙江、汀江四大水系，区位优越，海陆兼备，风景秀丽，人文荟萃，旅游资源禀赋丰饶，为全省旅游业的发展提供了坚实的基础和广阔前景。福建省是全国为数不多拥有文化遗产、自然遗产双遗产全满贯的省份。现有武夷山、福建土楼和泰宁丹霞3处世界遗产，泰宁、宁德2处世界地质公园，4座国家历史文化名城，8个中国优秀旅游城市，19个国家级风景名胜区，9家5A级景区，97家4A级景区，10个国家地质公园，15个国家级自然保护区，29个国家森林公园，169处全国重点文物保护单位，41个全国休闲农业和乡村旅游示范县（点），首批国家全域旅游示范区3个。全省现有1203家旅行社，其中，赴台游组团社19家；出境游组团社112家。截至2020年6月底，全省共有296家星级饭店，其中四星级134家、五星级53家，五星级饭店数量居全国第6位。

##### （二）2016~2019 年福建省旅游经济总体运行情况

2016~2019年4年间福建全省旅游业保持快速增长，其中旅游总收入和旅游

人次都呈现出阶梯式上升趋势,如图 3-1 至图 3-3 所示。2019 年福建省率先在全国形成高铁闭环格局,所有设区市快速铁路实现环线贯通,任意选择一个起点搭乘环闽高铁,都可以遍赏八闽风光。在此基础上,全力打造"全福游、有全福"品牌的战略思路,并通过多渠道全媒介宣传营销,取得了显著成效,进一步推动了全省旅游业高质量发展。2019 年福建省累计接待国内外游客 5.57 亿人次,同比增长 16.5%,其中接待过夜游客 2.65 亿人次,同比增长 15.2%;实现旅游总收入8001.21 亿元,同比增长 22.1%,游客人均花费 1510 元,同比增长 4.8%,实现了游客总量、逗留天数、消费总额三个指标的显著增长[①]。文化和旅游部公布的2019 年第三季度全国旅行社统计调查情况显示,在旅行社国内旅游组织人次、接待人次、三大市场组织(外联)接待人次(人天)三大指标全国汇总排序上,福建省均跻身前十。

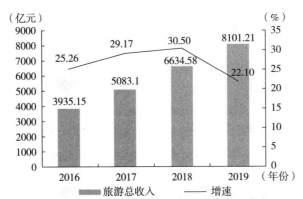

**图 3-1 2016~2019 年福建省旅游收入及增速**

资料来源:2016~2020 年《福建统计年鉴》。

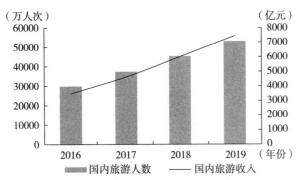

**图 3-2 2016~2019 年福建省国内旅游人数及旅游收入**

---

① 资料来源:根据福建省政府网站整理。

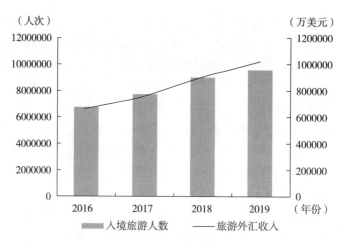

图 3-3　2016~2019 年福建省入境旅游人数及旅游外汇收入

2020 年伊始，一场突如其来的新冠肺炎疫情席卷全球，旅游业是以人流集聚为主要特征的行业，对外部环境具有极高的敏感性，由于全国各地严格防控措施的实施，旅游业遭遇前所未有的危机，整个旅游市场按下了"暂停键"，福建省旅游经济也不可避免地经历了断崖式的下跌。随着国内疫情的有效防控和阻断，全国旅游市场在 4 月重启，随着各地文化和旅游产品供给逐步恢复，市场有序回暖，人民群众消费潜力进一步释放。福建省旅游业国内旅游市场率先迎来复苏，"五一"劳动节假日期间，全省累进接待游客 1153.11 万人次，位列全国第八，实现旅游收入 83.06 亿元，位居全国第六，彰显了福建省国内旅游业整体复苏并呈现出疫情前持续增长的繁荣态势[①]。

### （三）各设区市旅游经济发展情况

2016~2019 年全省各设区市的旅游总人数和总收入持续实现两位数以上增长，2019 年各区市旅游总人数和总收入平均增长率分别为 17.5% 和 6.3%。从旅游总量来看，2019 年厦门旅游收入位居全省之首。厦门市 2019 年全年接待国内外游客 10012.87 万人次，同比增长 12.5%；旅游总收入 1655.90 亿元，同比增长 18.1%；人均旅游消费 1654 元，远高于全省平均 1438 元。其中接待入境游客 450.69 万人次，同比增长 4.7%；入境过夜游客 297.34 万人次，同比增长 5.4%；旅游创汇 42.86 亿美元，同比增长 13.6%。接待国内游客 9562.18 万人次，同比增长 12.9%；过夜国内游客 4048.66 万人次，同比增长 9.8%；国内旅游收入 1359.78 亿元，同比增长 19.1%。截至 2019 年底，厦门全市共有旅游住宿单位 2909 家，

---

①　资料来源：根据福建省文化和旅游厅政府网站数据整理。

其中星级酒店 57 家，五星级酒店 19 家。2019 年各区市旅游经济发展具体数据见表 3-1。① 相比旅游收入和旅游人数的两位数增长，人均花费增长稍慢，也为进一步提升福建全省旅游业优化发展指明了方向。

表 3-1　福建省各设区市旅游经济发展主要指标

| 地区 | 旅游人数（2019 年） | | 旅游收入（2019 年） | | 人均花费 | |
|---|---|---|---|---|---|---|
| | 数值（万人次） | 同比增长（%） | 数值（亿元） | 同比增长（%） | 数值（元） | 同比增长（%） |
| 全省 | 55678 | 16.5 | 8007.65 | 22.1 | 1438 | 6.16 |
| 福州 | 9654.17 | 17.3 | 1450.58 | 23.9 | 1502 | 6.86 |
| 厦门 | 10012.87 | 12.5 | 1655.90 | 18.1 | 1654 | 4.98 |
| 漳州 | 4560.8 | 17.5 | 660.74 | 26.8 | 1449 | 9.85 |
| 泉州 | 7801.16 | 17.1 | 1312.68 | 20.5 | 1683 | 2.84 |
| 三明 | 3917.56 | 18.3 | 416.86 | 26.2 | 1064 | 6.40 |
| 莆田 | 3977.02 | 17.8 | 440.73 | 25.6 | 1108 | 7.17 |
| 南平 | 5829.90 | 16.8 | 985.60 | 24.7 | 1690 | 6.81 |
| 龙岩 | 5504.06 | 19.5 | 576.47 | 27.0 | 1047 | 6.34 |
| 宁德 | 3838 | 18 | 437 | 27 | 1138 | 7.68 |
| 平潭 | 583.02 | 20.4 | 71.09 | 25.3 | 1219 | 4.08 |

资料来源：福建省各市《2019 年国民经济与社会发展统计公报》。

## （四）全省旅游投资加速，不断培育旅游产业发展新动能

随着福建省旅游新业态培育基地和文旅融合发展示范基地的推出，通过引进国内外大型旅游集团、文化传媒集团等合作，全省积极推进健康养生，运动休闲旅游、研学旅游、温泉度假、房车露营、邮轮旅游等旅游业态的多样化发展，开发中高端旅游精品，不断培育旅游产业发展新动能。2018 年投洽会期间，在厦门举办的"清新福建"旅游投融资合作与重大项目推介签约专场活动中，现场集中签约 34 个项目，投资总额 809.62 亿元；2019 年，在"全福游、有全福"文化旅游投融资合作暨重大项目推介专场活动，现场有 32 个文化旅游投融资重大项目集中签约，投资总额 184.97 亿元。同时近年来，福建省旅游发展委员会逐步与多家金融机构和产业基金开放合作，签署福建旅游中长期战略合作框架协议，共促旅

---

① 资料来源：根据福建省文化和旅游厅政府网站数据整理。

游投融资合作，推动福建旅游业稳步发展。

## 二、福建省旅游业发展存在的突出问题及面临的挑战

随着我国经济发展进入新常态，全省经济转型压力加大，区域竞争和市场竞争日趋激烈，特别是新冠肺炎疫情的常态化发展使得福建省旅游业发展也面临着一些问题和挑战，概括为以下几点：

### （一）旅游产业规模偏小，区域竞争力不强

2019 年福建省整体旅游经济保持较快增长，但与地理相邻、资源相近的广东省、浙江省及江西省相比，国内旅游总收入 7393 亿元，在四个省份中位列最后，旅游人数 5.27 亿人次，位列第三，人均消费 1403 元，仅高于江西的 1213 元，如表 3-2 所示。可见，福建省总体旅游规模与相邻省份相比偏小，旅游市场需求较小，客源地区开拓不足，旅游消费水平也有很大的提升空间。

表 3-2　2019 年福建与相邻省份国内旅游主要指标

| 省份 | 旅游人数（亿次） | 旅游总收入（亿元） | 人均消费（元） |
| --- | --- | --- | --- |
| 福建 | 5.27 | 7393 | 1403 |
| 广东 | 4.94 | 13740 | 2781 |
| 浙江 | 7.2 | 10727 | 1490 |
| 江西 | 7.91 | 9596.7 | 1213 |

资料来源：《福建统计年鉴 2020》《广东统计年鉴 2020》《浙江统计年鉴 2020》《江西统计年鉴 2020》。

另外，与相邻省份比较，福建省旅游经济区域竞争力较弱也表现在旅游资源与要素上。首先，福建省的 5A 级景区数量较少。截至 2020 年，福建省 5A 级景区只有 9 家，而江西 11 家，广东 14 家，浙江 18 家，是福建省的 2 倍，在四个省份中居首，全国第二。5A 级景区集聚、示范能力极强，是推动区域旅游经济的重要因素，福建省的差距显而易见。其次，和相邻省份相比，福建省旅游企业仍面临主体小、散、弱、差，核心竞争力不强等问题，缺乏领头型企业，旅游企业集群规模效应不明显。目前福建全省无一家旅行社进入全国十强，只有福建省旅游集团一家综合性旅游集团进入全国 20 强，旅游集团上市仍是空白。从星级酒店和旅行社规模来看，福建省也相对落后。截至 2020 年 6 月底，福建省五星级酒店 53 家，而广东省和浙江省分别为 108 家和 82 家，均远高于福建省；从旅行社数量来看，广东省 3281 家，位居全国第一，浙江省 2769 家，位居全国第四，相比之下，

福建省 1181 家仅位居全国第十一，差距一目了然。造成这些问题的根本原因在于福建省旅游产业集群化程度低，厦门、福州、武夷山等核心旅游城市的带动作用没有充分发挥。

## （二）全省旅游经济发展不均衡，旅游消费结构待优化

结合表 3-1 数据分析可知，福建省各设区市旅游经济发展不均衡。厦门、福州和泉州旅游人数和收入位居前三，从人均消费水平来看，南平、泉州和厦门位列前三，分别为 1690 元、1683 元和 1654 元。三明、龙岩市人均旅游消费水平比较低，分别为 1064 元和 1047 元。如图 3-4 所示，福建省各设区市旅游经济从旅游总收入和人均旅游消费两方面都呈现出锯齿状的不均衡态势。福州、厦门、泉州等旅游核心城市对周边城市的辐射带动作用没有凸显。

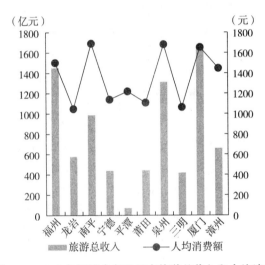

**图 3-4  2019 年福建省各设区市旅游总收入和人均消费**

资料来源：根据福建各设区市 2019 年国民经济与社会发展统计公报数据整理。

另外，从旅游消费结构来看，福建省国内游客消费结构在吃、住、行、游、购、娱六个方面呈现出基本旅游消费（吃、住、行、游）高于非基本旅游消费（购、娱）的特点。2019 年福建省国内游客旅游消费结构中餐饮占 17.5%，住宿占 19.8%，交通占 25.7%，游览占 6.5%，娱乐占 5.8%，其中基本旅游消费占总消费支出比例高达 63%，而收入弹性比较大的非基本旅游消费占比不足 40%，旅游消费结构的优化尚有很大的发展空间。①

---

① 资料来源：根据《福建统计年鉴 2020》数据整理。

### （三）产业深度融合不够，旅游产品体系单调

尽管福建省有丰富的旅游资源，但在国内国际具有一定规模和影响力的旅游产品并不多，"旅游+"产业跨界融合实施不够深入，在很大程度上制约了旅游业产业面的扩展、产业链条的延伸以及差异化、个性化旅游产品的开发和完善。基于"旅游+农业"发展起来的乡村旅游业由于自然资源及气候条件相近，导致产品开发层次低、品类单一，主要围绕农业、渔业初级产品的简单加工，同质现象严重，旅游活动基本是以吃农家菜、玩农家乐、住农家屋为主，农业内涵探索不够，对福建独有的闽南文化、客家文化及一些特色民族传统文化价值挖掘不深，导致了游客滞留时间短、过夜率低、旅游消费较少的不利情况。旅游和体育产业融合面窄，与海洋、山地、森林等特色自然资源结合的产品开发较少，未能形成地域特色鲜明并具有一定国内国际知名度的体育旅游类产品。全省围绕海洋旅游、体育旅游、养生旅游、研修旅游等新业态旅游的项目多属于起步阶段，没有形成有规模、有影响的项目和景点，高层次休闲度假景区少，游客体验相对单一。

## 三、福建省旅游产业发展趋势

### （一）旅游消费需求持续增长，旅游业发展长期趋势向好

随着经济发展和生活水平的提高，人们对精神文化的需求进一步上升，旅游日渐成为人们基本生活方式的必要组成部分，也是人们使用休闲时间的最佳选择之一。尤其是当居民消费结构中恩格尔系数小于40%时，居民用于休闲、旅游的支出会出现显著增长。福建省城乡居民近年来收入稳步增长，城镇居民可支配收入相应提升，消费结构加速升级，旅游消费能力和旅游消费意愿不断提升，特别随着带薪休假制度逐步完善，假日制度不断优化，旅游消费得到快速释放，为全省旅游业持续发展奠定了良好的基础。同时，在国家加快推进供给侧结构性改革的大背景下，福建省各级政府高度重视旅游业发展，近年来不断优化供给结构，全域旅游发展战略的提出和实施直接推动全省旅游业的提升。

如图3-5所示，福建省2016~2019年GDP增速和旅游收入增速的变动趋势完全一致，在一定程度上说明了GDP的增加驱动了旅游业同向增加。同时旅游业增速又远高于GDP增速，充分验证了旅游业富有收入需求弹性的特征，随着国民经济的发展显示出蓬勃增长趋势。

2016~2019年福建省城镇居民可支配收入、城镇居民文化娱乐支出与全省旅游收入也呈现一致增长的态势。如表3-3所示，随着城镇居民可支配收入的逐年

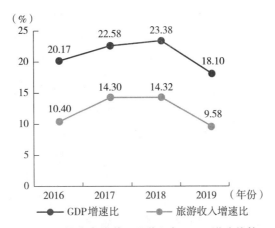

图 3-5　福建省旅游业总收入与 GDP 增速趋势

资料来源：根据 2016~2020 年《福建省统计年鉴》数据整理。

增加，城镇居民用于文化娱乐消费的支出也在增加，旅游收入亦表现出相同的增长趋势。特别需要注意的是，2018 年之后，城镇居民教育文化娱乐支出的增速开始超过同期城镇居民可支配收入的增速，旅游支出作为居民文化娱乐消费支出的一个重要部分，在其中的作用无疑是非常重要的。

表 3-3　福建省城镇居民可支配收入与文化娱乐服务支出

| 年份 | 旅游收入 | | 城镇居民可支配收入 | | 城镇居民教育文化娱乐支出 | |
| --- | --- | --- | --- | --- | --- | --- |
| | 总值（亿元） | 同比增速（%） | 总值（元） | 同比增速（%） | 总值（元） | 同比增速（%） |
| 2016 | 3935.16 | 20.17 | 36014.26 | 8.23 | 2461.45 | 6.37 |
| 2017 | 5083.1 | 22.58 | 39001.36 | 8.29 | 2483.46 | 0.89 |
| 2018 | 6634.58 | 23.38 | 42121.31 | 8.00 | 2727.62 | 9.83 |
| 2019 | 8101.21 | 18.10 | 45620.46 | 8.31 | 3066.29 | 12.42 |

资料来源：根据 2016~2020 年《福建省统计年鉴》数据整理。

2020 年下半年，随着疫情在国内的有效防控，复工复产的加快推进，全国旅游经济持续回暖。2020 年国庆中秋黄金周福建省累计接待游客 3928.45 万人次，比上年国庆黄金周增长 5.5%；实现旅游收入 340.88 亿元，比上年增长 10.2%，充分显示了福建省旅游业疫情后的强势复苏以及长期向好的蓬勃趋势[1]。但鉴于境

---

①　资料来源：根据福建省文化和旅游厅数据整理。

外疫情发展的严峻现状带来的不确定性，全省旅游经济复苏势必呈现出从国内旅游到入境旅游再到出境旅游顺次恢复和发展的阶段性特征。当前，福建省旅游经济复苏还是以国内旅游为主的第一阶段。

### （二）全域旅游发展战略深入推进，旅游资源提质扩容加快

按照《福建省"十三五"旅游业发展专项规划》提出的全域旅游发展理念，持续推进全省"三带三核四片区"的旅游产业布局，加快现有旅游资源提升扩容。福建省作为全国较早开展全域旅游试点的省份之一，早在 2014 年就启动旅游全域化试点工作，并先后出台一系列的发展扶持政策，截至 2019 年底，全省有永泰、武平以及武夷山三个市县成功入选首批创建国家全域旅游示范区，并持续推进平潭、泰宁、永定等 12 个市（区）县国家全域旅游示范区及南靖、邵武等 9 个省级全域旅游示范区的创建工作。在全域旅游战略背景下，进一步强化全省"三核四片区"的旅游产业布局并依托全省不断完善优化的高铁干线、高速公路网络，打造福州中枢城市枢纽、厦门国际门户、武夷山生态三大旅游核，强化绿色休闲、蓝色"海丝"和红色文化三大生态旅游带，构建福莆宁山海休闲文化旅游区、厦漳泉滨海文化度假区、闽西北生态文化旅游区、闽西南客家红色文化旅游区四大旅游片区，形成旅游资源要素集聚、区域互补、各有侧重、特色鲜明、合作紧密、共拓市场的区域合作前景。积极开发生态旅游、邮轮游艇旅游、滨海旅游、海岛旅游等新业态和休闲度假项目，推动全省休闲度假旅游与观光旅游的共同发展。重点推进湄洲岛和冠豸山创建国家 5A 级旅游景区，提升区域集聚效应，并通过"三个100"景区工程促进已有 A 级景区升级转型，实现旅游资源存量的增质扩容。

### （三）产业融合趋势增强，项目带动效应提升

创新发展理念，深化产业融合发展，加快转变旅游发展方式，是全省旅游业持续不变的趋势和发展目标。加大政府引导性资金投入，通过创新发展"旅游+文化""旅游+体育""旅游+康养"等多种产业融合方式，以一批有影响、有市场、有效益的创新性产业融合旅游项目带动福建省旅游业持续发展是"十四五"期间福建省旅游业发展的主要路径。

旅游与文化产业的融合方面，逐步通过引进中国对外文化集团、中国文化传媒集团等文化央企，策划"世界岩画谷"、天籁音乐小镇等一批示范性、带动性强的重点文旅融合项目；同时，借助海峡两岸（厦门）文化产业博览交易会，打造两岸文旅产业深度对接平台，建设一批闽台文创产业园区，培育重点闽台文创龙头企业；全省已经在建一批 47 个基础设施齐全，旅游公共服务比较完善的自驾车

露营休闲旅游基地，旨在推动自驾车露营与度假休闲旅游融合发展；围绕古田会议和长征出发地两大核心元素，一批红色文化特色小镇和长征国家文化公园项目的游客带动效应已经初步显现。

针对疫情后公众的健康意识将进一步提高，旅游市场消费理念变化带来的新需求，以健康为核心主题的康养旅游势必迎来"井喷"式增长。康养旅游是集医疗保健技术、医疗保健产业为一体的新型旅游，通过养颜健体、营养膳食、修身养性、关爱环境等各种手段，使人在身体、心智和精神上都能达到自然和谐的优良状态的各种旅游活动的总和。康养旅游顺应了人们旅游观念的转变和对健康的追求，这也将成为疫情后福建旅游经济跨界发展的一种新模式。

疫情常态化也助推了旅游与体育产业的加速融合。福建省拥有悠久的体育优势项目和文化传承，其优越的气候条件及丰富的山、海、岛、森林等自然资源，为旅游体育的融合创新发展提供了便利条件。全省将通过积极举办国内、国际大型体育赛事，持续扩大厦门国际马拉松、大武夷国际自行车拉力赛、厦金海峡横渡挑战赛等传统大赛的国内外影响力，并加速建设完善厦门五缘湾游艇综合基地、东山马銮湾国家帆船帆板训练基地、崇武海岸等海上运动基地、永安山地自行车公园等一批精品项目，进一步推动体育旅游的规模化、多样化发展模式。

### （四）旅游业数字化、智能化发展加速

加速旅游数字化、信息化进程，以"互联网+旅游"拓展思维，结合云计算、大数据等新一代信息技术，在系统提升全省旅游管理、服务和营销水平的同时，创新开发多维度虚拟旅游，完善旅游定制化服务，既是疫情常态化的基本要求，也将是促进全省服务业竞争力提升的发展方向和必然趋势。全面建设智慧旅游系统平台，最终实现"一机在手、畅游福建"的智慧旅游工程建设全面推进。2019年底，"全福游"智慧旅游综合服务平台 APP 上线运营，游客只需下载 APP，就能获取福建旅游的相关资讯，从而按照个体需求选择定制化的旅游产品和服务。开发基于 GIS 地理信息系统的福建省旅游基础信息数据库，涵盖六大旅游要素，完善政府、旅游企业和游客之间的共享机制的福建省公共文化服务供需对接平台已经开始进行，数据资源采集全面深入。突发的新冠肺炎疫情加速了全社会包括全旅游行业和企业的数字化、智能化发展速度。疫情期间，很多旅游企业、景区等积极探索"云消费"新模式，推出直播项目，保持与客户的交流沟通，提高品牌黏性。随着 5G、VR/AR 等现代技术的发展普及，数字化必将成为福建省旅游业发展的新引擎。

# 四、福建省旅游产业发展重点

## （一）客观认识疫情对旅游业的长期影响，全方位积极应对

此次新冠肺炎疫情传播迅速、规模之大、范围之广、变化之快、时间之长都是始料未及的，对旅游业产生的短期影响和长期冲击都是巨大的。因此，客观分析、理性评估本次疫情对旅游业的影响，全方位积极应对是推动福建省旅游业持续健康发展的当务之急。

1. 加大政府支持力度，提振市场信心，促进旅游经济

鉴于当前国外疫情形势依旧严峻，对福建省入境旅游市场的负面影响较大。而随着境内疫情的有效控制，国内游市场复苏明显。旅游需求消费是人们满足美好生活的刚性需求，疫情产生的影响只是阶段性的，政府应加大支持力度，从需求和供给两侧来树立和振兴福建旅游企业和公众的信心，促进旅游经济发展。首先从供给侧方面，在通过金融扶持、税费减免加大对旅游企业政策扶持力度的基础上，鼓励旅游企业在分区分类分级抓好疫情防控工作的同时，全面复工，开放景区。确保在旅游接待的各个环节，做好科学防控。同时政府应促进旅游业提高应急管理水平，把旅游公共安全规划纳入全域旅游规划体系，政府牵头修订应急预案，对旅游业处置突发公共卫生事件起到指导和推动作用，打造一个安全的旅游环境，让社会放心，让游客放心。其次从需求层面，应多渠道激发消费潜力，促进惠民消费。可以推动景区加大门票惠民力度，比如在工作日等非节假日景区门票免费等政策，同时鼓励景区在疫情常态化期间实行各种服务费用的优惠或减免，在福州、厦门和泉州等旅游发展较快地区试行发放旅游消费券，增加这些城市的旅游带动效应。

2. 把握机遇，创新发展旅游新模式、新业态

此次疫情在给福建省旅游业带来挑战的同时也提供了机遇，不断创新发展旅游新模式和新业态是提升当前旅游业发展的重中之重。首先，预约旅游成为一种更高效合理的旅游模式。"预约""错峰""限流"成为当前省内各景区的新常态，一方面，预约消费可对游客的出游目标、出游时间进行合理引导和分流，保障景区良性运营，确保游客游览品质；另一方面，预约消费加快推进景区智慧化，增加景区和游客的接触、互动和引导，为景区进入精细化和数字化运营奠定了基础。其次，在疫情常态化下，旅游出行方式上出现了一些新的变化，与传统占据主导地位的散客组团形式相比，家庭和单位团体旅游越来越成为首选，从而有效解决散客组团因信息不对称，游客相互之间不了解而会产生的心理排斥和防御。因此，

预计在未来很长时间内，家庭团、亲友团、同事团、同学团等外出旅游会大量增加，因此旅游方式更趋柔性，个性定制化需求会增强。同时，在旅游项目和目的地选择上，自然旅游、生态旅游等在户外开放空间的旅游项目，以及不需要借助公共交通的家庭游、乡村旅游和周边休闲度假旅游目的地将会面临更多需求，市场规模亟待拓展。

### （二）持续深化产业融合战略，优化旅游产品体系

#### 1. 深化文化旅游产业结合

发挥"文化+旅游"优势，围绕闽南文化、客家文化、红色文化、"海丝"文化等地域历史文化，推进文化产业龙头促进计划，培育一批"专精特新"成长性文化企业，带动文化旅游产业的深化发展。当前重点在于通过积极打造文旅融合发展示范基地，引进中国对外文化集团、中国文化传媒集团等文化央企，策划生成"世界岩画谷"、天籁音乐小镇等一批示范性、带动性强的重点文旅融合项目。选择性地将有条件的考古遗址公园、工艺博览城、文化主题公园、演艺剧场、文化广场等文化场馆纳入旅游观光项目。加快培育旅游演艺市场，建立按照"一城一剧"的布局，支持重点旅游城市、旅游景区依托各地文化资源禀赋开发、提升旅游演艺产品。在政府支持下推动10个特色文化文物示范村镇建设。

#### 2. 创新旅游体育产业融合

充分利用福建省丰富的山、海、岛自然资源禀赋，进一步深挖"旅游+体育"消费新亮点，开发山地运动旅游、海洋运动旅游、骑行运动旅游等运动旅游线路产品；通过积极举办国内、国际大型体育赛事，重点打造厦门国际马拉松、大武夷国际自行车拉力赛、丹霞泰宁户外国际挑战大赛、厦金海峡横渡挑战赛等有影响力的赛事来推广福建体育旅游产业。开发山地越野、山地自行车等山地运动旅游项目、海洋运动旅游、户外露营、攀岩、漂流、潜水、皮划艇、帆船、摩托艇等多种山地海洋旅游项目和旅游产品的开发，推广旅游与体育产业的深度融合。将民族传统体育项目与旅游相结合，比如可以厦门龙舟池每年每度的"划龙舟"比赛与旅游结合，打造成一个独具地域文化的体验性体育旅游产品。另外，福建畲族富有地域特色的传统体育项目众多，如游戏类的"猴抓羊""猴抢蛋"，角力类的"举八吨""斗扭"，体操类的"打枪担"等，尤其以畲族人民祖祖代代相传下来的畲族武术为代表，通过挖掘民族传统体育运动资源，将其打造成为产业化项目，将民族文化资源打造成旅游资源优势，丰富旅游体育产业内涵。

#### 3. 拓展旅游农业融合

依托特色名镇景区，结合"美丽乡村"发展战略，拓展周边传统农业区功能，大力发展乡村旅游，持续推进乡村旅游"百镇千村"建设。以生态观光农业、农

业示范体验、茶文化体验及农业休闲服务产品的开发等多种形式，引导建设一批兼具科普教育、农耕文化传播、休闲度假体验功能的休闲农庄、果园茶园以及各类农业产业园区，注重农业文化深挖，提高农产品附加值，发展多样化、个性化的农业旅游产品，并持续推动水乡渔村等乡村旅游示范县和示范点的发展。

4. 推进健康旅游产业的发展

福建文化历来具有健康养生的习惯和传统，随着居民生活水平和消费水平的提高，人们更加重视身心健康和生活质量，而疫情进一步增进了公众的健康意识，也为健康旅游市场提供了更大的发展空间，健康旅游产业也是福建省未来旅游业转型升级的方向。康养旅游将成为重要的旅游趋势和热点。疫情使人们增进了对民族医学的认知接受，越来越多大众接受了传统中医的预防保健养生功效，中医外治也必将得到普遍认可与普及使用。结合福建省中医、温泉、森林等自然资源的传统优势，深入挖掘康养旅游资源，推出健康养生旅游产品和线路，推动健康旅游与林业、农业、体育运动、医药卫生、房地产以及交通运输等协同发展。

5. 提升旅游制造业融合

以晋江现有运动服装优势为基础，与国际大品牌合作，积极研发，以科技创新为手段，不断开发各类运动旅游服饰及装备，实现服装业与旅游对接。在漳州打造"乐器产业之都"，发展歌仔戏、舞台装备、特色戏服道具、乐器制造等娱乐设施制造业等企业，提升福建省文化装备制造生产水平。同时，在蓝色"海丝"旅游带厦门、宁德、平潭等港口区持续促进帆船、邮轮、游艇等相关制造业的发展，打造具有全国影响力的邮轮游艇制造业基地，大力发展旅游装备制造，重点培育"福建制造"旅游装备制造产品，并促进相关产品零配件区域性交易集散地，提升旅游体育产业水平和配套能力及其规模优势。以德化陶瓷、武夷山大红袍和安溪铁观音等茶叶、马尾造船、惠安雕艺、仙游红木等特色工业企业建设一大批制造兼观光工厂。

## （三）充分发挥福建区位优势，推进区域旅游一体化

在充分发挥福建省区位地缘优势，保持现有内陆客源优势的基础上，巩固台湾、香港、澳门等地区优势，加强东南亚市场的扩展，拓展欧洲和美国市场，形成多层次、全方位的旅游市场结构。积极对接"海丝"核心区国家战略，建立与海上丝绸之路沿线国家和地区的旅游交流与合作机制，全面提高福建省旅游对外交流与合作水平。完善"泛珠三角9+2"旅游合作，在实现泛珠区域交通一体化的基础上，共同规划、开发跨省旅游合作项目，建立并不断扩展省际无障碍旅游区，共同打造泛珠三角区域海峡之旅、生态之旅等跨省精品旅游线路。特别加强东部（浙皖赣闽）四省生态文明旅游区建设，推动四省共同构建旅游交通网络平

台、营销平台、一体化旅游服务平台,形成国家东部旅游交流合作示范区。定期交流磋商,加强旅游信息共享,加强旅游人才的交流开发,建立异地旅游投诉受理机制及旅游突发事件处理联动机制。

随着省内三纵六横九环高速铁路网络以及高速公路网络的建设完善,省内旅游资源整合优化发展进程不断加快。以沈海高速福建段、温福、福厦及厦深高速铁路为依托,以"海丝"文化为纽带,串联福州、泉州、漳州、厦门、莆田、宁德、平潭等滨海城市(区);以长深高速福建段、宁武高速为依托,以山地休闲为引领,串联三明、龙岩、南平等城市,融入大武夷、泰宁、宁德为核心的生态旅游区建设。当前重点在于实现福莆宁、厦漳泉两大城市群旅游一体化,通过旅游资源和信息共享,共建城市群内旅游服务平台,逐步推出城市群内"旅游一卡通"。同时,加强大武夷联盟、福建土楼联盟、戴云山联盟、红色旅游联盟等区域旅游协作联盟协作,逐步实现省域内无障碍旅游。

## 五、促进福建省旅游业健康发展的政策建议

### (一) 培育新的消费增长点,促进消费增长

随着经济的发展,特别是知识经济结构的转变,游客的需求和结构也会发生变化,从现在大量的"观光游客"为主的游客结构会逐步转向"知识游客"和"文化游客"比重日趋增加的结构形式,这为旅游业转型升级提供了内在动力,也是旅游业以文化为核心培育新消费增长点的平台。因此,以文化挖掘旅游内涵,优化旅游产业结构,提炼旅游营销增长点,是促进当前全省旅游消费的有力举措。另外,福建省旅游经济长期以来以国内游为主体,2019年福建省国内游收入和游客量分别占总量的92%和95%,而其中省内旅游市场又是全省旅游核心客源地。因此,积极发展各城市周边近郊乡村旅游是推动当前旅游消费的重要增长点。乡村旅游的发展应在全方位设计论证规划的基础上,进行差异化的定位和引导,这种差异化可以体现在吃、住、行、游、购、娱六要素中任一个环节,特别强化文化、康养、体育等休闲度假为目的的高端性旅游,以避免目前乡村旅游产品同质化所产生的恶性竞争。同时倡导各级企事业单位灵活制定休假制度,为错峰旅游提供条件。同时,在政府推动下,鼓励各类旅游企业实施景区门票减免、淡季免费开放、演出门票打折等政策以推动消费惠民。特别借助于信息技术的发展,以"互联网+"的形式,实现个性定制消费、智能消费等策略,旨在提供更大消费便利、降低消费成本、提升消费满意度。

## （二）优化旅游产业结构，完善旅游产品体系

优化旅游产业结构，以旅游为本体，科技和文化为工具。以文化挖掘旅游内涵，优化旅游产业结构，提炼旅游营销增长点，以科技不断完善旅游产品体系。通过培育新业态，构建新模式，以旅游、科技和文化三者的深度融合为福建省旅游业发展开辟全新的境界，提升旅游全行业的科学理性、技术品格、审美品位和现代品质。具体来说，福建省旅游产业应根据中央建设现代化产业体系的战略部署，化"危"为"机"，结合"十四五"规划，主动科学调整全省旅游产业体系、产业结构和产业布局，细分全产业链分工，优化全产业链布局，深化全域旅游的纵深发展。同时，调整全省旅游企业结构。目前的旅游企业主要是指旅行社和旅游公司及酒店。随着旅游业结构转型升级，旅游产业既包括具备旅游属性的生活性服务业，也包括生产旅游产品的生产性服务业以及旅游制造业，许多基于"新技术、新业态、新模式、新平台、新载体"的新型企业将涌现，旅游产品将突破传统界限，甚至突破现有的认知领域。

## （三）培育旅游产业集群，壮大旅游龙头企业

福建省旅游资源富饶，但资源单体规模较小，区域旅游经济发展不均衡，因此以现有旅游资源和生态环境为基础，加大资源整合，优化产业发展布局，通过集中优势资源、集约利用土地资源、驱动政策创新、积聚重点项目培育大武夷生态旅游、土楼文化旅游、福泉漳"海丝"文化旅游、厦门国际旅游母港、平潭国际旅游岛五大旅游产业集群，加快建设湄洲妈祖文化世界旅游岛、环东山岛、闽西红色旅游、大戴云、宁德渔家海岸、沙溪百里画廊六大新兴旅游产业集群。壮大一批旅游领军企业，通过政府引导、市场运作，对省内外旅游企业实施资产重组、股份合作、资源整合、品牌输出等手段培育发展具有一定规模的龙头旅游企业集团。吸引国内外旅游企业特别是总部企业落户福建，鼓励省内有条件的旅游企业到海外投资，拓展业务。培育在线旅游领军企业，不断深入与同程、携程、去哪儿、阿里等在线 OTA 旅游企业的业务合作，鼓励扶持本省旅游互联网企业的发展，在购买服务、重点孵化项目、人才引进、市场拓展等方面给予重点支持。支持发展旅游众创、众筹企业，设立旅游创业投资基金，鼓励大学毕业生、返乡农民工、农村富余劳动力等自主创业打造小微旅游企业集群，多种形式发展乡村旅游。

## （四）结合智慧旅游，提升全省旅游公共服务水平

在全域旅游发展战略引领下，除了进一步完善省际省内旅游交通建设和管理，优化景区物理交通网络，实现铁路、公路、航空、水路枢纽等旅游交通的无缝对

接，更要关注智慧旅游的建设和发展。强化政府主导，市场参与、社会协同，引进市场主体，打破地域分割和行政区划的界限，利用信息技术、云技术等新科技的手段，着力建设集智慧旅游服务、智慧旅游管理、智慧旅游营销、智慧旅游体验于一体的智慧旅游公共服务平台，为政府、企业、游客提供"一站式"服务，提升全省旅游公共服务水平。在全省范围内实现景区与酒店、旅游交通工具及其他游客活动场所实现无线网络免费全覆盖。在此过程中特别需要注意，首先要建设或完善福建智慧旅游公共数据服务中心，在全省范围内建立有效的旅游公共服务数据共享和管理机制，确保数据的统一、规范合理，为有效开发利用旅游信息打好基础。其次是开发新型旅游游客体验移动终端APP，可以根据大数据分析为游客推送与其个人信息匹配度高的旅游资讯和产品推荐。最后在推出福建智慧旅游客户端APP后要通过多渠道营销，推广其使用范围，并能根据用户需求反馈不断更新完善。

## （五）建立全省常态化的旅游业危机管理体系

旅游业对外部环境敏感，属于脆弱性行业，旅游危机具有突发性、全面性、连锁性和不确定性等特征。此次疫情警示建立全省常态化旅游危机管理体系的必要性。旅游危机管理体系主体应由政府旅游主管部门、旅游企业、旅游从业人员构成。政府应完善危机预警系统，在危机前要防止危机的暴发或将其置于萌芽状态；危机中要及时关注危机动态变化，收集各种数据，及时对危机进行预测分析，并要对危机的变化做出决策判断，正确对待危机影响；危机后，要及时对危机进行总结，完善现有危机管理体系。各类旅游企业要建立危机管理制度，培养和强化员工的危机意识，在危机中积极进行自救。

## （六）发展旅游教育，培养旅游人才

规模适当、结构优化、布局合理、素质优良的旅游人才队伍是旅游业持续健康发展的可靠保障。福建省要加强旅游业人力资源供需预测，科学制订中长期人才发展规划，加强旅游教育体系与旅游产业体系的对接和沟通，培育一大批基础理论扎实、专业技能过硬、实践能力够强的复合型旅游人才。要创新驱动校企合作办学，鼓励福建省属高等院校根据旅游市场的人才需求变化，动态调整教育方式，加强国际合作和闽台文化旅游教育合作，多途径培养旅游人才，保证人才供给。

# 第二节　健康服务业发展研究报告

## 一、2016~2020 年福建省健康服务业发展总体情况

（一）城乡居民收入水平提高，医疗保健支出稳步增加，居民健康水平持续提升

如图 3-6 所示，2019 年福建省城乡居民可支配收入分别为 45620 元、19568 元，分别比 2016 年增加 26.7%、30.5%；如图 3-7、图 3-8 所示，2019 年城乡居民人均医疗保健支出分别为 1691.54 元、1210.44 元，占消费总支出的 5.47%、7.43%，分别比 2016 年增加 0.76 个、0.72 个百分点[1]。城乡居民可支配收入、医疗保健支出不断增加，健康意识不断强化。

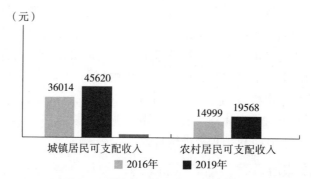

图 3-6　福建省城乡居民可支配收入

2019 年，福建省常住人口人均预期寿命达 78.12 岁，比 2015 年提高 1.08 岁；婴儿死亡率、孕产妇死亡率、5 岁以下儿童死亡率分别为 3.0‰、10.57/10 万、4.33‰，比 2015 年分别下降 35.34%、27.75%、24.56%。[2] 居民主要健康指标继续保持在全国前列。

基本公共卫生服务均等化水平不断提高，人均补助提高到 74 元。2019 年，每万人口全科医生达 2.59 人，每万人口精神科床位达 5.14 张。高血压患者和糖尿

---

①　资料来源：《福建统计年鉴 2020》。
②　资料来源：福建省卫健委。

病患者规范管理率分别达 75.88%、75.77%。建立居民健康档案 3357 万份,实现家庭医生签约服务制度全覆盖。免疫规划疫苗接种率保持在 95% 以上,15 岁以下儿童乙肝表面抗原携带率降至 1% 以下。[1]

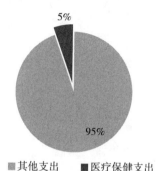

图 3-7　2019 年福建省城市居民人均消费支出构成

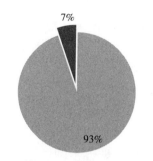

图 3-8　2019 年福建省农村居民人均消费支出构成

## (二)优质医疗资源不断扩充,公共卫生保障能力不断提升

(1)各类医疗服务机构数量不断增加,卫生健康服务体系更加健全。截至 2019 年底,福建省共有卫生机构 27788 所,比 2016 年增加 130 所,其中各类医院 678 所,比 2016 年新增 88 所;基层医疗卫生机构 26596 所,比 2016 年增加 406 所;专业公共卫生机构 420 个,比 2016 年减少 388 所,其中因为放开"二孩"政策,计划生育技术服务机构减少 397 所,其他类型的专业公共卫生机构均为增加;其他卫生机构 94 所,比 2016 年增加 24 所(见图 3-9)。

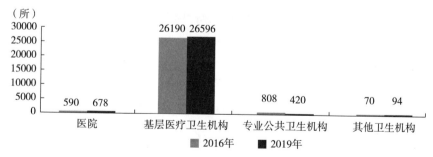

图 3-9　福建省医疗机构数量分布

资料来源:福建省卫健委。

---

① 资料来源:福建省卫健委。

基本建立了省、市两级综合性区域医疗中心和专科性区域医疗中心，截至2019年底全省共有三级医院84所，比2015年增加19所，其中每个设区市均有1所以上的三级甲等综合医院，服务人口达到百万人的县（市）三级综合医院5所，人口数超过30万人的县（市）均有1所二级甲等及以上综合医院。基本实现每个乡镇（街道）至少设置1所卫生院或社区卫生服务中心，个体诊所、门诊部等其他基层医疗卫生机构不受规划、布局限制，由市场调节，基本实现15分钟医疗圈。① 县级及以上疾病预防控制、妇幼保健、卫生监督、采供血、急救等专业公共卫生机构基本实现全覆盖。医院、专业公共卫生机构、基层医疗卫生机构分工协作的卫生健康服务体系基本形成。

（2）医疗机构床位在总量增加的基础上，结构不断优化，社会办医能力不断增强。全省医疗机构床位总数202374张，比2016年增加23472张，增加13%；全省每千人口医疗机构床位数达5.09张，比2016年的4.62张，增加0.47张（见图3-10）。

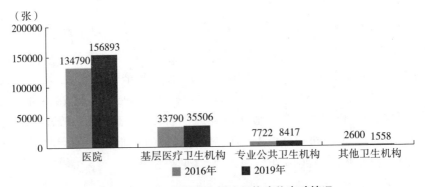

**图3-10　2019年福建省医疗机构床位变动情况**

资料来源：根据福建省卫健委数据整理。

按经济类型分，公立医疗机构床位166676张，比2016年增加11131张，增长7.16%，占医疗机构床位总数的82.36%；民营医疗机构床位35698张，比2016年增加12341张，增长52.8%，占医疗机构床位总数的17.64%。民营医疗机构作为公立医疗机构的重要补充，提供的床位数量实现较快增长（见图3-11）。

按主办单位分，政府办医疗机构床位162821张（其中，卫生健康部门办157239张），占医疗机构床位总数的80.46%；个人办医疗机构床位26086张，占医疗机构床位总数的12.89%；其他社会机构办医疗机构床位13467张，占医疗机

① 资料来源：福建省卫健委。

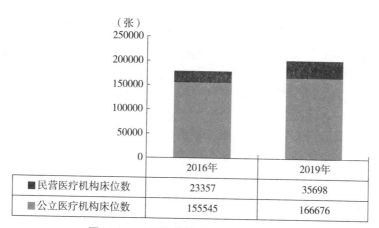

**图 3-11 不同经济类型医疗机构床位数**

资料来源：福建省卫健委。

构床位总数的 6.65%（见图 3-12）。吸引台资（合资）医疗机构 8 家，在闽注册台湾医师 628 人，促进闽台融合发展。以政府为主导社会各界形成了办医合力，社会力量办医比重不断增加，有力地保障了公共卫生健康服务事业的发展。

**图 3-12 不同主办单位医疗机构床位数**

资料来源：福建省卫健委。

（3）医疗卫生人力资源相对充足。截至 2019 年底，福建省各级各类医疗卫生计生机构共有人员总数 334527 人，比 2016 年增加 44751 人，增长 15.4%，其中卫生技术人员 263427 人，比 2016 年增加 42538 人，增长 19.3%，占卫生人员总数的 78.75%。每千常住人口执业医师和注册护士分别为 2.51 人、2.93 人，比 2016 年增加 0.44 人和 0.45 人（见表 3-4）。

表 3-4　2019 年福建省卫生机构人员变动情况　　　　　　单位：人

| 类别 | 2019 年 | 2016 年 | 增（减） |
|---|---|---|---|
| 一、卫生人员 | 334527 | 289776 | 44751 |
| 1. 卫生技术人员 | 263427 | 220889 | 42538 |
| 　　执业（助理）医师 | 99532 | 80131 | 19401 |
| 　　注册护士 | 116284 | 96250 | 20034 |
| 　　药师（士） | 15475 | 14410 | 1065 |
| 　　技师（士） | 14108 | 11466 | 2642 |
| 　　其他 | 18028 | 18632 | −604 |
| 2. 乡村医生和卫生员 | 21161 | 26502 | −5341 |
| 3. 其他技术人员 | 13298 | 10977 | 2321 |
| 4. 管理人员 | 11194 | 8397 | 2797 |
| 5. 工勤人员 | 25447 | 23011 | 2436 |
| 二、每千常住人口卫生技术人员 | 6.63 | 5.70 | 0.93 |
| 三、每千常住人口执业（助理）医师 | 2.51 | 2.07 | 0.44 |
| 四、每千常住人口注册护士 | 2.93 | 2.48 | 0.45 |

资料来源：福建省卫健委。

（4）分级诊疗稳步推进，基本满足人民群众医疗服务需要。2019 年，福建省三级医院诊疗人次 6479.2 万人次，比 2016 年增加 1205.64 万人次，占全省诊疗人次数的 25.86%，提高 1.7 个百分点；二级医院诊疗人次 3802.3 万人次，比 2016 年增加 1.85 万人次，占全省诊疗人次数的 15.18%，下降 2.23 个百分点；基层医疗卫生机构诊疗人次 13052.2 万人次，比 2016 年增加 1970.69 万人次，占全省诊疗人次数的 52.10%，提高 1.33 个百分点。

全省三级医院入院人数 288.9 万人，比 2016 年增加 76.24 万人，占全省入院人数的 47.46%，提高 7.72 个百分点；二级医院入院人数 171.9 万人，比 2016 年减少 5.45 万人，占全省入院人数的 28.24%，下降 4.9 个百分点；基层医疗卫生机构入院人数 87.2 万人，比 2016 年减少 0.97 万人，占全省入院人数的 14.33%，下降 2.15 个百分点。2003～2018 年四次卫生服务调查结果显示，两周患病就诊率从 2003 年的 16.53% 上升到 2018 年的 32.99%[1]（见图 3-13）。

---

① 资料来源：福建省卫健委。

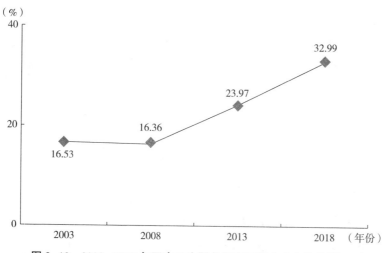

图 3-13　2003~2018 年四次卫生服务调查两周病患者就诊情况

### （三）健康保险保费收入稳定增加，人民群众健康保险意识增强

截至 2020 年 8 月，福建省（不含厦门市）健康险保费收入 145 亿元，占人身保险保费收入的 25.5%，比 2016 年增加 32 亿元，增长 28.3%，人身险保费收入占比提高 10 个百分点①。

### （四）中医药服务能力持续增强

坚持中西医协同，中医药全程深度介入抗疫防治。开展中医名医名科名院建设，国医大师取得零的突破，"十三五"以来新增 3 个全国名中医，4 个专科列入国家区域中医（专科）诊疗中心建设。中医药传承创新取得新成效，1 个医院列入国家中医临床研究基地建设，2 人被评为首届全国中医药教学名师，2 人入选岐黄学者，2 人获全国中医药杰出贡献奖表彰。基层中医药服务能力进一步提升。

### （五）基本建成多层次养老服务体系

以政府为主导，出台一系列政策措施，推动养老服务发展。发展社区嵌入式居家养老服务，建设社区养老服务中心，加强社区养老机构和服务设施建设，完善养老服务功能。夯实农村养老服务基础，提升农村养老服务能力。截至 2020 年第二季度，全省养老机构 553 个，比 2016 年增加 207 个，增长 59.8%；养老机构提供床位 6.6 万张，比 2016 年增加 1.9 万张，增长 40%，社区养老床位数 11 万张。2019 年社区养老机构和设施 1067 个，其中农村 584 个，分别比 2016 年减少

---

① 资料来源：福建省银保监局。

21 个、122 个；社区互助型养老设施 4724 个，其中农村 3341 个，分别比 2016 年增加 3446 个、2687 个，实现 261% 和 410% 的增长率。①

推进医疗机构和养老机构合作，建设医养结合机构 119 家，医疗服务机构与养老服务机构签约服务 2242 对，实现养老服务功能项医护、医疗和养老多功能转变。

### （六）"互联网+医疗健康"实现重大发展

（1）福建省全民健康信息平台架构已基本建成。建成省市两级全民健康信息平台，实现从省到村五级卫生健康信息网络互联互通。全省所有公立医疗机构以及 50% 的民营医疗机构均已接入全民健康信息平台，累计存储全员人口个案信息 3800 万条，电子健康档案 3697 万份，诊疗记录近 3.5 亿份。先后建成 6 大类 28 项业务应用信息系统，初步实现了全省诊疗记录、健康档案跨区域、跨机构共享调阅，三级医疗机构 39 项检查检验结果实现网络互认。该平台的建构奠定了"互联网+医疗健康"发展的坚实基础。

（2）全民健康信息化平台不断建设和完善，为助力疫情防治工作提供了坚强的信息保障。建立全省核酸及血清抗体检测信息采集系统，累计上报核酸检测信息近 580 万条，为保障"八闽健康码"应用、促进群众健康有序出行提供了数据支撑。以福建省远程医疗中心为依托的新冠肺炎远程指导平台融合了 5G 和 AI 影像诊断技术，利用互联网架起突破空间的战疫通道。该平台实现检查检验报告、影像、视频等数据同步传输。专家组通过该平台对全省 17 家定点医疗机构进行巡诊，规范新冠肺炎诊疗方案，提高救治率，并利用 5G 查房推车实现与患者的"面对面"交流，将专家服务延伸至隔离病房患者床前，有利于把握病情，提升诊治水平，新冠肺炎远程指导中心在此次抗疫过程中发挥了重要的作用。

（3）医院互联网诊疗项目全面开展，互联网医院开通运营。全省 90% 三级医院提供分时段预约诊疗服务，83 个二级医院提供网上预约服务，41 家三级公立医院实现远程医疗服务全覆盖，县域普遍开展远程心电诊断为主的远程医疗服务。建成全省统一的互联网医院监管平台，鼓励各级医疗机构开通互联网医院业务，为老百姓提供常见病、慢性病复诊服务。截至 2020 年 9 月，福建省共有 34 家医疗机构申请建设互联网医院，其中 10 家医院已经正式运营。

（4）集约化、规范化地推进全省全民健康信息综合监管平台建设。目前监测指标涉及五大类 606 项，已初步实现各类医疗健康数据在统一平台的归集共享，推动形成全省联网、全面对接、层级监管、多方联动的综合管理"一张网"。

---

① 资料来源：根据福建省民政厅数据资料整理。

（5）加快健康医疗大数据产业化发展。引进 40 家数字化领军企业来投资，建成国家东南健康医疗大数据中心，构建区域互联网医疗服务平台，形成 5G、大数据数字化协同平台，实现健康医疗创新智能应用。

（6）持续加强基层信息服务能力建设，普遍推广远程医疗服务应用，助力分级诊疗制度有效落实。开发了基层医疗卫生信息系统，实现了全省基层医疗卫生机构临床诊疗和公共卫生服务管理业务系统的统一部署应用。全省 1102 所乡镇卫生院（社区服务中心）和近 1.6 万个村卫生室已全部接入使用，有效推动了乡村一体化管理。目前，全省已构建各级各类医联体 302 个，覆盖医疗机构总数 719 个。三级公立医院实现远程医疗服务全覆盖。全省 41 家县域医共体普遍开展以远程影像和远程心电诊断为主的远程医疗服务，覆盖 445 家基层医疗卫生机构，占比 83.6%。

（7）推行政务服务"全程网办"。截至 2019 年，入驻网上办事大厅事项外网申报率超过 80%，极大地方便了群众办事。同时，充分利用省网上办事大厅、闽政通 APP、政务数据汇聚共享平台等"数字福建"公共平台，推进政务信息共享便民，共推送各类卫生健康政务信息 16 类 7839 万余条，为破解群众办事堵点难点问题提供了数据支撑。同时，利用政务数据汇聚共享成果，也为卫生健康政务服务提供了便利。[①]

## 二、福建省健康服务业发展存在的突出问题及面临的挑战

### （一）医疗卫生服务供需矛盾突出、资源布局不均衡、资源结构不合理

（1）资源供需矛盾突出。一是随着城镇化、老龄化、"全面二孩"政策实施，以及人民生活水平和健康意识提高、医疗保障制度完善，居民医疗卫生服务需求将进一步释放。二是全省每千人口医疗机构床位数、医生数等资源指标仍低于全国和东部省市平均水平，且排名依然靠后。三是高层次人才较少。2019 年，全省本科及以上学历卫技人员占 35.47%，其中研究生学历仅占 4.23%，高级职称卫技人员仅占 8.38%。

（2）资源布局不均衡。一是医疗卫生资源区域配置不平衡。医疗卫生资源与人口数量、布局不相匹配，新城（新区）、小城镇医疗卫生资源短缺（薄弱）。除福州市外，厦门、泉州、漳州、莆田等设区市常住人口流入地区，每千常住人口

---

① 资料来源：根据媒体报道、福建省卫健委资料整理。

医疗机构床位明显低于南平、三明、龙岩等设区市常住人口流出地区。二是优质医疗资源分布不平衡。全省三级甲等医院主要集中在沿海经济社会较发达地区，其中福州市18所、厦门市8所、泉州市6所，其他地市均只有2~3所。三是基层医疗卫生人才缺乏。乡村医生队伍"四低一高"（学历低、职称低、收入低、信息化程度低、年龄高）现象依然存在。

（3）资源结构不合理。一是资源机构失衡，影响了整体服务能力提升。全省医院以综合医院为主，专科医院数量少、规模小、医疗服务能力不强，医生与护士、床位与护士之间配置比例偏低；部分专科服务能力较为薄弱，儿科、产科、康复医院科、精神卫生等发展比较缓慢。二是社会办医力量比较薄弱，2019年个人及其他社会机构办医医疗结构床位数仅占19.54%。

## （二）中医药特色优势不明显，尚未得到充分发挥

一是中医医疗服务资源总量不足。2019年中医类医疗机构（含中医、中西医结合、民族医院等，下同）数量、床位数、就诊量仅占全省医院的13.9%、14.5%、18%，规模普遍偏小。二是中医药高层次人才不足，中医类人才的中高级职称人员占比不高，尤其是全国知名中医药专家较少。三是县级中医医院总体能力不够强，基层中医药服务能力相对薄弱，具备中医药服务能力的乡镇卫生院和村卫生室占比仍然低于国家要求。四是中医医药健康产业发展不均衡，闽产优势中药产品开发产业链尚未形成。五是中医药文化需要进一步弘扬，中医药健康旅游资源亟须挖掘。

## （三）健康服务行业发展不平衡

从健康服务业发展情况来看，医疗服务部分发展最为成熟，近年来在大数据背景下，"互联网+医疗健康"相关产业呈现较强劲的增长势头，其他的产业如中医健康、养老服务等业态则相对薄弱一些。从产业链的角度看，主要表现为健康服务产业链的前端和后端链接乏力。对疾病的早期预防与健康维护重视不够，对致力于促进和提升健康的服务投入不足。总的来看，首先，医疗卫生领域，基层的发展仍显薄弱，与健康中国建设的发展目标相差较远，服务水平和质量有待进一步提升。其次，人们现阶段的健康需求已超出了最基础的疾病治疗，对于健康咨询等非基本医疗的服务需求也逐渐增多，但市场上这些服务的提供并未能很好满足人们的需求。独立于医院的现代化健康管理机构数量少，且服务质量良莠不齐，难以为亚健康人群提供保健方面的专业化服务。最后，健康保险不健全，难以对人们的健康消费起到强有力的支撑作用。

### （四）健康服务业区域发展不协调

福建省健康服务业的总体布局和发展状况呈现出明显的区域差异，省会福州和闽南沿海地区占有了福建省的大部分医疗资源，省会城市福州市和厦门最为突出，泉州、漳州地区次之，闽西、闽北地区医疗卫生服务业的发展水平最低。这主要与地区的经济发展水平以及区位特点有关。福州市是福建省的省会城市，厦门市是经济特区，两个城市占据各种有利优势资源，省级大型三甲医院集中，如福建医科大学附属协和医院、福建医科大学附属第一医院、省立医院、厦门大学附属第一医院、厦门大学附属中山医院、厦门市妇幼保健院等，这些医疗机构在整体上带动了所在地区的健康服务业发展水平，拉开了与其他地区的发展差距。

### （五）健康服务产业集群效应弱

由于服务性质的差异，健康服务业各部分在发展策略的选择上各不相同。对于基本医疗服务来说，其内在的社会福利属性决定了发展目标要注重公平，在卫生服务机构的分布上就体现为要满足就医的地域可及性，均衡布局。而其他健康服务行业的发展则更加关注投入产出效率，更需要集聚发展。福建省健康服务业产业集群面临着总体规模不大、集群发展不够成熟，引领集群发展的龙头企业数量少、品牌影响力不够大，促进集群发展的创新能力弱，配套协作及产业关联结构不够完整等问题。同时部分市对综合性健康产业园区的目标尚处于规划和建设阶段，还未形成具有较大影响力和多样化业态的健康服务业产业园区。

## 三、福建省健康服务业发展趋势

### （一）医疗卫生体系资源结构、布局趋于优化

（1）发挥区域医疗中心的辐射作用。国家级区域医疗中心重点在疑难重症诊疗、医学教育和医疗科研创新研究等方面发挥引领作用，指导和带动全省医疗技术水平的全面提升。省级区域医疗中心重点在疑难重症诊疗、医学教育和医疗科研创新研究等方面发挥领先作用，带动本区域整体医疗服务能力的提升，降低本区域患者外转率。

（2）实施差异化床位发展策略。床位资源紧缺是公共医疗卫生体系发展的痛点，差异化床位发展策略是必然趋势。一是现有每千人口医疗机构床位水平与省级配置标准差距较大的厦门、泉州、漳州市和平潭综合实验区，实行鼓励发展策略，鼓励发展综合性和专科类医院，扩大床位总量。二是现有每千人口医疗机构床位水平与省级配置标准差距较小的福州、莆田、三明、宁德市，实行适度发展

策略，鼓励根据实际需求，适当增加床位，调整存量结构。三是现有每千人口医疗机构床位水平达到省级配置标准的南平、龙岩市，实行平稳发展策略，重点放在调整床位结构和优化布局上。

### （二）社会力量将成为构建多层次、多样化健康服务体系的重要力量

按照当前的健康资源配置布局和未来发展趋势，公立医院的主要职能和任务为保障基本医疗服务公平享有、保障公共安全以及推动医学发展；社会办医则是两极分化：提供高端医疗服务和紧缺的社区医疗服务、慢性病服务、护理康复服务、健康相关服务。未来健康服务不同于医疗服务，后者以生病为前提，而前者则是基于医疗服务的前移和后延。前移可涵盖健康咨询、家庭保健、中医保健，而后移则包括术后康复、月子中心、老年人慢性病管理和康复护理等。相对于医疗服务而言，健康服务技术壁垒不高、启动资金要求较低、服务性强。

积极鼓励、支持、引导社会力量提供全科医疗服务，进入专科医疗细分服务领域，举办独立的医学检验、病理诊断、医学影像、消毒供应、血液净化、安宁疗护等专业医疗机构。同时鼓励社会力量以名医、名药、名科、名术为服务核心，提供流程优化、质量上乘的中医医疗服务、养生保健、康复、养老、健康旅游等服务。支持社会办医疗机构为老年人家庭提供签约医疗服务。支持社会力量通过各种方式，开办具有医疗和养老服务资质和能力的养老服务机构。能有效解决公共医疗资源不足的矛盾，同时也能满足人民群众日益增长的健康服务的需要，构建多层次、多样化的健康服务体系。

### （三）"医联体、医共体、互联网医院"等医疗服务新业态逐步崛起

2019年福州、厦门、三明、泉州纳入国家城市医疗联合体建设试点，全省2/3以上县域组建紧密型医共体并进入实质运作，26个县（市、区）确认为国家试点县，促进资源优化配置和下沉共享。目前，全省已构建各级各类医联体302个，覆盖医疗机构总数719个。三级公立医院全部参与医联体建设。福建省还将县域紧密型医联体建设范围扩至41个县（市、区），整合县、乡、村三级医疗机构，优化医疗资源配置。以医保打包支付为纽带，探索构建责权利相匹配的管理体制和运行机制，增强县域医疗卫生服务协同性。

### （四）以大数据为基础的新技术与健康服务融合将进一步加深

常态化疫情防控之下，诊疗环境出现了改变：在福建，线上全流程医疗服务实现闭环，越来越多的患者足不出户就能看病。省卫健委最新数据显示，目前福建省共有34家医疗机构申请建设互联网医院，其中10家医院已经正式运营。这些互联网医院可为患者提供智能导诊、在线问诊、复诊、医嘱开方、复诊续方、

健康教育、药品配送等服务，并从 2020 年 3 月起陆续开通线上医保结算功能，从而实现"云看病"全流程闭环。不仅如此，这些互联网医院还通过信息化系统对各自医联体成员医院提供远程医疗服务，为更多基层群众在"家门口"就医提供便利。

利用互联网、物联网、云计算、可穿戴设备等新技术，做好健康大数据的应用，医疗服务内容和方式将不断丰富和完善。以新技术为基础的健康信息服务和智慧医疗服务，以及远程服务和移动医疗的发展，也将逐步转变医疗服务模式，延伸健康服务。

### （五）健康服务的产业集聚效应将进一步形成

整合利用特色资源与健康服务资源，打造集医疗康复、保健养生、健康信息服务、健康产品开发于一体的高端健康服务业集聚区，重点支持莆田、厦门、龙岩、泉州医疗园区建设，促进健康服务产业集聚发展。加快构建健康体检、康复护理、健康旅游、健康文化、健康保险、体育健身和健康养生等多样化健康服务体系，培育一批健康服务龙头企业。健康服务的产业集聚效应将进一步形成。

## 四、健康服务业发展的重点及产业布局

### （一）健康服务业的发展重点

福建省人民政府关于健康服务业发展的实施意见中，明确了福建省健康服务发展的重点领域。

（1）医疗和康复护理服务。积极发展精神、儿童、妇产、老年病等专科医院和康复医院、护理院。鼓励发展康复护理、老年护理、家庭护理和母婴护理等护理服务。规范发展临床护理服务，全面推行优质护理。

（2）中医药医疗保健服务。鼓励发展中医"治未病"服务，规范开展中医健康管理、健康状态辨识、亚健康调养、中医慢性病管理等服务。支持发展药浴、药膳、保健按摩、康复理疗等传统养生保健服务。支持传统中医药特色堂（馆）发展。

（3）健康保险服务。鼓励具有资质的商业保险机构开发多样化的医疗、疾病保险等产品。积极推广长期护理商业险以及与健康管理、养老等服务相关的商业健康保险产品。健全和完善城乡居民大病保险和城镇职工大额医疗费用商业补充保险。鼓励各类健康服务机构投保责任保险。鼓励以政府购买服务的方式委托具有资质的商业保险机构开展社会保险经办服务。支持有条件的企业建立商业养老健康保障计划。

（4）健康旅游和文化服务。引导各地融合生态旅游与地道药材、茶、温泉等特色养生保健资源，开发健康养生旅游服务。支持创作健康文化精品，举办健康促进论坛。加强闽医学派中医健康文化、传统健康技术产品的整理、研究、传承和发展。

（5）体育健身服务。推进公共体育场馆向社会开放。扶持培育体育场馆运营管理公司、体育健身俱乐部和体育健身组织，鼓励发展运动健身培训、健身指导咨询等服务，引导体育健身娱乐消费。培育发展体育健身康复产业。

（6）健康体检咨询服务。积极推广体检、健康咨询和疾病预防服务，促进以治疗为主转向预防为主。鼓励健康体检机构向健康管理机构发展。鼓励发展专业化、规范化的心理咨询、治疗和精神康复等心理健康服务。

（7）第三方健康服务。引导发展专业的医学检验中心和影像中心，推动医疗机构与第三方检查检验机构间检查结果互认。支持发展第三方的医疗服务评价、健康管理服务评价，以及健康市场调查和咨询服务。引导发展独立的医学实验室。

## （二）健康服务业的产业布局

（1）建设区域医疗中心，辐射带动全省公共卫生医疗资源的优化配置。按照"统筹规划、提升能级、分级辐射"的原则，结合区域位置、交通状况、现有医疗资源和技术水平、就医流向，在全省规划设置两个省级区域医疗中心：一是依托福建省立医院、福建医科大学附属协和医院、福建医科大学附属第一医院、福州市第一医院、福州市中西医结合医院建设北部省级区域医疗中心，主要辐射福州、宁德、南平、三明市和平潭综合实验区。二是依托福建医科大学附属第二医院、厦门大学附属第一医院、厦门大学附属中山医院、泉州市第一医院建设南部省级区域医疗中心，主要辐射厦门、莆田、泉州、漳州、龙岩市。重点支持福建省立医院、福建医科大学附属协和医院、福建医科大学附属第一医院3所高水平医院建设成为国家级区域医疗中心，力争进入全国百强医院，辐射全省。

（2）以福建省丰富的自然、人文资源为依托，布局健康服务业发展版图。依托全省丰富的温泉资源，推广温泉养生文化，加强温泉旅游标准化开发，提升温泉养生旅游产品品质，打造一批地方特色温泉养生示范基地，打响温泉养生品牌。推动旅游与传统中医药、膳食融合，挖掘南少林武术、永春白鹤拳等传统武术和畲医、畲药、畲膳等少数民族传统文化，打造以中医药、膳食和中国武术为主题的养生旅游与体育旅游基地。依托福州、厦门、莆田、平潭等地医疗产业，引进台湾地区生物技术产业，深化两岸养生保健、健康照护等合作，开发高端健康体检、医学美容、养生护理、医疗保健等健康旅游项目，打造一批海峡两岸高端医疗养生度假区。结合养老服务业和健康服务业发展，在厦门、龙岩、武夷新区、泰宁、东山、柘荣等地打造"候鸟式"健康养老基地，开发多层次、多样化的老年人休闲养生度假产品，大力发展老年旅游，建设一批健康养老旅游基地。

## 五、促进健康服务业健康发展的政策建议

### （一）加快推进社会力量提供多层次、多样化医疗健康服务

建立与福建省经济社会发展水平相适应、投资主体多元化的办医新格局，健全多种所有制并存的医疗卫生服务体系。

（1）放宽社会资本办医准入，简化优化行政审批。鼓励和支持企事业单位、社会团体、个体、养老机构、慈善机构、保险机构以及其他社会组织举办医疗机构，鼓励具有办医经验、拥有医疗资源优势的企业和集团举办医疗机构。发挥福建地缘优势，吸引港澳台企业投资民营医院，鼓励与外资合作开办民营医院，开展国际知名品牌医院兴办合资合作实体试点。

推进社会办医疗机构设置登记审批"三集中"改革，开展行政审批流程优化再造工作，逐步推进一窗受理、集成服务、并联审批。推广网上受理、网上审批模式，构建网上审批服务平台和实体大厅服务相结合的一体化政务服务平台，为社会办医打造优质的行政服务环境。工商部门（市场监管部门）对营利性医疗机构实行"先照后证"登记制度和"多证合一"登记改革。对连锁经营的营利性医疗机构在同一县级行政区划内，可实行企业总部统一办理工商注册登记手续。

（2）促进投资与合作。支持并优先选择社会信誉好、具有较强管理服务能力的社会力量，通过合资、合作、收购、兼并等多种形式参与部分公立医院的改制重组，采取政府和社会力量合作（PPP）等方式，发展混合所有制医院。允许公立医院根据规划和需求，与社会力量合作举办新的非营利性医疗机构。鼓励公立医院在人才、管理、服务、技术和品牌等方面与社会办医开展合作。

（3）改善社会资本办医执业环境。支持非营利性医疗机构提供基本医疗卫生服务，引导营利性医疗机构走高端化、多样化和差别化的发展路子。执行与公立医院统一的城镇职工、城乡居民基本医疗保险定点机构的协议条件和签约时限。根据医疗机构设置规划将社会资本办医所需用地纳入土地利用年度计划。落实与公立医疗机构相同的用水、用电、用气和医疗服务价格政策。

（4）建立财税扶持社会资本办医机制。设立专项奖励补助资金，在医疗机构持续运营、重点专科建设、公共卫生等方面进行补助，支持社会急需的康复、护理、养老等非营利性社会资本办医的发展，鼓励社会力量兴办健康服务业。鼓励

各地财政结合实际出台扶持政策，促进形成多元办医格局。

（5）强化人力资源保障。支持非公立医疗机构引进和培养人才，对社会力量办营利性医院在重点专科建设、科学研究、人才培养、学术地位评定等方面给予公平政策。

## （二）推动中医药健康服务发展

（1）放宽中医药健康服务市场准入。凡是法律法规没有明令禁入的中医药健康服务领域，都要向社会资本开放，并不断扩大开放领域。对于社会力量举办仅提供传统中医药服务的传统中医诊所、门诊部，医疗机构设置规划、区域卫生发展规划不作布局限制。允许有资质的中医师在养生保健机构提供咨询和调理服务。社会资本投资中医药健康服务业项目实行备案管理，对连锁经营的中医药健康服务企业在同一登记辖区内，可实行企业总部统一办理工商注册登记手续。允许取得乡村医生执业证书的中医药一技之长人员在村卫生所提供传统中医诊疗服务。

（2）加强中医药健康服务用地保障。各地统筹考虑中医药健康服务发展需要，扩大中医药健康服务用地供给，优先保障非营利性中医药健康服务机构用地。在城镇化建设中，优先安排土地满足中医药健康服务机构的发展需求。在新建居住区和社区配套建设公共设施时，结合社区卫生服务机构的建设，适当配置中医药健康服务场所和设施。支持利用以划拨方式取得的存量房产和原有土地兴办中医药健康服务机构。中医药健康服务项目用地价格按照已出台的健康服务项目用地优惠政策执行。

（3）加大中医药健康产业投融资引导力度。政府引导、推动设立由金融和产业资本共同筹资的健康产业投资基金，统筹支持中医药健康服务项目。拓宽中医药健康服务机构及相关产业发展融资渠道，新增项目优先考虑社会资本。加大中医药健康服务业发展信贷投入，积极支持符合条件的中医药健康服务企业上市融资和发行各类企业债券。扶持发展中医药健康服务创业投资企业，规范发展股权投资企业。加大对中医药服务贸易的外汇管理支持力度，推进中医药服务贸易运用人民币结算，促进海关通关便利化。鼓励各类创业投资机构和融资担保机构对中医药健康服务领域创新型新业态、小微企业开展业务。

（4）完善中医药医疗服务的财税价格医保等政策。省级和地方财政对符合条件的社会资本举办的非营利性中医医疗机构，在持续运营、临床重点专科、承担公共服务等方面给予补助。中医医疗机构举办的非营利性养老机构，符合补助条件的，可申请一次性开办补助和床位运营补贴。加大科技支持力度，引导关键技术开发及产业化。符合条件的中医药健康服务企业同等享受已出台的扶持健康服务业发展的相关税收和价格收费优惠政策。完善中医药价格形成机制，支持中医类体现新技术的诊疗服务项目的开展，允许一部分服务项目自主定价。支持将经有关部门批准的治疗性院内中药制剂按规定纳入医保报销药品目录。

### （三）着力构建综合连续、覆盖城乡的老年健康服务体系

建立健全政府主导、部门协作、社会参与的工作机制，努力推进老年健康服务体系建设。积极出台实施扶持政策，在土地供应、政府购买服务等方面对老年健康服务发展予以支持和倾斜。强化学科发展、财政支持，优化资源配置，加强老年健康相关适宜技术研发与推广，引导普通高校和职业院校开设老年医学、护理、康复、安宁疗护等相关专业和课程。加强老年健康人才队伍建设，增加从事失能老年人护理工作的护士数量，完善医疗护理员职业教育和培训体系，鼓励农村转移劳动力、城镇登记失业人员、贫困劳动力等人员参加医疗护理员培训。加强老年健康服务相关信息系统建设，积极探索"互联网+老年健康"服务模式，整合信息资源，实现信息共享。

### （四）全面推进"互联网+医疗健康"的发展

（1）加强政策保障支持。适应"互联网+医疗健康"的发展，根据互联网医疗服务规范，制定互联网诊疗收费政策，并按规定确定医保支付属性，方便群众就医。完善医师多点执业管理办法，允许注册或备案的执业医师开展互联网医疗服务。加强对互联网医疗企业财税政策支持，省新兴产业创投引导基金互联网经济子基金优先支持"互联网+医疗健康"项目，激发企业创新动力。

（2）强化医疗质量监管。完善全省统一的互联网医疗综合监管平台，加强"互联网+医疗健康"服务网络安全监管、医疗安全监管、规范服务监管，满足行业监管需求。完善相关监管措施，推动保障"网约护士"和患者双方权益与安全，规范行业发展。建立医疗责任分担机制，推行在线知情同意告知，防范和化解医疗风险，保障"互联网+医疗健康"行业健康发展。

（3）保障数据信息安全。严格执行信息安全和医疗健康数据保密规定，建立完善个人隐私信息保护制度，严格管理患者信息、用户资料、基因数据等，对非法买卖、泄露信息行为依法依规予以惩处。患者信息等敏感数据应当存储在境内，确需向境外提供的，应当依照有关规定进行安全评估。推进以电子签名为重点的网络可信体系建设与应用，确保"互联网+医疗健康"服务产生的数据留痕可溯。全面落实信息安全等级保护制度，加强医疗卫生机构、互联网医疗健康服务平台、智能医疗设备以及关键信息基础设施、数据应用服务的信息防护，定期开展信息安全隐患排查、监测和预警工作。

（4）发展多元筹资保障机制。充分发挥医疗健康信息资源优势，调动行业投入积极性，引导社会资本加大对互联网与医疗健康产业融合发展项目的投资，将互联网的创新成果深度融合于医疗健康领域。各级卫健部门加强规划，做好信息化资源整合，数字办、财政厅、工信厅等政府相关部门要完善扶持措施，加大支持力度，提升医疗机构基础设施保障能力，安排必要经费促进基础设施标准化建设和运行维护，适应"互联网+医疗健康"服务新业态可持续发展需要。

（5）强化医疗健康人才保障。依托"海纳百川"高端人才集聚计划、高层次人才特殊支持"双百计划"、优秀人才"百人计划"、总部企业高层次管理和技术领军人才等政策，引进和培养高端、复合型医疗信息化人才，营造有利于优秀人才脱颖而出的良好环境。支持高等学校、职业院校设置医疗信息化相关专业，加强与企业、园区合作，共建一批政产学研用相结合的专业人才培养和实训基地，加大订单式人才培养力度。整合高等院校、医疗机构、行业组织等互联网与医学教育资源，建立医疗健康培训云平台，提供便捷的网上学习和培训服务。

## （五）推动健康服务业集聚发展

（1）优化产业布局。福州、厦门、莆田市要充分利用区位优势和现有资源，打造集医疗康复、保健养生、健康信息服务、健康产品研发于一体的健康高端服务集聚区。在拥有特色生态旅游资源的地区，打造高品位的健康旅游服务集聚区。在具备药材和功能性农产品种植优势的地区，打造以"治未病"为导向，集康复理疗、养生保健、药膳食于一体的中医养生服务集聚区。在闽茶主产区打造集茶叶种植加工、养生体验和健身游憩于一体的茶道养生服务集聚区。在户外运动资源丰富的地区，打造以运动健身为特色的健身休闲服务集聚区。在温泉资源丰富的地区，打造以温泉休闲、康体疗养为主题的温泉养生服务集聚区。鼓励各地利用特色资源与健康服务资源整合发展，打造一批休闲养生示范基地。

（2）推进产业集聚发展。重点扶持建设若干个业态优势明显、集聚效益显著、带动辐射广泛的省级健康服务产业示范园区。园区优先享受中央、省级政府及其部门出台扶持开发区和园区建设、健康产业发展的各项扶持政策。园区内建设项目符合省重点项目条件的，优先列为省重点项目；经国家级、省级认定的生物医药高新技术企业，占用耕地可减免一定比例开垦费。鼓励具有学科优势的公立医疗机构特需专科与社会资本合作在园区发展。鼓励金融机构根据健康服务业特点在园区创新金融产品，提供金融配套服务。

# 第三节　养老服务业发展研究报告

## 一、养老服务业总体发展状况

### 1. 福建省人口老龄化趋势

1956 年，联合国发表了《人口老龄化及其社会经济后果》，对人口老龄化有了划分的标准：当 60 岁以上老年人口占一个国家或地区人口总数的 10%，或 65 岁以上老年人口占其人口总数的 7%，则这个国家或地区的人口就进入了老龄化社会。2001 年底，福建省 65 岁以上的老年人口已经占总人口的 7%，正式步入了联合国认定的人口老龄化社会。至 2019 年底，福建省 60 岁以上的户籍老年人口为 581.6 万人，占全省 3973 万总人口的比重已高达 14.64%，其中 65 岁以上的老年人口为 369.5 万人，占总人口的 9.3%（见图 3-14）。

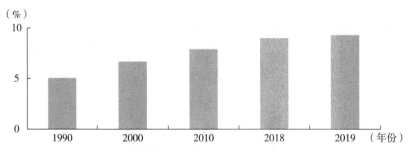

**图 3-14　福建省 65 岁以上户籍老年人口占总人口比重**

资料来源：历年《福建统计年鉴》。

### 2. 福建省人口老龄化特点

（1）人口老龄化增速快，劳动年龄人口负担老年人口重。根据人口学理论，人口年龄结构基本上呈现金字塔形态，金字塔底部是少年儿童，中部是中青年人口，顶部为老年人口。出现人口老龄化主要是由于少年儿童增长速度减缓所导致的，或是顶部的老年人口增长速度过快造成的。我国的计划生育政策导致底部少子化严重，而改革开放使经济社会快速发展，人均预期寿命不断延长，顶部老年人口增长也同步提速，使福建省人口老龄化发展迅速。1990~2019 年，福建省超过劳动年龄老年人口占总人口比重从 9.6% 提高至 17.8%，退休老年人口数量接近翻一番（见图 3-15），导致了福建省劳动年龄人口负担老年系数快速提高，1990 年福建省劳动年龄人口负担老年系数为 8%，到了 2019 年则上升为 12.6%（见图 3-16）。

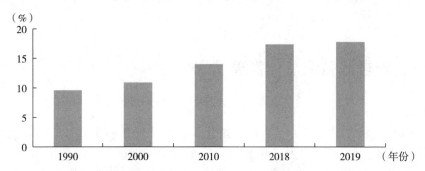

**图 3-15  福建省超过劳动年龄老年人口占总人口比重（男 ≥60 岁，女 ≥55 岁）**
资料来源：历年《福建统计年鉴》。

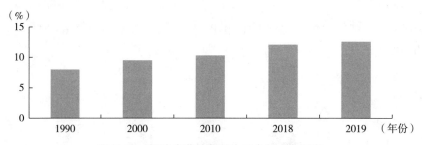

**图 3-16  福建省劳动年龄人口负担老年系数**
资料来源：历年《福建统计年鉴》。

（2）未富先老。西方发达国家进入老龄化社会时，其人均 GDP 一般是在 5000~10000 美元，有比较雄厚的财政资金和充裕时间建立较为完备的养老保障制度应对老龄化社会的到来。与发达国家人口老龄化不同，我国进入人口老龄化社会时，人均国民生产总值仅仅是 800 美元左右，未富先老，在经济建设和制度建设等各方面尚未能够做好充分的准备。随着我国经济从高速增长转向常态化的中速增长，人均 GDP 增速必然逐步放缓，而人口老龄化程度还远未达到峰值，还将以远快于世界平均水平的增长速度提高，福建省人口老龄化程度与人均收入水平之间的差距将进一步加大，必然会加剧经济社会发展水平的相对落后与人口老龄化程度之间的矛盾，必将对福建省的经济社会、政治文化发展都产生重大而深远的影响。

（3）农村老龄化程度比城市严重。西方国家的城市人口老龄化水平一般都比农村的严重，但福建人口老龄化情况却正好相反。随着城市化进程加快，大量农村青壮年劳动人口进城务工，整体年龄偏轻的农民工常住城镇人口，大幅拉低了城市人口老龄化程度，却使广大农村只剩下留守老人、部分妇女和小孩，加剧了农村人口老龄化趋势。

（4）家庭规模小型化、多样化。1990 年，中国家庭平均一户为 3.96 人，到了 2014 年平均一户已经缩小到 2.97 人。虽然 2015 年二胎政策推出以后，我国家庭户均规模暂时有所回升，2016 年已上升为平均一户 3.11 人。但是根据《中国养老白皮书》，从长期来看我国的家庭户均规模仍将处于下降趋势，预计到 2030 年，中国家庭平均一户将缩小至 2.6 人，2050 年将更进一步下降为 2.51 人。同时，家庭类型呈多样化趋势。《2016 年中国家庭发展报告》显示，目前 2 人家庭和 3 人家庭是我国家庭的主体，但单人家庭、"空巢"家庭以及"丁克"家庭也呈现增长态势，留守的家庭也逐步成为家庭的常态化模式。家庭规模小型化后，"空巢"、留守老人问题非常突出。据统计，随着城市化进程加快，农村"空巢"老人越来越多，近几年农村"空巢"老人的比例也已经接近了半数。《"十三五"国家老龄事业发展和养老体系建设规划》预测，到 2020 年底，全国 60 岁以上老年人口为 2.55 亿人左右，其中独居和"空巢"老年人为 1.18 亿人左右。

3. 养老服务发展现状

福建省积极应对人口老龄化，以"高质量发展、高品质服务"为引领，以供给侧结构性改革为主线，提高养老服务有效供给，满足老年人多元化养老服务需求，推动形成"低端有保障、中端有市场、高端有选择"的多层次、智能化的养老服务体系格局，进一步激发养老服务市场消费潜力，截至 2019 年底，在养老服务设施、养老保障等各方面都取得了相当的成效。

（1）养老床位。各类养老床位数增至 23.2 万张，其中护理型床位占比近 60%，民营（含公建民营）养老床位占比近 70%，每千名老人拥有养老床位 35.6 张，提前实现"十三五"时期 35 张的目标。

（2）养老机构。全省养老机构 1112 家，其中民办（含公建民营 437 家）养老机构占比 61.8%，民办养老机构占比较 2018 年末上升 5.3%。已建养老机构建筑安全和消防安全整改合格率达 100%。

（3）城乡社区居家养老设施。福建省加快推进养老基础设施规范化、标准化建设，建立社区服务中心（站）3753 个，居家社区养老服务照料中心 488 所，街道和中心城区乡镇覆盖率达 85% 以上，比 2018 年末上升 5.6%，计划至 2020 年底全省城镇社区居家养老服务照料中心的覆盖率达 100%；建成标准农村幸福院、其他农村居家养老服务站等 9960 所，建制村养老服务设施覆盖率近 70%，比 2018 年末提升 16.4%。

（4）养老保障。福建省城乡居民参加基本养老保险人数 1554.14 万人，占全省总人口的比重为 40%；参加城镇职工基本养老保险人数 1137.34 万人，比上年末增加 63.08 万人。参加基本医疗保险人数 3788.10 万人，其中，参保职工 841.38 万人，参保的城乡居民 2946.72 万人。纳入城市最低生活保障的居民 6.07 万人，比上年末减少 0.01 万人；纳入农村最低生活保障的居民 40.68 万人，比上年末增加 2.88 万人；城乡特困人员 6.79 万人。按现行标准贫困人口已全部实现脱贫（其中，2019 年脱贫 465 人）。

（5）养老队伍。福建省加快推进居家养老专业化服务，已有超过 168 家居家社区养老专业化组织进驻运营，其中参与政府购买服务的占 85.6%，实现了所有市、区（县）全覆盖。

## 二、养老服务发展存在的突出问题及面临的挑战

### （一）养老保险制度碎片化较严重，缴费标准和支付待遇差别大，可能成为社会不稳定隐患

当前，福建省养老保险制度存在五种保险制度共存的格局。一是城镇企业职工基本养老保险制度。职工基本养老保险制度已实行 16 年，是养老保险制度中最成熟、管理体系最健全、最规范以及覆盖群体最多的一项养老保险制度。二是农村新型养老保险制度。其主要面向农村居民的基本养老保险制度。三是城镇居民养老保险制度。主要面向没有参加企业职工基本养老保险制度的城镇居民。四是正在试点的事业单位基本养老保险制度。目前对事业单位基本养老保险制度争论较大，制度还远未成熟。五是公务员基本养老保险制度。公务员基本养老保险制度还未提上议事日程，仍然沿袭传统的财政供给制。

虽然五项养老制度解决了覆盖面问题，却留下了许多后遗症。一是缴费标准相差较大。城镇企业职工基本养老保险缴费标准是按照职工工资总额的 28% 缴费，其中企业缴纳 20%，个人缴纳 8%；而城镇居民养老保险是按照每年 100～1000 元 10 档中选择一档缴费一次，也有的地方按当地城镇居民人均纯收入的一定比例一年缴纳一次，农村新型养老保险制度规定按 100～500 元 5 档选择其中一档每年缴费一次，显然城镇居民养老保险和农村新型养老保险的缴费采取定额缴费，似乎与城乡居民取得的工资或劳动报酬无关，尽管设立两项制度的初衷是针对农民和城镇工作不稳定的居民，解决他们的"老有所养"问题，但缴费标准大大低于城镇企业职工基本养老保险的缴费标准。二是支付待遇相差较大。这是当前老百姓反响最为强烈的问题。城镇企业职工基本养老保险支付待遇按照基础养老金加个

人账户每月发放额和调整数额之和计算，而城镇居民养老保险与农村养老保险发放采取定额发放加个人账户每月发放额之和发放，关键定额确定失据，完全由财政支付，与城镇企业职工基本养老保险发放的基础养老金相差较大，必然导致领取城镇居民养老保险金和领取农村养老保险金的群体向城镇企业职工基本养老保险金的群体攀比，如果政府解决不好养老保险制度之间的支付待遇差别，可能带来新的社会矛盾和不稳定。现在反映最强烈的企业职工基本养老保险待遇标准与行政事业单位职工退休金发放水平相差较大，相差50%~100%。同时，养老保险"碎片化"也导致制度内不公和不利于劳动力流动及养老金跨地区接续转移。

## （二）补充养老保险发展滞后，无法成为应对人口老龄化的有力支撑

企业年金和个人储蓄性养老保险作为补充养老保险是一种商业养老保险，都是我国养老保障制度的三大支柱之一。如果补充养老保险建立滞后，等于养老保障内容和构成的缺位。虽然我国推广企业年金制度已经很多年了，但只针对利润高的大型垄断企业，福建省绝大多数企业并没有建立企业年金。主要的原因是政府政策引导缺失，企业建立企业年金的所得税和财政补贴优惠和奖励政策，在财税政策和税收缴纳中没有做出明确规定和说明，无法调动企业建立企业年金的积极性。同时，当前企业承担的社会保险费率过高和各种税费负担过重，也窒息了许多企业建立企业年金制度的积极性。而作为第三支柱的个人储蓄性商业养老保险的发展则相对滞后，与前两支柱相比，无论是商业养老保险的产品，或是其服务供给都显得相对不足，商业养老保险的覆盖面也只有很小一部分比例，无法发挥其对养老保障事业和社会经济稳定发展的支撑作用。显然，福建省的企业年金、商业养老保险仍然发展迟缓，不足以满足人民群众多元化的养老金需求，面对日益加速的人口老龄化，补充养老保险制度在养老保障机制中难以发挥应有作用。

## （三）养老服务供需错位，矛盾突出

一方面，有效养老服务供给不足。随着福建省高龄老年人口比重持续增加，老年人口数量日益庞大，老年人的日常生活照料、医疗保健、护理服务等需求将不断提高。同时，随着经济社会的快速发展，老年人受新技术、新文化和新观念的冲击，消费理念更新变化大，对文化娱乐、精神慰藉等服务需求的层次也在不断提升。虽然各级政府都对养老服务站、照料中心和幸福院的发展做了系统规划，民政局也规定了日间照料中心的服务对象是失能或半失能老年人，但却缺乏对实际落实情况的有效管理和监督。实践中，由于这些服务中心（站）或幸福院定位不清，常常是同一栋小楼挂着养老服务站、养老服务中心、幸福院以及老人协会等多种牌子，政府配备的中心助老员（许多中心尚未配备）并不知道究竟该为老

年人提供何种服务以及服务哪类老人群体，老年人也不知道中心提供哪些养老服务，加上护理人员和相关养老服务设备匮乏，场地设施也无法适应多样化养老服务需求，许多照料中心只做一些最基本的养老服务，且只为一些完全可以自理的老年人运营，服务对象有限。课题组调查发现，多数城乡老年人甚至不了解何为社区居家养老，更没听说过社区养老，政府投巨资追求城乡社区居家养老服务的全覆盖，这种"形式主义"并没有实际作用，政府提供的社区养老产品与老年人实际的养老需求无法匹配，全省多数养老服务站，尤其是农村幸福院，由于养老服务运营资金短缺、养老服务设施配置不合理、缺乏专业化养老服务和责任主体积极性不高等原因导致常年空置，只有上级来检查或重要节日才象征性地使用一下。显然，福建省养老服务供给跟不上老年人快速增长的需求步伐，有效养老服务供给不足。

另一方面，养老机构床位空置率居高不下。2019年，虽然个别公办养老机构存在一床难求现象，但是福建省所有养老机构床位平均使用率仅35%左右，在政府盘活奖励政策的鼓励下，乡镇敬老院床位平均使用率达到了54%[①]。其原因主要有两个：一是由于养老机构采用备案制后，降低了养老机构的进入门槛，大量民间资本进入养老服务市场，多数民办养老机构在一地难求情况下只能租用民房改造，难免存在设计不合理、设施简陋、居住环境较差、活动场所欠缺等问题，提供的养老服务通常为日常生活照料，技术含量低，对服务人员的专业技能缺乏统一标准要求，加上规模小、配套不全、服务水平低、同质化低水平竞争等问题，难以满足老人养老服务的多样化、个性化需求，导致大量养老机构的床位空置。二是受我国文化价值观和传统生活方式的束缚，90%以上老人仍然选择家庭养老作为其最佳养老模式，即使老人愿意入住养老机构，子女也会为避免不孝名声而阻碍老人入住养老机构。

## （四）养老机构难以真正实施医养结合

2019年，虽然全省养老机构上报实施医养结合占比高达92.2%，但养老机构真正实际内设独立医疗机构的仅有4.4%，有简易药房，不能问诊机构占比10.25%，其余的85.35%只与医疗机构合作，实际上机构内部没有医疗作用[①]。因此，养老机构的医养结合实践中无法满足老人的医养需求。分析原因，一是民办养老机构入住率低，生存发展空间小，多数养老机构长期亏损，只是在近几年可以使用医保卡后才勉强达到微利状态，如果养老机构内设独立的医疗机构，投资大成本高，患者少，投资无法回收，养老机构难以承受。二是难以聘请专职医生。

---

① 资料来源：福建省老龄委。

养老机构的服务对象都是年老体弱的人，许多老人患有各种慢性疾病，机构内医疗设施不全，医生坐诊风险高，承担的责任大，如果医生获得的收益无法大于风险，难以推动专职医生多点执业。

## （五）养老专业人才缺口大

随着福建省老年人口规模的迅速增长，对养老专业人才需求加大，2019年底，全省养老机构入住老人数量为53013人，根据课题组对厦门市的调查，一般入住养老机构的老人80%左右是生活完全不能自理或半自理的（需护理的），按照老人护理工作量匡算，这部分老人对护工需求量应达到3:1标准配备，即每3名需要护理的老人需要配备一名专业护理员，其余的按护理人员与老人1:5的比例计算，因此，福建省养老机构配备的护理员应达到16257人。然而，福建省现有养老护理人员仅9391人，缺口达6866人，供需明显不平衡。而且，许多现有的养老护理人员并没有具备养老护理职业资格证书，专业养老护理人员严重短缺，影响养老机构服务质量。分析原因，一是护理专业人才培养少。养老护理是一个新兴专业，高职院校开设养老护理相关专业的院校较少，每年通过系统专业培养的养老护理毕业生十分有限。二是养老护理职业缺乏吸引力。养老护理员工作环境压抑、劳动强度高、时间长（普遍都远超国家规定劳动工作时间）、危险性大、薪酬待遇低，且缺乏职业荣誉感、社会认同感低，人员流失严重，鲜有年轻人愿意从事养老护理工作。三是养老护理人员招工难，流动性大。现有养老护理人员许多是外省来闽打工的，有的只是暂时打零工，年龄普遍偏大，学历低，学习能力不足，专业素质和服务管理水平都不高，且相当部分的人员没有经过系统的养老护理专业培训。同时，养老服务志愿者队伍规模小，志愿者素质也无法满足需要，社会组织的力量未能充分挖掘，这些都极大地影响了福建省养老服务质量的提升。

## （六）宣传不足，难以形成促进养老服务发展的合力

地方政府部门对养老服务重视不够，政府部门、社会和企业共识不足，出现养老服务设施选点偏僻、养老机构用地审批困难、机构运营困难等问题，难以整合养老资源形成规模化服务的合力。同时，老年人对政府推动的机构养老或社区居家养老服务认识不足，参与主动性弱。受传统家庭养老观念影响，很多老人不愿意接受机构或社区委托的社会组织服务人员提供的养老服务，这在一定程度上增加了额外的服务成本，降低了服务效率。尤其在边远或较偏僻的社区，社区居家养老服务工作薄弱，老人享受养老服务少，对社区居家养老服务项目和内容都不清楚，缺乏主动参与社区养老服务的意识和维权意识。一般地，如果老人享受

到了政府提供的免费社区养老服务，则他们对社区养老服务的满意度较高，而一旦老人面对的是机构或社区提供的商业化养老服务，绝大多数老人都出现抵抗情绪，即使是福利性的低偿服务也难以对老人形成足够的吸引力。这导致福建省养老服务市场既出现巨大的养老服务潜在需求又同时出现有效需求不足的尴尬局面。

## 三、福建省养老服务发展趋势

### （一）基本养老服务和多样化、多层次养老服务相结合

政府为维护老年人身心健康，需要采取与经济社会发展水平相适应且可公平获得的适当方式，为老人提供助餐、助行、助急、助洁、助医等基本养老服务。主要包括为全体老年人提供的生活照料、康复护理等普惠性基本养老服务和为特困老年人、低保家庭中的失能（含失智）老年人依法提供兜底性生活保障、照料护理等救助性基本养老服务。县级政府、家庭和老人个人合理分摊普惠性基本养老服务，县级政府根据公益性原则免费提供救助性基本养老服务。建立困难高龄、失能老人的补贴制度、农村留守老人关爱制度、城乡社区老人探访制度，完善特困老人救助供养制度，满足老人的基本养老服务需求。

随着经济社会的不断快速发展，老年人的养老服务需求更加多样化和多层次。中高端养老客户除了选择传统机构养老，高性价比的养老社区和养老地产项目将更符合他们的需求，旅游、旅居、健康理疗、遗嘱继承、法律咨询、金融理财等服务需求也将相当旺盛。因此，国务院通过《关于推进养老服务发展的意见》等工作部署，推进养老服务打通"堵点"，消除"痛点"，破除发展障碍，"健全以居家为基础、以社区为依托、机构充分发展、医养相结合的多层次养老服务体系"，保障人人享有基本养老服务，有效满足老年人多样化、多层次的养老服务需求，让全体老年人的获得感、幸福感和安全感显著提升。

### （二）养老服务供给多元化、市场化发展

优化养老服务发展环境，丰富服务供给主体，鼓励社会资本和公益组织广泛参与养老服务，政府通过提供补贴、场地和服务设施，支持社会资本建设和运营养老机构、社区居家服务中心，形成养老服务模式多元化供给格局；鼓励养老服务产业龙头企业和养老机构整合服务资源，推动养老服务规模化运营，打造一批养老服务产业名牌企业或机构。

推动养老服务市场化发展。一是强化市场化筹集养老服务资金。转变政府对传统养老资源的分配模式，实施供给与生产分离，政府利用财政补贴、税收优惠

和土地信贷等政策支持养老服务市场主体，建立养老产业投资基金和股权融资等资本市场运营模式探索市场化融资渠道。二是养老服务市场化运作，以提升服务效率和服务质量。利用公建民营、资产托管和购买养老服务等方式引导市场主体积极参与，借助市场调节实现养老服务供需匹配，提高服务供给品质。三是强化产业化发展，增加养老市场供给。引导养老服务事业向养老服务产业转变，利用养老服务产业政策调整和产业规划，打造养老服务产业链，形成产业集群，实现养老服务市场化和产业化发展。

### （三）养老服务品牌化、连锁化和规模化

养老服务品牌化、连锁化经营方式已成为各国普遍采用的一种养老服务方式。连锁经营可以统一养老服务发展战略，统一开发服务项目，统一养老服务硬件设施，统一服务标准，容易建立和社区老人之间的信任感。在管理、财务、物资采购、物流配送、人事、养护模式、服务项目和流程、收费标准等方面均统一管理和连锁运营，可以降低运营成本，更高效统一地整合、调动社区中已有的物力、财力和人力等养老服务资源，如对闲置的居民楼底层或活动室等进行适老改造，投入养老服务运营，使之成为社区居家养老服务中心，降低前期投入成本。众多分散嵌入式社区养老服务中心或养老机构可深入老年服务需求者腹地扩大养老服务市场占有率，打造固定连锁经营模式，实现规模经济。比起传统的养老机构，养老服务规模化、品牌化和连锁化经营，投入成本更少、经营效率更高，可以实现资源共享，优化资源配置，具有更加强大的竞争优势，实现养老服务行业的集聚化、品牌化、规模化和产业化发展。

### （四）线上、线下智慧健康养老服务融合发展

智慧健康养老依托物联网、大数据、云计算等新信息技术，优化整合线下社区、机构、家庭、老人和线上健康医疗等养老资源，基于全省养老大数据中心和健康大数据中心，构建"线上+线下"一体化智慧养老服务平台，有效对接养老服务供给和需求，为老年人提供全方位、多渠道、智能化和个性化的智慧养老服务，提升养老服务效率、质量和品质。当前，我国已经建立了以居家养老为主体、社区为依托和机构为补充的养老服务体系，在居家健康养老、互联网健康咨询、生活照护、慢性病管理、个性化健康管理和信息化养老服务六大领域可以实施智慧健康养老服务。智慧健康养老利用实时定位、远程监控和统一服务平台信息，打造全方位、立体化智能信息养老服务系统，满足老年人现代化、多样化、个性化的养老服务需求，实现养老服务资源的优化整合和智能调配。因此，智慧健康养老服务作为护航老年人安享晚年幸福生活的高科技产业，成长性高，市场潜力

巨大，产业规模将不断扩大。2020 年 3 月，国家发改委等部委共同颁布了《关于促进消费扩容提质加快形成强大国内市场的实施意见》，提出要加快发展"互联网+社会服务"消费模式，大力推进医疗、健康和养老等服务消费线下线上深度融合发展，积极创新服务内容和服务模式，拓展服务覆盖面，支持鼓励社区居家发展"虚拟养老院"服务。

## 四、福建省养老服务业发展重点

### （一）建设完善并落实社区居家养老服务

绝大多数老人都更愿意居家养老，但家庭支撑能力显然很有限，需要政府建设完善社区居家养老服务支撑体系。要统筹规划，综合运用财政、政策和市场等多种措施，落实社区居家养老服务，使老人能在自身支付能力内方便地获得送餐、保洁、精神慰藉等必要的养老服务。

1. 明确社区服务中心功能定位

政府要对社区服务中心（含日间照料中心、社区养老服务站和养老院等）的功能定位有清晰认识，明确服务对象和服务内容，科学管理服务中心，提高养老服务质量。首先，明确服务对象除了失能半失能老人外，还应该包括那些身体健康状况比较一般，日常生活基本能够自理，但行动有些不便，或是在机能/智能方面存在残障而需要适当照顾的老人。有条件的社区服务对象应为所有 60 岁以上老人，并通过专门的送迎车辆接送老人至服务中心。其次，确定中心服务内容。除了提供助餐、助洁、助急、助浴、助行、助医为主要内容外，还要提供一定的医疗保健、康复训练、心理慰藉和各种娱乐活动服务，满足老人多样化的服务需求。最后，明确中心的主要服务功能是"养"。服务中心聘请专业护理人员为老人提供康复护理，迎合老人急需，还能利用家庭医生签约制度，为老人进行一对一的健康管理和护理服务，让老人不再有后顾之忧。此外，要准确评估中心的工作范围、内容、方法和作用，加大社区居家养老的财政支持，让每个中心都能有比较足够的资金来维持运营和开展各项活动。要根据老人多样化的服务需求，进一步对中心的基础设施建设进行改造和提升，购置相应的康复和护理设施，配置适合的护理人员，建立失能半失能等老人的长效护理服务机制。

2. 完善社区居家服务项目，落实多样化专业养老服务

社区服务中心要以老人的需求为宗旨，提供午餐、看电视、打麻将、聊天、打牌、下棋等日间娱乐活动，开展生日会、郊游、家庭同乐等活动，开展流感讲座、医疗保健讲座、身体检查等健康服务，开展乐器、瑜伽、按摩、绘画、书法

等培训，组织义工开展剪指甲、理发、洗衣等活动。关注老人个体差异和个性需求，尽力提供个性化居家养老服务。重点关注孤独老人群体，加强调查走访发现社区的独居老人和孤独老人，了解他们的需求，解决其日常生活困难等需求。创新居家养老服务供给模式，落实社区居家养老多样化专业服务，提升老人居家养老的自由度和舒适度。制定规章制度，严格按章收费，收取老人最低费用，让老人们享受到最优质的养老服务和精神慰藉。

3. 提升社区居家养老服务质量

通过新建、改造和扩建的办法对现有社区服务中心的服务设施进行提升，引进和建设适宜老年人活动的健身、文体和娱乐器材，建设完善老年人活动场所，配备专业服务人员，有效提供应急服务。建设科学系统的人力资源管理体系，切实做好社区居家养老服务人员招聘、专业培训、工资福利、激励、职业生涯规划等各项管理工作，不断提高从业人员的素质和技能，提升服务中心养老服务的专业化水平。积极邀请医护专家到中心开讲座做培训，示范和传授照顾老年人的医护保健方法和注意事项，加强各个社区养老服务中心之间的联系和交流学习，取长补短。中心招聘新员工时应优先选择社工毕业的、有社工证的或有社工工作经验的人员。

4. 完善社区居家养老服务网络

利用社区公用场地组织社区老人开展各种娱乐活动，利用居委会介绍养老服务项目，积极开展节假日探访老人活动等项目。积极开展互助活动，努力培养老人的自助能力，促进老人积极关注并参与社区活动。组建各种兴趣小组和学习培训班激发老人积极性，给予老人更多展示自己才能的机会，提高他们的自信心。同时，社区居家养老中心要招募社区居民尤其是中青年作为养老服务志愿者，鼓励有能力、有爱心的志愿者尽己所能去帮助别人，并带动更多人积极参与到志愿活动中。加强与养老机构、医院沟通联系，完善社区居家养老服务设施网络，定期邀请医疗专家开展为老人免费义诊体检、接种疫苗等活动。中心与附近医院或诊所签订优惠协议，凡是中心的老人会员到该医院或诊所看病都可享受优惠照顾。

5. 强化宣传，提升社会共识

传统的家庭养老在人们的观念中根深蒂固，多数老人对社区居家养老的认知度和认同度都不高，需要改变老人对社区居家养老的消费观念。一要加大社区居家养老服务的宣传力度，政府相关部门、街道和社区要共同开展宣传，在社区公告栏、政府官网等媒体上宣传中心工作的性质、作用和重要性，介绍中心工作模式、服务照料流程，让社区居民充分了解中心如何服务老人，让社区老人真实感受到服务中心相对于家庭养老的优势，消除老人防备心理，提高老人对中心的认知度。中心每月定期出版活动通讯，预告介绍该月的所有活动信息，将这些通讯发放给社区老人，并发布在社区微信群，吸引老人参加活动。二要创新服务方式吸引老人积极参与活动。如尝试推行老人"打卡上班"，设立"打卡积分兑换礼物"制度，制定积分规则，到中心签到可积分，参与活动积分，积满一定的分值可换领实用礼物等，通过积分制度吸引和鼓励老人到中心参与各种活动，提高中心人气，带动社区更多老人走出家门走进中心。三要提高思想认识水平，积极跟上现代社会发展步伐，构建现代养老服务理念，系统推进"日间照料中心"建设，科学运营和管理，切实提高养老服务水平，促进日间照料中心建设价值的充分实现，让老人切实感受到社区居家养老的优越性，提升老人的安全感和获得感。

6. 加强监管，狠抓落实

完善各部门分工，明确各部门职责范围，规范协调各部门行为，奖罚分明。鼓励民间资本积极参与社区居家养老中心建设，加大监督管理力度，定期对社区居家养老中心的运营工作和服务质量进行评估。加强对中心硬件设备欠缺和闲置等问题的管理，在购买设备前要做需求评估，优先购买电子体重计、自动量血压机、智能按摩椅等老人切实需要的检测设备。已购买或赠送的设备，要根据其功能评估适宜老人群体及时安排使用，提高设备利用率。对于确实不适用或不实用的设备，可转送或转卖给需求的社区或中心，充分发挥其作用，减少资源浪费。

## （二）促进机构养老充分发展，夯实养老财富储备

当前，福建省各级政府投资的敬老院等养老机构床位利用率低，闲置现象严重。因此，需要让市场起决定性作用，以推动养老机构充分发展，政府本身不要再投资建设（除非确有需要）养老机构，结余资金可用于建设完善社区居家养老服务体系。

1. 强化对养老机构的支持

多数养老机构是非营利性社会组织，履行了社会养老的重要责任。老年人不甚了解养老机构，尤其不信任民营养老机构。政府要利用官方媒体或网站，加大力度正面宣传民营养老机构，促进老百姓转变观念，关注和信任民营养老机构。同时，民营养老机构要建立科学规范的管理制度，主动作为，创新思路，拓展获得支持的新渠道。主动建立与民政部门联系渠道，把新冠肺炎疫情给养老机构经营带来的各方面负面影响如实汇总上报，寻求财政补贴支持；加强与高校合作，使其成为高校护理专业的定点实习单位，并吸引养老服务专业人才加盟；积极吸引社会组织、民间团体或企业为机构提供志愿服务或资金支持。政府还要出台支持民营养老机构充分发展的政策，通过税收减免、租金抵扣和用水用电用地优惠等方式加大支持力度，降低养老机构经营成本，使多数养老机构收费与地区经济

发展水平相适应，降低入住老人费用水平，减轻家庭养老负担，夯实社会养老财富储备。

2. 提升机构养老服务质量

一要积极开展康复服务。政府要加大对养老机构添置各种康复训练设备的支持力度，养老机构通过积极开展康复服务，改善老人身体健康状况，提高老人生活品质。机构应配专职康复人员，使康复工作规范科学，保障老人身心健康。二要提高老人的社会参与，避免老人陷入"文化孤岛"。通过志愿者与老人互动学习，为老人提供"文化反哺"机会，鼓励老人学习新知识，积极参与兴趣班、再教育等社会生活。三要加强老人心理咨询服务。强化护理员心理基础知识培训，提升护理员对老人心理的感知能力。发展专业社工团队，利用专业团队优势解决老人心理问题。专业咨询师对老人出入院进行心理评估，发现心理病患老人及时跟进服务。

3. 放宽行业准入，加强行业监管

放宽机构养老服务行业准入，促进行业充分发展。加强机构养老行业监管，完善机构养老行业运行和服务标准，规范养老服务供给。改革政府对新增养老机构和养老床位的简单补贴制度，补贴重点改为量力适度支持老人购买日常照料服务。通过第三方评估机构定期对机构养老服务情况进行评定，对不符合运行标准的机构要责令限期整改，无法达标的机构则坚决取缔；对老人普遍反映服务质量不满意的机构要向社会公示，给予适当处罚，并采取相应的监督管理措施，促其提高养老服务水平。政府各部门在政策执行、监督管理过程中要协调统一，防止个别部门为维护部门利益导致监管执行不到位的情况发生。

## （三）全面推进健康福建建设，打造高质量的养老服务和产品供给体系

### 1. 建设健康福建

贯彻落实《国家积极应对人口老龄化中长期规划》实施方案，实施积极应对人口老龄化战略，建立政府主导的工作机制，全力推进老年健康服务体系建设。以维护老年人健康权益为中心，以公平可及、共建共享为原则，以满足老年人健康服务需求为导向，着力构建和完善以健康教育、预防保健、疾病诊治、康复护理、长期照护和安宁疗护为主要内容的综合连续、覆盖城乡的老年健康服务体系，大力发展老年健康事业，全面推进老年健康促进行动，努力提高老年人健康水平，实现健康老龄化，建设健康福建。

出台土地、税收优惠等方面政策支持老年健康服务发展。优化资源配置，推广老年健康相关技术研发与适宜产品，鼓励高校、职校为老年人开设医疗、护理、

康复、心理疗护等专业课程。加强老年健康护理队伍建设，着重增加失能老人护理员数量，探索长期照护服务，积极开展安宁疗护。完善护理员培训体系，鼓励农村富余劳动力、城镇失业人员和困难劳动力等人员积极参与护理员培训。建设完善全省老年人健康管理共享信息系统，积极推广"互联网＋老年健康"养老模式。

2. 着力发展中医药健康服务

中医药健康服务是我国独具特色的养生保健资源，涵盖健康养老、健康旅游、中医药文化和养生、医疗保健和康复等相关服务。要加快建立中医药健康服务体系，充分发挥中医药特色优势，加快推进中医药健康服务，重点推进中医医疗、养生保健、中医康复和治未病等特色服务，促进福建省健康服务业发展，提升全民健康素质。政府引导，发挥市场对资源配置的决定作用，支持中医养生保健机构发展。充分调动社会民间力量，不断增加中医药健康服务供给，提升服务质量和效率。坚持以提升人民健康素质为中医药健康服务的出发点和落脚点，充分利用现代科学技术不断创新中医药健康服务技术方法和手段，创新中医药健康服务模式，着力提高中医药健康服务能力，拓展服务范围，打造名医、名药、名科和名院，以一流技术和服务为人民提供质优价廉和安全高效的中医药医疗保健特色服务，切实维护人民健康权益。

加快中医药健康服务相关产品的研发和制造，着力丰富中医药健康服务产品种类，壮大产品流通规模。坚持中药材种植业和制造业绿色发展，加快中医药制造产业转型升级，打造一批具有国际竞争力的中医药产品品牌和龙头企业，完善健康服务产品产业链，推动企业诊所规范建设和连锁发展，促进中医药健康服务加快发展，成为推动福建省经济社会转型发展的重要力量。建设完善中医药健康服务发展环境，不断完善中医药健康服务政策、行业规范和标准体系，完善监管和行业自律机制，规范中医养生保健服务和特色健康管理，促进形成全社会支持中医药健康服务可持续发展的良好氛围。

3. 着力发展旅游健康养老服务产业

充分发挥清新福建独特的气候、生态、文化旅游资源优势，利用现有的森林公园、林场、森林乡镇、森林人家、红色教育基地等生态特色资源，加快建设完善森林疗养所、森林浴场、森林运动场、康复中心、森林氧吧等服务设施，大力发展旅居养老、保健疗养、养生旅游、会议旅游等新业态。创新体育＋医疗＋养老、乡村民宿旅居、候鸟旅居养老、异地养老社区、文化休闲旅居养老、红色旅居、温泉会议、医疗康体旅居等旅游健康养老新模式，促进旅游、运动、医疗、养老地产等方面消费增长。积极培育具有福建地方特色的运动疗养、食品疗养、温泉疗养、森林康养和芳香疗养等康养产品，打造一批森林康养服务产业、"体医养"服务产业、温泉康养服务产业和中医康养产业龙头企业。引进优质医疗和康养资源，建设集诊、治、住、养一条龙高品质服务的医疗康养基地，打造成全国高端名牌旅游康养功能区和产业集聚区，建设完善医疗旅游康养相关服务和产品产业链，促进福建省旅游健康养老服务产业大发展。

4. 深入推进医养结合

深入推进医养结合发展，鼓励社会力量积极参与，进一步完善养老服务体系，更好满足老年人健康养老服务需求。一是深化医养签约合作。规范医疗卫生机构和养老机构的合作，完善家庭医生签约服务的内容和形式，拓展送医、送药上门等个性化健康管理服务，提升居家养老质量；将符合条件的日间照料中心内设医疗机构纳入医社保体系，提高护理床位比例。二是合理规划设置有关机构，切实增强社区医养结合服务能力。分类引导、帮助已设置内设医务室的养老机构，按照规范要求申请纳入医保定点，鼓励小型养老机构与医疗机构开展合作；引导具有一定规模的养老机构设立医务室，提升医养结合能力；新开办养老机构要求具备医养结合功能，同步规划建设。三是加强信息化支撑。整合现有医疗、健康和养老等信息资源，构建全省统一的智慧健康养老服务平台，推动医疗、健康和养老信息共享和合理利用，建设完善医养结合机构远程医疗服务网络。

5. 打造高质量的养老服务和产品供给体系

实施创新驱动发展战略，发挥科技创新引领带动作用，立足于服务老年人，根据老年人生理特点和服务需求，加大辅助技术研发和应用，大力发展老年食品、药品、医疗器械、康复设备、健康产品、纺织服装服饰、生活日用器具、老年电子电器、老年教育等产品产业，促进养老服务用品产业大发展，满足老年人美好生活需要。要深化养老服务产业供给侧结构性改革，进一步激发老年用品市场活力，切实提升有效供给能力，以满足老年群体多样化、多层次的消费需求。加快发展适应老人需求的照护、意外伤害、长期护理和医疗等商业养老保险产品，提升商业保险产品和服务质量，探索将医疗新技术、新产品纳入商业健康保险。加快开发适合老年人理财、信贷、养老基金特点的金融相关产品，助力老龄事业和养老服务产业的可持续健康发展，避免养老基金缩水或贬值，破解老有所养难题。引导养老服务和产品产业高质量发展，培育养老服务和产品产业新增长点和新动能，培育龙头骨干企业，丰富服务和产品品种，提升服务和产品品质，创建一批服务和产品地区名牌，打造高质量的养老服务和产品供给体系，增强适应快速老龄化社会的产业供给能力，满足老年人对养老服务和产品日益增长的多层次、多样化消费需求。

# 五、促进福建省养老服务业发展的政策建议

## （一） 加快建设完善基本养老服务设施

着力扩大社区养老服务设施供给。统筹规划配建社区养老服务设施，结合老旧小区改造，将闲置房产等资源整合改造为养老服务设施，开展社区老年人日间照料、助餐、康复保健、老年教育等服务。无养老服务设施的老旧社区，由政府采取购置、租赁或选址新建等多种途径补齐养老服务场所。新建住宅小区要同步规划建设养老服务场所。制订并实施社区和居家适老化改造计划，对建档立卡范围的特困、高龄、失能、残疾和困难等老人家庭，经评估后采取分类补助办法实施适老化改造。结合新农村建设、乡村振兴和农村幸福院建设等工作，采取新建、改（扩）建闲置房产、租赁等多种形式推进农村养老服务设施建设和提升。实施城乡社区适老化环境改造和设施配置。统筹安排养老服务设施建设改造专项资金，解决城乡社区养老服务设施不足问题。鼓励养老机构承接运营社区养老服务设施，为社区居家老人提供上门服务，试点"家庭照护床位"。支持小区物业企业开展家政、助餐、巡访等多样养老服务。

## （二） 加快培养养老服务人才，稳定养老服务队伍

一要完善养老服务人员的薪酬体系。建立养老护理员最低工资保障制度，保障养老护理员的基础社会福利，合理提高他们的薪资水平。建立养老护理员奖惩制度，优化薪酬制度，为护理员购买人身伤害保险，将养老护理员岗位纳入公益性岗位给予补贴，增加节假日慰问补贴。开办养老护理员信誉卡：护理员通过延长工龄和照顾老人取得工作绩效，兑换成信誉积分，信誉积分可以换取护理员医疗补助、养老金等福利补贴，形成"服务—信誉—补贴"良性循环方式，以利于激发护理员工作的积极性，减少员工流动，吸引更多人才加入养老护理员队伍，增强养老服务队伍的稳定性。二要加强对养老护理员的培训。有规划地定期对养老护理员进行专业培训和职业道德培训，提升养老服务技能。支持鼓励社区医院和养老机构共享医疗资源，鼓励社区护士对机构养老护理员进行工作指导和分流，达到降低护理员工作压力的目的。三要出台鼓励养老机构积极探索高科技养老护理政策。利用机器人协助给老人洗澡、按摩，辅助老人上下床、检测老人基础生命体征以及打扫卫生等基础工作，实现智能化养老服务，有效弥补养老护理员和护工的不足，缓解护理员照护压力，降低护理工作量，提高整体养老服务质量，提升养老服务效率。四要健全养老服务人才培养体系。鼓励高校大力培养养老护

理人才，增加护理专业学生人际沟通技巧、老年心理慰藉、人文关怀和共情能力等相关课程，培养人才的职业素养。鼓励本科院校开设养老护理本科专业和养老方向研究生，形成并逐步完善从中职、高职、本科到研究生的养老人才培养梯队体系。拓宽养老人才定向委培到本科生，加大补贴力度，完善补贴制度。五要大力培养养老服务志愿者队伍。建立志愿者服务记录制度，广泛招募社区居民尤其是中青年、大学生作为养老服务志愿者，鼓励有能力、有爱心的志愿者尽己所能去帮助别人，并带动更多人积极参与到志愿活动中。积极探索"时间银行"做法，保护养老服务志愿者的合法权益。

## （三）加快推进虚拟养老院新模式，提升应对人口老龄化的科技创新能力

深入实施创新驱动发展战略，把"互联网+养老院"（虚拟养老院）技术创新养老服务新模式作为积极应对人口老龄化的战略支撑，全面提升养老服务业智能化水平。虚拟养老院由政府主导、社会各界积极参与，依托互联网、大数据、AI等现代技术，整合利用社会资源、社区资源和家庭资源，更加契合老年人传统、经济、自由和安全的养老观念，是一种全方位、信息化和智能化的居家健康养老服务新模式。虚拟养老院实施智慧健康管理、智慧健康检测监测和智慧健康服务，大大提高养老服务的智能水平，实现有效需求的精准分析和服务指派，满足老年群体个性化需要。通过制定虚拟养老院的各项规章制度和相关优惠鼓励政策，引导服务企业、社会组织和全体市民积极参与，鼓励企业积极加盟，吸引社区老人踊跃注册成为虚拟养老院成员，把"养老机构"专业服务搬回家。制定虚拟养老院养老服务标准和加盟企业的准入和管理考核评价标准，定期调查回访被服务老人的意见和建议，定期评估考核加盟企业，不断总结每一种虚拟养老服务的利弊，更好地整合养老服务产业市场和社会民间力量，使虚拟养老服务模式成为福建人民最满意，也是最优先选择的智慧健康养老新模式。

## （四）构建养老孝老敬老政策体系，打造形成养老孝老敬老的社会氛围

一要完善国民收入分配体系。完善政府、企业、居民收入分配格局，做好弱势群体家庭就业保障和困难老人养老保障工作，努力缩小贫富差距，稳步增加人民的养老财富储备。二要构建养老孝老敬老政策体系，推动政策法规完善和落实。围绕关系城乡老年人基本民生和获得感、幸福感的关键问题，加快完善相关政策法规，落实老年人养老、医疗保障政策等，排除执行障碍，推动政策法规贯彻落实，加强对执行结果的评估，保障养老孝老敬老的政策法规真正得到实施。三要

强化家庭在养老孝老敬老中的基础作用。一方面要大力发展社区养老服务，通过科技创新、服务提供和对家庭成员进行免费技能培训等手段加强对居家养老的支撑，协助家庭成员照料、慰藉老人。另一方面要加强家庭教育，引导人们传承孝老敬老美德，承担家庭责任，保持良好家风，实现家庭和睦和社会和谐。四要尊重老年人的社会参与权，积极创造条件让老年人融入社会实践。围绕老年人的兴趣爱好、文化教育、健康讲座等方面，组织老年人学习和参加活动；充分利用老年人的经验技能优势，组织老年人继续为经济社会发展献计献策，发挥余热；鼓励老年人保持老有所为、老有所乐和充实自我状态，以社区服务为重点，广泛开展老年志愿活动，互帮互助，服务社会，实现老年人的社会参与。五要强化养老孝老敬老宣传教育。在全社会开展人口老龄化、老龄政策法规、养老孝老敬老等国情教育，使全体人民充分了解福建省人口老龄化的现状和趋势，使青少年传承养老孝老敬老美德，使老年人自尊自爱自强，使养老孝老敬老的意识和行为蔚然成风，形成全体国民积极应对人口老龄化的社会氛围。

# 第四节　商贸流通业发展研究报告

商贸流通业作为连接供给与需求的中间桥梁，对经济发展有着至关重要的影响。着眼于目前我国经济发展阶段以及国际国内环境变化，习近平总书记提出推动形成以国内大循环为主体、国内国际双循环相互促进的新发展格局。在这一新发展格局下，商贸流通体系建设显得尤为重要。"十四五"期间，商贸流通业将是典型的挑战与机遇并存的行业，是有可能争当双循环"排头兵"的重要行业。随着福建省社会零售品销售总额的逐年增加，市场不断扩大，完成商贸流通业的转型升级，对促进福建省经济发展及双循环系统的构建具有重要意义。

## 一、2016～2020 年福建省商贸流通业发展总体情况

### （一）2016～2019 年商贸流通业发展概况

2016～2019 年福建社会消费品零售总额持续平稳增长，其中 2019 年福建省全年社会消费品零售总额 15749.69 亿元，比上年同期增长 10.0%，比 2016 年增长 34.9%。

按销售单位所在地分类，乡村社会消费品零售总额增幅高于城镇。2019 年城镇消费品零售额达 14239.73 亿元，比上年同期增长 9.8%，比 2016 年增长

35.6%；乡村消费品零售额 1509.96 亿元，比上年同期增长 11.5%，比 2016 年增长 28.7%。按消费形态分类，商品零售类远远高于餐饮收入类，且总体上商品零售类比餐饮收入类涨幅更快。2019 年福建省商品零售额 14171.31 亿元，比上年同期增长 10.0%，比 2016 年增长 35.6%。餐饮收入额 1578.38 亿元，比上年同期增长 10.3%，比 2016 年增长 29.2%（见表 3-5）。

表 3-5　2016~2019 年福建省社会消费品零售总额

| 指标 | 2016 年 | | 2017 年 | | 2018 年 | | 2019 年 | |
|---|---|---|---|---|---|---|---|---|
| | 绝对量（亿元） | 同比增长（%） | 绝对量（亿元） | 同比增长（%） | 绝对量（亿元） | 同比增长（%） | 绝对量（亿元） | 同比增长（%） |
| 社会消费品零售总额 | 11674.54 | 11.1 | 13013.00 | 11.5 | 14317.43 | 10.8 | 15749.69 | 10.0 |
| 按销售单位所在地分 | | | | | | | | |
| 城镇 | 10501.75 | 10.9 | 11681.91 | 11.2 | 12895.72 | 10.5 | 14239.73 | 9.8 |
| 乡村 | 1172.79 | 12.7 | 1331.09 | 14.2 | 1421.71 | 13.3 | 1509.96 | 11.5 |
| 按消费形态分 | | | | | | | | |
| 餐饮收入 | 1221.74 | 9.1 | 1329.42 | 8.9 | 1447.46 | 10.0 | 1578.38 | 10.3 |
| 商品零售 | 10453.4 | 11.4 | 11683.58 | 11.8 | 12869.97 | 10.9 | 14171.31 | 10.0 |

注：①此表速度均为未扣除价格的名义增速；②此表中部分数据因四舍五入的原因，存在总计与分项合计不等的情况。

资料来源：福建省统计局。

从整体来看，2016~2017 年社会消费品零售总额增长速度加快，但 2017~2019 年增速逐渐放缓，从销售单位所在地来看，无论是城镇还是农村都呈现这一趋势。从消费形态方面看，商品零售额增速从 2016 年开始一直呈减缓趋势，餐饮业收入 2017 年增速下降，但之后一直呈现增长速度越来越快的趋势，与总体发展趋势相反。

### （二）2020 年 1~9 月福建省商贸流通业发展基本情况

由于疫情原因，2020 年初福建省社会消费品零售额呈现下降趋势，但疫情防控使得经济逐渐好转。1~9 月月度销售额同比增长由负转正，累计增长的降幅也在逐渐收窄。从表 3-6 和表 3-7 可以看出，2020 年 1~9 月，全省实现社会消费品零售总额 13354.79 亿元，同比下降 2.5%，降幅比 1~8 月和 1~6 月分别收窄 0.8 个和 2.9 个百分点，呈现持续好转态势。城乡市场降幅持续收窄，1~9 月城镇消费品零售额 11590.64 亿元，下降 2.7%，降幅比上半年收窄 3.0 个百分点；乡村消费品零售额 1764.15 亿元，下降 1.0%，降幅比上半年收窄 2.5 个百分点。随着疫情防控常态化，基本生活类商品消费增长趋于稳定。消费品市场持续好转。1~9 月，餐饮收入 1232.61 亿元，同比下降 9.7%；商品零售 12122.18 亿元，同比下降 1.7%。全省限额以上单位粮油食品类商品零售额增长 7.5%，增幅比 1~8 月提高 0.1 个百分点；日用品类商品零售额增长 11.6%，增幅比 1~8 月回落 0.1 个百分点。消费升级类商品销售持续改善。在各项促消费政策推动下，居民对升级类商品消费需求持续释放。1~9 月，金银珠宝类商品零售额增长 4.7%，而上半年时下降 2.8%；汽车类商品零售额下降 5.1%，降幅比上半年收窄 5.4 个百分点。网络零售保持快速增长。1~9 月，全省限额以上网络零售额增长 14.0%，增速比上半年加快 2.0 个百分点，占全省限上零售额的比重为 16.9%，比上年同期提高 2.5 个百分点。绿色智能产品持续旺销。随着居民消费需求提升，绿色环保和智能节能型商品旺销。1~9 月，全省限额以上单位可穿戴智能设备和新能源汽车商品零售额分别增长 56.1% 和 23.9%，比上半年分别提高 17.9 个和 13.8 个百分点，增幅位于限额以上商品零售前列。①

表 3-6　2020 年 1~9 月福建省社会消费品零售总额

| 指标 | 9 月 | | 1~9 月 | |
|---|---|---|---|---|
| | 绝对量（亿元） | 同比增长（%） | 绝对量（亿元） | 同比增长（%） |
| 社会消费品零售总额 | 1590.39 | 4.7 | 13354.79 | -2.5 |
| 按经营地分 | | | | |
| 城镇 | 1387.45 | 4.8 | 11590.64 | -2.7 |
| 乡村 | 202.94 | 4.0 | 1764.15 | -1.0 |
| 按消费形态分 | | | | |
| 餐饮收入 | 153.61 | 3.0 | 1232.61 | -9.7 |
| 商品零售 | 1436.78 | 4.8 | 12122.18 | -1.7 |

注：①此表速度均为未扣除价格的名义增速；②此表中部分数据因四舍五入的原因，存在总计与分项合计不等的情况。

资料来源：福建省统计局。

---

① 资料来源：福建省统计局。

表 3-7　2020 年 1~9 月社会商品零售总额及同比增长

| 指标 | 绝对量（亿元） | 同月同比增长（%） | 累计同比增长（%） |
|---|---|---|---|
| 1~2 月 | 2739.58 | -15.00 | -15.00 |
| 3 月 | 1375.16 | -7.00 | -12.50 |
| 4 月 | 1405.85 | -1.10 | -9.80 |
| 5 月 | 1500.20 | 3.10 | -7.30 |
| 6 月 | 1631.55 | 4.20 | -5.40 |
| 7 月 | 1538.16 | 2.70 | -4.20 |
| 8 月 | 1573.90 | 2.90 | -3.30 |
| 9 月 | 1590.39 | 4.70 | -2.50 |

注：①此表速度均为未扣除价格的名义增速；②此表中部分数据因四舍五入的原因，存在总计与分项合计不等的情况。

资料来源：福建省统计局。

## 二、商贸流通业发展存在的突出问题及面临的挑战

### （一）企业主体规模较小

从数据来看，2019 年福建省批发零售业与住宿餐饮业法人单位共 332190 家。限额以上的批发零售与住宿餐饮企业数量达到 18828 个，占总数的 5.7%。其中，批发零售企业 16404 个，占批发零售企业总数的 5.2%，住宿餐饮企业 2424 个，占住宿餐饮业总数的 16.5%。① 由此可见，福建省商贸流通企业主体规模都较小，龙头企业有限，从而无法发挥产业集群效应。规模较小的企业无法获得规模效应，在管理水平、质量管理、品牌效应、创新能力以及企业文化等方面都有待提高。

此外，福建省商品交易市场近十年发展缓慢，2019 年福建省亿元以上的商品交易市场为 109 个，以批发为主的 61 个，以零售为主的 74 个。2010 年亿元以上的商品交易市场数量为 159 个，2013 年上升到 162 个，之后出现持续下降态势，到 2019 年下降到 109 个。可见，福建省亿元以上的商品交易市场数量总体呈现下降趋势，降幅达 31.4%。在市场成交额方面，2010 年成交额为 1333.95 亿元，2019 年为 1488.39 亿元，十年间成交额并未出现大幅度增长（见图 3-17）。

### （二）行业内企业利润率较低且增速较慢

如图 3-18 所示，福建省批发零售业的利润率一直在 2% 上下波动。2019 年福

① 资料来源：福建省统计局。

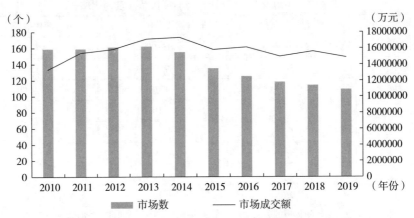

**图 3-17　福建省亿元以上的商品交易市场数量及成交额**

资料来源：根据福建省统计局数据计算整理。

建限额以上的批发和零售企业营业利润率为 1.82%，低于 2011 年的 2.28%。其中批发业营业利润率为 1.66%，零售业利润率为 2.95%；限额以上住宿和餐饮业企业营业利润率为 3.54%，其中住宿业利润率为 1.43%，餐饮业利润率为 5.59%。住宿餐饮业的利润率波动较大，虽然住宿餐饮业的利润率从 2016 年起便高于批发和零售业，但其体量较小，而且住宿业在 2013~2016 年一直处于亏损状态，这也是住宿餐饮业利润率波动较大的原因之一。

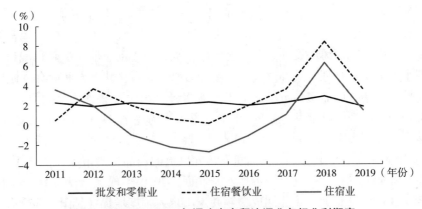

**图 3-18　2011~2019 年福建省商贸流通业各行业利润率**

资料来源：根据福建省统计局数据计算整理。

　　总体来看，福建省商贸流通企业的利润率不高，现代商贸流通企业规模普遍较小，无法享受到规模效应，其采购成本、运输成本、存储成本、配送成本等方面还有待改善。另外，商贸流通企业在管理观念、财务制度等方面落后，这也在一定程度上造成行业的企业利润率较低。

### （三）福建省内地区商贸流通业发展不平衡

按地市分类来看，2019 年泉州市社会消费品零售总额 5351.87 亿元人民币，占全省的 28%；福州市社会消费品零售总额 4198.94 亿元人民币，占全省的 22%；厦门市社会消费品零售总额 2257.92 亿元人民币，占全市的 12%；漳州市社会消费品零售总额 1786.35 亿元人民币，占全市的 9%；莆田市社会消费品零售总额 1625.57 亿元人民币，占全市的 9%；龙岩市社会消费品零售总额 1312.96 亿元人民币，占全市的 7%；宁德市社会消费品零售总额 848.53 亿元人民币，占全市的 5%；南平市社会消费品零售总额 730.62 亿元人民币，占全市的 4%；三明市社会消费品零售总额 784.09 亿元人民币，占全市的 4%。由此可以看出，福建省商贸流通业地区间发展不平衡现象较为明显，西部和北部地区商贸流通产业发展比较缓慢，发展潜力较大。近年来，各市商贸流通发展不平衡情况有所改善。图 3-19 和图 3-20 分别列出了 2019 年和 2015 年福建省各市社会商品零售总额所占比重，对比可以看出，福州和泉州两市占整个福建省社会消费品零售额的比例由 57% 下降至 50%，说明随着其他地区的发展，整体结构在不断改善。

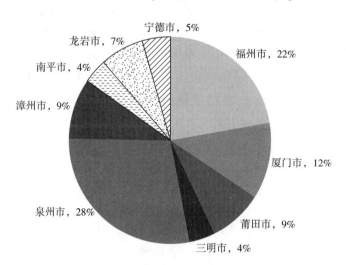

**图 3-19　2019 年福建省各市社会商品零售总额所占比重**

资料来源：根据福建省统计局数据计算整理。

就城乡发展差异来看，2019 年城镇社会商品零售总额占全省的 90.41%，乡村占全省的 9.59%；2019 年 1～9 月城镇社会商品零售总额 86.79%，乡村占

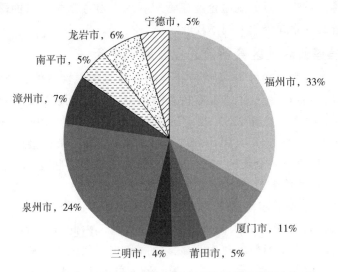

**图3-20　2015年福建省各市社会商品零售总额所占比重**

资料来源：根据福建省统计局数据计算整理。

13.21%。可以看出，城乡商贸流通业发展极为不平衡。首先，历史、经济环境等因素导致的城乡消费习惯的不同，导致农村的消费水平和方式都大幅落后于城市。其次，乡村在运输条件、配送方式等基础设施方面的发展也落后于城市，而且大型商场连锁企业和大型零售餐饮企业也未辐射进乡村，不利于乡村商贸流通业的发展，这些都导致城镇社会消费品零售总额远远高于乡村社会消费品零售总额。

（四）商贸流通市场监管制度有待改善，监管法律不够完善

随着商贸流通市场的迅速发展，各种新型市场崭露头角，如宠物上门喂养服务、二手商品、外卖服务等，同时技术手段也一直不断创新，如无人配送、直播销售、算法驱动下的网络环境等。市场在不断更新变化，但政策法规、准入标准、监督管理等方面的发展却落后于市场发展，导致新兴市场内秩序混乱、鱼龙混杂，无论是买家还是卖家的权益都易遭受损失，对市场发展不利。

同时，传统市场内的监管部门过于繁杂，涉及工商局、商务局、市场监管局、环保局、物价局、市场执法局等，有时会出现需要多个部门审批或监管的情况。同时部门之间存在竞争，联动较差，且监管上缺乏系统性、统一性，这些都会导致管理市场效率不高，阻碍市场发展。除政府外，福建省商贸流通领域内的民间组织较少，无法发挥其自治自助机制。

### （五）普遍缺乏人力资源管理

在企业长远发展的基础上形成明确的企业人才替补计划、培养计划和招聘计划对企业长远发展很重要。但大多数商贸流通企业是等到需要用人时再去招聘人才，而不是提前规划好人才资源战略，并且存在只注重使用，忽视了培养开发潜在人才的现象。中小型企业从业人员学历偏低，中高层管理人员对新型管理理念缺乏敏感度。企业缺乏精通业务流程同时具有管理才能的综合性人才，限制了企业的发展。高效的人力资源管理是企业提高生产能力、扩大公司规模、规划公司前景、不断增强企业核心竞争力的一个不可或缺的因素。

## 三、福建省商贸流通业的发展趋势

### （一）流通规模不断扩大，消费结构发生改变

目前，城镇与乡村食品烟酒支出占生活消费支出的比重越来越小，如2013年城镇居民和农村居民衣食烟酒支出占生活消费支出的比例分别为32.67%和38.9%，到2019年分别下降为30.82%和35.53%。同时，发展享受型消费（居住、交通通信、生活用品及服务、文娱教育、医疗保健、其他）的比例逐渐升高，生活水平有所改善。居民的消费方式从生存型为主转变为发展型为主。首先是住房支出，无论在城镇还是乡村，都居于仅次于衣食烟酒的地位，占总支出的1/4左右，极大地影响着人们的消费。但城镇和乡村呈现出了不同的发展趋势，城镇居民居住支出从2013年的24.40%提高到2019年的28.94%，六年间持续稳步上涨；乡村居民居住支出在2013～2017年呈现上涨之后，连续三年呈现下降趋势，2019年下降至23.33%，已低于2013年水平。

其次，生活用品及服务支出占比在城镇与乡村呈下降趋势，2013年城镇生活用品及服务占居民消费总支出的6.19%，2019年下降至5.03%；2013年乡村生活用品及服务占居民消费总支出的5.97%，2019年下降至4.97%。生活消费支出包括家具及室内装饰品、家用器具、家用纺织品、家庭日用杂品、个人用品和家庭服务，可以看出耐用品居多，而此类商品的消费具有周期性上升及下降的特点。

最后，城镇居民和乡村居民在医疗保健方面的支出都有所上升，城镇医疗保健支出占居民消费总支出从2013年的4.5%提高到2019年的5.47%，乡村从2013年的5.64%提高到2019年的7.43%。由此可见，虽然发展型消费有所增长，但人们主要增长在了住房和医疗上（见表3-8、表3-9）。

值得指出的是，近些年人们在绿色智能产品和文娱用品方面的消费支出增长

明显。2019 年在绿色智能产品方面，全省限额以上可穿戴智能设备、新能源汽车、智能家用电器和音像器材、智能手机、能效等级为 1 级和 2 级的商品零售额分别为 6.80 亿元、49.40 亿元、85.18 亿元、148.85 亿元、152.43 亿元，比上年增长分别为 45.3%、126.1%、42.2%、92.4%、79.4%。这五类商品拉动全省限额以上零售额增长 2.6 个百分点。在文化娱乐用品方面，全省限额以上书报杂志类零售额比上年增长 21.3%，增幅比上年提高 9.9 个百分点；电子出版物及音像制品类零售额比上年增长 92.7%，增幅比上年提高 120.2 个百分点；文化办公用品类零售额比上年增长 27.6%，增幅比上年提高 11.9 个百分点。①

表 3-8　2013~2019 年城镇居民人均生活消费支出构成　　　　单位:%

| 年份\指标 | 衣着 | 居住 | 生活用品及服务 | 交通通信 | 教育文化娱乐 | 医疗保健 | 其他用品及服务 | 衣食烟酒 |
|---|---|---|---|---|---|---|---|---|
| 2013 | 6.76 | 24.40 | 6.19 | 12.51 | 9.82 | 4.50 | 3.14 | 32.67 |
| 2014 | 6.58 | 24.48 | 5.86 | 12.33 | 9.77 | 4.77 | 3.02 | 33.19 |
| 2015 | 6.33 | 24.71 | 5.68 | 12.85 | 9.84 | 4.95 | 2.64 | 32.99 |
| 2016 | 5.77 | 26.12 | 5.57 | 12.82 | 9.84 | 4.71 | 1.97 | 33.19 |
| 2017 | 5.53 | 26.29 | 5.69 | 12.91 | 9.56 | 4.75 | 2.36 | 32.92 |
| 2018 | 5.52 | 27.42 | 5.39 | 12.90 | 9.69 | 4.88 | 2.22 | 31.98 |
| 2019 | 5.36 | 28.94 | 5.03 | 12.01 | 9.91 | 5.47 | 2.47 | 30.82 |

资料来源：福建省统计局。

表 3-9　2013~2019 年乡村居民人均生活消费支出构成　　　　单位:%

| 年份\指标 | 衣着 | 居住 | 生活用品及服务 | 交通通信 | 教育文化娱乐 | 医疗保健 | 其他用品及服务 | 衣食烟酒 |
|---|---|---|---|---|---|---|---|---|
| 2013 | 5.29 | 23.34 | 5.97 | 9.19 | 9.39 | 5.64 | 2.28 | 38.90 |
| 2014 | 5.18 | 23.59 | 5.81 | 9.93 | 8.51 | 6.66 | 2.14 | 38.19 |
| 2015 | 5.10 | 24.31 | 5.19 | 10.44 | 8.39 | 6.91 | 2.08 | 37.57 |
| 2016 | 4.40 | 24.82 | 5.33 | 11.25 | 8.30 | 6.71 | 1.88 | 37.32 |
| 2017 | 4.50 | 25.34 | 5.15 | 11.10 | 8.39 | 6.47 | 2.18 | 36.86 |
| 2018 | 4.53 | 24.42 | 5.12 | 12.16 | 9.10 | 6.80 | 2.14 | 35.73 |
| 2019 | 4.76 | 23.33 | 4.97 | 11.69 | 9.92 | 7.43 | 2.37 | 35.53 |

资料来源：福建省统计局。

---

①　资料来源：福建省统计局。

## （二）电商产业繁荣发展，淘宝村发展势头较好

20 世纪以来，数字技术的出现大大降低了交易成本，扩大了市场的时间与空间，拉近了买家与卖家之间的距离。这不仅给人类社会带来了新的生产和消费模式，同时也给人们带来了一种全新的生活方式。近几年网络成交量也在持续增长，2014 年限额以上批发和零售企业实现网上商品零售额 191.79 亿元，2019 年增长到 1223.3 亿元，五年间翻了 5 倍多。2020 年以来突发的疫情推动了网络零售的快速发展，网络商品零售继续保持快速增长。1~9 月全省限额以上网络零售额增长 14.0%，增速比上半年加快 2.0 个百分点，占全省限上零售额的比重为 16.9%，比上年同期提高 2.5 个百分点。

以厦门市为例，1~9 月全市社会消费品零售总额 1670.23 亿元，比去年同期下降 1.3%，降幅比上半年收窄 2.6 个百分点。但数字消费强势增长，1~9 月全市限额以上企业通过公共网络实现零售 331.63 亿元，比去年同期增长 18.1%，增速比上半年加快 1.2 个百分点，比全省平均水平高 4.1 个百分点，占全省互联网零售的 33.1%，拉动全市社会消费品零售总额增长 3.0 个百分点。零售业务仅通过线上渠道开展的限上企业 159 家，累计零售增长 12.4%；线上、线下零售融合发展的限上企业 125 家，累计零售增长 6.2%，若扣除线上零售部分，线下仍为下降态势。[①]

电子商务不仅在 GDP 方面做出了贡献，在脱贫攻坚及为农村地区创收方面同样具有重要意义。阿里研究院发布的《淘宝村百强县名单》数据表明，截至 2020 年 6 月底，福建省共有淘宝村 441 个，占全国总淘宝村数量的 8.13%，位列全国第六；淘宝镇 153 个，占全国淘宝镇的 8.71%。其中淘宝村百强县有 12 个，占全国淘宝村百强县总数的 12%，位列全国第五。以城市进行分类排名，泉州市共有百强县 7 个，位列全国第三；莆田市有 3 个，位列第八；福州市 1 个，厦门市 1 个，位列全国第二十三。[②] 如福建省云霄县自 2015 年引入电商平台，截至 2019 年，云霄县有近 30% 的特色水果由电商渠道销往全国各地，帮助 371 个贫困户增收 44.94 万元。由此可见，"互联网+传统产业"的产业模式已成为推动福建省经济高质量快速稳定发展的重要力量。

## （三）福建省旅游业嵌入式发展

福建省旅游业发达，2019 年入境游客 9582756 人，国际旅游外汇收入达

---

① 资料来源：厦门市统计局。

② 资料来源：阿里研究院（http://www.aliresearch.com/cn/index）。

1024348 万美元，国内旅游收入 7393 亿元①，这成为拉动福建经济的一个重要角色。旅游业消费的是最终产品，随着人们旅游的意愿和需求越来越强，对于餐饮住宿批发零售业和交通运输业的带动效应明显，逐渐呈现嵌入式发展的格局。在"大旅游"时代，以旅游为主导，由游客聚集到消费聚集，由消费聚集形成产业聚集，形成资源、要素和经济活动向旅游业的优势区位移动，旅游业的集聚效应使得商贸流通业市场集中度不断提高。同时，近年来出现了新的消费趋势。在提升文化自信的大背景下，由故宫文创 IP 等成功文创产品带领的"文创"市场也崭露头角，旅游周边文化产品也越来越受到消费者的青睐。

## （四）"互联网+"推动商贸流通业转型升级

互联网的飞速发展打通了生产、消费、流通等各个环节，使市场逐渐呈现出流通引导生产的格局，企业利用互联网逆向整合各类生产要素资源，按照消费需求打造个性化产品，通过商业模式的创新释放了市场发展的活力。移动互联网、大数据、物联网、云计算、北斗导航、地理位置服务、生物识别等现代信息技术在认证、交易、支付、物流等方面的应用使线上、线下深度融合发展，商贸流通业逐渐打破传统定义，转向了更加广泛的服务范围。随着网络零售额逐年增加，其在社会消费品零售总额中的占比也逐年增高（见图 3-21）。新技术推动传统零售企业转型升级，大型实体店不断丰富消费体验，逐渐向智能化、多样化商业服务综合体转型。通过增加餐饮、休闲、娱乐、文化等设施，转向"商品+服务"并重的盈利模式。同时，通过互联网展示、销售商品和服务，可以加强线上线下互动，从而打破场景限制，优化消费路径。

"互联网+"推动了传统商贸流通业的发展结构逐渐优化，创新了城乡商品流通组织形态与交易模式，为解决城乡商贸流通一体化问题提供了新的可能性。电子支付方式已达到了很高的普及率，这对农产品流通向标准化、规模化发展有很大的促进作用。同时"互联网+"使商品流通的中间环节减少，可以让生产者直接与消费者对话，生产商直接与零售商对接；"物联网+城乡商贸流通"的模式也让信息更加透明，"云计算+城乡商贸流通"让数据更新更加及时，市场刻画更加精准，这些都使城乡商贸流通的效率提高，逐渐打破城乡消费二元化格局。

互联网供应链金融逐渐兴起也为商贸流通业注入新鲜动力。互联网金融依托第三方支付、ERP 系统软件等提供金融服务。具体来讲，就是充分利用它们自有平台所掌握的商家信息和交易记录，基于大数据分析解决了企业之间的信息不对称性，对发展良好、信用评级高的企业提供融资贷款等。互联网金融能够有效降

---

① 资料来源：福建省统计局。

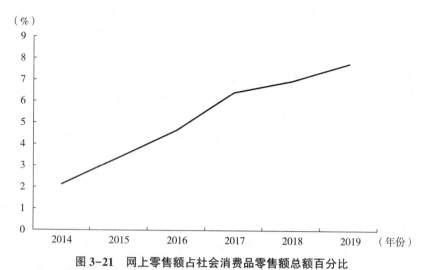

**图 3-21　网上零售额占社会消费品零售额总额百分比**

资料来源：根据福建省统计局数据整理所得。

低金融机构信用风险，使机构愿意放贷，同时商贸流通业也因此达到了更大的融资规模，实现了"双赢"的格局。

## 四、福建省商贸流通业的发展重点及产业布局

2020 年以来，习近平总书记多次在讲话中提到双循环，并在 7 月 30 日中央政治局会议上正式提出"加快形成以国内大循环为主体、国内国际双循环相互促进的新发展格局"，党的十九届五中全会再次论述了这一新发展格局。这是党中央对国际国内形势做出的重要论断，也是对今后经济工作的总体指导和规划。要明确的是中国经济不能只有单一的循环，必须是国际国内双循环。它整体上表现为既能够充分利用国内国际两个市场、两种资源，发挥比较优势和规模经济机制，又能够利用超大规模市场优势和内需潜力而形成的一种优势互补、相互促进的经济发展新格局。

### （一）国内市场

**1. 激发市场主体活力**

双循环体系以国内市场为依托，打造消费主导的产销体系，推动实现国内经济自我循环。增加居民收入是解决消费支出的关键，是大循环走通的关键。此外就是要激发市场主体活力，本地企业可以通过"全闽乐购""欢动消费节""周末市集""直播电商节"等促消费营造浓厚的购物氛围，刺激消费内需。

第一，利用"互联网+"，发展新型消费。消费是经济发展的重要引擎。2020年以来，消费因新冠肺炎疫情影响受到较大冲击，成为经济恢复的薄弱环节。在疫情期间，网上购物、在线教育等新型消费业态逆势快速发展，既有效保障了居民日常生活需要，也成为新的消费热点。因此，发展新型消费潜力还很大，空间还很广阔。促进新型消费发展，在政策安排上应着重把握"扩容提质"和"优化环境"两个关键词。扩容提质就是要进一步扩大新型消费范围，提高新型消费质量。如在现有基础上，进一步创新无接触消费模式，推广在线开放课程、互联网诊疗等服务，促进健身、旅游等线上线下融合，支持实体商业发展线上业务。同时推动互联网平台企业向线下拓展，鼓励企业通过网络促销扩大影响，带动实体消费。优化环境就是要不断完善促进新型消费的"硬环境"和"软环境"，如完善5G网络、物联网等新型消费基础设施，加快补齐制约消费发展的基础设施和公共服务"短板"，培育建设多层级消费中心，完善商贸流通基础设施网络，建立健全数字化商品流通体系。与此同时，要制定和完善带动新型消费的税收、金融、社保、就业等方面的政策。

第二，大力发展农村电商。不断推动农村电商发展，有利于拉动消费进而推动双循环的形成。淘宝村所带来的价值并不止步于销售收入的提高，其所带来的产业化影响更加巨大，如推动电商与特色农业、乡村旅游等有机融合等。淘宝村从早期只是卖货，发展至今已经成为乡村数字化的引擎。尤其是在疫情背景下，出现了宅经济、无接触经济等新型消费模式，直播电商也成为销售收入上涨迅速的行业之一，这些都极大地推动了电商的发展。首先，在开发技术、工具上下功夫，推动数字乡村发展，帮助农民用先进的生产力为自己的买卖服务。其次，要在操作熟练化、人员专业化方面下功夫，组织从业人员进行电商培训，大力推广网络直播卖货模式，享受行业发展红利。再次，要强化"线上线下融合"发展方式，促进产、供、销协同发展，形成线上线下融合的农产品流通体系。最后，要在新型城镇化的背景下进一步完善乡村商贸流通业体系，打破城镇与乡村流通业之间的屏障，加大两者之间的交流和合作，实现城镇带动乡村。可以通过积极建设完善电商配套产业设施，如三级物流配送体系、农村电商公共服务体系、农村现代流通服务体系等，让难买难卖现象彻底消失。

第三，灵活运用互联网金融。互联网金融（ITFIN）是指传统金融机构与互联网企业利用互联网技术和信息通信技术实现资金融通、支付、投资和信息中介服务的新型金融业务模式。互联网为金融服务实体经济提供了渠道，打破了商贸流通链上下游之间的壁垒，便捷化的支付方式有利于资金整合，大数据使信用更加透明，由此互联网供应链金融可以为互联网金融机构提供客户全方位信息，使金融机构和金融服务平台在营销和风险控制方面更加有的放矢。政府部门要在促进融合深入的同时加强监管，出台相关法律法规完善供应链金融体系。

2. 在中长期实现数字化转型

随着互联网和信息技术的广泛应用，商贸流通领域新业态、新模式不断涌现，呈现出信息化、网络化、集约化和智能化等特征。在信息技术推动下，以新经济、新业态为载体，构建新型产业链，将成为双循环下流通企业的新任务。5G、物联网、移动支付、大数据、人工智能、大数据、区块链和 VR 等新的技术催生出社交经济、共享经济、智慧零售、无人零售、绿色零售等新业态，如直播带货、互联网健身、远程医疗和在线教育等。企业可以借助移动支付和社交网络工具，与线下实体商业共同构建与消费者无缝持续、无处不在的消费场景，全方位、全天候满足消费需求。

商贸流通企业要抓住机会进行新型企业模式再造，通过畅通生产、分配、流通和消费等再生产环节，探寻发展的新空间、新机会。如通过互联网积极清理库存，减少不必要的开支；运用网上直播吃货助农，降价清理农产品库存；疫情期间出口转内销的方式；拓展新的线上业务模式，如无接触配送、线上订餐等。此外，企业还要重视实施以技术进步为基础的新型固定资产更新。固定资产更新对一般制造业的效率提升尤为显著，而且不能仅注重数量与规模的扩大，还应该注重固定资产质量的提升，特别是生产效率的提升。既要引进先进的硬件设备，也要加强相关人才的引进及相关培训的投入；既要创造与新的固定资产相适应的制度与文化，也要采用相对扁平的组织结构，创造鼓励沟通、激发创新的氛围。

3. 进一步发展住宿业、餐饮业和旅游业

在疫情冲击之下，住宿业、餐饮业和旅游业都受到史无前例的打击。以厦门市餐饮业为例，1～9 月全市餐饮业实现营业额 153.18 亿元，比去年同期下降 4.0%，但整体趋势逐渐向好，降幅比上半年收窄 8.6 个百分点。餐饮业复苏势头强劲主要得力于肯德基、海底捞和千尊等连锁企业发挥优势规模效应，限额以上连锁餐饮企业累计实现营业额 29.37 亿元，增长 0.8%。①

第一，创新餐饮业经营方式。疫情对餐饮业经济效益的冲击也许是一时的，但对人们的用餐习惯的改变却是深远的。在疫情防控逐渐常态化的背景下，餐饮业要转变经营理念，采取新型经营方式，在餐饮生产的各个环节节约资金、降低消耗、规划成本与收益，在供应链服务、安全卫生服务、品牌管理服务、信息化服务等方面着重关注。此次疫情促进餐饮业供应链上下游的融合，很多零售业企

---

① 资料来源：厦门市统计局。

业如盒马、叮咚趁势发展，餐饮业可以和这些新兴大型连锁零售业合作，实现互惠互利。鼓励外卖服务的发展，企业可以通过与美团、饿了么等外卖互联网公司合作扩大产品销路。

第二，鼓励住宿业创新发展，发展智慧化酒店。新冠肺炎疫情是危机也是转机，虽然住宿业的营业额不可避免地呈现下降趋势，但也促进了酒店业的转型升级，尤其是在疫情推动之下催生了智慧酒店"无接触服务"的新需求，企业要注重技术创新，依靠云计算、物联网和移动信息等新技术，实现酒店信息化、个性化、人性化服务，最终实现产品创新。同时还可以运用大数据等技术制定个性化服务，针对目标顾客进行精准营销，满足消费者需求；运用信息技术管理系统减少人力成本并提高服务效率。智慧型酒店具有便捷、互动、定制和高效等特点，以市场为导向的智慧型发展可以实现资源整合的智慧化。

第三，推动旅游业转型升级。疫情严重冲击了旅游业的发展，但也是旅游业经历大考之后升级的机遇为业态升级创造了时间。企业要了解疫情之后游客需求的变化，开发行之有效的新产品，不断优化企业产品结构。如东航为积极应对疫情推出"随心飞"活动，信众旅游推出"一家一团"等产品，既符合消费者需求，刺激了产品消费，又使企业产品线扩大。疫情之后消费者更加注重私密性、高品质、良好的卫生条件和休养环境，由此旅游产品的个性化定制，如小团体游、自驾游等也更受欢迎。同时，企业要迎合互联网模式，运用科技创新做好线上营销，推动公司高质量发展。

4. 大力推动低碳绿色消费

从统计数据来看，消费者目前在绿色产品方面的消费支出逐渐升高，共享经济的逐渐成型也印证了绿色经济的市场越来越大。低碳经济带来的好处长远受益，因此要通过多种方式培养消费者低碳消费意识。政府应建立对低碳经济的发展目标，通过收费、信贷、税收等经济杠杆的运用，对市场主体行为进行调整，使其向低碳消费方面转化。还可以通过差别化税收政策、消费补贴、对低碳技术实施资金补贴等政策，加强对低碳经济和低碳消费的管理。同时借助电视广播、互联网新媒体等渠道宣传建立低碳消费价值取向。鼓励企业主动进行新技术开发，积极与科研院、高校等进行合作，进行低碳化技术、产品等研发，保持创新动力。

5. 降低物流成本，形成统一市场

以国内大循环为主体、国内国际双循环相互促进的新发展格局，对建设高效的现代流通体系提出了更高的要求，要把物流成本降下来，让负重前行的中国经济更加轻盈、更有活力。物流成本长期居高不下的一个重要原因是没有形成统一市场。高效流通体能够在更大范围上把生产和消费联系起来，也有利于拉动消费，形成供需互促、产销并进的良性循环。要以市场为导向，逐渐形成统一的交通运输市场，统筹推进现代流通体系硬件和软件进行升级，优化完善综合运输通道布局。通过新技术、新业态、新模式，加强高铁货运和国际航空货运能力建设，加快形成内外联通、安全高效的物流网络。

（二）国际市场

由于疫情影响，国际贸易环境极不稳定，部分国家借机恶意设置贸易壁垒，如设置绿色壁垒阻碍我国农产品贸易、以知识产权为借口阻碍我国技术性贸易等。对此我们要在继续积极对外开放的同时，构建新型国际国内双循环系统。近年来全球产业链的重构导向日渐明显，新冠肺炎疫情更是加速了这一进程。与外向型经济发展战略时中国以"世界工厂"的身份参加全球产业链并处于低端生产不同，在"双循环"系统下，要以国内市场需求为引领，制订基于国际竞争的商贸流通业中长期发展规划。

要充分利用"一带一路"倡议。从净出口商品可以看出，中国与沿线国家和地区已经形成依赖性较高的产业链，具有显著产业特征的国内国际双循环模式崭露头角，不仅内外互进，且可以内外替代。

要鼓励企业吸收外资，确立以创新驱动发展的战略目标。加快推动国际物流园区、跨境电商等发展，鼓励企业与跨境电商平台进行线上线下融合，更好地推动流通企业"走出去"。随着内贸流通领域外资准入限制日渐放开，鼓励企业通过设立或并购研发机构，吸纳先进生产要素，提升国内企业竞争力；鼓励企业不断创新，将目光更多地投向共同配送、连锁配送以及鲜活农产品配送等物流服务领域；引导跨国公司设立采购、营销等功能性区域中心，更好地与国内市场有效对接。

## 五、促进福建省商贸流通业健康发展的政策建议

### （一）以新业态、新模式引领新型消费加快发展

#### 1. 加快零售业创新转型

尽管疫情改变了消费者的部分生活方式与消费习惯，但注重体验与追求个性化依旧是不变的主题。零售企业应回归市场本质，洞察用户需求，展开主动而积极的变革。加快零售创新转型，鼓励实体零售企业数字化转型，鼓励电商平台创新服务模式，加快线上线下融合。加快以5G网络和数据中心为重点的新一代信息基础设施建设，努力推进信息服务全覆盖，推动发展沉浸式、体验式消费，促进

消费新业态、新模式、新场景普及应用。

2. 加强对新型租赁市场的管理

近几年大众消费结构升级，共享理念深入人心，新型租赁应运而生。租赁标的范围不断扩大，市场渗透率还不高，具有较大发展潜力。通过建立更加完善的监管体制，扩大市场消费。首先，保证物品流转过程中的安全卫生，应对不同类型的租赁标的制定具体的消毒措施，相应的消毒措施对消费者公开。其次，个人征信系统对于以信用代替押金的新型租赁行业意义重大，民间个人征信系统急需被完善。最后，加强对租赁平台的监管，政府应建立行业准入标准及监管措施。

3. 刺激文旅消费

可以通过举办系列活动、拓展空间领域、进行消费补贴等一系列新举措刺激文旅消费。如可以利用福建独特的传统节庆活动、闽南地区的中秋博饼活动等，大力发展传统节庆、民俗文化消费。此外，积极拓展文化消费广度和深度，注重利用新技术发掘中华文化宝贵资源，由政府牵头，鼓励文创产品的开发与经营，促进文旅产业数字化、网络化、智能化发展。出台财政补贴政策、鼓励创新创业等措施，推动文化旅游与数字经济深度融合，加强新型基础设施建设，不断融入数字经济发展大格局。

## （二）通过高质量"一带一路"倡议发展本地经济

1. 继续发展中欧（厦门）班列

"一带一路"倡议合作的大多数国家在经济结构、经济发展水平等方面比中国更低一个层级，因此形成了很好的梯度优势。在"一带一路"倡议中，厦门是"21世纪海上丝绸之路"战略支点城市和中国四大国际航运中心之一。目前正处于全球经济深入调整的时期，在部分国家开放政策有所缩减的前提下2020年上半年中欧（厦门）班列有逆势增长的发展趋势。政府要抓住契机，通过便利化投资贸易手续和完善法治保障等方式，鼓励市场主体的发展壮大，发展政府搭台、企业唱戏、分工合作、市场主导的强化型市场。同时进一步发挥多式联运监管中心的作用，通过多式联运延伸服务我国台湾地区、东南亚地区，推进与东盟国家物流对接，实现"一带"与"一路"无缝对接。

2. 进一步推进自由贸易试验区开放创新

自由贸易试验区是链接"双循环"的重要平台和关键节点，自贸区的发展应同时注重制度创新和技术创新。在技术创新方面，促进创新成果和产业链精准对接，如强化追溯技术在全产业链中的应用，使农产品能够满足消费者对卫生安全方面的需求的同时提升产业价值。在制度创新方面，大力推进自由贸易试验区投资和贸易的自由化和便利化，特别是实现贸易自由、投资自由、资金自由、人员从业自由、运输自由五个自由。贸易自由即在精准监管的制度下，简化海关部门对产品的检查手续，在做大做强原有在岸贸易和转口贸易的基础上，发展离岸贸易；投资自由即缩减外商投资负面清单，除重点产业外，不限制外商出资占比限制；资金自由即扩大融资自由，提升汇兑便捷，发展离岸金融；人员从业自由即打破签证壁垒，让劳动力可以自由流通；运输自由即发挥沿海优势，物流运输方面大力推进应通尽通、能通快通，加大数字技术在铁路运输、航空运输、多式联运等方面的应用。此外，还可以通过积极申请全国跨境电商试点城市、向中央申请税收相关政策支持、创新支付结算制度等方式，让自由贸易试验区实现真正的自由贸易。

3. 搭建"网上丝绸之路"

在"一带一路"倡议下跨境电商有了更多的发展机遇，要转变传统外贸发展方式，通过税收优惠吸引电商企业加入福建。同时完善监管体系，出台针对跨境电商的具体法律法规，规范市场秩序，保障福建省外贸企业及消费者的权益。同时还要培养适应跨境电商的复合型人才，出台相关的人才引进计划，发展壮大专业人员的队伍。

### (三) 鼓励企业创新发展

1. 通过财政干预鼓励企业研发创新

由于存在外部经济，即创新成果的收益并不能完全由研发企业获得，导致影响企业创新积极性。这就需要政府通过财政干预鼓励企业研发创新，以降低企业创新的融资约束、创新风险等。但研究表明，税收优惠不仅不一定产生直接效果，甚至会通过挤出效应而削弱企业创新的能力。因此政府应该加强对享受所得税优惠的大中型制造业企业创新绩效的了解，要求企业每年年末提交相关创新绩效评定结果，并进行审核。此外，还可以通过出台相关政策鼓励企业吸纳更多的科研创新人才。

2. 建立和完善品牌培育机制，优化营商环境

积极推动建立商贸流通领域品牌联盟，培育和发展一批具有自主知识产权、品牌优势明显、市场影响力强的福建知名品牌和特色品牌。对于获得专利认证及标准化认证的企业给予政策方面的补贴。

3. 鼓励传统品牌创新

在保护传统老字号品牌的同时，鼓励老字号做新创新。目前大数据正在深刻改变企业生产经营管理和人们的日常生活，以顾客需求为导向的价值创造模式竞争优势日益显著。掌握数据背后的规律，依托大数据进行资源整合，提高管理效率，通过发展大数据精准营销解决传统营销同质化、门槛低的问题，向消费者提

供个性化产品和服务。

### （四）鼓励物流业高质量发展

#### 1. 鼓励企业进行技术创新

物流技术革新能够推动物流服务升级，使物流行业的运营管理更加便捷，也可以使消费者获得更加方便快捷的购物体验。政府应鼓励物流企业与高等院校、科研机构进行合作，实现物流系统的产学研联动效应。

#### 2. 编制城市物流业规划

要把物流业规划纳入城市整体发展规划中，列入专项规划管理，加强对物流业高质量发展的系统谋划。为了更好地解决城市物流业发展跨部门、跨领域的特点，要将地方人民政府作为物流业规划的主管单位，并由发改、交通、住建、商务等相关部门参与，共同编制城市物流业规划。

#### 3. 发展新型物流业市场

目前物流业价值链在逐渐上升，从环节外包转变成整条链外包。政府应鼓励物流企业将部分子业务外包给第三方物流企业，促进企业内部物流社会化，也使其功能结构更加完善。此外，还要完善相关法律法规及信用体系，让新型物流业市场更加规范，使其有法可依，避免新兴产业环节的疏漏，为其建设更法制化的运营环境。

#### 4. 构建城乡一体化的物流服务体系

在新型城镇化的背景下发展现代物流业，构建城乡一体化的物流服务体系。促进同城配送、次日达等新模式的发展，推动形成集约高效的城乡物流组织链条。实现城市与乡村的有效沟通，加快推进农村物流现代化，形成衔接有效、往返互动的双向流通网络体系。加大配送中心在乡村的渗透率，将配送终端真正深入乡村家家户户。


# 第五节　文化体育业发展研究报告


文化体育产业作为现代服务业的重要组成部分，其发展状况如何直接关系广大群众的身体健康和精神文明建设。福建省文化体育产业发展态势良好，产业结构逐渐优化，产业融合加快，产业布局趋于合理。本节将在福建省文化体育产业发展回顾、文化体育产业发展中存在的问题及面临的挑战、发展趋势、发展重点等基础上进行分析，最后对更好地推进福建省文化体育产业高质量发展提出若干建议。

# 一、2016~2020 年福建省文化体育业发展总体情况

## （一）2016~2019 年福建省文化体育业发展回顾

### 1. 总体发展情况

2016~2019 年，福建省文化、体育和娱乐业增加值整体呈现波动增长。具体来看，2016 年福建省文化、体育和娱乐业实现增加值 367.6 亿元，占第三产业比重为 2.99%，占 GDP 比重为 1.29%。2017 年文化、体育和娱乐业实现增加值 533.68 亿元，相比 2016 年增长 45.18%，占第三产业比重由 2016 年的 2.99% 上升至 3.65%，占 GDP 比重上升至 1.66%。而到 2018 年福建省文化、体育和娱乐业增加值出现了较大幅度下降，从 2017 年的 533.68 亿元下降为 293.13%，占第三产业比重下降至 1.68%，占 GDP 比重也由 2017 年的 1.66% 下降至 0.76%。

2019 年福建省文化体育和娱乐业获得较快发展，产值规模进一步扩大，实现增加值 334.13 亿元，相比于 2018 年的 293.13 亿元增长 13.99%，高于同期全省经济增长率（如表 3-10 所示）。从文化、体育和娱乐业增加值占地区生产总值比重来看，2019 年文化、体育和娱乐业占全省地区生产总值比重为 0.79%，而 2018 年这一指标值为 0.76%[①]。

表 3-10　2016~2019 年福建省文化、体育和娱乐业增加值及其占比

| 年份 | 文化、体育和娱乐业增加值（亿元） | 第三产业增加值（亿元） | 地区生产总值（亿元） | 文化体育和娱乐业增加值占第三产业比重（%） | 文化体育和娱乐业占 GDP 比重（%） |
|---|---|---|---|---|---|
| 2016 | 367.6 | 12310.97 | 28519.15 | 2.99 | 1.29 |
| 2017 | 533.68 | 14612.67 | 32182.09 | 3.65 | 1.66 |
| 2018 | 293.13 | 17461 | 38687.77 | 1.68 | 0.76 |
| 2019 | 334.13 | 19217.03 | 42395 | 1.74 | 0.79 |

2016~2019 年，福建省文化、体育和娱乐业吸纳就业能力快速上升，具体来看，2016 年福建省拥有文化、体育和娱乐业法人单位数 12883 个，占全省法人单位数的 1.71%，吸纳就业人数 14.83 万人，占到全省总就业人数的 0.82%，到

---

[①]　资料来源：《福建统计年鉴 2018》《福建统计年鉴 2020》。

2019年福建省文化、体育和娱乐业拥有法人单位数25113个，相比于2016年增长94.93%，占到全省法人单位数的2.66%，相比于2016年增长0.95个百分点，吸纳就业人数20.32万人，相比2016年增加5.49万人，增长37.02%。

2. 分行业分析

（1）新闻和出版业。新闻和出版业为福建省传统优势产业，但近年来法人单位数及吸纳的就业人数有所下降。具体而言，2016年福建省新闻和出版业拥有法人单位数359个，吸纳就业人数0.89万人，而到2019年新闻和出版业拥有法人单位数下降为335个，吸纳就业人数下降为0.74万人（如表3-11所示）。从图书出版情况来看，2016年图书出版总印数为9709万册，出版图书4154种，2019年图书出版总印数增加为14385万册，相比于2016年增加4676万册，出版图书4587种，相比于2016年增加433种。从书刊报纸出版情况来看，2016年出版期刊4215万份，出版报纸90608万份，到2019年出版期刊总印数下降至2159万份，报纸出版总印数下降至73810万份。从电子出版物出版情况来看，2016年出版录音制品32种，出版录音制品9.6万张，到2019年出版的录音制品下降为29种，数量下降至7.87万张，录像制品也从2016年的42种、7.43万张下降为2019年的32种、5.87万张，电子出版物从2016年的52种、21.33万张下降为2019年的26种、8.55万张。因此，整体来看，过去五年间福建省新闻和出版业整体呈现出逐渐萎缩态势。

表3-11 2016年、2019年福建省文化、体育和娱乐业法人单位和从业人员

| 项目 | 法人单位数（个） | | | 从业人员数（万人） | | |
|---|---|---|---|---|---|---|
| | 2016年 | 2019年 | 年增长率（%） | 2016年 | 2019年 | 增长率（%） |
| 文化、体育和娱乐业 | 12883 | 25113 | 23.73 | 14.83 | 20.32 | 9.25 |
| 新闻和出版业 | 359 | 335 | -1.67 | 0.89 | 0.74 | -4.21 |
| 广播、电视、电影和影视录音制作业 | 1112 | 2980 | 41.99 | 2.08 | 2.84 | 9.13 |
| 文化艺术业 | 4897 | 8710 | 19.46 | 4.48 | 5.88 | 7.81 |
| 体育 | 1629 | 3163 | 23.54 | 1.83 | 2.53 | 9.56 |
| 娱乐业 | 4886 | 9925 | 25.78 | 5.56 | 8.33 | 12.45 |

（2）广播、电视、电影和影视录音制作业。广播、电视、电影和影视录音制作业近年来呈现稳步发展势头。从法人单位数和吸纳就业人数来看，2016年福建省广播、电视、电影和影视录音制作业拥有法人单位数1112个，吸纳就业人数

2.08 万人，到 2019 年广播、电视、电影和影视录音制作业拥有法人单位数上升为 2980 个，吸纳就业人数增长至 2.84 万人。2016 年福建省全年实现广播电视总收入 105.8 亿元，广告收入 17.4 亿元，广播广告收入 3.74 亿元，电视广告收入 10.77 亿元，实现网络收入 28.87 亿元，广播电视节目销售收入 3.73 亿元。2019 年，福建省全年实现广播电视总收入增长至 162.79 亿元，增长 53.86%。实现广告收入 21.86 亿元，增长 25.63%。广播广告及电视广告收入整体保持稳定，2019 年实现广播广告收入 2.83 亿元，实现电视广告收入 10.98 亿元。网络和广播电视广告收入稳步增长，2019 年实现网络收入 35.40 亿元，实现广播电视节目销售收入 4.28 亿元。

（3）文化艺术业。文化艺术业发展迅速，呈现繁荣景象。2016 年福建省文化艺术业拥有法人单位数 4897 个，吸纳就业人数 4.48 万人，到 2019 年文化艺术业拥有法人单位数上升为 8710 个，吸纳就业人数增长至 5.88 万人。2016 年全省从事艺术表演团体数 70 个，从事艺术表演人数 3657 人，新排上演剧目 84 个，实现演出场次达 11.07 千场次，演出观众人数 7714 千人次，艺术表演团体实现演出收入 5644.3 万元。2019 年全省从事艺术表演团体数增长至 453 个，相比于 2016 年增长 6.47 倍，从事艺术表演人数上升至 13404 人，增长 3.66 倍，新排上演剧目 93 个，相比于 2016 年增长 1.10 倍，实现演出场次达 86.67 千场次，增长 7.82 倍，演出观众人数达 42989 千人次，增长 5.57 倍，艺术表演团体实现演出收入增长至 47139.4 万元，增长 8.35 倍。

（4）体育业。体育业发展态势良好。从法人单位数及吸纳就业能力来看，2016 年福建省体育业拥有法人单位数 1629 个，吸纳就业人数 1.83 万人，到 2019 年体育业拥有法人单位数增长为 3163 个，吸纳就业人数增长至 2.53 万人。从运动员人数及获得比赛奖牌情况来看，均出现了较大增长，2016 年当年在聘技术等级运动员人数为 1544 人，2019 年增长至 2161 人。2016 年福建省运动员获得世界级奖牌数 12 个、亚洲比赛奖牌数 24 个、全国比赛奖牌数 97 个，2019 年福建省运动员获得世界级奖牌数量增至 20 个，亚洲比赛奖牌数增至 28 个，全国比赛奖牌数下降为 93 个。说明福建省运动员参与高等级比赛竞技能力明显增强。另外，2019 年福建省国家级体育产业基地 4 项、省级体育产业示范基地 2 项、特色基地 1 项、示范单位 13 项、示范项目 11 项。全年销售体育彩票 91.54 亿元。初步形成了以体育场馆为依托，体育健身、竞赛表演、体育旅游、体育中介和培训市场初步发展的体育服务业结构体系。根据福建省体育局提供的数据，"十三五"期间全省体育产业年均增速达到 48%，高出全省经济平均增长率约 37 个百分点，比第三产业增长值年均增长率高出约 37 个百分点，成为服务业发展的一大亮点。

（5）娱乐业。娱乐业发展迅猛，增长势头强劲。从法人单位数和吸纳就业能力来看，2016年福建省娱乐业拥有法人单位数4886个，吸纳就业人数5.56万人，到2019年娱乐业法人单位数增长为9925个，吸纳就业人数增长为8.33万人。2019年实现电影票房642.66亿元，近五年实现年均增长5.4%[①]。就业吸纳能力大幅提升，增收能力明显增强。

## （二）2020年1~9月文化体育业发展基本情况

2020年福建省文化产业延续良好的发展势头。2020年1~9月福建省文化、体育和娱乐业的固定资产同比增长11.4%。工艺美术、体育服务等分行业发展频现亮点。福建省莆仙戏剧院创作演出的莆仙戏《踏伞行》成功入选2020年度全国舞台艺术重点创作剧目名录（全国25部）、国家舞台艺术精品创作扶持工程重点扶持剧目（全国仅10部）。农民漆画成为福建响亮的文化品牌和文化名片。国家艺术基金将中国农民漆画展列入传播交流推广资助项目，以"中国文化，中国精神，中国表达，中国形象"为主题的展览亮相澳大利亚悉尼，向世界描绘锦绣中国。8月，中国三人篮球国家队集训赛在上海收官，福建男队拔得头筹。9月，蕉城滑雪场开工建设，是福建省首个室内滑雪场，可同时容纳1000人滑雪和娱雪，并能带动当地"冰雪赛事""冰雪培训"和"冰雪旅游"等冰雪产业快速发展。

近年来，福建省坚持把发展体育产业作为体育强省建设和健康福建建设的重要举措，体育产业规模不断扩大，质量不断提升，产业集聚进一步加强。福建省出台的《实施一二三产业"百千"增产增效行动方案》中指出应推动体育培训业开发"体育+互联网"生态体系，发展在线健身培训服务、个性化定制培训服务等增值服务产品。推动体育用品制造企业扩展服务业项目。积极打造新的一批全国性体育旅游目的地和精品线路。

产业融合项目不断涌现。8月15日，由中国帆船帆板运动协会主办的2020年全国青少年帆船联赛第二站比赛在福建厦门同安湾水域开赛。该地凭借厦门海岸线蜿蜒曲折、港阔水深，终年不冻，是条件优越海峡性的天然良港，在充分展示了厦门多样化的地形和秀美风景的同时，体现出了参赛运动员的实力和耐力，实现了体育运动与旅游景观的完美结合。1月5日，厦门马拉松赛鸣枪开赛。共有来自41个国家和地区的3万多名选手参赛。比赛旨在延续"跑步爱上一座城"赛事主题。厦门马拉松是中国境内首个获评"绿色马拉松"赛事，多年来在马拉松赛事中的优秀环保举措被国际路跑协会（AIMS）授予"绿色马拉松"（AIMS Green Award）称号，这也是目前全国唯一获评赛事。厦门马拉松成功举办，将会让更多

---

① 资料来源：国家电影局。

的新思想、新创意、新体验、新市场在这里生根发芽、开花结果，让更多人看见厦门时尚现代的城市形象，感受厦门活力青春的城市气质，高质量推进世界马拉松赛事，为厦门国际时尚城贡献体育时尚力量。

## 二、福建省文化体育业发展存在的突出问题及面临的挑战

### (一) 产业规模较小，产业竞争力有待提升

福建省文化体育产业近年来获得较快发展，但产业规模依然较小，产业竞争力不强，尚未成为福建省支柱产业。主要体现为文化体育产业增加值占全省的GDP 比重依然较低，例如，2019 年文化、体育和娱乐业增加值占 GDP 比重仅为0.79%，文化体育产业就业带动能力依然较弱；又如，2019 年文化、体育和娱乐业就业数 20.32 万人，仅占到全省总就业数的 1.13%，有很大的提升空间，且相比于沿海其他发达省份，文化体育产业竞争力较弱。与浙江、广东等相邻省份比较来看，2019 年浙江省文化、体育和娱乐业法人单位数为 42741 个，从业人数为32.35 万人，2018 年实现增加值 468.79 亿元。2019 年广东省文化、体育和娱乐业法人单位数为 63415 个，从业人数为 13.41 万人，而 2019 年福建省文化、体育和娱乐业法人单位数仅为 25113 个，从业人员数为 20.32 万人，实现增加值 334.13亿元，明显低于相邻的广东省和浙江省。

### (二) 区域发展不平衡，区域融合发展有待加强

目前，福建省文化体育产业发展区域不平衡性较为明显，从法人单位数的城市分布来看，2019 年福州市文化、体育和娱乐业拥有法人单位数 5158 个，占全省比重为 20.54%，厦门市文化、体育和娱乐业拥有法人单位数 6518 个，占全省比重为 25.95%，泉州市文化、体育和娱乐业拥有法人单位数为 5749 个，占全省比重为 22.89%。从法人单位数来看，福州、厦门和泉州三市占到全省的 69.38%（如图 3-22 所示），而其他 6 个城市仅占到全省份额的 30.61%。从图 3-22 所展示的 2018 年文化、体育和娱乐业从业人数的城市分布来看，福州市占比最高，2018 年福州市文化、体育和娱乐业从业人数为 15067 人，占到全省的 34.89%，其次是厦门市，从业人数为 10361 人，占到全省的 23.99%，排名第三的是泉州市，从业人员数为 4361 人，占到全省的 10.10%。从从业人数占比来看，福州、厦门和泉州三市占到全省的 68.97%，表现出较为明显的区域发展差距。

### (三) 专业技术人才不足，人才政策有待加强

发展文化体育产业人才是关键，目前福建省文化体育产业不仅人才总量上有

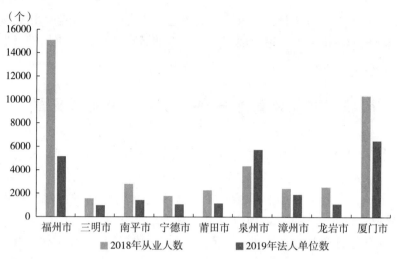

（个）

图 3-22　福建省文化、体育和娱乐业法人单位数和就业数城市分布情况

待进一步提高，高层次人才短缺，人才分布结构失衡也十分明显。仅从全省体制内文化领域人才总量及结构上就可见一斑。目前，全省体制内文化从业人员总数仅为 8010 人，其中专业技术人员数为 5624 人，在文化专业技术人员中，高级职称人员 850 人，占到专业技术人员总数的 15.11%，中级职称人员 2335 人，占到专业技术人员总数的 41.52%，从学历结构来看，研究生学历以上仅有 401 人，仅占到人员总数的 5%，专业技术人员中，研究生以上学历 255 人，占专业技术人员总数的 4.53%。从专业分布来看，艺术类 2912 人，占到人员总数的 36.35%，专业技术人员集中于艺术类，为 2601 人，占专业技术人员总数的 46.26%。虽然近年来福建省为吸纳优秀人才来本省工作制定了不少的人才政策，如《福建省高层次人才认定和支持办法（试行）》《福建省产业领军团队遴选和支持办法（试行）》等，由于其他省份也制定了具有竞争力的高层次人才支持办法，目前福建省人才政策的效果如何有待观察，但要缓解专业人才，特别是高层次人才不足的局面，福建省在人才政策上还需要进一步加强。

## （四）传统商业模式面临淘汰，亟须加强创新发展

移动互联网、智能便携终端、人工智能及大数据、云计算等技术的出现给文化产业的商业模式带来巨大挑战。传统媒体的技术优势丧失，信息传播的技术门槛降低，如自媒体的出现使人们可以便捷地与世界联系，分享生活和故事，人们获取新闻消息的途径更为多元化，传统新闻渠道垄断被打破，抖音的崛起就是一个具有代表性的例子。传统的广播电视产业亟须主动向新媒体领域拓展，并积极寻求商业模式的创新，如从以广告为主导向多元化创收转变、从少量大额到大量

小额转变等。在出版领域,数字时代的来临使出版产业链各环节都亟须变革,从原创端、出版端到最终的零售端,都需要根据数字时代的冲击,调整自身的定位和盈利模式。

## 三、福建省文化体育业发展趋势

### (一) 文化体育业将为福建省实现"双循环"发展提供重要支撑

"十三五"时期,福建省经济发展不仅实现了"量"的扩张,同时也实现了"质"的跃升,在经济呈现较为高速增长的同时,居民收入稳步增长,人民群众的可获得性不断增强。这也使福建省群众对文化、体育的消费需求快速上升,这将使文化体育产业迎来新的发展空间。

要实现"双循环"发展新格局,拉动消费是其中的重要一环,而作为服务消费的重要领域,文化体育业的发展将为福建省实施"双循环"发展提供重要支撑。一方面,在消费需求的拉动下,影视、动漫、数字内容、文化旅游等领域消费热点不断涌现,文化市场规模将呈现爆发式增长;另一方面,伴随着供给侧结构性改革的不断深入、科技革命和数字革命的不断发展和"健康中国"战略的逐步实施,福建省体育需求将从低水平、单一化向多层次、多元化扩展,体育产业将从追求规模向提高质量和提升竞争力扩展,体育产业必将迎来重大战略机遇。

### (二) 文化体育产业将实现结构调整和融合发展

文化体育产业将实现结构调整和融合发展。从市场结构来看,随着文化体制改革的深入推进,在市场调节和政府推动的合力下,由事业单位向企业单位转制后的国有文化体育类企业集团市场竞争活力将明显增强,随着准入的放宽,民间资本将更多地进入文化体育产业领域,从而将诞生一批跨地区、跨行业、跨所有制的文化体育集团企业,市场结构更为集中,大型文化、体育集团企业将成为文化体育市场的主导力量,这将使文化体育产品供应更为充足和多样化,有助于繁荣文化和体育事业。从行业结构来看,文化体育产业中的新兴产业快速成长,这将促进福建省文化体育产业整体结构的优化,近年来福建省以新媒体为依托整合资源、拓展新兴文化产业链,利用互联网信息技术打造新兴主流媒体,融合发展数字报刊、网络媒体、移动媒体、电子商务、电信增值、户外视频、动漫游戏、广播、电视等媒体形式,加快拓展新媒体、新业态,以新业态经营全媒体业务,打造完整的产业链条。这些措施势必将引领文化产业结构向高级化攀升。从空间结构来看,目前文化体育业呈现较为明显的区域失衡特征,但是随着福建省内区域融合进程的加快，文化体育业的区域融合发展也将进入"快车道"。

### （三）新技术、新业态将重塑福建省文化体育产业

信息技术的突破和运用，催生了各类以网络为载体、以数字内容为特征的新兴文化业态，传统文化产业将进一步向新兴文化产业进军，不同产业间的融合，特别是金融资本与产业资本的融合及信息设备制造业、软件开发业与信息服务业之间的融合等将在未来几年中在福建省文化产业中日益显现出来，文化产业投资主体多元化政策将进一步引导社会资本和国际资本投向与文化产业密切相关的信息业、咨询业、广告业和旅游业，产业资本结构的这种变动将给文化产业上游产品和下游产品及其他产品的开发带来巨大的扩张空间，但与此同时，高技术运用的新业态的不断出现也加剧了文化产业内部不同渠道间的竞争，传统文化产业生存压力不断加大。技术创新也给传统的体育产业，特别是体育产品制造带来深远影响，体育产品的科技含量不断提高，产业链和价值链的延伸将推动传统体育产业实现转型升级，因此新技术、新业态的发展将重塑福建省文化体育产业。

### （四）"海丝"核心区建设将加快福建文化体育业"走出去"步伐

作为海外侨胞和港澳台同胞的主要祖籍地，福建省文化资源十分丰富、底蕴深厚、特色十分明显，比如闽南文化、客家文化、妈祖文化、红土地文化、船政文化、畲族文化、朱子文化等，都是中华优秀文化的重要组成部分。随着福建省成为"海丝"核心区，福建省与丝绸之路国家文化交流日益增多，福建省文化体育产品"走出去"步伐将进一步加快，文化体育产业发展将迎来重要的战略机遇期。另外，随着"海丝"核心区建设的推进，闽台文化体育业的交流合作将进一步深化，有助于增进两岸同胞的情谊与共同利益，促进两岸关系和平发展。随着"海丝"核心区建设的推进，福建与东盟国家之间的经济文化联系将更为紧密，将有利于打造带动腹地发展的海上合作支点，为实现共同繁荣发展做出贡献。未来几年，福建省的文化产品输出、文化对外交流活动将日益频繁，福建省文化体育企业集团到海外参与兼并、收购及合作等机会将进一步增多，福建文化在海外的影响力将进一步增强。

## 四、福建省文化体育业发展重点

### （一）新闻出版业

新闻出版业的发展重点在于推动其实现数字化转型。结合福建省实际情况，推动文化产品和服务的生产、传播、消费的数字化、网络化进程，强化文化对信

息产业的支撑、创意和设计提升，加快培育双向深度融合的新型业态。一是加快发展数字内容产业。大力发展数字出版、在线教育、在线办公、网络文学、文化创意、移动多媒体等新兴业态，推动传统的新闻出版业与互联网新兴业态深度融合，形成"互联网+"模式。二是加强内容数据库和用书数据库建设和开发利用。以内容产业为基础进行深度开发，拓展衍生产品销售、版权贸易。三是要发展壮大福建省报刊、出版传媒集团和龙头企业。增强龙头企业的带动作用，要重点支持福建日报社（报业集团）和海峡出版发行集团改革创新、多元化发展，同时要积极引进国内大型传媒企业在闽设立集团总部或区域总部，对于在福建省设立集团总部或区域总部的文化企业，应该给予税收财政上的支持。四是要支持技术革新，设立专项基金支持和引导印刷企业开展设备更新、技术革新和产品创新，积极发展绿色印刷、数字印刷、智能印刷、创意印刷等新业态。五是加强版权保护。加强版权登记、保护和应用开发，充分发挥国家海峡版权交易中心平台作用，积极发展一批全省版权示范基地。六是继续推动实体书店转型升级和开展多元化经营，继续引导和支持实体书店探索体验式阅读服务和网上书店等多元化经营。

### （二）广播影视业

广播影视业要以推动内容生产为核心的全产业链发展为重点，确立在全国影视产业中的地位，借助"金鸡奖"落户厦门的契机，将广播影视业打造成为福建省文化产业发展的重要增长点。一是要着力提升影视产品的制作水准，加大对影视产品原创生产的引导扶持，发挥福建省影视制作机构快速增长、影视产业园不断增多的优势，重点抓好电影、电视、纪录片、网络剧等影视精品的创作生产，打响一批大型综艺节目新品牌，实现影视内容生产由数量增长向质量提升转变。要加快培育一批参与国际市场竞争的影视产品制作经营主体，扶持一批富有活力和较强竞争力的成长型、创新型中小影视制作企业，加大力度引进一批国内外高新技术团队和人才，打造一批具有福建特色的文化科技企业，提升全省的影视制作水平。二是要推动广电网络融合发展。加快推进下一代广播电视网建设和标准应用，提升广播影视立体化传播能力和智能化服务水平。推动广播电视全媒体网络化制播技术与移动互联网、云计算、大数据、社交媒体等新一代技术的融合创新，面向标清、高清、超高清和3D等电视终端、互联网终端和手机移动终端等多种网络传输应用，加快构建全媒体融合制播平台，积极发展虚拟现实、增强现实等新兴业务。三是要健全影视产业链。推动福建影视文化创意产业园、集美影视文创园、海峡两岸影视制作（漳州）基地、惠安闽台文化创意园、平潭影视基地、浦城梦笔影视文化园等影视基地和影视文化园等实现错位发展、优势互补，增强影视产品创意策划、展示交易、后期制作及国际合作功能，鼓励通过资本纽带增强发展合力，推动影视产业与旅游、时尚等相关产业融合渗透，加强影视产品的多重市场开发。

### （三）动漫游戏业

做大做强动漫游戏产业，以内容创新为核心，推动动漫游戏业产业链上、下游深度对接，打造全国领先的以动漫游戏为特色的数字娱乐基地和国内有重要影响力的动漫游戏产业中心。一是要以动漫园区为依托，打造动漫原创企业集群，建立动漫研发和创新示范基地，充分发挥龙头企业的带动作用，培育中小动漫企业，推动其快速成长，推进动漫拍摄、后期制作技术变革创新，加快创作优秀原创动画作品，推进动漫内容创作、形象设计、音乐创作、节目制作和版权交易发展。二是要强化对福建省动漫游戏产业的知识产权保护，提升对内容创作、素材资源库管理，产品交易、渠道发行与版权保护的服务能力和水平，推动行业高标准化发展。重点支持具有民族文化特色的原创游戏产品。三是要加快动漫游戏衍生产品的开发，促进电子信息产业与动漫游戏业的深度融合，加大力度支持数字高新技术和三维动画电影技术的研发推广，培育一大批动漫游戏衍生产品的设计研发企业。

### （四）体育业

体育业要以推动体育用品制造业转型升级为重点。一是要加快体育用品传统制造向智能化制造转型。要大力支持体育用品龙头企业争创国家级、省级、市级技术中心，发展形成以企业为主体的创新体系。支持全省各地区加快智能制造专业园区，支持企业开展生产线自动化和智能化改造，大力推广应用智能技术和装备，开发和生产智能体育产品，形成若干个拥有较强创新能力和市场竞争力的优势品牌，支持企业推进智能制造平台建设。二是要加快推进体育科技创新。要加大力度支持体育用品制造企业与高校、科研院所的合作，加强高端面料和功能性设计等关键技术攻关，提高体育用品制造产业的核心竞争力。加大力度支持体育用品龙头企业共建开发共享、多方参与和产学研用协同创新的公共创新平台，围绕新的消费需求，支持各地建设一批高水平的产品设计创新中心、孵化中心、技术交易中心和检测中心等公共服务平台。三是要推进体育制造业的服务化。鼓励体育用品制造业建立或引进体育运营机构、中介服务机构、专业服务机构和体育社会组织，加快服务模式创新、技术创新和管理创新，形成"制造+服务"发展模式，推进体育用品制作业与服务的深度融合。

### （五）演艺娱乐业

演艺娱乐业要充分发挥福建省文化资源优势，把握大众文化消费升级需求，大力发展演艺文艺，要充分利用"金鸡电影节"落户厦门的机遇，大力发展文化演艺、文化旅游和文化体育，推动文化休闲娱乐产业迈向高质量发展。一是要做大文化演艺。要推进全省国有文艺院团改革，加大对民营院团的扶持力度，培育多元化市场主体。强化文化演艺与科技、旅游的深度融合，大幅提升福建省优秀演艺产品的市场影响力，推动演艺市场向多元化、品牌化发展，形成一批精品演艺节目。二是要做精文化旅游。加快文化与旅游的整合发展，逐步构建主题突出、特色鲜明、产业联动的文化旅游产业发展新格局，要加快发展具有福建特色的文化旅游，培育壮大文化旅游经营主体，积极引导有实力的大企业、大集团参与文化旅游示范区和非物质文化遗产等旅游景区的建设运营，强化精品意识和品牌意识。三是要做强文化体育。要创新体育产品和服务，大力发展体育传媒、体育影视、体育动漫、电子竞技等体育文创产业，规划建设一批体育创意产业园和体育文创产业园集聚区。推动闽台两岸演艺企业交流合作，打造优质演出剧目，推动设立闽台两岸演艺中心。进一步打好武夷山"双世遗"品牌，提升福建土楼、莆田妈祖、马尾船政、福州三坊七巷、闽南文化生态保护实验区等历史文化资源的保护开发，将福建文化元素融入演艺娱乐，丰富演艺娱乐文化内涵。

## （六）工艺美术业

以推动工艺美术业升级为核心，振兴历史经典产业和工艺美术品制造业。加强非物质文化遗产保护与生产技术的研发，加大对非物质文化遗产项目代表性传承人和民间文化艺术团体的扶持力度，推动历史文化遗产抢救性保护成果的利用和传播，鼓励文化文物单位加强文化创意产品开发。切实发挥龙头企业和行业协会的作用，加强名企名品名家培育，通过建立产业发展联盟等方式。不断激发产业发展内生动力。通过文化嫁接拓展衍生品制造，推动艺术品与日用品、旅游产品的有机融合，主动适应大众消费的新特点，深入挖掘文化内涵，提供个性化定制服务。充分挖掘和利用福建本土文化资源优势，打造一批具有鲜明产业特色和独特风格的集设计制作、旅游购物为一体的特色小镇。推动福建省工艺美术业发展，必须加强工艺非物质文化遗产保护性开发，推动传统现代艺术设计产业转型升级。提升工艺技术自主研发能力和科技创新水平，提升德化陶瓷、福州漆艺、仙游古典工艺等一批行业技术机构的研发水平和创新服务能力。支持省创意中心建设，加快传统工艺美术与创意产业、电子商务的融合发展。推动福州寿山石和漆器等专业产品市场发展，做强做优德化陶瓷园、惠安崇武石雕园、中国古典工艺博览城、宁德工艺博览城、上杭黄金珠宝及铜文化创意产业园等园区，打造一批在全国具有响力的工艺美术展览展示、交易贸易平台。

## 五、促进福建省文化体育业健康发展的政策建议

### （一）深化体制改革，培育多元化市场主体

要继续推进国有经营性单位改革。推进全省重点国有文化企业公司股份制改造，推动出版、发行、影视、新闻网站、已改制非时政类报刊等进一步完善公司法人治理结构，形成现代企业制度。推动国有文化企业跨地区、跨行业、跨国有制兼并重组，培育一批具有全国影响力的文化企业集团，鼓励上市国有文化企业开展股权激励试点，进一步激发企业活力。推进文化事业单位内部体制改革。按照国家关于事业单位分类改革的总体部署，明确不同事业单位功能定位，建立法人治理结构，推动图书馆、博物馆、科技馆等公共文化机构组建理事会，吸纳有关方面代表、专业人士和各界群众参与管理和监督，继续深化文化事业单位的制度改革，强化文化服务功能。大力扶持民营文化企业发展，落实鼓励民间资本进入文化领域政策，引导社会资本投资、新办文化企业，加大对中小文化企业的扶持力度，鼓励文化企业依托电子商务、第三方支付平台拓展经营领域，利用互联网创业平台、交易平台等载体拓展发展渠道，支持文化企业集团形成特色文化产业集群。

### （二）加大政策扶持力度，完善政策体系

完善投融资政策体系。支持组建福建省文化体育产业投资基金，鼓励社会资本参与，逐步扩大基金规模，大力吸引社会资本投资文化产业，鼓励在福建省设立辐射闽台甚至是东南亚的文化体育产业分支机构，鼓励文化体育产业创新创业，积极引进和对接各类风险投资机构，加大对民营文化体育企业的扶持力度。完善配套政策，要整合福建省文化体育经济政策，继续在用地、高端人才引进等方面加大扶持力度，加大对重大文化体育产业项目的用地倾斜力度，鼓励闲置的工业厂房、仓储用房、老旧建筑等存量资源兴办文化体育创意项目。切实落实现行国家支持文化体育产业发展的税费价格、规划布局与土地政策，加大对政策执行的跟踪分析与监督检查。进一步与有关部门合作，研究推进文化体育产业发展的各项政策措施，完善文化体育产业政策体系。推动社会广泛关注的赛事转播、安保服务、场馆开放和产业统计等政策创新。完善对竞赛表演、健身休闲等市场的引导政策以及高危险性体育项目的监管政策。

### （三）完善宏观管理体制，加强市场监管

完善宏观管理体制。按照政企分开、政事分开原则，推动政府由"办文化"

到"管文化"转变，推动有关部门与其所属文化体育企事业单位进一步理顺关系，赋予企事业单位更多的法人自主权。继续推进政府职能转变，加快文化体育领域审批制度改革，整合相关部门资源形成合力。加强市场监管力度，加快推进文化体育法制建设，巩固深化文化体育市场综合执法改革，推动执法重心下移，加强全省县、乡综合执法能力建设，坚持放管并重，加强事中事后监管，规范文化体育市场秩序，健全文化体育产品和服务评价体系，建立市场准入和退出机制，降低市场准入门槛，鼓励各类市场主体公平竞争、优胜劣汰。进一步提高文化经营业主的法规知识和安全意识，促进文化体育市场健康有序发展。

## （四）厚实人才政策，强化智力支撑

加大高层次人才引进力度，创新文化人才培育方式，实施优秀文化企业家培养计划，创建职业化、市场化、专业化经营管理人才队伍，突破高端文化人才紧缺"瓶颈"。加强国有文化企业干部人才选拔考核任用管理，逐步建立国有文化企业负责人党委任命和社会招聘相结合的人才选拔机制。健全文化产业人才培养机制，逐步形成高等教育与在职教育、专业技能培训、中等专业培训相结合的人才培养体系。完善激励机制，鼓励知识产权、专利技术入股，调动创新型文化人才的积极性。优化职称评定、技能认定、评奖表彰办法，形成公平竞争、各尽所能的人才成长环境。依托省内高校、科研院所及大型文化企业，建立文化产业智库，为全省文化产业发展提供政策建议和智力支持。采取政府引导、社会参与的方式，组建一批官方和民间文化产业智库。支持智库开展文化产业规划、决策咨询、管理培训等活动。建立健全文化产业智库管理工作机制。鼓励校企合作，培养各类体育经营策划、运营管理、技能操作等专业应用型人才。开展"体育产业创新创业教育服务平台"建设，帮助企业、高校、金融机构进一步有效对接。加强从业人员职业培训，提开体育健身场所工作人员的服务水平和专业技能。完善体育人才培养开发、流动配置、激励保障机制，支持退役运动员、教练员投身体育产业。加强体育产业人才培育的国际交流与合作，加强体育产业理论研究，建立国家体育产业智库体系。

# 第六节　家庭服务业发展研究报告

家庭服务业作为改善民生，提高百姓生活质量的重要业态，是满足人民日益增长的美好生活需要的重要载体，未来我国的家庭服务业将大有可为。

近年来，福建省家服庭务业发展迅速，保持着 20% 的年增长势头，拉动经济的作用明显。家庭服务业呈现前所未有的发展机遇，但与此同时也面临巨大的挑战，存在供求矛盾加剧，服务质量有待提高，行业规模化、产业化水平不高，规范化建设滞后等问题。本节将从政府职能的角度系统、深入地剖析福建省家庭服务业发展现状、问题和发展趋势，并有针对性地提出政府推动家庭服务业发展的政策建议。

# 一、2016~2020 年福建省家庭服务业发展总体情况

## （一）福建省家庭服务业发展背景

1. 宏观经济形势稳定向好，为家庭服务业发展奠定基础

近五年来，福建省经济稳定增长、经济结构持续优化、居民收入水平提高，为家庭服务业发展奠定了良好的基础。从经济增速来看，2015~2019 年福建省 GDP 增速分别为 8.9%、8.4%、8.1%、8.3% 和 7.6%，保持在合理的范围内，居东部地区省份前列。从经济结构看，福建省第三产业产值占比由 2015 年的 41.6% 提高至 2019 年的 45.3%，带动经济发展的主要动力正在由第二产业转向第三产业，家庭服务业作为第三产业的重要组成部分，在改善民生和促进就业方面将发挥更加重要的作用（见表 3-12）。从民生就业角度看，2019 年全省城镇就业人数 64.3 万人，比上年增长 7.5%，全省城镇失业率为 3.5%，同比下降 5.7%。2019 年全省居民人均可支配收入实际增长 6.3%。随着经济水平发展，居民生活水平的提高，基本生活方面的支出比重在不断降低，随之而来的是改善性消费不断增加，家庭服务作为提高生活水平最重要的方面之一，必然有广阔的发展前景。

表 3-12　2015~2019 年福建省三大产业产值比重变化情况　　　　单位：%

| 年份 | 第一产业 | 第二产业 | 第三产业 |
|------|----------|----------|----------|
| 2015 | 8.1 | 50.3 | 41.6 |
| 2016 | 8.3 | 48.5 | 43.2 |
| 2017 | 6.9 | 47.7 | 45.4 |
| 2018 | 6.7 | 48.1 | 45.2 |
| 2019 | 6.1 | 48.6 | 45.3 |

资料来源：历年《福建统计年鉴》。

## 2. 社会结构变迁对家庭服务需求增加

近十年，福建省积极推进新型城镇化建设，全省城镇人口的比重从 2010 年的 57.1% 上升到 2019 年的 66.5%，大约以年 1% 的速度增长，到 2019 年末福建城镇常住人口达到 2642 万人（见图 3-23）。城市人口的增加，城市规模的扩大，为家庭服务业的发展提供了土壤，开拓了家庭服务业的发展空间。

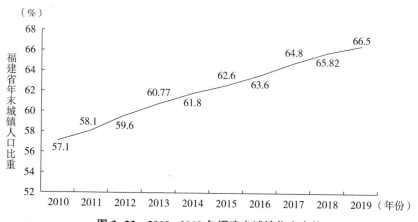

**图 3-23    2010~2019 年福建省城镇化率走势**

资料来源：2020~2020 年《福建统计年鉴》。

人口老龄化和"全面二孩"政策直接引发了海量的家庭服务需求。根据《福建统计年鉴2020》的数据，2019 年福建省 65 岁以上老年人口占总人口的比重达到 9.3%，比 2010 年高出 1.4%，福建省开始呈现人口老龄化趋势，老年人照顾的市场需求将扩大。朱奕臻、侯志阳对福建省泉州市、厦门市和福州市三个城市的1080 份问卷调查结论显示，需要家庭护理的老年人比重达到 40%，24.7% 老年人需要生活照料，老年人对家庭服务有较大需求。此外，从 2014 年开始，我国开始实施"单独二孩"政策，当年"二孩"数量就有了显著的提高，2016 年起"全面二孩"政策开始实行，"二孩"数量大幅度增长，而大量新生儿的背后是巨大的抚幼市场（见表 3-13）。

**表 3-13    2010 年、2018 年和 2019 年福建省新出生人口情况**

| 年份 | 2010 | 2018 | 2019 |
|---|---|---|---|
| 一孩占比（%） | 68.2 | 36 | 38.8 |
| 二孩占比（%） | 28.7 | 56.1 | 50.5 |

续表

| 年份 | 2010 | 2018 | 2019 |
|------|------|------|------|
| 三孩及以上占比（%） | 3.1 | 7.9 | 10.7 |
| 出生人数（万人） | 41.6 | 52.02 | 51.25 |

资料来源：《福建统计年鉴2020》。

### 3. 党和国家重视和支持家庭服务业发展

家庭服务业的发展对于缓解紧张的就业形势、满足群众日益增长的生活需求、促进社会经济健康发展起着不可忽视的作用，党和国家非常重视家庭服务业的发展。2010年，国务院办公厅印发《关于发展家庭服务业的指导意见》（国办发〔2010〕43号），以家政服务、养老服务、社区照料服务和病患陪护服务四个业态为重点，明确了发展目标和政策措施，家庭服务业的发展第一次有了顶层设计。为了推进经济高质量发展，实现经济提质增效，加快家庭服务业发展，近几年，中央各部门对推动家庭服务业发展提出了多项指导意见，如2015年国务院办公厅发布《关于加快发展生活性服务业促进消费结构升级的指导意见》（国办发〔2015〕85号），2016年人力资源社会保障部发布《人力资源和社会保障事业发展"十三五"规划纲要》，2016年商务部印发《居民生活服务业发展"十三五"规划》，2019年财政部税务总局、发展改革委、民政部、商务部和卫生健康委联合发布《关于养老、托育、家政等社区家庭服务业税费优惠政策的公告》（财政部公告2019年第76号，以下简称76号公告）。

福建省在推进家庭服务业发展方面也制定实施了一系列政策措施。从2011年以来，福建省政府陆续出台了《关于发展家庭服务业的实施意见》《关于开展家庭服务业规范化职业化建设的通知》《关于印发家政服务业补短板实施方案的通知》《关于在全省开展创建示范性家政服务站活动的通知》《关于促进家庭服务业职业化发展的通知》等家庭服务业相关政策，这些政策的出台推动了全省家庭服务业的健康规范发展。

## （二）福建省家庭服务业发展现状

### 1. 当前福建省家庭服务业所呈现的基本特点

（1）家庭服务业涉及的种类多、内容广、范围大。当前，福建省从事家庭服务行业的公司种类较多，主要包括家政公司、保洁公司、物业公司、清洗公司、早教中心、母婴护理中心、老年养护、月子会所、老年公寓等；服务业态日渐细分，包括母婴护理、育婴早教、养老看护、小时工等；各地区家政企业开始提供社区家政、居家养老、日间照料、陪护等项目服务，建立便民综合服务体系，推进家政服务社区化发展，着力提升社区居民的幸福感和获得感。

（2）家庭服务业的社会需求量大，"互联网+家政"崛起。近年来，受全省居民生活水平的不断提高、消费结构转型升级、"二孩"政策全面放开、生活节奏加快等因素的影响，人们对家庭服务需求尤其是对专业化、定制化、中高端服务需求日益旺盛。社会对家庭服务产生了巨大需求，家庭服务业市场迅速发展，家庭服务社会化程度进一步提高。随着用户需求量上升，用户在线上寻找家庭服务的消费习惯不断养成，福建省家政O2O如火如荼发展，目前福建省规模较大的互联网家政公司好慷在线、小羽佳、好邦伲都成为同行业中的龙头企业。不少家政O2O企业除了利用互联网平台提供基本的家庭服务外，还充分利用平台优势，拓展服务内容，开展家政有关的家居服务产品销售与服务等，健全行业发展体系。此外，政府也在积极推动家庭服务业网络化发展。福州、厦门、宁德、泉州、三明等地先后试点开展家政服务网络中心建设，整合资源，搭建便民家政服务网络。全省90%以上规模化经营的家政服务企业都已建立或正在建立互联互通的网络服务系统，推动线上线下融合。

（3）福建省家庭服务业协会促进各地市家庭服务业抱团发展。福建省家庭服务业协会成立于2009年9月，随后，福州、厦门、泉州、龙岩、宁德、漳州、南平等地市都成立了家庭服务业协会，对维护行业利益，促进行业发展，为政府和企业提供双向服务，发挥了桥梁和纽带作用。福建省家庭服务业协会积极发挥省级行业组织的作用，注重加强与各地家协的互动交流，互学互鉴。全省各地区的家政企业开始抱团取暖、联合发展，将品牌、资源、培训、人力等进行整合，降低成本，获得最大化收益，更增加彼此的抗风险能力，同时实现跨越式发展。目前，福建省家庭服务业协会会员有200家家政服务企业，遍布全省各设区市及平潭综合实验区，服务延伸至县级行政区域。福建省诚信服务管理平台录入在档的家政服务人员达4万余人，共计录入家政企业216家。福建省家庭服务业协会为录入平台的家政从业人员制作诚信服务卡，消费者可以通过扫诚信服务卡中的二维码在线查询家庭服务人员身份信息、健康状况、从业经历、培训情况等内容，同时还可以对家庭服务人员的服务质量进行评价。该系统面向市民用户、家政服务企业以及服务人员，通过多方参与获得的数据汇总和分析，有效地解决数据采集、人员状态等难题。

2. 福建省家庭服务机构的基本情况

（1）机构规模方面，"小"营收和"大"就业并存。如表3-14所示，福建省居民服务业①中，小型机构和非法人单位仍然是行业主体，行业规模整体偏小。2018 年，福建省居民服务业企业法人单位个数仅占第二、第三产业企业法人单位个数的 2.2%，而个体工商户个数则占第二、第三产业个体工商户总数的 8.3%。从居民服务业企业资产总值来看，行业资产规模也整体偏小，但资产规模增速较快。从表 3-15 可以看出，2018 年福建省居民服务业资产总额仅为 356.4 亿元，福建省第三产业资产总计为 182561.6 亿元，前者仅占后者的 0.2%。在福建省九地市中，仅福州市居民服务业企业法人资产总额超过 100 亿元，但 140.42 亿元的行业资产规模业仅仅占福州市第三产业资产规模的不到 0.4%。不过，值得注意的是，福建省居民服务业资产规模增速高于第三产业法人企业的平均增速，第三产业法人企业资产年均增速为 14.2%，居民服务业法人单位资产年均增速为 28.9%，说明福建省居民服务业发展大有潜力。从业人员方面，福建省居民服务业吸纳就业的效果可观。从表 3-16 可以看出，2018 年福建省居民服务业从业人数占第三产业总从业人数的 2.5% 左右，与居民服务业资产规模占比 0.2% 相比，前者是后者 10 倍有余，说明居民服务业在吸纳就业方面表现非常可观。具体来看，个体经营户是吸纳就业的主阵地，法人企业吸纳就业的能力逐步提升。2018 年福建省居民服务业法人企业从业人员为 20.87 万人，占第二、第三产业法人单位从业人数的 1.2%，居民服务业个体经营户从业人数为 53.32 万人，占第二、第三产业个体经营户从业人数的 9%。但从增长率来看，2013 年末，居民服务业法人企业从业人数仅占第二、第三产业法人单位从业人数的 0.6%，2018 年末这一数值达到 1.2%，而个体经营户从业人数占比则从 7.3% 上升至 9%，增长幅度小于法人企业，说明居民服务业法人企业吸纳就业能力在逐步提升。

表 3-14　福建省各地市居民服务业企业构成

| 城市 | 第二产业和第三产业法人单位数（个） | 居民服务行业企业法人单位个数（个） | 居民服务业企业法人单位占比（%） | 第二产业和第三产业个体经营户（个） | 居民服务行业企业个体经营个数（个） | 居民服务业企业个体经营户占比（%） |
|---|---|---|---|---|---|---|
| 福州 | 131502 | 3530 | 2.7 | 369441 | 40500 | 11 |
| 厦门 | 146552 | 4586 | 3.1 | 147767 | 15809 | 10.7 |
| 泉州 | 169724 | 2837 | 1.7 | 575363 | 38545 | 6.7 |
| 莆田 | 45025 | 800 | 1.8 | 184100 | 12604 | 6.9 |

---

①　参照国际劳工组织和我国人力资源和社会保障部对家庭服务业的范围界定，将家庭服务业分为家庭内服务、家庭外服务和社区服务，这一范围界定与居民服务业基本一致。

续表

| 城市 | 第二产业和第三产业法人单位数（个） | 居民服务行业企业法人单位个数（个） | 居民服务业企业法人单位占比（%） | 第二产业和第三产业个体经营户（个） | 居民服务行业企业个体经营个数（个） | 居民服务业企业个体经营户占比（%） |
|---|---|---|---|---|---|---|
| 漳州 | 60325 | 1196 | 2.0 | 251741 | 21720 | 8.6 |
| 三明 | 36442 | 510 | 1.4 | 176195 | 13174 | 7.4 |
| 龙岩 | 37455 | 654 | 1.8 | 299197 | 23436 | 7.8 |
| 宁德 | 36536 | 678 | 1.9 | 165324 | 16022 | 9.7 |
| 南平 | 39281 | 677 | 1.7 | 131644 | 9859 | 7.5 |
| 福建省 | 702842 | 15468 | 2.2 | 2300772 | 191669 | 8.3 |

资料来源：《福建省第四次全国经济普查公报》。

**表 3-15　2013 年末与 2018 年末福建省居民服务业资产总计**

| | 2013 年末 | 2018 年末 |
|---|---|---|
| 第三产业法人单位资产总计（亿元） | 106485.5 | 182561.6 |
| 居民服务业法人单位资产总计（亿元） | 145.7 | 356.4 |
| 居民服务业法人单位资产占比（%） | 0.14 | 0.20 |

资料来源：《福建省第三次和第四次全国经济普查公报》。

**表 3-16　2013 年末与 2018 年末福建省居民服务业从业人员情况**

| | 2013 年末 | 2018 年末 |
|---|---|---|
| 第二、第三产业法人单位从业人员数（万） | 1382.44 | 1726 |
| 居民服务业法人单位从业人员数（万） | 8.51 | 20.87 |
| 居民服务业法人单位从业人员占比（%） | 0.6 | 1.2 |
| 第二、第三产业个体经营户从业人员数（万） | 262.74 | 583.98 |
| 居民服务业个体经营户从业人员数（万） | 19.25 | 53.32 |
| 居民服务业个体经营户从业人员占比（%） | 7.3 | 9 |

资料来源：《福建省第四次全国经济普查公报》。

综合来看，福建省家庭服务业目前呈现出"小"规模和"大"就业并存的特征，且行业发展潜力巨大。从行业规模指标看，家庭服务业中以小型机构和非法人企业占主导，行业呈现出规模小、格局分散的特点；从就业来看，家庭服务业吸纳和带动就业的表现非常可观；从行业资产规模增速快、法人企业吸纳就业能力提升来看，家庭服务行业发展前景广阔。

（2）中介制家政服务机构仍是行业主流。中介制和员工制是家庭服务机构的两种基本运营模式，鉴于中介制在规范经营和员工权益保护方面存在各种弊端，政府采用了多种优惠政策鼓励机构采取员工制经营模式。但从目前福建省家庭服务业市场看，中介制家庭服务机构仍然占大多数。通过调研了解到福建省家庭服务行业中超过九成的家庭服务机构是按照中介制模式运营的。在中介制家庭服务经营模式下，福建省家庭服务业在发展提速的同时，"小、弱、乱"的行业格局没有发生根本变化，行业中经常出现市场秩序失范、服务质量参差不齐、消费者满意度和社会舆论评价不高的现象，家庭服务业规范化和职业化水平较低。

（3）家政服务培训力度逐年加大，但家政服务培训市场仍不够规范。近年来，人力资源社会保障部、全国妇联等有关部门和社会组织对家政服务培训工作越来越重视，培训力度也在逐年加大。2016年，人力资源社会保障部、全国妇联发布通知，决定在"十三五"期间联合组织实施巾帼家政服务专项培训工程。2017年7月发布的《家政服务提质扩容行动方案（2017）》也要求强化家政服务业岗前培训，保证有培训需要的从业人员"应训尽训"，并按照规定获得职业培训补贴。为了满足市场日益专业化、个性化的服务需求，福建省家政行业协会、妇联和家政企业等在培训内容方面进行了丰富，开设了数十门相关课程，比较受从业者欢迎的有母婴护理、催乳师、育婴师、小儿推拿师、产后恢复师、营养配餐师、家庭教育指导师、陪护师等。在培训方式上，越来越多的家政服务培训机构开始利用互联网技术对学员进行"线上+线下"混合培训的方式。学员可以通过网络学习实操技能微课程，同时结合线下实操培训，完成规定的学习内容，考核合格后获得培训机构统一颁发的培训证书。这样的混合培训模式相比传统线下培训模式，既保留了传统面授的优势，又运用现代互联网技术，充分利用了优质教学资源，有利于实现培训效果的最优化。

福建家政服务培训机构在发展过程中仍然存在诸多不足。首先，家政培训机构呈现"小、散、乱"的局面，培训机构普遍实力不强，规模小，培训质量参差不齐。其次，缺少系统、专业的课程体系和培训教材。目前，家政服务培训机构开设的课程主要涉及家政专业知识和技能，而对课程体系的构建和教材的开发普遍不足。课程体系方面，课程内容安排随意、松散，没有形成合理的体系，最终流于形式。在教材建设上，目前市场上缺少相对应的教材，很多培训师的授课讲义都是结合个人经验的总结，专业性、权威性较差。最后，培训内容与市场脱节，不能满足市场个性化需求。随着人们生活水平的不断提高，家政服务需求日益增大，且呈现个性化、多元化的特点。以保姆岗位为例，传统意义上的保姆只需要掌握烹饪、清洁、衣物清洗、衣橱收纳等技能就可以了，而现在的消费者可能希望保姆能够提供西餐制作、宠物和植物养护、育儿等特色服务，而大部分家政服务培训机构在培训方面仍然沿用传统模式，不能很好地满足市场需求。

3. 福建省家庭服务人员发展现状

这一部分将以专业的家庭服务信息网站保姆大本营提供的家庭服务人员基本信息数据为基础，从微观层面分析福建省家庭服务人员发展现状。报告选取厦门市和宁德市的家庭服务从业人员信息作为样本，因为福建省九地市区域经济发展相对不平衡，而区域经济发展水平直接影响当地家庭服务业的发展。基于此，我们选择经济相对发达的厦门市和相对落后的宁德市作为典型城市进行研究，综合考察福建省家庭服务从业人员发展现状（见表3-17）。通过整理样本数据，我们发现厦门市和宁德市家庭服务市场规模悬殊，样本量分别为64371个和554个，因此，考察福建省家庭从业人员基本情况时，如年龄、学历，以厦门市样本为代表；考察福建省家庭服务人员的职业发展情况时，由于涉及区域经济发展水平，将综合两市的数据进行分析。

表3-17　2019年福建省九地市情况

单位：元

| 地区 | 城镇居民人均可支配收入 | 人均生活用品及服务消费支出 | 2019年各市人均GDP |
|---|---|---|---|
| 全省 | 45620 | 1557 | 107000 |
| 厦门 | 59018 | 1838 | 145800 |
| 泉州 | 49592 | 1775 | 114300 |
| 福州 | 47920 | 1442 | 121300 |
| 莆田 | 40065 | 1461 | 89400 |
| 漳州 | 38975 | 1414 | 92200 |
| 龙岩 | 38815 | 1226 | 101400 |
| 三明 | 37942 | 1642 | 100800 |
| 宁德 | 35887 | 1462 | 84200 |
| 南平 | 35148 | 1447 | 74000 |

资料来源：《福建统计年鉴2020》。

（1）家庭服务从业人员年龄结构偏大。福建省家庭服务从业人员呈高龄化现象，以厦门市为例，家庭服务从业人员中，45岁以上是从业主力，占75%。相比之下，新生力量在行业中非常不足，30岁以下的从业人员不到1%（见图3-24）。并且根据调研了解到的情况，新生代从业人员的稳定性很差，流失率非常高。

（2）家庭服务从业人员的受教育水平以小学、初中为主，文化程度不高。据

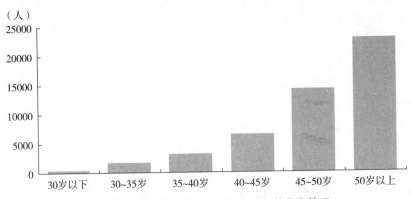

**图 3-24　厦门市家庭服务从业人员年龄分布情况**

资料来源：保姆大本营，https://bm.haobangni.com/。

不完全统计，厦门市家庭服务人员中初中学历占到 73.3%，比重最高，高中及以下的占到 97.7%（见表 3-18）。较低的文化水平决定了家庭服务从业人员在接受培训、创新服务等方面的能力较弱，与行业发展的需求不相适应。

**表 3-18　厦门市家庭从业人员的受教育情况**

| 受教育程度 | 人数（个） | 百分比（%） |
| --- | --- | --- |
| 本科 | 54 | 0.11 |
| 大专 | 307 | 0.64 |
| 中专 | 758 | 1.58 |
| 高中 | 3759 | 7.86 |
| 初中 | 35075 | 73.30 |
| 小学 | 7898 | 16.51 |
| 合计 | 47851 | 100 |

资料来源：保姆大本营。

（3）家庭服务从业人员的工资水平不高，社会保险参保率低。通过表 3-19 测算得出，厦门市家庭服务从业人员平均工资为 4300 元，其中 3500~5500 元占比最高，达到将近 70%；宁德市家庭服务从业人员平均工资仅为 3516 元，其中，2500~3500 元占比最高，4000 元以下占比达到 75%。根据《福建统计年鉴2020》，2019 年全省第三产业私营单位平均报酬为 4573 元，表明大多数家庭服务从业人员的工资水平不能达到第三产业从业人员的平均收入水平。此外，家庭服务从业人员的社会参保率不高，通过调研了解到，大概一半的家庭服务人员没有参加任何类型的养老保险，而参加医疗保险的家庭服务从业人员中，主要是保障水平较低的居民医疗保险，仅有不到10%的家庭服务从业人员参加了职工医疗保险。

**表3-19 厦门市和宁德市家政从业人员的收入情况**

| 收入水平 | 厦门市家政服务从业人数（人） | 百分比（%） | 宁德市家政服务从业人数（人） | 百分比（%） |
| --- | --- | --- | --- | --- |
| 2500~3500元 | 7462 | 11.59 | 243 | 43.86 |
| 3000~4000元 | 8110 | 12.60 | 172 | 31.05 |
| 3500~4500元 | 12064 | 18.74 | 59 | 10.65 |
| 4000~5000元 | 17037 | 26.47 | 46 | 8.30 |
| 4500~5500元 | 15341 | 23.83 | 26 | 4.69 |
| 5500元以上 | 4357 | 6.77 | 8 | 1.44 |
| 合计 | 64371 | 100 | 554 | 100 |

资料来源：保姆大本营。

# 二、福建省家庭服务业发展存在的问题及原因分析

## （一）福建省家庭服务业发展存在的问题

### 1. 家政服务业供需失衡

随着人口老龄化、家庭小型化、劳动社会化及"二孩"政策的实施，家庭服务需求高速增长，福建省家庭服务业随着居民需求的上升存在明显的供不应求局面。据调查，福建省有3973万人口，1178万户，有1/3的家庭有保姆、月嫂、老人陪护等方面的家政需求，对从业人员的需求达到400万人左右，但从事该行业的不足50万人，家庭服务业的供需矛盾严重。而且从长远看，供需矛盾将进一步激化。这是因为目前福建省家庭服务业从业人员老龄化问题严重，40岁以上的中年人是行业主力，受到收入报酬、社会评价等多种因素的影响，年轻人对该职业认同感低，不愿加入该行业，家庭服务业是劳动密集型行业，劳动力供给不足将会给行业容量的扩充造成不利影响。

### 2. 从业人员素质不高，服务质量不能满足要求

除了劳动力供给数量下降，家庭服务业从业人员素质不高更是制约行业发展

的关键性因素。从数据看，现有的家庭服务从业人员的受教育水平以小学、初中为主，文化程度不高。而且除较大的家庭服务企业有自己的培训机构外，大部分企业没有专门的培训部门，新员工上岗前，只是老员工带领新员工到现场实习几次就直接上岗，大部分家庭服务从业人员没有或仅接受了简单的培训就开始从事家庭服务工作。因此，我们发现在家庭服务市场上，不是找不到保姆，而是难寻好保姆，居民需要的是接受过良好培训、稳定性较强、职业技能较高的保姆。而供给方提供的保姆参差不齐，顶级保姆、星级月嫂少之又少，居民无法判断哪个保姆专业技能更好，服务质量差强人意。

3. 家政服务市场规范化和标准化水平有待提高

当前，家庭服务市场的规范运行至少存在以下几个方面的问题和障碍：一是家庭服务行业和企业均缺少对从业人员登记方面的行业规定，缺乏对从业人员身份、健康方面的信息核查，可能导致从业人员队伍中存在一些不安全因素，例如身体和精神健康、犯罪记录等。二是由于家庭服务人员的从业经历未被跟踪记录，未建立规范化的职业档案，交易活动的一次性决定了家庭服务员在服务中只需考虑此次服务的收益最大化，无须考虑这次服务会产生何种后果或者影响，导致服务过程中服务人员存在严重的道德风险，容易诱发短期化行为。三是家庭服务市场中存在严重的关于家庭服务员素质和服务质量的信息不对称问题，在缺乏信息甄别机制的情况下，低素质的服务人员很难被识别，这就使具有信息优势的家政服务员具有隐匿服务质量信息的动机和能力，造成服务行为不规范，服务质量难以保障。

此外，福建省家庭服务业标准化水平还有待提高。由于服务标准不完善，造成许多服务人员不知道在雇主家中应该干什么，而雇主则认为服务人员不够主动。当前，在家庭服务业中，虽然在国家层面、地方层面和行业层面已经制定了一些标准，但是整体来讲行业的标准化程度较低。无论是在技术上还是在服务提供上，相关的标准大都处于空白。在行业标准的贯彻执行中，由于家庭服务发生在人与人之间，其中的主观性和个性化水平很高，导致标准贯彻的难度也很大。而且在当前市场监管较弱、行业自律的相关机制缺乏的秩序背景下，企业执行标准的积极性不高，甚至标准的贯彻只会增加企业的成本，无法给企业带来相应的收益，造成了家庭服务业中"劣币驱逐良币"的逆向选择问题。以上因素都影响了家庭服务业标准化的实现。

（二）原因分析

1. 家政服务机构普遍采用中介制模式是造成行业格局呈"小、弱、乱"现象的主要原因

当前福建省家庭服务业的整体格局仍然是"小、散、弱"，家政服务机构普遍

采用中介制模式是造成这一格局的主要原因。家政服务业是家庭服务业最重要部分，目前，福建省超过九成的家政服务机构是按照中介制模式运营的小家政公司，这与中介制的一些制度优势密切相关。第一，投资资金少，投资收回成本期短。中介制模式的核心要素是信息，中介制家政服务机构实质上是家庭服务供给和需求的中枢，而在现代社会，中介机构获取信息的成本大大降低，"一张桌子，一个电脑，一部手机"的家政服务机构并不鲜见。第二，管理简单易操作。中介制家政服务机构管理相对简单，只需按照业务流程，登记服务人员信息、登记雇主需求、沟通双方意愿、见面协商、签订合同，没有员工制下的员工招聘、培训、质量控制、风险控制等较为复杂的环节，许多中介制家政机构甚至没有财务管理制度，不少机构甚至只靠一个人维持运营。低投入、简单化的运行虽然可以节省成本，但在中介制模式下，家政服务机构成长性差，很难做大做强，因为对于家政服务供求双方而言，中介制机构的服务是"一锤子"买卖，签订合同之后服务机构就退出了与供求双方的关系，这种退出意味着家政服务机构价值链的终结。这种简单的盈利模式难以形成有效的积累去扩大再生产，服务机构的成长性差。第三，中介制模式不利于服务供求双方权益的保障。中介制家政服务机构作为中间人，分别与雇主、服务人员建立居间合同法律关系，双方合意之后家政服务机构就退出了，服务过程中的具体问题有赖于服务供求双方的权利义务界定。但是服务供求双方的法律关系尚未确定，在很多情况下，双方甚至不签订任何协议，这既不利于保护雇主利益，也不利于保护家庭服务工作者利益。第四，中介制是导致家庭服务业规范化水平低的主要原因。低门槛条件下设立的中介制家政服务机构在运行中存在许多规范性问题。可能会出现安全问题，服务人员技能不达标和诚信问题等。

2. 从业人员培训力度不足是制约福建省家庭服务业发展的关键因素

优秀的家庭服务从业人员是家庭服务业发展最关键的要素，福建省家庭服务从业人员素质短板是制约家庭服务业发展的重要因素之一。解决家庭服务职业化的主要途径是提高从业人员的素质，而从业人员素质不高的问题短期内只能通过加强培训的方式解决。然而，大量的小型家庭服务企业不重视从业人员培训，认为家庭服务不需要经过专门培训，更缺乏相应的投入。通过我们调研了解到，在福建省内，除较大的家庭服务企业有自己的培训机构外，大部分家庭服务机构没有专门的培训部门，甚至没有培训计划。家庭服务市场上，虽然有许多专门的培训机构，但这些机构多无培训资质，各培训机构的教学方案和内容都是培训老师自行开发的，市场上并没有统一的培训内容，导致培训不规范、不统一、五花八门。另外，在师资方面，各个培训机构的师资主要由培训机构自己培养或引进，培训老师一般没有经过统一的培训，教学内容缺少标准，影响了培训效果。此外，大多数家庭服务从业人员的培训动机也不强。这是因为大多家庭从业人员是临时性的农村转移劳动力，从事家庭服务工作的职业稳定性差，更看重当期的现金收益，而且在岗培训存在着在培训期间无法获得工资报酬的问题，也影响了他们参加在岗培训的积极性。

3. 行业法规制度不健全是导致家庭服务业规范化和标准化水平低的主要原因

在政府政策层面，制约家庭服务业规范化和标准化发展的一个重要因素是相关的法律法规和制度不健全，主要表现在以下三个方面：一是在行业管理方面，目前，家庭服务业的行业管理制度是由商务部在2012年发布的《家庭服务业行业管理暂行办法》，办法中对家庭服务业涉及三方的权利义务进行了界定，并规定了罚则。2014年商务部制定了《家政服务合同》，明确规定了全国家政服务机构、家政服务员和消费者的责任、权利和义务。这两个文件填补了我国在家庭服务业管理的空白，但仍存在着内容过于笼统、监管能力不足等问题，有待相关政策的进一步跟进以及在基层的落实。二是在职业资格制度方面，近年来，我国开展了大规模的国家职业资格制度改革，2016年，人力资源社会保障部在之前大规模取消国家职业资格的基础上出台了《国家职业资格目录清单》，其中包括专业技术人员职业资格58项，技能人员职业资格93项。在家庭服务业方面，家政服务员和养老护理员国家职业资格被取消，育婴员以水平评价类技能人员职业资格的形式保留。国家职业资格的取消至少造成了以下两方面影响：第一，许多地方将取得职业资格证书作为获得职业技能培训补贴的前置条件，职业资格被取消之后，培训补贴的发放依据出现缺失，在短期内影响了培训工作的开展；第二，取消职业资格之后，使原本就不高的行业门槛再次降低，甄别从业人员的信号机制更加匮乏。三是在家庭服务业劳动法律方面，尚没有一部专门的法律法规，在法律适用方面主要是《劳动法》和《劳动合同法》，但是这些法律在适用于家庭服务业时都存在一些问题。首先，家庭服务的劳动与《劳动法》中所规定的劳动标准存在出入，《劳动法》的规定与家庭服务业的实际情况难以对接。例如，家庭服务员实际的工作时间与休息时间往往界限模糊，很难适用标准工作时间，且越到节假日越繁忙，法定节日休假难以落实；由于发展水平较低，绝大多数家庭服务企业难以适用无固定期限劳动合同制度的相关规定；《劳动合同法》规定的严格的解雇/终止保护制度不利于维护家庭服务员和家庭服务企业的利益。其次，如果适用《劳动合同法》，实际上又将广大的家庭服务员排除在了《劳动法》的保护范围之外，不利于维护家庭服务人员的劳动权益。因而在专门的法律法规出台之前，家庭服务业事实上是在法律真空中运行，面临着极大的法律风险，在很大程度上阻碍了行业的规范发展。在实践中，由于法律的事实缺位，家庭服务业的纠纷在司法判决中往往以社会舆论或者国家稳定作为依据，难以获得行业内的普遍认可，不利于行业的法治化发展，阻碍了行业的长期规范发展。

4. 社会对家庭服务业的认识存在偏差是制约该行业发展的社会因素

家庭服务业从传统社会的"仆人""丫鬟"脱胎而来，虽然在现代社会，家庭服务双方是平等的市场主体，但是这种带有封建色彩的职业价值观却并没有完全消失，许多人认为家庭服务工作并不体面，不愿意从事这一职业，许多家庭对家政服务员缺乏足够的信任，雇佣双方关系紧张，家庭服务从业人员的工作氛围不良。近年来，家政行业中发生了一些极端事件，媒体的宣传报道以行业中的负面信息为主，造成了不良的社会影响，使行业发展的社会环境恶化，行业对人才，尤其是年轻人才的吸引力不断降低，进一步阻碍了行业发展。

## 三、福建省信息服务业的发展趋势

### （一）规范化发展

规范化是行业发展的动力，是家庭服务业发展的基础条件，也是底线要求。从福建省家庭服务业现状来看，行业仍然存在市场不规范、服务质量不高、服务水平较低等问题，未来的家庭服务行业需要不断朝规范化和有序化发展。规范化发展包含三个方面的内容：一是在服务中，家庭服务企业根据家庭服务标准，推行服务承诺、服务公约、服务规范，努力创建服务品牌，不断提高服务质量。二是在市场中，从事家庭服务的企业依法登记注册，遵循合法、平等、自愿、诚实信用的原则开展经营活动，公平参与竞争，为家庭提供安全、便利、优质的家庭服务，依法保障家庭服务从业人员合法权益。三是在政府和行业层面，对家庭服务市场进行有效监管，制定监管法规规章完备，执法严格有效，市场行业规范，各方主体权利得到维护，行业健康有序发展。

### （二）职业化发展

一支稳定、高素质的从业人员队伍是家庭服务业发展的重要依托。职业化既是现代社会的职业要求，也是现代劳动者自我发展、自强提升的重要途径。职业化发展具体表现在以下三个方面：一是树立职业认同感。家庭服务人员树立职业认同感、职业责任感和职业信任等，形成充满正能量的职业价值观。职业文化健康，家庭服务从业者受到社会广泛认可和尊重。二是职业技能水平的显著提高。家庭服务人员普遍接受职业技能培训，具备较高的职业素质和技能，是提供专业化家庭服务的保障。三是职业队伍不断扩大，职业稳定性增强。越来越多的劳动者开始看重职业发展道路，选择员工制家庭服务企业，接受正规的家庭服务相关培训，成为家庭服务业的正规军，职业前景的激励将有效地提升家庭服务人员职业稳定性。

### （三）网络化发展

顺应大数据时代服务行业的发展潮流，越来越多的家庭服务企业开始利用互联网平台开拓市场，提高企业的管理运营效率。近年来，"互联网+"和家庭服务业相结合，优势越来越明显。首先，通过网上预约下单更加便捷，对于用户来说，通过移动互联网就可以完成各类家庭服务的预订，移动支付业比较灵活，每单结束后，用户还可以对服务进行评价，这种模式有利于提高家庭服务质量。其次，"互联网+"模式更符合年轻人的生活方式。随着家庭服务消费群体的年轻化，年轻的雇主更喜欢利用移动互联网获取家政服务信息，尤其符合年轻人的消费习惯和生活方式。最后，"互联网+"模式有利于整合用户和家庭服务资源。传统模式下，家庭服务企业获取订单的渠道单一，经营效率较低。而在"互联网+"模式下，家庭服务企业可以借助移动互联网，使公司之间的资源共享，实现资源的整合配置。

### （四）品牌化发展

家庭服务机构品牌是指一套具有家庭服务机构自身服务特色的独立体系。家庭服务机构品牌包含知名度、美誉度、信任度，以及消费者对家庭服务机构整体的综合评价。家庭服务机构作为轻资产运营的服务行业，品牌塑造对于机构的自身发展，特别是提升市场占有率、扩大市场规模、促进机构可持续发展具有重要意义。经过30多年的发展历程，福建省家庭服务机构品牌建设意识在不断加强。近年来，涌现了雪品、树人、小羽佳、好慷等一批管理规范、运作良好、示范性强的品牌企业，成为推动全省家庭服务业发展的中坚力量。这些企业的未来发展方向是跨区域经营、全方位服务、连锁式发展，借助标准化、资本介入、品牌推广等途径，扩大规模、完善服务、开辟新领域，整合行业资源，扭转"小、散、弱"的行业格局，扩大经营规模，降低平均成本，提升行业盈利水平和集约化程度。此外，政府有关部门也高度重视家庭服务机构品牌建设。2015年，发展家庭服务业促进就业部联席会议办公室在全国范围内依托各地人力资源和社会保障部门广泛开展"千户百强"的家庭服务企业创建活动，意在培育知名家政服务品牌，扶持有实力的家政服务机构做大做强。通过这一活动，福建省评选出家庭服务业领军企业8家、示范企业32家，明星家政员435人。

## 四、福建省家庭服务业发展重点

### (一) 加快建设各区家庭服务职业培训示范基地

家庭服务职业培训示范基地建设，是家庭服务专业化培训、标准化培训、规范化培训的主要场所，是提高培训质量的重要手段，也是行业职业化的重要保证。目前，福建省有八家单位被评为省级家庭服务职业培训示范基地。省级示范基地在专业设置、专业师资配备、培养专业人才方面均取得了良好的效果，在家庭服务职业培训工作中发挥了较好的示范引领作用。未来应重点凭借现有的培训资源，加强家庭服务培训机构与家政公司和高等院校的合作。一方面，与家政公司合作，有助于家庭培训机构了解市场变化需求，能加强培训内容的针对性和实用性，真正帮助学员提高技能，使培训效果落地开花；另一方面，与高等院校和职业学校合作，有助于促进家政专业研究，开发出一套适应行业发展需要、更加完善合理的家政学课程体系。

### (二) 积极推进"互联网+家政"建设

首先，加强组织领导，推进行业规范化建设。"互联网+家政"作为行业的后起之秀，打造健康、诚信的"互联网+家政"平台离不开政府的监督和扶持，离不开协会的监督和企业的自律，因此需要加强政府的组织领导，进一步推进行业的规范化发展。其次，积极推进家政服务与移动互联网的对接，加强家政服务信息平台建设，实现线上、线下有机融合。将互联网平台打造成对接供需、规范服务、保障安全的重要载体，提高家庭服务发展水平和服务质量，注重智慧民生，推进家庭服务的信息化和智能化。最后，鼓励家政企业，利用互联网平台，做大做强，树立品牌典型。传统家政企业利用互联网技术，借助先进的技术和管理模式，将会实现跨越式的发展，原本传统家政辐射的范围非常有限，但利用互联网平台可以辐射全市、全省乃至全国，非常有利于规模化、品牌化家政服务的发展。地方政府可以在资金和政策上给予互联网家政企业必要的支持，如税收的减免和优惠政策、贷款政策支持等。

### (三) 重点推进居家养老服务和抚幼家政服务的建设

从家政服务的需求来看，未来随着福建省老龄化和二孩政策的实施，养老家庭服务和抚幼家庭服务的需求将快速增长。在养老家庭服务方面，政府作为居家养老服务事业的第一责任主体，应起到主导作用。首先，通过各种政策优惠和资金支持大力推动居家养老服务的发展。其次，鼓励企业积极参与养老服务产业，同时做好监督管理，建立激励机制，促进养老家政服务公平、高效运营和健康发展。最后，加快养老家庭服务网络平台建设，使老年人可以通过平台进行养老医疗保健知识的在线咨询。在婴幼儿家庭服务方面，加大监督力度，完善落实相关职业标准；强化婴幼儿家庭服务从业人员的培训管理；加强对婴幼儿家庭服务从业人员的规范化管理。

## 五、促进福建省家庭服务业健康发展的政策建议

### （一）加大政策支持力度，加强专项支持

作为朝阳产业，家庭服务企业普遍规模较小，发展能力较弱，需要政府给予一定的财政补贴支持。可以考虑设立家政服务业发展专项资金，支持家政服务业的规范化、标准化和品牌化建设；对于在技术、产品、管理、模式等方面具有创新引领作用的家政服务给予一定的研发补助；对于带有一定公益属性的家政服务企业，在融资、贷款等政策方面给予倾斜；将现有的培训补贴、职业介绍补贴等政策落到实处，切实惠及家政服务企业；各级政府设立的社会事业和民生工程中的老年福利、儿童福利、公共服务等项目可以考虑用于购买家庭服务企业的服务。完善家庭服务业的价格政策，养老服务机构与居民家庭用电、用水、用气、用热同价，其他家庭服务机构逐步实现不高于工业用电、用水、用气、用热价格。将国家有关促进中小企业发展的政策措施落实到家政服务企业，从财税扶持、注册登记、人员培训等方面为企业的经营活动营造良好环境，为企业发展提供便捷服务。

### （二）采取多种优惠政策鼓励机构采取员工制经营模式

从目前市场发展现状看，中介制家庭服务机构仍然占绝大多数，中介制模式的广泛实行是家庭服务行业难以实现规范化和标准化的主要原因。员工制模式是基于当前的劳动法律体系规定，家政服务机构和从业人员签订劳动合同，在员工制下，家政服务机构的管理更加严密，更加重视员工培训，家政服务质量更有保障，家庭服务机构和行业更容易留住人才，更容易做大做强。政府应该从多角度推广员工制经营模式。一方面，相关部门尽快建立与员工制家政服务企业相适应的劳动标准。当前劳动法律体系规定的劳动标准与灵活的家政服务这种特殊的劳动形式不相适应，家政从业人员的工作量难以通过劳动合同制度予以确认。另一方面，由于企业实行员工制主要面临成本高的问题，政府应该增加对员工制家庭服务企业的资金支持力度，如在信贷政策和税收政策等方面给予一定的支持。

### （三）加强行业监管，规范市场秩序

一要加快制定出台《家庭服务业管理条例》，制定并推荐使用家庭服务劳动合同示范文本和行业服务规范，规范家庭服务业主体行为，约束家政企业、从业人员及消费者行为，规范服务、规范用工、保障权益，维护各方权益，为家庭服务业的健康有序发展创造公平、有序的市场竞争环境。二要加强家庭服务企业和从业人员开展经营和服务的信息收集和披露机制、第三方评价机制和诚信档案制度，借助信息化手段，通过建设公益性评价平台，强化消费者评价对家庭服务行业秩序的影响，形成针对家庭服务企业和从业人员的声誉机制，依靠市场力量促使商家和从业人员遵守行业规范，提升服务水平。三要发挥省家庭服务行业协会作用，积极组织并开展标准制定、资质认定、信用评价、培训教育、信息统计、技能比赛、调解纠纷、协助调查处理违规行为等工作。

### （四）完善行业标准化体系，推进行业标准化发展

标准化是推进家庭服务业全面发展的重要抓手。一方面，标准的施行有助于明确服务内容和方式，提升服务质量；另一方面，标准的施行有利于改进政府对行业的监管，提高行业管理的法制化、规范化水平。当前家政服务业的标准化尚处于起步阶段，推动行业标准化应从以下几个方面着手：一是加大家庭服务标准的宣传力度，鼓励家政服务企业广泛开展家政服务从业人员标准化培训，提高从业人员业务操作的规范程度。二是制订标准规划，结合各地的实际情况建立标准化体系框架和标准化工作机制。三是加强家庭服务标准化的实施监督，重点对家庭服务企业的综合实力、人力资源、业务管理、服务质量等方面进行考核评价，进行动态监管，进一步规范、改进和提升家庭服务企业的服务能力。

### （五）规范培训市场，有效提升从业人员技能水平

家庭服务职业培训的职业化、规范化发展对于整个家庭服务业的发展意义重大，而当前福建省家庭服务从业人员职业素质普遍较低，家庭服务培训不能满足要求，省市级政府应通过政策资金扶持推动家庭服务培训的进一步完善，切实提高家政服务从业人员的职业素养。首先，加快制定培训考核和鉴定标准。创新职业资格证书管理制度，政府有关部门应尽快制定出台一套科学、权威的家庭服务培训考核标准，加强对培训市场的监管及行业内的证书管理。其次，加大培训资金扶持力度。尝试从就业专项资金中专门规定用于家政服务从业人员培训的额度。立足于家政服务业的特征，制定培训补贴政策，修改与实际情况不符合的前置条件，提高扶持资金政策的可操作性。最后，鼓励高校多渠道开展家政教育。政府应采取积极的措施鼓励有条件的职业院校开设家政类专业，鼓励相关院校联合家

政服务机构开展产教研融合，通过教学、科研和社会服务"三位一体"的服务体系，为家庭服务业输送高素质人才和智力支持。

（六）政府推动家庭服务品牌建设，借助品牌的力量规范市场、发展企业

在当前的发展阶段，家政服务业属于进入门槛较低的服务业，由于前置准入的不存在，家政服务业的发展既繁荣，又存在无序的风险。面对这样的阶段性特征，行业要获得长远发展就必须在提升服务的同时加强家庭服务企业品牌建设。政府相关主管部门通过积极实施品牌战略，培育龙头企业，完善"千户百强"等评选机制和企业评价机制，促进家庭服务业产业化发展。

（七）加大家庭服务行业的正面宣传力度

目前，对于家庭服务业的负面宣传比较多，影响了社会对家庭服务业的评价与判断，对行业人才吸引和从业人员的劳动价值带来了负面效应，阻碍了行业发展。针对这种现象，有必要加强正面宣传力度，发挥传统媒体和新媒体的作用，面向社会积极宣传家庭服务业的社会价值与意义，引导社会公众认可、支持、尊重行业及从业人员发展，结合行业自身的能力建设，改善行业及从业人员的社会形象，从而增强家政服务员的行业荣誉感和归属感，为行业发展奠定基础。

# 本章参考文献

［1］李金早．全域旅游大有可为［EB/OL］．http：//travel. news. cn/2016-02/09/c_128710701. htm.

［2］魏小安．全域旅游解析［N］．中国旅游报，2015-12-02（C02）．

［3］石培华．如何认识与理解全域旅游——全域旅游系列解读之一［J］．中国旅游报，2016（4）：2-3.

［4］吴丹洁，黄群慧，苏俊华．绿色发展背景下福建滨海生态旅游发展路径与环境规制研究［J］．贵阳学院学报，2018，13（2）：61-67.

［5］施清．基于钻石模型的福建乡村旅游供给侧改革路径研究［J］．江西科技师范大学学报，2018（4）：50-56.

［6］李霞，彭承丹，杨金林．全域旅游视角下红色旅游开发模式探讨——以福建长汀为例［J］．商丘师范学院学报，2020，36（6）：57-60.

［7］石玉．"清新福建"旅游形象DMO投射与游客感知差距分析［J］．三明

学院学报，2018，35（3）：68-76.

[8] 林育彬，郭伟锋，蓝赛花等."清新福建"视角下养生旅游产品优化研究：武夷山案例［J］. 湖北文理学院学报，2018，39（8）：35-41.

[9] 李锋，陈太政，辛欣. 旅游产业融合与旅游产业结构演化关系研究——以西安旅游产业为例［J］. 旅游学刊，2013，28（1）：69-76.

[10] 谈思，明庆忠，刘宏芳. 旅游业转型、升级特征分析与探讨——以云南省为例［J］. 文山学院学报，2020，33（3）：59-65.

[11] 段正梁，彭振. 旅游企业组织模式创新与集团化发展路径［J］. 旅游研究，2018（3）：8-12.

[12] 王成志. 新时代我国发展优质旅游的必然性与关键问题研究［J］. 旅游学刊，2018（10）：5-7.

[13] 福建省统计局　国家统计局福建调查总队. 福建统计年鉴2020［M］. 北京：中国统计出版社，2020.

[14] 福建省卫生健康委员会. 2016年福建省卫生计生事业发展情况［EB/OL］. http：//wjw. fujian. gov. cn/xxgk/ghjh/jhzj/201705/t20170509_2378227. htm.

[15] 福建省卫生健康委员会. 2019年福建省卫生健康事业发展情况［EB/OL］. http：//wjw. fujian. gov. cn/jggk/csxx/ghyxxc/gzdt/202004/t20200424_5254055. htm.

[16] 中华人民共和国中央人民政府. 国务院关于促进健康服务业发展的若干意见［EB/OL］. http：//www. gov. cn/zwgk/2013-10/14/content_2506399. htm.

[17] 福建省人民政府. 福建省人民政府关于促进健康服务业发展的实施意见［EB/OL］. http：//www. fujian. gov. cn/zwgk/.

[18] 支持社会力量提供多层次多样化医疗服务的实施意见［EB/OL］. https：//www. waizi. org. cn/policy/36849. html.

[19] 中华人民共和国中央人民政府. 中医药健康服务发展规划（2015—2020年）［EB/OL］. http：//www. gov. cn/zhengce/content/2015-05/07/content_9704. htm.

[20] 福建省"十三五"深化医药卫生体制改革规划［EB/OL］. http：//www. xygpl. com/contents/11/10326. html.

[21] 福建省建立完善老年健康服务体系实施方案［EB/OL］. http：//wjw. fujian. gov. cn/xxgk/fgwj/zxwj/202007/t20200715_5323253. htm.

[22] 福建省工业和信息化厅. 福建省人民政府办公厅关于加快推进"互联网+医疗健康"发展的实施意见［EB/OL］. http：//gxt. fujian. gov. cn/xw/ztjj/rmzt/

mqzs/cyzc/201910/t20191023_5074099. htm.

　　［23］国务院 . "十三五"国家老龄事业发展和养老体系建设规划 ［EB/OL］. 中央
人民政府网站，http：//www. Gov. cn/zhengce/content/2017-03/06/content_5173930. htm.

　　［24］国务院 . 国家积极应对人口老龄化中长期规划 ［EB/OL］. 中央人民政府
网站，http：//www. gov. cn/xinwen/2019-11/23/content_5454778. htm.

　　［25］国家发改委 . 关于促进消费扩容提质加快形成强大国内市场的实施意见
［EB/OL］. 国家发改委网站，https：//www. ndrc. gov. cn/xxgk/zcfb/tz/202003/t2020
0313_1223046. html.

　　［26］杨国霞，沈山，孙一飞 . 持续照护社区养老设施构成体系与其配建研究
［J］. 城市规划，2015（12）：73-79.

　　［27］左显兰，张君华 . 虚拟养老院：社区居家养老服务模式的升级 ［J］. 改
革与战略，2013（9）：116-117.

　　［28］罗艳，石人炳 . 虚拟养老院服务质量评价指标体系初探 ［J］. 华中科技
大学学报（社会科学版），2016（5）：123-129.

　　［29］郝金磊 . 虚拟养老服务满意度影响因素研究 ［J］. 广西社会科学，2015
（10）：162-165.

　　［30］高晨晨，周兰姝 . 智能健康管理在老年健康管理领域的研究进展和启示
［J］. 护理研究，2016，30（6）：1281-1284.

　　［31］孙红远 . 家庭结构变化对社区居家养老模式的影响与对策 ［J］. 改革与
开放，2017（1）：81-82.

　　［32］李默，郭锐，赵建 . "互联网+"视角下医养结合养老模式探究 ［J］.
世界最新医学信息文摘，2016（99）：177-181.

　　［33］华罗娟 . 人力资源结构对商贸流通业的影响实证分析 ［J］. 商业经济研
究，2018（19）：23-25.

　　［34］王娟娟 . 新通道贯通"一带一路"与国内国际双循环——基于产业链
视角 ［J］. 中国流通经济，2020，34（10）：3-16.

　　［35］郜宣，亓元 . 基于旅游业嵌入式发展的现代商贸流通体系构建 ［J］. 商
业经济研究，2020（3）：172-174.

　　［36］童馨，王皓白 . 商贸流通业跨区域发展问题与对策 ［J］. 商业经济研
究，2019（20）：147-149.

　　［37］曾川江，刘变玉 . 现代物流业与城镇化发展路径研究 ［J］. 中国市场，
2020（7）：174-175.

　　［38］李猛 . 新时期构建国内国际双循环相互促进新发展格局的战略意义、主

要问题和政策建议 [J]. 当代经济管理, 2020 (10): 1-17.

[39] 依绍华. "双循环" 背景下构建商贸流通体系新格局 [J]. 中国发展观察, 2020 (18): 20-23.

[40] 黄阳平, 黄浩等. 福建省现代服务业发展研究报告 (2016) [M]. 北京: 经济科学出版社, 2016.

[41] 张帆. 福建文化产业发展现状及前景 [J]. 福州党校学报, 2019 (1): 38-42.

[42] 何敏. 金融服务文化产业发展的典型模式探讨——以福建省为例 [J]. 人文天下, 2018 (22): 69-73.

[43] 浙江省人民政府办公厅关于印发浙江省文化产业发展 "十三五" 规划的通知 [J]. 浙江省人民政府公报, 2016 (Z5): 21-43.

[44] 福建省体育局. 福建省体育局印发 《福建省关于促进体育产业高质量发展的若干措施》 的通知 [EB/OL]. http://tyj.fujian.gov.cn/gkml/zcfg/201905/t20190516_4877335.htm.

[45] 李章. 供给侧改革视角下我国体育产业发展问题研究 [J]. 体育风尚, 2020 (10): 295-296.

[46] 陈亦然. 福建体育产业人才开发的现状问题及对策 [J]. 人才资源开发, 2020 (14): 18-20.

[47] 黄珍珍. 福建省文化系统人才现状与发展对策 [J]. 中国人事科学, 2019 (7): 78-88.

[48] 张郑权. 数据霸权背景下传统媒体面临的挑战和未来发展 [J]. 科技传播, 2020, 12 (20): 102-104.

[49] 赵东明. 我国体育产业发展存在的主要问题及其解决策略研究 [J]. 当代体育科技, 2020, 10 (14): 199-203.

[50] 福建省出台 "十三五" 文化改革发展专项规划. 中央政府门户网站 [EB/OL]. http://www.gov.cn/xinwen/2016-06/10/content_5080850.htm.

[51] 陈思达. 关于城市文化产业发展方向的探讨——以福州市为例 [J]. 成都师范学院学报, 2018, 34 (8): 111-118.

[52] 国家文旅部公布: 莆仙戏 《踏伞行》 入选! [EB/OL]. https://www.sohu.com/a/406305567_100218209.htm.

[53] 福建: 实施一二三产业 "百千" 增产增效行动 [EB/OL]. http://www.taihainet.com/news/fujian/gcdt/2020-04-28/2379461.html.

[54] 管宁. 把握文化自信内涵, 推进文化产业发展 [J]. 学术评论, 2018

（1）：59-64.

[55] 福建省家庭服务业近年发展概况 [J]. 家庭服务，2018（8）：12-13.

[56] 助推家庭服务业规范化职业化发展 [J]. 中国妇运，2016（6）：34-36.

[57] 杨生文，于海洋，许婕，孙棋童. 福建家服业：用品牌家服打造精准服务 [J]. 家庭服务，2018（8）：10-11.

[58] 马各，言午. 福建省家庭服务业探索突破之路 [J]. 家庭服务，2015（12）：10-12.

[59] 冯丽. 我国家庭服务业发展中的政府角色问题与对策 [D]. 湖北大学硕士学位论文，2012.

[60] 温福星，高彤彤. "互联网+"背景下家庭服务业的市场调查和发展研究——以"e家政"App为例 [J]. 营销界，2020（5）：51-52.

[61] 陈伟. 关于家庭服务业发展的思考与建议 [J]. 四川劳动保障，2019（12）：14-15.

[62] 中国银保监会. 加强对养老、家政、托幼等社区家庭服务业的金融保险服务 [A]. 中国养老金融50人论坛. 2019年养老金融文集汇编（上）[C]. 中国养老金融50人论坛，2019：1.

[63] 厦门市人民政府办公厅关于印发家政服务业提质扩容"领跑者"行动方案（2020—2022年）的通知 [J]. 厦门市人民政府公报，2020（12）：30-33.

[64] 王李宁. 妇幼健康产业发展趋势研究 [J]. 财经界（学术版），2020（17）：28-29.

[65] 李黄珍，于海洋. 菲律宾：政府推动家庭服务行业人才培养 [J]. 家庭服务，2020（4）：24-26.

[66] 李黄珍，于海洋. 法国：将家庭服务行业人才培养纳入高等教育、职业教育 [J]. 家庭服务，2020（4）：21-23.

[67] 熊筱燕. 家庭服务企业如何契合人民美好生活需要 [J]. 家庭服务，2020（4）：60-61.

[68] 张焱. 我国家政行业标准化发展趋势及对策分析 [J]. 家庭服务，2019（12）：40-45.

[69] 瑞红. 发展社区家庭服务业大有可为 [J]. 劳动保障世界，2019（34）：40-41.

[70] 吴学强. 发展生活性服务业　促进产业转型升级 [N]. 福州日报，2019-11-11（004）.

[71] 黄玲玲，张帆，严凯. 一种基于互联网大数据的家政服务平台 [J]. 科

技经济导刊，2020，28（1）：48.

［72］盛会. 互联网家政不能游离于监管之外［N］. 内蒙古日报（汉），2018-08-06（010）.

［73］赵炳富. 家政市场的服务需求对从业者能力结构的影响研究［J］. 科教文汇（中旬刊），2020（10）：189-190.

［74］柴倩云，李尧磊. 高职院校开展农村妇女职业培训的研究与实践［J］. 职业教育研究，2020（10）：29-33.

# 第四章

---

# 分区域现代服务业发展研究报告

## 第一节　福州市现代服务业发展研究报告

### 一、福州市现代服务业的发展现状

#### （一）总量不断提升

"十三五"期间，福州市服务业增速较快，总量不断提升，对福州市经济与社会发展的支撑和拉动作用日益突出。

2016~2019年，福州市地区生产总值、第一产业、第二产业、第三产业平均增速分别为8.4%、3.57%、7.25%、10.04%。2019年，福州市实现地区生产总值9392.30亿元，比上年增长7.9%。[①] 其中，第一产业增加值526.47亿元，增长3.8%；第二产业增加值3830.99亿元，增长7.8%；第三产业增加值5034.84亿元，增长8.3%。三次产业增加值占地区生产总值的比重，第一产业为5.6%，第二产业为40.8%，第三产业为53.6%。全年人均地区生产总值120879元，比上年增长6.9%，具体见表4-1。2016年福州的三大产业结构比为6.53∶42.95∶50.52，2019年三大产业结构比已提升为5.61∶40.79∶53.61。

---

① 如未特别说明，数据均来源于福州市统计局、《福州市统计年鉴2020》《2019年福州市国民经济和社会发展统计公报》。

表 4-1   2016~2019 年福州市地区生产总值及增速

单位：亿元，%

| 年份 | 2016 | | 2017 | | 2018 | | 2019 | |
|---|---|---|---|---|---|---|---|---|
| 指标 | 总值 | 增速 | 总值 | 增速 | 总值 | 增速 | 总值 | 增速 |
| 地区总值 | 6491.54 | 8.4 | 7503.69 | 8.7 | 8516.09 | 8.6 | 9392.30 | 7.9 |
| 第一产业 | 423.93 | 2.5 | 461.22 | 3.8 | 494.93 | 4.2 | 526.47 | 3.8 |
| 第二产业 | 2788.34 | 8.1 | 3099.78 | 5.6 | 3498.50 | 7.5 | 3830.99 | 7.8 |
| 第三产业 | 3279.26 | 9.6 | 3942.69 | 12.2 | 4522.66 | 10.1 | 5034.84 | 8.3 |

资料来源：《福州市统计年鉴 2020》。

2019 年 1~12 月，全市规模以上服务业实现营业收入 1809 亿元，同比增长（下同）23.5%，增速较上年同期提高 11.8 个百分点，高于全省平均水平 8.5 个百分点，居全省第二位。从增幅看，在 33 个行业大类中，有 28 个行业大类保持增长。其中，科技推广和应用服务业、道路运输业、文化艺术业、社会工作、邮政业、商务服务业、研究和试验发展、租赁业 8 个行业的增幅高于全市平均水平；3 个行业大类增幅高于 90.0%，其中，科技推广和应用服务业实现营业收入 9.55 亿元，增长 111.1%；道路运输业实现营业收入 281.76 亿元，增长 92.2%；文化艺术业实现营业收入 2.53 亿元，增长 90.2%。从营收规模看，重点行业发展良好。在 33 个行业大类中，有 5 个行业大类营业收入超百亿元，营业收入较上年同期均有所提高，其中，3 个行业大类营业收入超过 200 亿元。商务服务业实现营业收入 377.96 亿元，增长 41.0%；道路运输业实现营业收入 281.76 亿元，增长 92.2%；软件和信息技术服务业实现营业收入 279.94 亿元，增长 10.4%。

2020 年以来，福州市统筹推进疫情防控和经济社会发展，随着纾困助企政策措施的落地生效，服务业总体复苏步伐加快，新动能持续发力，行业回升势头更加明显。1~8 月，全市规模以上服务业实现营业收入 1253.45 亿元，同比增长 6.2%，增幅分别高于全省、全国平均水平 8.7 个和 2.4 个百分点。

主要行业逐步回暖。2020 年 1~8 月，重点行业快速发展，支撑作用明显。在 34 个服务业行业大类中，商务服务业等 18 个行业大类保持增长，其中，12 个行业呈两位数增长。规模以上服务业中营业收入占比和贡献率较大的商务服务业、软件和信息技术服务业、专业技术服务业和多式联动与运输代理业均保持较快增长，增速分别为 10.5%、10.1%、23.1% 和 38.9%；企业负增长面 44.1%，比 1~6 月收窄 3.2 个百分点。

新经济内生动力不断释放。2020 年 1~8 月，高技术服务业增长 11.6%。数字经济、平台经济相关行业、人力资源服务、快递服务、货运代理等行业营业收入同比增长迅速。互联网信息服务、互联网数据服务、集成电路设计、信息系统集成和物联网技术服务、数字内容服务等行业增幅均超过40%；互联网生产服务平台、互联网公共服务平台等行业增幅均超过50%；人力资源服务增长24.8%；快递服务增长25.6%；运输代理业增长39.8%。

"双百双千"企业强势发力。2020年1~8月，全市408家规上"双百双千"增产增效专项行动重点服务业企业共计实现营业收入480.29亿元，增长50.1%，对规上服务业营业收入贡献率218.8%，拉动规上服务业增长13.6个百分点。

## （二）结构趋于优化

随着经济的不断发展，福州市第三产业内部结构也逐步优化，这一优化主要体现为传统服务业比重下降，现代服务业比重上升。全市交通运输仓储邮政、批发零售、住宿餐饮等传统服务业占第三产业比重下降，从2016年的30.28%，下降为2019年的27.52%；而金融业、房地产业等现代服务业占第三产业比重提高，从2016年的30.99%提升至2019年的32.59%，具体见表4-2。

表4-2  2016~2019年福州市服务业内部各行业增加值占比

单位：%

| 年份 | 批发零售 | 交通运输仓储邮政 | 住宿餐饮 | 信息技术 | 金融 | 房地产 | 租赁商务 | 科技服务 | 水利环境 | 居民服务 | 教育 | 卫生 | 文体娱乐 | 公共管理 |
|---|---|---|---|---|---|---|---|---|---|---|---|---|---|---|
| 2016 | 19.86 | 7.03 | 3.39 | 4.70 | 20.07 | 10.92 | 7.05 | 5.53 | 0.85 | 2.00 | 6.13 | 2.89 | 1.20 | 7.18 |
| 2017 | 19.33 | 7.16 | 3.02 | 4.57 | 20.22 | 11.51 | 8.24 | 4.05 | 0.85 | 2.31 | 5.55 | 3.26 | 1.21 | 8.01 |
| 2018 | 18.76 | 6.43 | 2.95 | 5.79 | 19.54 | 12.34 | 8.09 | 4.66 | 0.48 | 3.46 | 5.15 | 3.04 | 1.67 | 6.89 |
| 2019 | 18.49 | 6.25 | 2.78 | — | 19.97 | 12.62 | — | — | — | — | — | — | — | — |

资料来源：根据《福州市统计年鉴2020》相关数据计算。

总部经济、现代物流、软件服务、现代金融、文化创意等产业成为拉动福州经济发展的重要增长点。大数据、云计算、VR、物联网、数字创意等产业发展迅速，跨境电商、众创平台、互联网金融、新零售等新业态、新模式不断涌现，已成为服务业发展的热点和重点。总体上看，福州市服务业内部结构不断高级化和合理化。

## （三）载体逐渐完善

一方面，福州城市中心城区"东进南下、沿江向海"的空间发展战略格局已经形成,服务业发展的空间载体也逐渐完善,呈现出服务业向各中心城区集聚、服务业企业向服务业集聚区集聚的"双集聚"现象。福州台江北江滨中央商务区、鼓楼五四路高端商务集聚区、海峡金融商务区以及台江万宝商圈、泰禾商圈、万达商圈等建设日趋完善,一批空间布局合理、功能特色鲜明、辐射带动力强的商业贸易、商务服务、软件开发、信息服务、金融服务、旅游综合开发等产业集聚区基本形成,服务业发展的空间载体建设成效明显。

另一方面,福州新区服务业主要集聚于三江口的核心区,其他地区呈现散点分布特征,整体上呈现"核心集聚,边缘分散"的空间特征,多类型和单类型专业化服务空间集聚交织发展。受到交通区位、社会经济、政府政策等因素的影响,服务业商业网点分布状态不仅对本地具有直接的影响,对周边地区还具有明显的"虹吸效应"。

总之,福州市服务业商圈开始逐步从中心城区向外围扩展,要素流动的集散枢纽功能得到进一步提升,现代服务业发展的空间载体建设成效明显。

## 二、福州市现代服务业发展存在的突出问题

### (一) 竞争力较弱

福州拥有"海丝"核心区、自由贸易区、两岸经济合作示范区多区叠加优势,近年来现代服务业发展势头良好,但是在纵向历史改善的同时,福州在横向城市比较中却相对弱势,且这种差距没有明显缩小的迹象,竞争力较弱。

2016~2019年,福州市服务业GDP占比虽然持续提高,但是对GDP的贡献率却有波动,具体见表4-3。

表4-3 2016~2019年福州市服务业GDP占比及贡献率　　　单位:%

| 年份 | 2016 | 2017 | 2018 | 2019 |
|------|------|------|------|------|
| 占比 | 50.26 | 52.54 | 53.11 | 53.61 |
| 贡献率 | 61.6 | 63.8 | 54.9 | 55 |

资料来源:《福州市统计年鉴2020》。

2019年,东部沿海省会城市杭州、广州、南京、济南服务业的增加值分别是福州市的2.02倍、3.36倍、1.73倍和1.16倍;福州服务业增加值占GDP的比重与这些城市相比还存在一定差距,是这6个城市中占比最低的。从省内看,福州服务业增加值虽然高于厦门,但在比重上却低于厦门近5个百分点,具体见表4-4。

表4-4　2019年沿海主要城市服务业主要指标比较

单位：亿元，%

| 城市 | 济南 | 厦门 | 福州 | 杭州 | 广州 | 南京 |
|---|---|---|---|---|---|---|
| 服务业增加值 | 5835.10 | 3474.56 | 5034.84 | 10172.00 | 16923.23 | 8699.47 |
| 占GDP比重 | 61.79 | 57.96 | 53.61 | 66.17 | 71.62 | 62.01 |

资料来源：服务业增加值源自《福州市统计年鉴2020》，服务业占比根据《福州市统计年鉴2020》相关数据计算。

究其原因，主要由于福州现代服务业资源缺乏整合。福州具有全国影响力和行业整合能力的龙头型现代服务业载体和重点企业不多，缺少有竞争实力的大企业集团带动，规模聚集引领效应不强。市区经营的连锁品牌基本都来自省外、国外，主要的驰名商标的行业都集中在传统服务业，科技含量高的创新型服务行业的品牌甚少。从区位布局看，福州市现代服务业多集中在市辖区，县域结构不尽合理、发展水平较低，辐射带动作用与杭州、南京等省会城市相比存在较大差距，在一定程度上弱化了整体竞争力。

### （二） 结构有待优化

近年来，福州市现代服务业加快发展，比重有所上升，但服务业内部结构不合理，产业结构不清晰，定位不突出，服务层次较低，尤其传统服务业比重仍然偏大，而具有高知识含量和高附加值的现代服务业比重较小，对服务业的拉动作用不强。

从2016~2019年福州服务业内部各行业增加值占比变化情况来看（见表4-2），占比排前三位的分别是金融、批发零售和房地产。传统的批发零售业依然占据重要地位，具有相对优势；房地产呈上升趋势，具有显著优势地位；占比最低的服务行业是水利和文体娱乐，增长缓慢甚至出现下滑，竞争力较弱。

总之，在福州服务业中，批发和零售业、租赁商务、交通运输仓储和邮政业、住宿和餐饮业等传统服务业增加值占比仍然较高，而代表现代服务业发展方向的信息技术、科技服务和文体娱乐业等发展仍然较为滞后。虽然近年来新模式、新业态不断涌现，但福州现代服务业的结构仍有待进一步优化。

### （三） 成本不断攀升

福州现代服务业成长能力较低，尚未实现赶超、跨越式的发展，这在一定程度上与土地、资金、人力等生产要素成本上升有关。

首先，征地成本上升。土地资源紧张成为制约福州市现代服务业发展的重要瓶颈。其次，劳动力短缺。现代服务业的发展需要高端、专业人才作为支撑，然而人力资源长期以来都是福州的稀缺要素，特别是现代服务业急需的创意型、技术型、综合型顶尖人才严重匮乏。同时，福州市部分专业和高端人才容易流失，缺乏留住优秀人才的宏观环境。这将导致福州现代服务业科技含量不高，产业化程度较低，自主创新能力偏弱。再次，融资渠道单一。福州为现代服务企业提供服务的金融机构不足，融资成本不断攀升。随着内外资政策并轨和产业结构的调整，利用外资政策红利趋于弱化，发展中国家加大引资力度，发达国家鼓励资本回流，实际到资难度加大。最后，中介服务机构缺乏，服务质量不高。这就使得现代服务企业在降低经营成本和交易费用方面更为受限。

总之，随着商务成本不断攀升，企业效益受到一定影响，从而影响了现代服务业的发展。

## （四）环境不够宽松

福州服务业缺乏自我发展机制，改革开放步伐相对缓慢，政府依赖路径明显，存在比较突出的体制障碍，主要表现在市场准入限制较多和行业垄断性较强两个方面。

一方面，市场准入限制较多。现代服务业的一些领域，市场准入范围狭窄，行业进入门槛较高，将绝大多数潜在投资者拒之门外。有些领域甚至连其他行业的国有企业也难以进入，尤其是通信、金融、教育、医疗保健等行业。同时，与制造业相比，服务业发展的政策待遇也偏低。

另一方面，行业垄断性较强。民航、铁路、金融保险、科研技术、电信电力、广播电视等行业以及地方公用事业存在着不同程度的部门或行业垄断，缺乏竞争导致服务业产品价格偏高，质量偏低，企业经营效率低下。

另外，服务业同一行业的不同所有制企业在投融资、土地使用、税收和对外贸易方面还享受不到同等待遇。现代服务业管理中存在条块分割和交叉管理的现象，存在不配套、不衔接甚至自相矛盾的地方，行政执法中存在重复检查、重复收费等现象，这也在很大程度上抑制了现代服务业的快速发展。

总之，福州大力发展服务业的指导思想还有待进一步明晰，政策引导鼓励力度有待进一步加大，发展环境有待进一步开放，这样才能更好地解决"进入难、改制难、协调难"等问题。

# 三、福州市现代服务业的发展趋势

在福州充分发挥省会优势、区位优势和交通优势，以及充分利用自贸区、国家级新区、"海丝"核心区、生态文明先行示范区等"多区叠加"优势的带动下，随着服务业供给侧结构性改革的不断深化，福州"调结构"将取得积极成效，将释放出强大的经济发展动力，现代服务业发展态势良好，发展潜力较大。

## （一）发展态势良好

一方面，福州市积极贯彻国务院出台的《关于加快发展服务业的若干意见》《关于加快发展服务业若干政策措施的实施意见》等政策，并相继出台《福州市现代服务业发展专项规划（2011—2015年）》《关于加快发展现代服务业的意见》《关于加快发展社区服务业的实施方案》《推动服务业跨越发展行动计划（2017—2018）》《福州市"十三五"服务业发展专项规划》《福州市服务业跨越发展升级版工作方案（2018—2020）》等文件，目前正在推进《福州市"十四五"服务业发展专项规划》工作，将服务业发展提到前所未有的战略高度。

另一方面，作为省会中心城市，福州市发展服务业具有明显的资源和区位优势。福州自贸区福州片区、国家生态文明试验区、福州新区、"海丝"核心区、国家级自主创新示范区"多区叠加"为服务业发展带来了广阔的空间和前景，是福州市发展现代服务业的独特优势。毋庸置疑，随着改革开放的深入推进，福州市现代服务业发展态势良好。

## （二）发展潜力较大

首先，福州市基础设施建设逐渐完善，交通运输承载能力不断提升，城乡综合环境持续改善。近年来，福州市大力投资路网、管网、空港及交通信息化平台建设，基础设施日趋完善，中心城区面积不断扩大。1号线延伸段、4号线、5号线、6号线、滨海、机场二期工程等一批基础设施项目的建设，共同构筑起市区环形放射状路网和现代化陆海空综合交通网络。完善的交通路网、智能化的城市基础设施，为提高现代服务业辐射能力奠定基础。

其次，服务业空间布局不断优化，集聚效应增强，新业态、新模式不断涌现，发展动力不断增强。比如，由于开发挖掘相对不足，福州独特的闽越文化资源等常常被忽略。对这些传统文化资源进行保护与开发，将其转化成福州的文化旅游资源，有着巨大的发展潜力。

再次，服务业综合改革试点工作初见成效，示范引领作用显著。从2010年福州鼓楼区获批开展国家服务业综合改革试点以来，福州鼓楼区立足省会中心城市的资源禀赋优势，大胆创新服务业体制机制，以服务业综合改革试点为动力，在发展新兴业态、提升载体品质、优化服务环境等重点领域探索转型发展新路径，形成了一系列可复制、可推广的服务业改革的"鼓楼经验"，并被国家发改委列为服务业综合改革示范典型，成为全省乃至全国省会核心城区服务业发展的示范标杆。

又次，滨海新城建设启动，服务业提升发展迎来重大机遇。作为福州新区发展的核心引擎、福州城市发展的主攻方向，福州滨海新城建设坚持高端产业与现代化城市协同共进、互动发展，致力于打造数字经济示范区，为福州市服务业提升发展带来了广阔的发展空间和良好的发展前景。

最后，福州新型城镇化的快速推进衍生出对生产性与生活性服务业的巨大需求，成为现代服务业发展的强大内生动力。近年来，福州周边大量农村剩余劳动力涌向福州，成为餐饮、商贸、家政等服务行业的就业主力军。同时，福州市广阔的农村生活性服务业市场还有待开发，拥有消费意愿与需求的人口众多，市场潜力巨大。

## 四、福州市现代服务业发展的重点领域及空间布局

福州市要以服务业集聚发展为重点，根据城市产业分布的一般规律，结合福州功能区规划，依托产业发展带和交通枢纽设施，拉开产业布局框架，整合空间资源和发展要素，进行现代服务业空间布局。

### （一）重点领域

（1）金融服务业。充分利用省会中心城市优势和福州"多区叠加"政策的"虹吸效应"，持续推进"引金入榕"，推动金融机构集聚，促进金融资源优化配置，提高金融服务实体经济效能。例如，依托中国香港、台湾地区成熟的金融市场，在国家政策允许下探索人民币资本项目可兑换、人民币跨境使用、互联网金融发展、金融服务业开放等金融创新，发展国内金融业所不能设计或性价比比较差的金融产品的开发和营销，拓展面向台湾地区的特色金融，从而吸引台湾地区金融机构进驻。发展跨境人民币贷款业务和双向资金池业务，尝试拓展台湾地区银行人民币资金运用渠道，推动在台湾地区的人民币回流，积极建设两岸人民币清算中心，打造两岸金融创新合作示范区。

（2）软件和信息服务业。持续建设"中国软件特色名城"，推动软件产业高质量发展，做强特色软件产业集群。进一步完善软件产业相关政策支撑体，完善软件园区载体平台建设，重点抓好大数据、区块链、物联网、智慧云、互联网经济等产业，全面夯实发展基础，加快软件产业提速换挡。

（3）旅游服务业。首先，以"全域化、优质化、特色化、人本化"为导向，以创建国家全域旅游示范区为载体，进一步推动福州全域旅游发展，打响"闽都

文化、温泉养生、滨江滨海、清新生态"四大旅游品牌，将福州建成国际国内重要的休闲、养生、度假旅游目的地之一。在发展温泉旅游的时候应注意进行个性化创新开发，避免同质化。例如，可以尝试打造集亲子休闲娱乐、养生保健、商务会议于一体的多元化经营模式，也可以尝试打造具有福州民俗特色的温泉旅游经营模式。其次，打造具有世界性影响力的闽都文化产品"两山两塔两街区"，加快推进中国船政文化城建设、上下杭历史文化街区文旅项目落地和烟台山历史地段的修复与开发，整合福州"都市+郊区"全域温泉旅游资源，延伸温泉养生旅游产业链。最后，整合福州近郊农家乐短途旅游资源，避免因为经营模式单一、营销手段有限等因素带来的生存危机。可以定期举办特色主题活动吸引游客，也可以借鉴省外经验发展生态渔村、乡村酒店、乡野牧场、特色采摘园等。

（4）物流会展业。一方面，进一步完善物流设施网络，加快罗源湾港区可门作业区、江阴港区壁头作业区和机场第二轮扩能工程建设，做大航空物流和港口物流。加快物流标准化、信息化建设，推动马尾冷链物流规模化、集约化，打造具有远洋特色的海港冷链物流城。建议推广"物流+制造"模式，分离外包物流、仓储配送等业务，在满足企业生产供给的同时，充分利用物流企业仓配一体化专业优势，降低企业仓储用地、物流运输、人工等各项成本。放宽大型物流企业小额贷款资质，推进物流企业开展供应链金融服务，有助于物流企业吸引、稳定客户群，实现共享共赢。另一方面，引进知名会展企业，做大会展规模，办好传统会展，培育新兴专业展，提升本土品牌展，推动会展业快速发展。

（5）公共服务业。扩大开放领域，引入竞争机制，鼓励和引导各类资本投向文化教育、家政服务、医疗服务、健康养老等公共服务业领域，实现投资主体多元化，增强公共服务业供给能力。例如，积极推进台湾地区医疗资源落地福州，包括引进台湾地区专业医疗机构入驻，允许台湾地区医疗专业技术人员按照祖国大陆职业管理规定从事医疗相关活动，进一步优化从台湾地区进口部分保健食品、医疗器械、中药材的审批程序等。再如，建立覆盖全体人群、全生命历程的大健康服务体系。开展居家和社区养老服务改革试点工作，推进"互联网+"智慧养老。在互联网日渐成熟的当下，政府要鼓励各大三甲医院率先开展互联网医疗，开展远程医疗、网络医疗咨询服务。逐步将互联网医疗模式推广至福州市各级医疗机构，未来可以让患者足不出户共享各大医院的医疗资源。

## （二）空间布局

福州根据城市产业分布的一般规律，构筑"两核集聚、三轴展开、五区叠加"的现代服务业空间布局。

（1）主城新区双核集聚。主城核心区包括鼓楼区、台江区、晋安区和仓山区

（金山片区），是服务功能的主要承担者和服务业的主要集聚区，对全市服务业发展起着引领、带动作用。新区核心区包括三江口、闽江口和长乐滨海新城，是福州中心城区"东进南下、沿江向海"空间发展战略的重要拓展空间。当前福州新区的生活性服务业主要集中于核心区，需在企业密度、城镇化水平较高的滨海新城、闽江口组团、福清湾组团等加快布局服务业发展要素，进一步发挥新区先行先试政策引导作用，鼓励多方参与优质服务业供给，以满足居民、工作群体对消费升级的需求。通过双核共同推动形成福州市服务业和高端服务业集聚高地，逐步构建沿江向海的区域高端服务集聚带，支撑福州跨越发展。

（2）沿江、沿海、沿地铁三轴展开。①沿江发展轴。沿江发展轴以中心城区为起点，闽江、乌龙江为依托，向东发展至长安、琅岐和机场周边区域，向西可拓展至甘蔗、闽清等地区，重点发展城市公共服务、旅游服务等产业。②沿海发展轴。沿海发展轴北起罗源湾，经可门、大官坂、长安、琅岐、长乐国际机场、滨海新城、元洪投资区到江阴港区。沿海发展轴要逐步拓展，形成集商务、商贸、旅游、文化于一体的现代服务业走廊。③沿地铁发展轴。福州地铁沿线商业开发正成为投资的热点。福州应发挥福州航空港、海港、高铁等交通运输优势，充分利用交通区位影响服务业的"虹吸效应"，大力发展临港与港航服务业。

（3）国家级自主创新示范区、福州新区、自贸区福州片区、"海丝"核心区、国家生态文明试验区五区叠加。①发挥国家级自主创新示范区的辐射带动作用。拓展新城区、提升主城区、做大做强中心城区，带动周边"卫星城"县域服务业发展，构建网络状多组团、多功能、多层次的现代服务业体系。②推进福州新区开放开发。要发挥新区科技、人才、资本等方面的聚集效应和资源整合能力，促进新老城区协调发展、整体提升。积极动员各方面力量，参与新区建设，形成全社会支持新区建设的良好氛围。③福州自贸区着力先行先试。福建自贸区福州片区（包括福州经济技术开发区和福州保税港区）是福州服务业潜在核心区。要从制度建设和运作方式上加快与国际接轨，全面实行准入前国民待遇加负面清单管理模式和综合监管制度，建立"一站式"办结审批机制。统筹好自贸区各类信息化平台建设，加强自贸区与周边区域对接合作，扩大政策外溢效应。④打造21世纪海上丝绸之路合作平台。积极融入国家"一带一路"倡议，建设21世纪海上丝绸之路核心区互联互通的重要枢纽、经贸合作的中心基地和人文交流的重点地区，打造联通东盟、对接台湾地区、辐射内陆的战略枢纽城市。⑤完善国家生态文明试验区，优化现代服务业的营商环境。

## 五、推动福州市现代服务业发展的政策建议

### （一）完善管理机制

一是统筹整合相关部门管理职能，强化现代服务业发展战略规划。借鉴其他地区的统筹经验，做好福州现代服务业统筹发展的顶层设计。充分依托区位优势，从战略高度进一步明确福州现代服务业发展的方向、目标、任务与措施，科学统筹资源，科学处置产业各个系统的关系。同时，要注重符合福州现代服务业的发展实际，注重规划的前瞻性、可操作性以及可持续性。

二是进一步简政放权，深化行政审批制度改革，提升政府服务水平。积极开展国家服务业综合改革试点，鼓励对内对外开放、投融资、土地管理、行政管理和社会管理等体制机制改革创新"先行先试"。协调有关部门下放部分市级和县级经济管理权限，打通审批服务"最后一公里"。强化行政服务中心、市民服务中心改革创新，建立更加高效便捷的服务平台，进一步提升统筹管理能力和服务水平。

三是提高监管部门服务能力，完善诚信建设体系。健全企业及从业人员诚信档案，建立现代服务业统计动态监测平台，通过信息服务平台共享从业人员信息库，强化税务、财政、工商、统计等数据资源共享、分析研究，为提升福州市现代服务业发展竞争力提供大数据支持和科学决策咨询建议。加强行业监察执法力度，建立服务业发展的预警、预测和信息发布制度，完善服务业发展绩效考核制度，加强知识产权和品牌保护。

### （二）强化要素保障

（1）土地保障。现代服务业要发展，产业用地保障是关键。政府在土地总体规划和城乡建设规划中应科学考虑现代服务业用地需求，帮助产业园区做好国土空间规划编制，合理确定产业用地占比，盘活园区现有存量用地，拓展产业发展空间。对符合国家产业政策、土地利用总体规划的现代服务业建设项目，在年度计划用地指标上给予倾斜，畅通绿色通道，加快审批进度。鼓励有条件的县（市）区把实施城镇规划和旧城改造中收购储备的存量土地优先用于发展现代服务业。政府还应该通过优化道路系统和功能配套等，为改善园区区位条件、提升环境质量提供空间支撑。

（2）人才保障。应加大高端人才培养引进力度，优化人才创新创业环境，激发创新活力和创造潜能。一方面，大力引进服务业高端人才。政府要大力落实福州服务业的人才引进方案，鼓励国内外相关方面的高管、专家、学者等来榕工作。

对于海外高层次留学人才和留学人员创业团队以自有专利、专有技术、科研成果来榕创业的，可给予创业资助，在住房安置、子女入学等方面按有关文件予以就高标准照顾。另一方面，整合优化福州市的高校资源，加强重点学科与紧俏专业的培养和建设，促进地区发展计划项目、企业等与高校对接，实现科研成果指导和推动现代服务业发展。积极组织实施服务人才能力培训工程，重点吸引一批跨国公司、国内外著名培训组织建立培训机构，分门别类对服务业高级管理人才和高层次专业技术人才实施专门培训，提高在职人员的业务水平。

（3）资金保障。在金融服务方面，继续深化金融服务实体经济改革，进一步完善企业征信、授信体系，建设针对现代服务业类企业的信用体系。逐步健全资本市场体系，为企业上市融资创造良好环境。鼓励支持服务业企业到资本市场直接融资，协调解决上市后备企业在产权、土地、规划、资产重组等方面的困难和问题。鼓励和支持各法人金融机构入驻福州，鼓励社会资本进入金融领域。鼓励企业在债券市场发行集合债、私募债、中期票据等债券，扩大直接融资规模。推动场外市场与银行合作，开拓股债结合、投贷联动等融资方式。同时，促进民间金融规范发展，并做好金融风险的防范。

### （三）优化营商环境

（1）完善政策"软"环境。目前，福州市已出台和制定的降低企业运营成本的法规、政策还比较分散，影响力度不够，比较缺乏长期效应。诸多行业还需根据具体发展的需要进一步制定和出台更具体的发展规范和实施措施，促进现代服务业的持续发展。特别是在新冠肺炎疫情期间，应规范精简各项规费，加快完善现代服务业用水、用气、用电与工业企业同价政策，减轻受困企业税费负担。例如，认真落实国家对交通运输、快递等物流业的阶段性减税降费政策。落实减免中小企业房租相关政策，对承租国有经营性房产的交通运输现代服务业中小企业，可以免收或减半收取3个月房租，或者延期收取租金；鼓励其他业主为企业减免租金。

（2）提升基建"硬"环境。加快新型城镇化建设进程，推进农业转移人口市民化，科学规划市区与县域产业协调联动发展，在深度和广度上拓展现代服务业发展空间。提升鼓楼五四路高端商务集聚区、海峡金融商务区和台江北江滨中央商务区等一批现有服务业集聚区，启动建设福州滨海新城 CBD、东二环晋安湖 CBD、江南 CBD 等一批新的中央商务区，培育提升福州软件园、福州高新区、物联网产业园、东南大数据产业园、福建跨境电商产业园等一批特色服务业集聚区。加快补齐城乡基础设施建设"短板"，打通城乡现代服务业要素和服务双向流通的"最后一公里"。培育打造一批服务业特色小镇，力争通过3~5年的努力，基本建成 20 个左右市级以上（含市级）服务业特色小镇。完善相关综合服务功能，加快提升城市经济社会发展的综合承载能力，建设宜居城市。

### （四）实施名牌战略

进一步整合资源，形成合力，加强项目和服务业商圈的推进制度建设，抓紧抓实一批大项目、好项目，重点扶持服务业领域的技术创新、业态创新和商业模式创新项目。大力培育本土领军企业，鼓励服务业企业规模化、品牌化发展；鼓励有实力的企业"走出去""请进来"，吸引一批新企业总部集聚福州市；支持企业跨区域兼并重组，提高产业集中度。建立现代服务业 50 强评选发布制度和龙头企业评选培育机制，每年由市政府通报表彰，优先推荐其争取国家和省各类支持。建立服务业龙头企业对口联系制度，及时协调解决企业发展中的问题。支持品牌企业进入资本市场，对有条件直接上市的企业予以积极培育和扶持。总之，依托品牌发展战略，不断扩大品牌影响力，避免低值化、同质化竞争，促进服务业企业良性发展。

### （五）推进标准建设

理顺各相关职能部门的管理体制，明确综合协调机构和职能，建立统一的政策标准。一方面，建立公平开放透明的市场规则，实行统一的市场准入制度。降低交通、通信、金融等行业的前置准入条件，在更广范围内实现国民待遇，各类市场主体依法享有平等准入机会，吸引国际高端先进要素，激活市场主体，优化服务业市场发展。另一方面，规范现代服务业管理，加快重点服务业标准的制定和实施，健全行业组织，推动统一开放、竞争有序的市场环境建设。细化和完善现代服务业发展指导目录，明确鼓励类、限制类和禁止类行业。发挥政府、行业协会和企业联动作用，形成较为完备的服务行业规范、服务标准监管体系，维护现代服务业的公平竞争和市场秩序。努力探索促进现代服务业集聚发展的体制机制，通过规范管理、探索发展和创新实践，不断完善福州现代服务业发展的政策保障。

## 第二节　厦门市现代服务业发展研究报告

现代服务业发展对于推进产业转型升级，实现经济高质量发展具有重要意义。"十三五"时期，厦门市高度重视现代服务业发展，在推进现代服务业发展中取得明显成效，但仍然存在一些问题。本节分析了厦门市现代服务业发展状况，剖析厦门市现代服务业发展中存在的问题及今后的发展重点和空间布局，最后对更好地推进厦门市现代服务业发展提出若干建议。

# 一、厦门市现代服务业发展现状

"十三五"期间，厦门市高度重视现代服务业发展，把加快现代服务业发展作为推进经济结构战略性调整的重要抓手，现代服务业整体上保持了良好的发展势头，为实现厦门经济高质量发展提供了强大支撑。信息服务、金融服务、现代物流、文化旅游等支柱服务业地位进一步巩固，电子商务、服务外包、研发设计、商务服务等特色服务快速发展，检验检测、节能环保、专业服务、电子商务等新兴服务业进一步壮大。在全面实施美丽厦门和建设高质量、高颜值现代化国际化城市发展战略推动下，2019 年，厦门市现代服务业实现增加值 3474.56 亿元，占当年 GDP 比重达到 58%，现代服务业对经济的拉动能力稳步提升，成为厦门市经济发展的重要引擎。

1. 总量规模持续扩张

2019 年厦门市实现现代服务业增加值 3474.56 亿元，相比 2016 年的 2202.18 亿元增长 57.77%，居全省九地市第三位（如图 4-1 所示），现代服务业占 GDP 比重为 58%。现代服务业发展对厦门市经济增长的拉动作用日益明显，已成为厦门市实现经济高质量转型的重要引擎①。

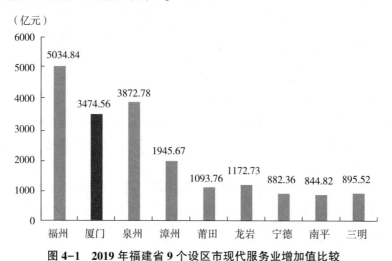

**图 4-1 2019 年福建省 9 个设区市现代服务业增加值比较**

资料来源：福建省各市《2019 年国民经济和社会发展统计公报》。

---

① 资料来源：《福建统计年鉴 2020》。

**2. 内部结构持续优化**

软件信息服务、金融、航运物流、旅游会展、文化创意五大服务业千亿产业集群发展迅速，软件和信息服务业保持较快增长势头，从营收规模来看，2016年厦门市规模以上信息传输、软件和信息技术服务业实现营业收入297.07亿元，到2019年这一数值变为463.83亿元，增长53.77%。金融业成为现代服务业的重要支柱，2019年末金融机构分别实现本外币存、贷款余额11609.56亿元和11800.90亿元。航运物流对经济发展的推动作用日益明显，2019年空港旅客吞吐量已突破4400万人次，达到4451.8万人次，已开通洲际航线10条、"一带一路"相关航线90条，2019年实现港口货物吞吐量2.13亿吨，港口集装箱吞吐量达到1112万标箱，占到全省总量的64.4%，居全国第7位、世界第14位，增幅位居全国沿海八大干线港前列，入选港口型国家物流枢纽城市，旅游会展业保持强劲发展势头，2019年全市接待国内外游客1亿人次，实现旅游总收入1655.9亿元，会展经济发展良好，2019年共举办商务会议和展览9000多场，实现会展经济总体效益450.94亿元[①]。

**3. 岛内外发展更加平衡**

虽然目前岛内仍然为厦门市现代服务业发展的主要区域，但随着厦门市跨岛战略的实施，岛外建设加快，岛内外服务业发展差距有望逐渐缩小，全市各区现代服务业发展一体化加快。从图4-2的增加值比较来看，2019年位于岛内的湖里区和思明区实现服务业增加值2328.05亿元，同比增长24.4%，占到厦门市的67.00%，而位于岛外的海沧区、集美区、翔安区和同安区实现服务业增加值1146.53亿元，同比增长25.2%，占到厦门市的33%，比2018年提高了0.2个百分点，比2016年提高了0.75个百分点[②]。

**4. 新兴服务业引领作用更为明显**

2019年，租赁服务业、信息服务、软件和信息技术服务业增速在十个服务业门类中分别排名第一位和第三位，合计对全部规模以上服务业增长贡献度为72.2%，"三新"服务业营业收入为953.21亿元，增长20.2%，比全部规模以上服务业增加值高出6.7个百分点。电子商务发展迅速，2019年通过电子商务交易平台实现交易额达到530.29亿元，相比2018年增长21.3%，其中服务交易额为157.93亿元，相比2018年增长29.8%，在厦门三快在线科技有限公司等龙头企业带动引领下，互联网平台营业收入达到84.08亿元，相比2018年增长72.2%[③]。

---

① ② 资料来源：2020年《厦门经济特区年鉴》。
③ 资料来源：厦门市统计局。

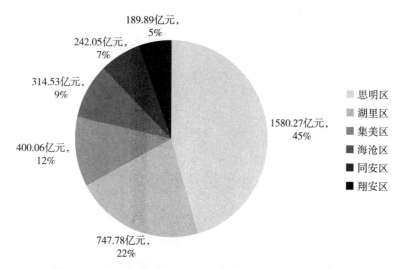

189.89亿元,
5%

242.05亿元,
7%

314.53亿元,
9%

400.06亿元,
12%

747.78亿元,
22%

1580.27亿元,
45%

思明区
湖里区
集美区
海沧区
同安区
翔安区

**图4-2 2019年度厦门市各区现代服务业增加值完成情况**

资料来源:厦门各区《2019年国民经济和社会发展统计公报》。

5. 招商引资效果良好

在一系列招商引资优惠政策不断出台的背景下,落户企业明显增多,2019年,厦门市通过成功举办"厦洽会"和系列招商大会,出台了一系列优惠政策和全要素保障措施,成功组织赴北上广深杭和日本、欧洲等境内外大型招商推介活动,今日头条(厦门)科技有限公司、神州租车电子商务(厦门)有限公司、汇积天下科技服务(厦门)有限公司、蓝瀚(厦门)营销科技有限公司等新落户企业合计营收达到69.59亿元,对规模以上服务业贡献率达到33.8%。

6. 企业帮扶成效显著和职工报酬稳步提升

厦门市建立了挂钩服务企业"六必访"制度,落实落细"民营经济30条",使企业融资成本下降0.8个百分点,累计使用115亿元应急转贷纾困资金。私人控股企业全年营业收入为666.64亿元,占到全部规模以上服务业的38.4%。随着企业营业收入的增长、效益的改善,就业规模保持整体稳定,职工薪酬水平稳步提高,2019年规模以上服务业期末用工人数为30.07万人,比2018年增长3.4%,从就业规模来看,交通运输、仓储和邮政业吸纳就业人数最多达到8.58万人,占规模以上服务业企业比重的28.5%,其次为信息传输、软件和信息服务业,占18%,房地产业占14.7%,规模以上服务业企业职工平均薪酬达到9590元,相比

2018 年增长 10.1%[①]。

7. 服务业政策支持体系日益完善

近年来，厦门市陆续出台了《厦门市人民政府办公厅关于进一步促进服务业健康发展有关措施的通知》《厦门市人民政府关于加快推进软件和信息技术服务业发展的意见》《厦门市促进家政服务业发展若干措施》等一系列政策，综合运用经济补贴、经费支持和奖励等多种方式扶持现代服务业发展，服务业政策支持体系日益完善。

## 二、厦门市现代服务业发展中存在的问题

1. 服务业整体规模较小

厦门市经济体量较小，2019 年厦门市实现服务业增加值 3474.56 亿元，增长 6.6%，占厦门市地区生产总值的 58%，但与其他四个计划单列市相比在规模体量上则略显不足，2019 年深圳市实现服务业增加值 16406.06 亿元，增长 8.1%，占地区生产总值比重为 60.9%，其服务业增加值是厦门市的 4.72 倍，增加值增长率高于厦门市 1.5 个百分点。2019 年大连市实现服务业增加值 3743.3 亿元，增长 2.9%，占地区生产总值比重为 53.5%，其服务业增加值与厦门市相近，但 2019 年服务业增加值增长率低于厦门市 3.7 个百分点。2019 年青岛市实现服务业增加值 7148.57 亿元，增长 8.0%，占地区生产总值比重为 60.9%，其服务业增加值是厦门市的 2.05 倍，增加值增长率高于厦门市 1.4 个百分点。2019 年宁波市实现服务业增加值 5880 亿元，增长 7.6%，占地区生产总值比重为 49.1%，其服务业增加值为厦门市的 1.69 倍，增加值增长率高于厦门市 1 个百分点。在五个计划单列市中，从增加值规模来看，厦门市排于五个计划单列市的末位，而从增长率来看，厦门市也仅位于大连市之前，居于五个计划单列市中的第四位。

2. 各区服务业发展水平差异较大

目前厦门市服务业仍然高度集中于岛内，而岛外各区服务业发展则相对滞后。2019 年厦门市实现服务业增加值 3474.56 亿元，其中思明区实现服务业增加值 1580.27 亿元，占思明区生产总值比重为 83.32%，全市服务业增加值比重达到 48.46%，湖里区实现服务业增加值 747.78 亿元，占湖里区生产总值比重为 57.64%，占全市服务业增加值比重为 21.52%。海沧区实现服务业增加值 314.53

---

① 资料来源：厦门市统计局. 稳中有质，服务业保持健康发展——2019 年厦门服务业发展情况分析 [EB/OL]. http://tjj.xm.gov.cn/zfxxgk/zfxxgkml/tjsjzl/tjfx/202003/t20200319_ 2433280.htm.

亿元，占海沧区生产总值比重为 39.47%，占全市服务业增加值比重为 9.05%，集美区实现服务业增加值 400.06 亿元，占集美区生产总值比重为 50.68%，占全市服务业增加值比重为 11.51%，翔安区实现服务业增加值 189.89 亿元，占翔安区生产总值比重为 43.95%，占全市服务业增加值比重为 6.96%，同安区实现服务业增加值 242.05 亿元，占同安区生产总值比重为 28.60%，占全市服务业增加值比重仅为 5.46%。因此，无论是从服务业增加值占所在辖区地区生产总值比重，还是服务业增加值占全市服务业增加值比重来看，均呈现岛内外服务业发展水平的巨大差异。

3. 服务业综合竞争力不强

服务贸易水平不高，规模较小，且仍然以运输、旅游等传统类型为主，高附加值新兴贸易领域占比不高。具有国际影响力的服务业市场主体仍然较少，国际品牌优势尚未确立，面向全球的服务网络尚未形成，与业内一流的跨国企业仍然存在差距。厦门市入选中国服务业 500 的企业多分布于传统的服务业领域，真正拥有核心技术和较强市场竞争能力的知名服务业龙头企业数目较少，传统服务业如旅游、餐饮、会展等服务业文化挖掘不够，服务周边地区工业发展的金融、信息服务、中介服务、技术研发服务等生产性服务业发展也相对不足，服务业向数字化、智能化转型有待加快，生活性服务业方便特色化、高端化不突出，吸引周边的漳州、泉州等城市居民来厦消费的能力有限，2019 年厦门社会消费品零售总额为 1731.85 亿元，仅为泉州的 46.03% 和福州的 1/3 左右，占全省比重仅为 12.1%，区域性消费中心城市地位有待加强。

4. 支撑服务业发展的基础环境有待优化

目前尚未建立全市统一的促进服务业发展领导机制，服务业个别领域仍然存在部门、行业垄断，行业协会等社会组织的引领和监督作用尚未充分体现。知识产权保护、征信体系、标准认证体系、统计监测体系等方面建设相对滞后，服务业专业人才储备相对不足，针对新产业、新业态和新技术的相关配套措施亟须进一步优化。服务点多面广，在行业管理方面涉及发展改革、教育、科技、经济信息、人力社保、生态环境、交通、商务、文化旅游、金融、口岸物流等多个部门，目前尚未形成高效、有序的分工协作体制机制，新业态及新模式不断涌现，现有监管体制难以快速应对。新兴服务业的行业壁垒比较高，如金融保险业、电信业、信息业、民航、公用事业等行业存在严格的进入管制，限制个人资本的进入，制约了行业内的公平竞争。目前，厦门要素资源配置的产业导向不强，特别是土地资源配置还是以房地产为主，重地价轻产出、重形态轻业态、重建设轻运营的倾向仍存在。

# 三、厦门市发展重点领域及空间布局

## （一）聚焦重点领域，推动服务业高质量发展

重点推动现代物流、金融服务、旅游、电子商务、健康服务、软件与信息服务、商务服务、文化创意、节能环保等产业高质量发展。

### 1. 现代物流

打造东南供应链服务中心。鼓励传统物流业向供应链上下游延伸，推动物流业由服务产业发展为主向生产组织为主转变，积极吸引国际物流企业区域功能总部落户厦门，支持厦门本土物流龙头企业向总部业态转型升级，增强供应链管理服务功能，将厦门市打造成集物流控制、信息、结算和专业服务于一体的东南供应链服务中心。发展"互联网+物流"新模式，加强物流信息平台建设，支持智能仓储、机器人、车载及手持终端等装备技术在物流仓储、运输、配送等全流程的应用，全面提升物流运行效率和服务水平。促进物流园区转型升级，推动物流企业和金融保险、信息服务等配套企业融合发展，构建功能完善、便捷高效的物流平台网络，合理布局物流分拨中心、公共配送中心和末端配送点三级网络。引导发展智能快件箱、冷链储藏柜、代收服务点等新型社区化配送模式。增加开辟厦门—东盟城市间的主要物流通道，将厦门打造成为中国与东盟在东南沿海的重要物资集散中心。加强与国内其他物流枢纽城市的跨区域合作，促进区域物流一体化发展。加快引进全球 100 强和中国 50 强物流企业落地厦门，积极培育 5A 级物流企业、全国百强物流企业。强化对台物流合作。发挥区域性综合运输枢纽和对台优势，打造两岸物流快速通道。推进对台物流创新，加快厦台在航运快递、物流配送、食品冷链物流等方面的全面合作。创新监管模式，吸引全国往来两岸甚至欧美的快件货物以厦门为口岸，通过台湾中转。建设两岸航运交流合作先行区，打造厦门成为东南国际快件及跨境电商货物集散转运中心。

### 2. 金融服务

按照国家和省的部署，有序推进金融业对外开放，加快建设一批面向国际的金融市场平台，增强金融机构利用国际资本市场的能力。推动厦台金融服务业合作，建成对外辐射"21 世纪海上丝绸之路"、对内辐射海西的金融服务中心。完善企业上市、挂牌工作服务协调机制，强化专业指导，加大培育力度，推动厦门市发展前景好、成长性高的企业上市，引导和支持处于不同发展阶段的企业通过主板、中小板、创业板上市。吸引金融机构总部来厦门设立后台服务中心，打造金融后台服务群。推动金融产业与相关产业联动发展，提升金融产业服务实体经

济的能力，探索发展供应链金融业务，通过服务外包实现金融为实体服务。发展科技金融，争取更多的科技金融创新试点，依托厦门软件信息产业优势，打造互联网金融企业群和互联网金融风险防控预警平台。发展航运航空金融，设立航运产业基金和航空产业基金，推动航运和航空企业利用多层次资本市场做大做强。充分利用国家建设"海洋强国"和福建省建设"海洋强省"战略契机，大力发展涉海金融服务业，积极推动设立专业化涉海金融机构，吸引各类涉海金融服务业落户厦门，探索在厦门设立海洋产业投资基金或亚投行的海洋分部。鼓励各类金融机构开展涉海业务，支持银行、证券、保险、融资租赁等各类金融机构发展"证券+保险""信贷+保险""租赁+保险""信贷+基金"等交叉性金融产品。探索巨灾保险和再保险机制，加快发展航运险、滨海旅游险、环境责任险等，扩大出口信用保险覆盖范围。发挥厦门市海洋产业基金引导作用，将其打造成为厦门市重大海洋项目投资平台。鼓励各类股权投资机构在厦门设立海洋新兴产业发展风险投资基金，引导创投基金、天使基金、成果转化基金支持海洋产业发展。发动金融机构为总部企业提供境内外资金集中管理服务，争取引进境外资金降低运营成本，打造总部企业金融服务平台；丰富重点项目融资手段，在加大信贷支持力度的同时，综合利用融资租赁、PPP等金融手段，把重点项目的融资需要作为扩大金融业客源市场的契机，推动厦门金融业与城市建设、实体经济实现协同发展。

3. 旅游

充分挖掘厦门多海岛、海湾资源优势，大力发展高端滨海旅游业。做大做强邮轮旅游，提升帆船旅游，丰富滨海旅游，发展海洋旅游综合体。做大做强邮轮旅游，充分挖掘"21世纪海上丝绸之路"海洋文化资源，打造具有厦门文化特色的邮轮精品航线。加快建设厦门邮轮母港，完善邮轮产业链，构建多元化的邮轮母港航线网络，丰富邮轮旅游产品，打造厦门成为国际知名、国内一流的区域性邮轮母港和邮轮旅游目的地。提升游艇帆船旅游。规划建设马銮湾片区、五缘湾片区和翔安海域等公共游艇码头，开展游艇公共码头投融资模式及建设方案研究。充分利用五缘湾游艇港、五通码头等资源，加快专用开放口岸、公共码头、停靠驿站等设施建设，探索开放口岸设置、登记、游艇管控、出入境管理等游艇自由行便利化措施，全力打造"一站式"游艇帆船度假天堂。大力发展群众新游艇帆船休闲活动，利用赛事营造帆船游艇文化氛围，不断提升"国际游艇帆船展""中国俱乐部杯帆船赛""海峡杯帆船赛"等会展影响力。丰富滨海旅游。发展多种旅游形态，推进滨海休闲度假游、串岛游、环岛游、环湾游、湿地游等新兴旅游业态，加快发展海岛旅游，推进大嶝岛、小嶝岛特色旅游开发。培育一批国际海洋休闲体育品牌，积极发展水上运动，做优环岛路、沙坡尾、曾厝垵文创休闲渔村等海洋文化旅游。培育海洋教育培训等新兴业态，延伸拓展滨海旅游产业链。发展海洋旅游综合体。

4. 电子商务

加快跨境电商发展，以做大做强 B2B 为重点推进方向，大力推进跨境电子商务零售业务（B2C）、保税进口业务（B2B2C）创新发展，加快建设集保税展示、物流、交易和服务为一体的跨境电商产业园区、产业基地，推动海陆空铁多式联运发展。支持跨境电子商务企业自建、收购并购或租赁海外仓，探索跨境电商的融资、风险保障机制。持续推进电子商务产业园区建设，按照集约集群发展思路，鼓励各区发挥自身特色优势，打造一批电子商务产业园，推进电子商务产业园建设千亿级电子商务发展示范基地。建设完善跨境电商生态体系的通关服务平台、供应链服务平台、电商物流仓储平台、商务服务平台、研发创新平台，引导中小微企业依托第三方电商服务平台开展业务，全面吸引各类要素资源集聚厦门市，推进特色外贸产业与互联网资源对接和整合，提升传统外贸企业的竞争力，推动厦门成为全国跨境电商的供应链枢纽节点城市。

5. 健康服务

建立覆盖全生命周期、内涵丰富、结构合理的健康服务业体系，推动健康需求从传统、单一的医疗治疗型向疾病预防型、保健型和健康促进型转变。深化医药卫生体制改革，形成多元化办医格局，完善医疗结构设置规划，全面放开医疗市场，取消社会办医的数量和选址限制，吸引社会资本通过合资合作等方式新办高水平医疗结构，继续引进国内国际高端医疗机构，突出发展高端医疗、健康管理、智慧医疗、基因检测、养老保健等高端业态，推进医养结合的特色养老服务。鼓励健康体检、健康咨询等服务机构连锁经营，培育专业化、规范化的心理健康服务机构，完善家庭医生签约服务筹资和付费机制。加快发展互联网医疗挂号、互联网联合会诊和互联网健康管理等健康服务新模式。充分发挥中医药独特优势，发展中医药健康服务。创新服务技术手段，丰富服务产品种类，培育一批知名的中医药养生保健服务连锁机构，规范服务行为。大力推进中医药服务贸易，扩大中医药产品、技术和服务出口。鼓励商业保险公司发展多样化、多层次、规范化的商业保险体系。建立商业保险公司参与医疗、护理等机构的合作机制，探索通过政府购买服务等方式委托有资质的商业保险公司开展部分医疗保险经办服务。

6. 软件与信息服务

充分发挥厦门市软件和信息服务基础优势，继续加快厦门中国软件名城建设。推动大数据、云计算、物联网及移动互联网等新一代信息技术广泛应用，引导信息服务向市场、设计、生产环节渗透，培育信息服务新业态，助推产业信息化和城市智慧化发展。要大力发展网络化、智能化软件，鼓励嵌入式软件企业和整机制造企业加强合作，提高对终端设备的配套能力。推动工业软件研发，鼓励骨干企业加快研发面向云计算、移动互联网、物联网的操作系统，发展云计算中间件、网络中间件、信息集成中间件、商业智能中间件、移动计算中间件、大数据平台中间件等中间件，推动中间件向操作系统和数据库两端延伸，推进工业技术软件化工程，支持重点企业提升容器、区块链、开发运营一体化方面的关键技术服务能力。要大力培育新型信息服务产业。探索发展以大数据应用为基础的新业务和新服务。突破发展物联网相关软件及系统关键、共性技术，推动物联网规模化应用。积极发展基础设施即服务、平台即服务、软件即服务和面向制造业的云计算服务。大力推动数字内容研发与应用，着力打造智慧名城。加快建设提升数字生活服务基础运行支撑环境。积极开展数字生活应用聚合服务，加快推进数字城市、数字社区和数字家庭的应用服务。建设国家数字家庭应用示范产业基地。加快推进智慧政务、智慧社区、智慧校园、智能交通、智能电网等示范工程建设，打造智慧名城。强化信息技术对工业、建筑业和农业的支撑和应用，推动工业企业与软件信息服务提供商合作，提升企业生产经营管理全过程的数字化水平，打造智能制造、智慧物流、智慧金融等服务平台，打造国家智慧城市试点示范。

## 7. 商务服务

促进商贸模式创新。鼓励商贸企业改变经营模式，实行深度联营，提高自营比例。支持零售企业与制造业深化合作，开发自有品牌，共享信息资源。推动商贸企业利用大数据更好地拓展市场、精准营销和优化服务。加快商贸咨询等中介服务发展。以优化商务环境为目标，以专业化、规模化、市场化为方向，加快形成完善的现代商务中介服务体系，营造一流的国际商务服务环境，吸引国内外知名商务机构来厦发展。重点培育一批法律会计、审计、广告、会展、培训、评估、信息技术、咨询、策划、创意设计等专业服务企业。加强商务载体平台建设，在两岸金融中心、总部集聚区岛内"退二进三"区域，引进一批实力型商务服务企业，促进商务服务集聚发展。提升会展发展质量，高标准建设厦门国际会展中心，发展和壮大具有市场活力和国际竞争力的会展市场主体，培育和引进具有较高国际知名度和专业化水平的品牌会展，实现会展与文化旅游的深度融合。依托自贸区优势，加快培育金融服务总部、航运物流总部、旅游会展总部、商贸流通总部、软件信息总部、文化创意总部等现代服务业高端总部以及战略性新兴产业的区域总部，建设区域运营中心、管理中心、研发设计中心、检验检测中心、采购中心、营销中心、结算中心、配送中心和投资中心。积极培育本土国有、民营总部型企业，进一步做大做强。重点吸引集聚世界500强、央企、中国500强、台商、潮商、粤商和闽商100强的区域性总部和职能型总部。高起点规划布局总部经济发展载体，重点加快海西CBD、观音山商务中心、五缘湾商务中心和杏林湾商务中心等总部集聚区的建设，完善公共配套服务，打造适宜总部机构发展的国际一流商务环境。

### 8. 文化创意

推动文化重点产业突破发展和转型升级，新闻出版业要推动其实现数字化转型，推动文化产品和服务的生产、传播、消费的数字化、网络化进程，强化文化对信息产业的支撑，加快培育双向深度融合的新型业态。广播影视业要推动以内容生产为核心的全产业链发展为重点，确立在全国影视产业中的地位，借助"金鸡奖"落户厦门的契机，将广播影视业打造成为厦门市的拳头产业。要做大做强动漫游戏产业，以内容创新为核心，推动动漫游戏产业链上下游深度对接，将厦门打造为国内具有影响力的动漫游戏产业示范基地。演艺娱乐业要充分挖掘闽南文化资源优势，把握大众文化消费升级需求，大力发展演艺文艺，要充分利用"金鸡电影节"落户厦门的机遇，大力发展文化演艺、文化旅游和文化体育，推动文化休闲娱乐产业迈向高质量发展。要增强文化的创新动力，推进文化与金融、科技、商贸会展、旅游、体育等产业的融合发展，提升文化产业的创意水平和整体实力，推动文化设施与文化市场的融合发展。积极推进打造文化产业产权交易平台，以版权交易市场为核心，完善文化产权交易机制。积极推动文化产品"走出去"步伐，扩大文化产品和服务出口，加大文化领域对外投资，培育一批具有国际竞争力的外向型文化企业和品牌。顺应文化产业高速增长和跨界融合新趋势，发展特色传统文化艺术，推动文化创意与科技创新的深度融合，建设文化要素交易市场，推动文化服务产品制作、传播、消费的数字化、网络化，突出发展高端影视、创意设计、网络游戏、动漫制作、数字传媒等新业态。

### 9. 节能环保

大力推动节能环保服务业发展。突出绿色低碳发展主题，广泛应用节能环保技术，创新产业发展理念，丰富服务形式和内容，提升服务能力和效益，加快发展低碳经济，充分释放绿色发展的巨大潜能。重点发展节能环保技术服务、节能减排投融资、合同能源、环保咨询服务、环境管理、节能环保工程和运营管理、节能环保产品认证、节能环保服务贸易等服务。加强对环保服务的支持。发展集研发、设计、制造、工程总承包、运营及投融资于一体的综合环境服务，在城市污水处理、生活垃圾处理等领域积极推进合同环境服务和环境治理特许经营模式。支持发展环境咨询、生态环境修复、环境风险与损害评价、环境审计、绿色认证、环境培训等新兴服务。鼓励金融机构创新信贷产品，推出应收账款抵押、保理、项目融资、融资租赁等适合节能环保服务业的融资工具，拓宽融资渠道。加快节能环保服务企业转型发展。加快节能技术研发、节能产品制造、节能工程设计、节能咨询评估等相关行业的发展，形成以节能服务为核心的配套产业链，推动节能服务企业从传统的设备销售商向成熟的服务供应商转型，提升节能环保服务的能力和水平。

## （二）厦门市现代服务业发展空间布局

湖里区和思明区分别依托两岸金融中心核心区（湖里片区）和两岸金融中心核心区（思明片区）及两岸贸易中心，重点打造跨境金融、两岸离岸货币交易和清算、航运金融、贸易金融、物流金融、互联网金融、融资租赁等金融服务，打造两岸区域性金融服务中心。加快推进会展服务、文化创意、现代物流、商务服务、电子商务等现代服务业发展。

集美区以软件园三期和前场物流园为平台，重点发展软件信息服务业电子商务、现代物流。

海沧区生物医药产业基础雄厚，又有东南国际航运中心为平台，重点发展航运物流、电子商务、大健康产业。

同安区以电商物流园为依托，重点发展现代物流、电子商务。

翔安区以第二机场、两岸新兴产业和现代服务业示范区建设为契机，重点发展临空产业、信息服务等新兴产业。培育发展科技孵化、技术研发等制造服务，知识流程、业务流程、信息技术等服务外包，航运、咨询、科技中介、检验检测等专业服务，飞机维修等航空运输服务，保税展示、广告设计等文化创意服务。

自贸区加快建设两岸贸易中心核心区、东南国际航运中心海沧港区两个功能区。两岸贸易中心核心区重点发展金融服务、融资租赁、飞机维修、服务外包、现代物流、专业服务等生产性服务业，延伸发展法律、会计、咨询、文化创意、中介服务、会展服务等新兴服务业形成国际贸易综合发展区金融商务服务区、临空产业集聚区、邮轮母港配套区等产业功能区。东南国际航运中心海沧港区重点发展港口服务、航运服务、现代物流、国际商贸、智能装备、服务外包、专业服务、研发总部等生产性服务业，形成航运物流集聚区、临港产业发展区，新兴服务业集聚区等产业功能区。

# 四、厦门市现代服务业发展政策建议

## （一）完善机制建设，营造良好体制环境

要通过完善体制机制建设，营造良好的体制机制环境促进厦门市现代服务业

高质量发展。一是要进一步开放服务业市场准入，实行统一的市场准入制度，建立服务业领域公开、透明、平等、规范的市场准入标准，分层次、有重点地推进金融、教育、文化及医疗等领域的对外开放步伐，积极推进非基本公共服务的市场化、产业化。二是要加快服务业信用体系建设，进一步完善政府与社会相结合的信用监督管理体系，建立覆盖服务业企业及从业人员，包含信贷、纳税、合同履约和服务质量在内的信用信息数据库。鼓励信用产品的开发和创新，满足多层次、专业化的信用服务需求。强化信用信息共享，健全以组织机构代码和身份证号码为基础的实名制信息共享平台。完善信用信息披露制度，形成涵盖法律、行政、市场等手段的失信行为联合惩戒机制。三是要继续推动国有企业改革。竞争性国有服务企业，原则上推行公司制股份制改革，积极引入其他国有资本或各类非国有资本实现股权多元化，准公共性国有服务企业，具备条件可以推行投资主体多元化。四是要建立与国际惯例相适应、符合产业发展规律和新趋势、准确反映服务业发展状况的分类标准和统计指标体系，切实提高服务业统计数据质量和统计公信力，为服务业发展提供决策支撑和考核标准。五是要发挥社会组织的作用，推进服务业领域的行业协会、商会等社会组织改革提高社会化组织专业化水平，要鼓励行业协会、商会等社会组织依法进入公共服务行业和领域，加强对行业中重大问题的研究，支持其举办关于产业发展的专题研讨会和技术、产品、设备展览展销活动，推进行业的交流与合作。

## （二）加强政策支撑，营造良好政策环境

加快设立服务业发展专项基金和服务业引导基金，加大政府投资基金对服务业股权投资力度，探索财政补贴和市场化投资相结合的扶持方式，最大限度地发挥财政杠杆效应。加大对服务业发展关键领域、重要项目的政策、资金扶持力度。逐步建立和完善促进服务业发展的税收政策，加强服务业基础设施建设。鼓励社会资本设立现代服务业产业发展基金，培育发展新兴服务业；开展银企对接活动，支持银行业金融机构综合运用各种抵押质押、保证等单一或组合担保方式为中小服务业企业提供融资支持。支持符合条件的服务业企业上市融资和发行债券。引导和鼓励金融机构在控制风险的前提下，加快开发适应现代服务业需要的金融产品。优化建设用地供给结构，逐步提高服务业用地比重，对重点支持的服务业项目用地，在条件允许的情况下，可适当提高开发建设强度。鼓励用地单位在不改变用地主体、不重新开发建设等前提下，充分利用工业厂房、仓储用房等存量房产，兴办新兴服务业企业。

## （三）加强人才支撑，建设服务业人才高地

完善现代服务业人才保障机制，创造有利于人才发挥作用的工作条件、生活

条件和激励机制，为现代服务业发展提供一批适应现代服务业发展要求的经营管理人才和技术人才。进一步研究制定现代服务业高层次人才引进管理办法和优惠政策，完善与市场经济相适应的用人制度，设立现代服务业高层次人才发展专项资金，出台创业扶持、创新创业激励、安家支持、服务保障等优惠政策。研究创新人才股权激励机制，对有突出贡献的科技人员和企业家，政府给予必要的表彰和相关奖项。加强现代服务业人才培训工作。探索建立政府、企业共同参与的高校管理体制，完善高校、科研机构创新人才向企业流动的管理机制和优惠政策。加强企业与职业学校之间合作，建立联合培养机制，提高人才培养能力。支持本地企业与高等院校联合创办现代服务业专业研究生创新实践基地，开办各类现代服务业紧缺技能人才培训班，提高其业务能力。加强现代服务业创新创业团队引进和扶持力度，尤其是要加强现代服务业领军人才、专业应用人才和创新团队的引进，对入选人才计划的人才和团队给予政策优惠。引导设立服务业发展研究机构，打造吸引服务业高层次人才的有效载体。鼓励本市大中专院校、科研院所及培训机构根据服务业发展需要，完善专业设置，积极培育专业紧缺人才，加强人才市场建设，促进人才柔性流动，形成人才支撑体系助推厦门现代服务业高质量发展。

## （四）加强项目支撑，培育新兴业态

科学谋划现代服务业重大项目，以项目建设促进规划落实，促进现代服务业加快发展。合理安排项目储备库实施计划，形成竣工一批、启动一批、储备一批的滚动机制。做好服务业发展重点领域项目规划。加大服务业项目招商力度，开展产业链招商，要依托服务业龙头企业吸引产业链上下游企业来厦投资，引导团队招商，修订完善人才政策，吸引优秀团队和项目落户厦门。重视平台招商，充分利用厦门市已有平台，开展现代服务业各领域招商工作，推进科技招商，加大力度吸引省内外院校科技成果在厦门转化，充分发挥在厦高校校庆、校友会作用，主动联络校友来厦投资。突出全球招商，吸引 RCEP 成员国、"一带一路"国家、东盟国家、欧洲、日本及港澳台地区优质服务业产业项目在厦投资，要实施精准招商，重点跟踪全球 500 强、全国 100 强服务企业的投资动向，争取一批项目在厦落户。密切跟踪新加坡及我国香港、台湾、上海等国内外现代服务新型业态发展动向，及时对处于萌芽却反映现代服务业发展方向和趋势性的产业加以培育，及时出台促进服务业新兴业态和新兴产业发展的扶持政策。

# 第三节　泉州市现代服务业发展研究报告

## 一、泉州市现代服务业发展总体情况

### （一）2019 年泉州市现代服务业发展回顾

#### 1. 总体发展

近年来，泉州市积极实施服务业发展规划，不断改善发展环境，增加资金投入力度，促进服务业的发展朝着领域拓宽、规模扩大、结构优化、功能增强、效率提升的方向迈进。在"十三五"期间，泉州市的服务业的增加值由"十二五"时期的 93572582 万元上涨到 338268072 万元。

2019 年泉州市地区生产总值达到 9946.66 亿元，其中服务业增加 3872.78 亿元，比 2018 年的 3381.16 亿元增长 7.8%。除此之外，2019 年泉州市服务业拉动 GDP 增长 2.9 个百分点，对 GDP 增长的贡献率高达 36.3%。泉州市的现代化服务业规模持续扩大，其现代服务业的发展情况如图 4-3 所示。

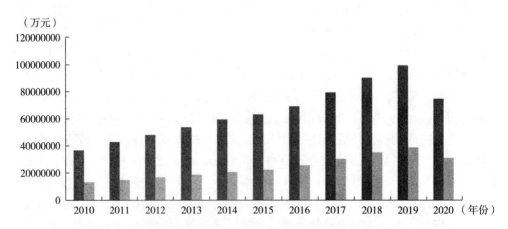

**图 4-3　2010~2020 年泉州市 GDP 和服务业增加值（其中 2020 年为 1~9 月的数据）**

注：如无特殊说明，本节的数据均来自泉州市统计信息网。

资料来源：《福建统计年鉴 2020》《泉州统计年鉴 2019》。

表4-5　2017~2019年泉州市近三年服务业相关指标

| 年份<br>指标 | 2017 | 2018 | 2019 |
|---|---|---|---|
| 服务业增加值（亿元） | 2982.13 | 3381.16 | 3872.78 |
| 年均增幅（%） | 10.6 | 9.5 | 7.8 |
| 服务业增加值占GDP比重（%） | 45.3 | 39.0 | 36.3 |
| 服务业对经济增长的拉动（%） | 3.8 | 3.5 | 2.9 |

资料来源：《福建统计年鉴2020》《泉州统计年鉴2019》《泉州市国民经济和社会发展统计公报2019》。

## 2. 产业结构

"十三五"期间，泉州市的现代服务业产业体系得到进一步发展。受"互联网+"的影响，以信息传输、计算机服务、金融服务、房地产等为代表的现代服务业在这一期间的发展尤为迅速；商贸流通业、物流业和金融服务业占GDP的比重依然较大；体育休闲产业、商务服务业等行业保持平稳发展。2019年主要产业发展情况如下：

第一，物流业。泉州正以制造业仓配一体化项目建设为抓手，大力推动"生产基地+物流+互联网"融合创新。2019年泉州市交通运输、仓储和邮政业增加值超330亿元，增长率达到9.1%。总增加值占全省的22.23%，占第三产业的8.59%，占地区生产总值的3.33%。第二，金融业。金融业是泉州市重点发展的现代服务业领域，2019年泉州金融业增加了405.2574亿元，总增加值占第三产业的10.46%，增长率达9.3%，同比提高0.74个百分点。第三，商贸流通。2019年全市实现社会消费品零售总额3761.82亿元，同比增长10.2%。全市限额以上批发和零售业消费品零售额为1572.98亿元，其中通过互联网实现商品零售额230.76亿元，比上年增长20.0%。全市限额以下消费品零售额2188.84亿元，较去年同比增长9.4%。第四，房地产业。2019年全市房地产业增加值为529.77亿元，增幅居服务业所有行业首位，占第三产业的13.68%，增长率为9.7%，同比提高了1.5个百分点。特别是，随着互联网技术的推广，互联网不断渗透到各行各业，催生大量"互联网+"经济新业态，不仅促进了全市产业转型升级，也为老百姓生活带来了极大的便利。多样化、个性化的消费新理念广泛流行，使休闲旅游、文化娱乐及大众化餐饮等服务消费越来越受到群众的青睐，网上购物、移动通信、快递配送、互联网金融等新兴服务业迅猛发展。

（二）2020 年 1~9 月泉州市现代服务业发展基本情况

1. 总体发展

2020 年 1~9 月，泉州市现代服务业稳步发展。全市地区生产总值 7472.25 亿元，按可比价格计算，同比增长 1.5%。三次产业均实现正增长，其中，服务业增加值 3101.29 亿元，同比增长 1.7%，比上半年提高 1.7 个百分点，对 GDP 增长的贡献率达到 45.6%。

2. 产业结构

2020 年 1~9 月，泉州市交通运输仓储和邮政业增加值增幅跃居各行业首位，公路运输总周转量由上半年下降 0.3% 转为增长 3.5%，水路运输总周转量增长 7.8%，比上半年提高 1.6 个百分点，邮政业务总量增长 35.2%，增幅比上半年提高 8.2 个百分点。金融业增加值增幅保持较快增长，金融机构人民币存贷款余额同比增长 13.1%，增幅比上半年回落 0.1 个百分点，保费收入增长 4.9%，增幅比上半年提高 0.9 个百分点。市场消费企稳回温，1~3 季度，全市社会消费品零售总额 3710.24 亿元，下降 3.6%，降幅逐月收窄，比上半年收窄 3.6 个百分点。民生消费稳步回升，限上饮料类、烟酒类、服装鞋帽针纺织品类商品零售额都已恢复正增长，粮油、肉禽蛋、蔬菜等食品类商品实现两位数增长。汽车类消费稳步回温，1~3 季度，全市限上单位汽车类零售额下降 4.8%，降幅比上半年收窄 8.3 个百分点，其中 9 月增长 7.2%，自 5 月转正以来，连续 5 个月保持正增长。"全闽乐购"等促消费政策作用显现，实体店铺零售明显改善，1~3 季度，泉州市限额以上便利店、超市、专卖店商品零售额同比分别增长 15.6%、8.5% 和 2.2%，传统零售业态商品销售加快好转。其他服务业增长平稳，住宿和餐饮业、房地产业增加值降幅均有所收窄。

## 二、泉州市现代服务业发展存在的突出问题及面临的挑战

（一）泉州市现代服务业发展存在的突出问题

1. 现代服务业总体规模较小，发展速度有待提升

泉州市现代服务业发展成效初显，但是与其他大型城市相比仍有不足。以福州市、厦门市、深圳市、青岛市为例，泉州市现代服务业的增长速度、增长规模以及服务业增加值占比均弱于福州市、深圳市和青岛市，尤其落后于深圳市和青岛市。相对于厦门市而言，泉州市服务业的发展规模和发展速度稍占优势，但服务业增加值占比仍有进步空间（见表 4-6）。

表 4-6　2019 年各城市服务业情况

| 指标 | 泉州市 | 福州市 | 厦门市 | 深圳市 | 青岛市 |
|---|---|---|---|---|---|
| 服务业增加值（亿元） | 3872.78 | 5034.84 | 3474.56 | 16406.06 | 7148.57 |
| 较上年增幅（%） | 7.8 | 8.3 | 6.6 | 8.1 | 8.0 |
| 服务业增加值占 GDP 比重（%） | 36.3 | 53.6 | 58 | 60.9 | 60.9 |
| 地区生产总值（亿元） | 9946.66 | 9392.30 | 5995.04 | 26927.09 | 11741.32 |

资料来源：福建统计局网站、深圳统计局网站、青岛统计局网站。

2. 现代服务业投资增速快，但投资结构失衡

近几年，泉州市现代服务业固定资产投资占总固定资产投资的比重呈现出持续快速增长的势头。但从泉州市现代服务业的内部结构来看，房地产开发投资"一家独大"，结构不够合理，与泉州市现代服务业的发展不完全适应。而信息传输、软件和信息技术服务业、金融业以及科学研究和技术服务业等这类技术和附加值高、知识密集型的行业固定资产投资的比重太低。

3. 现代服务业市场人才短缺，创新能力不足

现代服务业发展需要大量的专业人才，类似企业管理、市场服务、科技研发、技术推广、信息技术、电脑软件、电子商务、金融保险、咨询中介、综合物流等知识密集型服务行业的发展更离不开高端人才的支撑。泉州服务业人才短缺，尤其是领军型、管理型、复合型现代服务业人才数量不能满足泉州经济快速发展的需要。如信息服务业是现代服务业的重要组成部分，具有高倍增性、高渗透性的特点，而人才"软肋"是制约泉州信息产业发展的瓶颈所在。除此之外，人才问题还导致全市服务业同第一、第二产业一样，研发投入明显不足，创新能力不强，关键核心技术缺乏，长期处于产业价值链和信息链低端，难以成功实现产业转型升级。

4. 现代服务业的区域互动性较弱，经济发展不平衡

一方面是城乡发展不平衡，城市服务业发展条件好，现代服务企业主要集中在城市，所以城市地区现代服务业总量规模大、增长速度快，而农村则相对薄弱，从而造成现代服务业区域间协调和联动性较弱，未能形成良好的区域合作发展态势；另一方面是区域发展不平衡，突出表现在沿海与山区之间现代服务业发展的梯度差异明显，沿海发展层次较高，已开始进入以现代服务业为主的发展阶段，山区发展层次则相对较低，仍停留在以传统服务业为主的发展阶段。同时，农村社会服务化体系还很不完善，一些地区在乡镇机构改革中涉农服务断档。

5. 现代服务业产业结构不合理，经济发展不充分

服务业结构层次偏低，服务业市场化、产业化、社会化进展缓慢。从服务业内部行业结构看，交通运输、商贸、餐饮等传统服务业仍占主导地位，现代物流信息、商务等现代服务业所占比重偏低；为城乡居民个人最终消费活动提供服务的消费性服务业发展相对较为充分，而直接为企业生产经营活动提供服务的生产性服务业发展明显滞后；服务业中的大多数行业市场化程度不高，对外、对内开放度小，市场准入门槛高，竞争不充分；应用"互联网+"等新技术改造提升传统服务业任务依然艰巨，新兴和高端服务业发展速度虽快，但总量规模不大、发展不够充分。

6. 现代服务业的有效需求与有效供给存在结构性矛盾

目前，泉州现代服务业有效供给对经济转型升级的支撑作用还不强。一方面，生产性、流通性服务业发展水平偏低，传统服务业低成本比较优势逐步弱化，现代服务业的比较优势有待培育发展；产业创新能力和核心竞争力不强，部分知识和技术高度密集的服务供给严重不足。另一方面，生产性服务业与制造业、农业的融合程度仍较低，生活性服务业的供给体系尚未完善，还不能满足产业转型升级和居民生活水平提升的需要，高质量、多样化、便利化的现代服务供给不足，进一步凸显了现代服务供需之间的结构性矛盾。

（二）泉州市现代服务业发展面临的挑战

在处理诸多发展问题的同时，泉州市现代服务业发展也面临诸多挑战。一是世界经济复杂性、不稳定性、不确定性进一步增加，国际金融危机发生以来，全球经济一直处于深度调整阶段，复苏过程曲折复杂，全球部分国家"逆全球化"、反自由贸易思潮明显上扬。二是由技术革命带来的产业分工全球化对泉州市高端服务业发展形成挤压效应。随着互联网的深入应用，部分生产性服务业的服务半径得到无限扩展，发达国家将利用先发优势对市内高端服务业发展形成严重冲击和挤压。三是制造业增速放缓对服务业发展提出更高要求。随着经济进入新常态，制造业增长速度放缓，对服务业发展提出了更高要求，服务业转型升级的任务依然艰巨。

# 三、泉州市现代服务业的发展趋势

## （一）泉州市现代服务业将为当地经济发展的重要支柱

随着经济转型压力的增大，发展现代服务业一直是近几届"五年规划"的重

要任务，所以现代服务业将成为泉州市高新技术产业发展的主要带动因素。以信息产业为主的高新技术产业是国民经济的先导产业，现代服务业的发展将极大地带动这一产业发展。首先，现代服务业将直接服务于泉州市高新技术产业的发展，为高新技术产业的发展提供大量专业化、高效率的服务给予支撑。其次，现代服务业将成为高新技术产业最重要的应用领域。服务业的发展离不开先进技术的应用，服务业的现代化就是服务业信息化的过程。因此，现代服务业的发展壮大将为高新技术产业的发展提供广阔的市场空间。最后，现代服务业将成为推动高新技术产业创新的主要动力。现代服务业的发展使其对信息、生物、新材料等高新技术及其产品的需求日益增长，这将促使高新技术产业不断进行创新和实现突破。

## (二) 服务外包将成为泉州市现代服务业国际化转移的重要途径

在新经济条件下，泉州市现代服务业相关企业可以利用信息化和全球化所带来的好处，充分利用外部资源，把一些以前内部操作的业务，如后勤服务、咨询策划、财务会计、员工培训等，尽可能交给日益完善的现代服务企业，让那些专业性服务机构去完成，即实现企业活动外包。通过这种竞争战略，企业的内部资源就可以专注于最具优势的领域，集中力量培养和提高自身的核心竞争力，在提高效率、降低生产成本的同时实现"瘦身"，更趋精干。

## (三) 发展泉州市现代服务业的服务品牌效应

充分利用服务品牌效应，创立服务产品品牌、服务商标和服务商号，使相关企业在市场经济条件下从市场竞争中脱颖而出，得到社会公众认可，受到法律保护，能够产生"蔓延性"收益。有关现代服务业的品牌有两个层面，即企业品牌和城市品牌。美国正是由于有了沃尔玛、麦当劳、迪士尼、时代华纳、花旗银行等世界级服务品牌的带动，其经济才长盛不衰。而泉州市拥有安踏体育、达利食品、恒安国际、世贸房地产、三安光电、信义玻璃等知名上市企业，所以下一步泉州市应重点打造市内现代服务业的品牌效应，促进市内现代金融、现代物流、信息软件、电子商务等现代服务业的长久高速发展。

## (四) 加强泉台交流合作，促进泉州现代服务业快速发展

从经济结构方面看，闽台产业结构差异系数为0.14，而江苏、广东、浙江、上海与台湾产业结构的差异系数则为0.14、0.13、0.14、0.06，相比之下，闽台产业结构差异系数大大高于上海，两者之间存在较大的产业互补空间。首先，台湾已经完成了工业化进程，进入了现代服务业为主的后工业化阶段，第三产业比重已高达67%，在金融、物流、商贸服务、设计与创意服务、营销、市场推广等诸多生产性服务业领域具有显著优势，拥有充裕的人才、丰富的经验、成熟的企

业和便捷的资讯条件。其次，台湾金融业是第三产业的主角，目前金融保险证券业产值约占服务业总产值的 50%。最后，台湾会展业发展较为成熟，也有相当丰富的发展经验。所以，随着中央一系列新的政策措施的出台，以及越来越密切的两岸经贸合作往来和泉州台商聚集区的打造，将使泉州毗邻台湾的独特区位优势进一步转化为泉州在现代服务业领域的招商引资优势，进一步促进台湾服务业向泉州发展[①]。

## 四、泉州市现代服务业发展重点领域及空间布局

### (一) 泉州市生产性服务业发展重点领域

#### 1. 现代物流

泉州市作为"21世纪海上丝绸之路"起点，是连接中国内陆地区和海外地区的节点城市，加强泉州市的物流行业发展，有利于扩大我国经济的辐射范围，从而更进一步促进国内现代化服务业的发展。首先，要加强物流体系建设。按照政府引导、企业主体、项目支撑、市场推动的原则，大力发展现代物流产业。用新机制、新业态、高技术手段改造和提升传统物流业。推进、完善电子信息网络功能；构建交通、仓储、物流配送、信息交换等物流平台；主动融入附近一级物流市场，对接周边二级城市物流市场。打造信息化区域生产性物流集聚区。其次，要加强物流基础设施建设。高起点规划，推进肖厝港区、斗尾港区、泉州湾港区、深沪湾港区和围头湾港区建设，推进石湖港等大型综合枢纽物流中心、电子口岸信息平台、保税港区的建设，提高港口与物流园区的联动发展水平，形成以港口为枢纽的现代化集疏运体系。引进一批驰名物流企业入驻，盘活改造提升传统物流市场，积极争取项目资金和人才技术支持。建设现代化生产性物流集聚区。再次，要全面优化物流体系。切实扶持发展壮大区域内物流龙头企业，积极引进国内外品牌物流企业，大力发展第三方物流业务。最后，引导工业企业通过技术创新，核心业务逐步实现"主辅分离"，走"归核化"发展路子，为第三方物流业发展助力。建设高覆盖率的生产性物流集聚区。

#### 2. 金融服务

深入学习习近平总书记关于金融工作的重要论述，全面落实中央和福建省委决策部署，大力推进金融供给侧结构性改革。不断推进金融与科技深度融合，努力把泉州建设成为具有国际竞争力和影响力的金融科技中心。要加强与"21世

---

① 资料来源：国家统计局。

海上丝绸之路"沿线国家金融合作,建设国际金融科技中心,全力打造金融创新发展的"泉州窗口";加快构建世界一流的金融科技创新体系,促进产学研用深度合作,推动科技成果落地应用,构筑科创金融新高地;持续打造世界一流的金融科技产业集群,做强做精龙头引领的金融科技重点领域,规范发展数字普惠金融,推动金融机构数字化转型;不断强化世界一流的金融科技要素支撑,推进金融科技基础设施建设,打造高能级创新创业平台,加大专业人才引育力度;着力营造世界一流的金融科技发展环境,进一步深化政金企合作,突出泉州在全国金融发展环境上的综合竞争优势。要加快金融重要领域和关键环节改革创新。高水平建设泉州国家保险创新综合试验区,围绕"全域保险"及"全产业链保险"两条主线,全面实施"保险+"战略。高标准规划全国普惠金融改革试验区,着眼融资服务、数字支付、风险防控、金融知识教育"四个全覆盖"目标,深化普惠金融改革实践,完善普惠金融体系。还要扎实做好地方金融风险防范处置工作,坚决守住不发生系统性金融风险的底线,提升区域金融风险防控能力。

3. 科技信息服务

就泉州市现有的社会发展条件分析,应当充分考虑科技信息服务供给方式的多样性和差异化,将面向主体的全领域的数据获取和及时、精细化的个性服务作为改善用户体验的主要突破口。积极培育一批科技管理咨询服务行业,把握未来产业升级的大趋势、大方向,针对市场需求的不同层次,发挥科技信息资源积累与沉淀优势。面对大数据时代的产业升级,泉州市要进一步夯实科技信息服务的基础,强化科技信息服务的普惠性,提升国民的科技信息素养;要依托各类大数据分析挖掘技术,与时俱进地吸引跨领域人才;综合运用智能网络、移动互联、数据云等领域的新兴技术,提升科技信息服务的精准化水平;优化科技信息服务结构,培育物联网、大数据和云计算产业,加快"智慧泉州"建设。

4. 商务服务

商务服务业是现代服务业的重要组成部分,对于促进专业化分工进一步深化、提高社会资源配置效率、提升企业竞争力起着重要的促进和推动作用。但是泉州市商务服务业尚处于初步发展阶段,在规模、人才、业务范围、专业知识等方面都比较薄弱,因此有必要根据泉州市经济现状、商务需求、城市规模以及外部竞争环境来明确泉州市商务服务业的定位,发展商务服务业。一方面,依托全市现有优势产业,积极引导和鼓励有条件的商务服务行业龙头企业做大做强,逐步发展成为以泉州为企业核心、分支机构遍布全省、全国的大型企业集团。另一方面,提供具有国际水准的软硬件服务条件,支撑和保障吸引国际商务服务业名企和行业巨头落户泉州。同时坚持以就业为导向培育专业性商务服务人才，建立新的机制和办学模式，有计划地在现有高等院校和中等职业院校增设商务服务业紧缺专业，建立院校与企事业单位合作进行人才培育的机制，实行根据企事业单位用人"订单"进行教育与培训的新模式。发挥领军人物重要作用，加快培养引进中高级经营管理、技术技能人才。

5. 电子商务

随着关键技术和商业模式的持续创新，大数据、区块链、人工智能、生物识别等关键技术将在电子商务领域应用推广，泉州市电子商务行业的发展迎来了新的发展机遇。首先，建设一批规范性电商示范基地，创建市级电子商务示范基地（园区）、国家级电商示范基地（园区），使电商企业之间资源共享加深。其次，重视平台经济的发展，政府出台对垂直平台的扶持政策，对与传统优势产业结合紧密、发展潜力大、对产业转型升级推动作用明显的行业垂直电商平台进行补助。再次，着力发展农村电商，对洛江区、泉港区、南安市、安溪县、永春县、德化县、惠安县等地开展农村电商人才培训、本地特色农产品推广营销、贫困户电商创业就业补贴等电子商务助推乡村振兴项目和农村电商示范镇（乡）、村项目。又次，加强电子商务国际合作，积极发起或参与多双边或区域关于电子商务规则的谈判和交流合作，提升国际组织和机构对泉州市电子商务企业和商品认证结果的认可程度，争取跨境电子商务发展的话语权。最后，完善电子商务服务业，对为电子商务企业提供平台开发、物流仓储、代运营、分销应用、广告设计、网络推广、拍摄等服务的行业提供政策支持。要以"互联网+"和"一带一路"倡议为引领，把泉州建设为中国跨境电子商务综合试验区，打造国际电子商务示范城市。

6. 文化创意

文化创意产业园区作为经济发展转型、产业规模化和细分领域发展的重要途径和载体，在促进产业集聚产生规模效益的同时，对国家和城市的文化事业和文化产业都起到重要作用。泉州在探索文化创意产业上不断突破，坚持在提高泉州知名度及国际影响力的同时，提供一个重要的文化交流展示平台，为泉州市民带来更丰富的文化体验，也为泉州文化品牌增添新的内涵。首先要加快泉州市领SHOW天地创艺乐园、源和196创意产业园、晋江市洪山文创园、甲第门文创园等龙头文化创意园区建设，形成泉州市文化产业集聚效应。其次要重视数字文化产业的发展，创新性地通过动漫游戏、网络文学、网络音乐、网络视频等数字文化产业为群众制造文化消费产品。最后还要加强对外文化产业交流，实现泉州市本土文化产业和外来文化产业的融合发展。

## （二）泉州市生活性服务业发展重点领域

### 1. 休闲旅游

当前泉州旅游业总体呈现出从团队游客主导向散客主导、从观光旅游向休闲度假游转型的趋势。散客和休闲度假旅游市场要求个性化、高品质、高满意度的旅游服务。因此，面向游客要建立满足游客个性化、多样化、全程"一站式"需求的旅游公共服务体系。做好地方特色歌舞剧以及南音、木偶、惠女风情表演与旅游融合的工作，推出旅游新产品，培育旅游新业态，形成旅游消费新热点。发展智慧旅游模式，将泉州智慧旅游建设融合到泉州智慧城市建设中，将景区、旅行社、酒店、饭店、购物、交通等一系列旅游资源整合在一起，基于物联网、无线技术、定位和监控技术，以旅游门户、各种智能终端为载体为游客提供信息获取、行程规划、产品在线购买、旅游评价、投诉建议等全程"一站式"的服务。灵活借用智慧城市已有的建设成果，尽力实现与智慧城市建设的无缝衔接，降低建设成本。将泉州智慧旅游业务与厦门、漳州两市进行对接，实现厦漳泉智慧旅游一体化，以充分获得三地区域旅游一体化的溢出效应。

### 2. 商贸流通

引导泉州市企业严格对标国际标准生产内销产品，按照"两个市场一套标准"，加快国内产品质量标准与国际标准对接，做大做强本地企业，积极融入国内产业循环；充分利用物联网、云计算、大数据、人工智能等新兴技术深入挖掘消费者需求，提高企业快速反应能力，采用定制化生产方式，为消费者提供个性化、多样化商品；加大对包括德化、永春等经济发展稍落后地区的基础设施建设投入力度，包括完善交通路网、提升乡村道路等级、提升光纤宽带网络和移动通信网络覆盖率等，提升城乡之间产品双向流通整合度，通过流通基础设施以及物流体系一体化建设，健全城乡商贸流通体系，更好地实现商贸流通业"利农、惠民"功能；以国内市场需求为引领，制订基于国际竞争的商贸流通业中长期发展规划。积极寻求与其他国家签订双边投资保护协定，引导泉州市优质企业与国外市场建立合作关系，融合畅通国内外循环。

### 3. 居民和家庭服务

家庭服务业是现代服务业的一个重要组成部分，包括保姆、月嫂、家庭护理、保洁等，它的成熟程度是衡量一个城市居民安居乐业与否的标准之一。泉州市在2017年成立了针对居民和家庭服务业发展的民间协会，搭建了政府和家庭服务企业沟通的重要桥梁，已经初步形成了居民和家庭服务业的小型集聚局面。所以，泉州市要参考"政府搭台、市场运作、社会参与"的运作模式，推动家庭服务业向规范化、标准化、规模化、信息化、品牌化方向发展，加强就业创业、促进富民增收。还要顺应家庭服务"互联网+"的发展趋势，实现线上、线下同步发展，通过打造实体平台和虚拟平台两翼齐飞的格局，为当地家庭服务业又好又快发展奠定坚实基础。

4. 体育服务

政企融合，共同关注体育服务行业的发展。打造行业规范自律平台，成立体育休闲行业商会，引导该商会策划组建"体育休闲服务业发展委员会"，并赋予一定的政策支持；政府设立引导基金，鼓励民间机构依托"体育休闲服务业发展委员会"设立"泉州体育休闲服务业发展基金"；发挥全国泉州商会网络优势，鼓励有志转型从事"体育休闲服务业"的在外泉商从事、承接、运营所在城市的赛事表演业。文体部门要主动作为，定期、不定期地跟踪了解本地区体育行业的运营发展情况，多关注诸如晋江市远大健身服务有限公司、福建浔兴篮球俱乐部有限责任公司、泉州市海峡体育中心有限公司等泉州市体育类营利性服务业主导企业的发展，协调解决企业发展过程中遇到的困难和问题，推动体育服务企业良性运行。

5. 养老服务

进一步发挥政府主导作用，统筹布局养老服务设施，加大建设社区级老年服务中心的投资力度，将养老服务业发展纳入经济和社会发展规划，并列为泉州市服务业重点发展领域。支持社会力量参与养老服务业发展，鼓励和支持社会力量重点发展养医结合，以收养失能、半失能、失智老年人为主，并提供长期照护服务（含临终关怀型）的护理型养老机构。注重农村养老服务业发展，支持敬老院改善设施条件并向社会开放，接纳周边村镇散居老人，合理收费，提高运营效益，使之成为区域性养老服务中心。推进医疗卫生与养老服务融合发展，增强养老机构医疗服务能力，发展护理型养老服务机构，提升医疗机构为老服务能力，鼓励卫生技术人员到养老机构工作。着力培育养老服务产业，推进老年产品用品开发，开展泉台侨养老产业交流合作，引导养老金融产品开发。

6. 健康服务

2019 年是推进健康泉州建设、卫生健康机构改革的开局之年，要全面贯彻落实全国、全省、全市"两会"、卫生健康工作会议和全国卫生健康宣传工作会议精神，坚持稳中求进、守正创新，全面推动"健康泉州"的建设取得新进展和新成效。加快完善医疗服务质量管理与控制体系，实现质量管理与控制信息化、精准化、动态化，提高医疗服务质量，促进服务同质化，早日促成医疗服务质量指标达到国内先进水平。完善全民健身公共服务体系，加大健身场所设施建设，大力发展社区全民健身活动中心、多功能运动场，推进基层社区文化体育设施共建共享。加强医疗卫生支撑，建立健全医疗机构和老年护理院、康复疗养等养老机构的转诊与合作机制，发展社区、农村健康养老服务。开展"名医名科名院"建设，推动泉州市中医院、泉州市正骨医院、晋江市中医院三家三级中医院争取全国顶尖中医院的协作支持，建设成名优中医院。

## (三) 泉州市现代服务业空间布局

鲤城区、丰泽区、泉州开发区和洛江区南部是泉州市的核心区域，是泉州市政治、经济、文化、科研的交流中心。应合理利用该核心区域的人才、技术和资金优势，扩大服务业总量规模，提升服务业综合能力，实施有效投资和科技创新双轮驱动战略，加大"退二进三"力度，将该核心区域重点打造为高端服务职能中心，构建具有高附加值、高技术含量、高知识水平、高产业带动力的现代服务业体系。重点发展金融保险、现代物流、国际商务、技术研发、信息咨询、文化创意、中介服务等现代服务业，巩固泉州市现代服务业区域性功能中心的重要地位。

石狮市、晋江市和南安市南部是泉州市重要的产业基地，应大力发展当地的现代物流业。要重点创建一批物流园区，完善当地的建材物流基地和服装等制造业基地，加强泉州南翼新城跨界增长地区同城化，全面打造海峡西岸经济区重要物流节点城市，提升对外辐射带动能力。同时，还应该大力发展商贸流通业和电子商务业，促进当地商品流通，发展跨境电商业务，构建完备的服务外包基地和区域性贸易中心。

泉港区、惠安县和泉州台商投资区是泉州市的港口重地，要加快石化、修造船、能源、物流等产业统筹发展。大力发展港口物流，提升港口规模化水平，构建现代化港口物流体系，发展对台贸易和国际中转等业务，通过"21世纪海上丝绸之路"实现和国内外各城市现代服务业中心的对接，打造海峡西岸经济区重要物流节点城市。还要发挥该区域临海优势，发展涉海金融、海洋文化与创意、海洋生物科技、海洋信息服务等现代海洋服务业，建成福建省重要现代海洋服务业基地。

安溪县、永春县、德化县和南安市北部、洛江区北部是泉州市的绿色生态基地。要努力发掘区域文化内涵，大力推进文化科技创新，将传统文化产业与现代科技结合，发展文化创意服务行业。借助当地自然生态风景，将休闲旅游业与健康养老业相融合，合理规划政府的旅游资源和私人的农家乐资源，打造旅游、休闲、养老"一条龙"服务模式，建设生态旅游和健康休闲养老服务基地。依托电子商务的商业平台，打开茶叶、陶瓷、篾香等传统特色产品销售渠道，拓展区域经济产业链，加快商贸流通发展。

# 五、促进泉州市现代服务业健康发展的政策建议

## （一）正确定位政府职能

发挥好政府积极引导、规范监督和全面服务的作用。借鉴"微笑曲线"理论，鼓励国内资金和外国投资投向高端的制造业、高新技术产业等产业链两端的服务和技术创新环节；加大对市场的监督管理力度，加强知识产权的保护力度，对当地的新兴现代服务业企业提供适度的政策支持与资金扶持；为各类市场主体创造一个公平、有序、良好的市场环境，保证不同经济主体"权利公平、机会公平、规则公平"，让各种市场主体能够公平竞争，拥有平等获取资源、资金等生产要素的机会，依法保障不同市场主体在法律面前平等。

## （二）以实体经济为导向

服务业本质上既有实体经济的属性也有虚拟经济的属性，所以服务业特别是现代服务业也是实体经济的重要组成部分。党的十九大报告中也提出了"把发展经济的着力点放在实体经济上"的说法。这实际上给出了泉州市未来服务业的发展方向。如果服务业的发展不以实体经济为支撑，只是自我循环发展，整个社会的经济发展就形成外强中干的状况。因此，实体经济是现代化服务业发展的前提和基础，现代服务业的发展必须以实体经济为导向。只有坚持发展实体经济和服务业同时发力，加快推动实体经济与互联网、大数据、人工智能等新兴服务业的深度融合，努力在中高端消费、共享经济、人力资本服务等领域培育新增长点、形成新动能，才能真正推动中国经济实现发展方式转变、经济结构优化和增长动力转化。

## （三）着重发展生产性服务业

现代服务业更强调功能性概念，即为企业、工厂提供服务，所以现代服务业的核心是生产性服务业。但当前泉州大部分产业都在全球价值链中处于中低端环节，企业创新能力较弱，产品附加值较低，缺乏核心竞争力。所以生产性服务业作为社会生产的中间环节，应在大数据的背景下，不断创新产品和服务，在与其他产业融合发展的过程中不断向高端价值链环节拓展。此外，生产性服务业还具有依附制造业企业而存在的特点，且这种依附关系贯穿于企业生产的上中下游各环节，因此随着现代服务业的进一步发展，要逐步把相关服务环节从制造业企业剥离开来，形成生产性服务业专业化、产业化的发展模式。

## （四）培育壮大领军企业

增强重点区域的综合服务和辐射支撑能力，加强高端要素产业集聚和主导产

业的发展支撑、培育一批综合性的特色服务业集群，推动现代商务中心区的扩容改造。对于现代物流、电子商务、养老健康、信息与科技、服务外包、文化与创意等综合性服务业领域要加快规划建设专业综合示范园区。培育现代服务行业龙头企业，发挥龙头企业在行业内的引领示范效用，构建不同层次企业协同发展的新产业格局。在重点产业和领域，培育一批规模大、实力强、前景好的创新型现代服务业龙头企业，促进现代服务业内生动力的培育和提升。

### （五）协调城乡服务业发展

现代服务业的发展与城市化进程之间的关联性很强，泉州市各县区经济的不平衡发展会制约当地现代服务业的发展。建议加快惠安、永春、洛江等地的发展，制订合理规范的城市发展规划。加快发展城镇经济，合理适度集中小城镇现代服务业企业，推动基层地区现代服务业的全面发展。另外，在加快推进城市化的过程中，要尽量避免片面地增加城市常住人口和城市建设用地面积的扩大，要进一步优化现代城市的产业结构，提升现代城市的内涵和核心功能，引导城市发展技术密集型产业为特色的现代服务业，提高居民收入和生活水平。

# 第四节　莆田市现代服务业发展研究报告

## 一、莆田市现代服务业发展总体情况

这些年莆田市委、市政府高度重视服务业发展，强调现代服务业与制造业的融合，增强投资力度和政策引导，紧抓重点行业，拓展新兴业态，并取得了较显著的成绩，比如服务业发展领域不断扩展、新兴服务业不断涌现，发展水平特别是现代服务业的发展有了不断的进步，服务业的影响力以及对经济发展的拉动作用不断增强，服务业总量持续跃升，占国民经济比重平稳上升，服务业的发展壮大促进了整个经济社会的健康发展。

### （一）体量持续扩张，对经济增长贡献率明显提升

1992 年全市服务业增加值 11.34 亿元，2004 年突破百亿元，达到 104.38 亿元，"十二五"时期服务业增加值从 338.54 亿元扩张到 591.20 亿元，[①]"十三五"

---

① 资料来源：《莆田统计年鉴 2019》。

时期服务业体量规模进一步迅速增长，从2016年的674.31亿元发展到2019年的突破千亿元大关，达到1093.76亿元，2016~2019年莆田市服务业增加值分别增长12.4%、10.8%、8.6%、6.2%，2016~2017年年增长速度超过福建省，2016~2018年年增长速度超过全国（见图4-4、图4-5）。随着服务业体量规模的持续扩张，服务业增加值占地区生产总值比重也从2016年的37.0%提高到2019年的42.1%，期间涨幅达到5.1个百分点（见图4-6）。可见，2019年莆田市已经提前实现了现代服务业"十三五"专项规划"到2020年，服务业增加值力争实现1000亿元以上，占地区生产总值比重达40%"的目标。

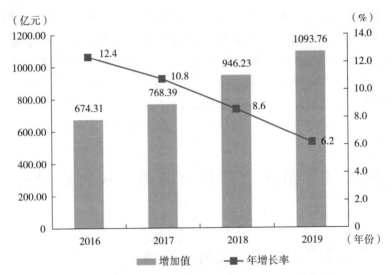

**图4-4　2016~2019年莆田市服务业增加值和增长速度**

资料来源：2016~2019年《莆田市国民经济和社会发展统计公报》。

服务业已充斥于人们生产、生活的各个角落。服务业对莆田市国民经济影响加大，对经济增长贡献作用明显。"十三五"时期，莆田市地区生产总值以可比价格计算从2016年的1803.78亿元增加到2019年的2249.02亿元，增长24.7个百分点；服务业增加值以可比价格计算从2016年的664.45亿元增加到2019年的840.58亿元；服务业增加值对地区生产总值增长贡献率为39.6%，拉动地区生产总值增长9.8个百分点。[①]

2020年2月后国内各项经济发展受新冠肺炎疫情影响较为明显，服务业领域

---

① 资料来源：根据历年《莆田统计年鉴》和《莆田市国民经济和社会发展统计公报》整理计算。下文数据如未特别说明，来源相同。

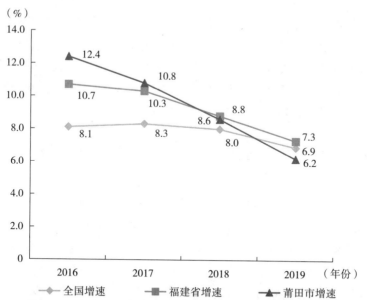

**图 4-5 2016~2019 年全国、福建省、莆田市服务业增长速度**

资料来源：2016~2019 年《莆田市国民经济和社会发展统计公报》、2016~2019 年《福建省国民经济和社会发展统计公报》、国家统计局年度数据，http：//data. stats. gov. cn/easyquery. htm？ cn＝C01。

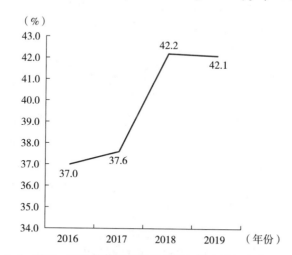

**图 4-6 2016~2019 年莆田市服务业增加值占地区生产总值比重**

资料来源：2016~2019 年《莆田市国民经济和社会发展统计公报》。

亦是不可避免被影响，尤其是住宿餐饮、文化娱乐等人员接触式、聚集性服务行业。1~9 月，全市限上住宿餐饮业营业额下降 9.7%，降幅大于全市社会消费品零售总额 8.7 个百分点。1~9 月，全市规模以上文化、体育和娱乐业营业收入同比下降 35.8%，连续 7 个月呈负增长态势，扭负为正压力较大。其中，广播、电视、电影和录音制作业营业收入下降 83.3%，娱乐业营业收入下降 14.2%。但是莆田市政府统筹推进疫情防控与经济社会发展，帮助企业解决困难，助推服务业企业加快恢复正常经营，政策效果逐步显现。1~8 月规模以上其他营利性服务业营业收入完成 36.61 亿元，增长 14.2%，增幅分别比 1~5 月、1~6 月提高 9.3 个和 6.5 个百分点，高于全省平均水平 6.2 个百分点，居全省第四位。1~9 月，全市规模以上服务业营业收入 164.48 亿元，增长 43.1%，增幅比 1~5 月提高 5.4 个百分点，比全省平均水平高 39.3 个百分点，连续 5 个月居全省首位。

### （二）投资规模不断加大，投资结构进一步优化

"十三五"时期，莆田市各级各部门认真贯彻落实服务业发展专项规划及相关决策部署，落实落细各项政策，积极引导社会各项资本对服务业进行投资，2016~2019 年全市服务业固定资产投资规模分别达到 1299.34 亿元、1554.01 亿元、1829.06 亿元、1894.91 亿元，年增长率分别为 6.2%、19.6%、17.7% 和 3.6%。其中，信息、金融、科技、商务、教育、文化创意等高端现代服务业固定资产投资涨幅更大，2016~2019 年投资额分别是 97.12 亿元、126.65 亿元、113.93 亿元、162.91 亿元，年均增长 22.6%；高端现代服务业固定资产投资占服务业固定资产投资总额的比重从 2016 年的 7.5% 提高到 2019 年的 8.6%，而"十二五"规划末的 2015 年这一比重只有 4.7%。[①]

### （三）吸纳就业能力逐步增强，成为城乡居民就业的主要渠道

服务业行业劳动密集型居多，可为社会富余劳动者提供广泛的就业机会，特别是吸纳从第一、第二产业转移出来的大批富余劳动力。莆田全市服务业就业人数 2011 年 64.89 万人，2015 年 83.87 万人，整个"十二五"期间服务业就业人数占全市全社会就业人数比重平均为 34.1%。"十三五"时期，全市服务业就业人数总体保持在 80 万人以上，其中 2016 年规模最大为 89.85 万人，后面略有回缩，2016~2019 年服务业就业人数占全市全社会就业人数比重平均为 36.3%，比"十二五"时期增加了 2.2 个百分点，具体详见图 4-7。

### （四）传统行业稳步发展，新兴领域不断拓展

莆田市政府高度重视现代服务业发展，制定了一系列扶持现代服务业发展的

---

① 资料来源：根据 2016~2019 年《莆田市国民经济和社会发展统计公报》所公布的分行业固定资产投资情况整理计算。

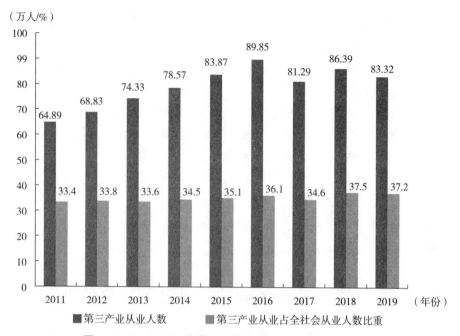

（万人/%）

**图4-7 2011~2019年莆田市服务业就业人数和就业比重**

资料来源：《莆田统计年鉴2020》。

政策措施，在促进传统服务行业稳步发展的同时，提倡鼓励运用信息技术和现代经营理念发展现代服务业，新兴业态不断呈现，规模不断增加。

全市交通运输、仓储和邮政业，批发和零售业，住宿和餐饮业等传统服务业保持稳步发展。2011~2015年全市交通运输、仓储和邮政业，批发和零售业，住宿和餐饮业增加值按可比价格计算从129.64亿元增加到185.44亿元，增长43.0%，年均增长10.8%，占服务业增加值比重从2011年的38.8%下降到2015年的33.2%；2016~2019年全市交通运输、仓储和邮政业，批发和零售业，住宿和餐饮业增加值按可比价格计算分别是204.73亿元、223.20亿元、232.47亿元、376.88亿元，增长84.1%，年均增长28.0%，占服务业增加值比重从2016年的30.4%下降到2018年的27.0%，然后回升到2019年的41.0%。

在政府政策引导以及居民收入水平提高、信息技术发展为服务业发展带来的多层次市场需求下，一些新兴行业特别是信息传输、计算机服务及软件业、科学研究和技术服务业等得到繁荣发展，资产规模不断增加，在服务业中的比重明显提高。比如信息传输、计算机服务、软件业、科学研究、技术服务业增加值占服务业增加值比重从"十二五"期间的平均占比1.9%提高到"十三五"时期的平均占比 3.1%，涨幅 1.2 个百分点。2019 年互联网和相关服务、软件和信息技术服务业资产总额 77165 万元，增长速度 10.5%，科学研究和技术服务业资产总额 15620 万元，增长速度 11.1%。

2020 年 1~5 月，租赁和商务服务业营业收入 17.94 亿元，增长 16.0%，对全市规模以上其他营利性服务业营业收入增长的贡献率高达 220.8%，拉动规模以上其他营利性服务业营业收入增长 10.8 个百分点，是拉动莆田市其他营利性服务业营业收入增长的主要动力；另外，同期的科学研究和技术服务业营业收入 0.78 亿元，增长 11.6%，增速高于其他营利性服务业 6.7 个百分点。其中，科技推广和应用服务业增长 3.6 倍，主要受莆田卓宇信息技术有限公司、莆田市智君信息服务有限公司两家新增企业拉动。2020 年 1~9 月规上新经济领域中互联网和相关服务业、科技服务业、商务服务业营业收入分别增长 35.1%、10.4% 和 14.2%，呈快速增长态势。

## 二、莆田市现代服务业发展存在的突出问题及面临的挑战

随着工业化、城市化进程的推进和经济发展水平的提高，莆田市的服务业总体上发展平稳，但是与省内平均水平或全国平均水平相比，在规模体量、占经济总量比重、对经济贡献作用、内部结构层次、区域发展协调、企业规模效应和竞争力等方面存在较大的差距。

### （一）总量偏小，比重偏低，对经济贡献作用有待进一步提升

虽然这些年莆田市服务业稳步发展，如表 4-7 所示的服务业的体量规模从 2016 年的 674.53 亿元不断扩张到 2019 年的 1093.76 亿元，服务业增加值占福建全省服务业增加值比重从 2016 年的 5.5% 提高到 2019 年的 5.7%，但是莆田市服务业增加值占全省比重仍然很低，服务业体量这些年都只排全省第 6 位，发展规模低于福州市、泉州市、厦门市、漳州市和龙岩市。从服务业增加值占地区生产总值比重来看，如图 4-8 所示，2016~2019 年，全国服务业增加值占地区生产总值比重逐年上升，保持在 52.4%~53.9%，同期福建省服务业增加值占地区生产总值比重也是稳中有升，保持在 42.9%~45.3%，而莆田市服务业增加值占地区生产总值比重 2018 年提高到 42.2%，但是 2019 年回落到 42.1%，不仅低于同期福建省平均水平，更是远远低于同期的全国平均水平。

表 4-7　2016~2019 年福建省不同城市服务业发展情况　　单位：亿元，%

| 年份 | 全省 | 福州市 | 厦门市 | 宁德市 | 三明市 | 泉州市 | 漳州市 | 南平市 | 龙岩市 | 莆田市 | 莆田市占全省比重 |
|---|---|---|---|---|---|---|---|---|---|---|---|
| 2016 | 12310.97 | 3114.96 | 2216.49 | 530.44 | 653.03 | 2561.46 | 1248.64 | 521.19 | 705.61 | 674.53 | 5.5 |
| 2017 | 14612.67 | 3710.89 | 2516.02 | 616.22 | 757.45 | 2982.13 | 1434.77 | 642.44 | 898.59 | 838.87 | 5.7 |
| 2018 | 16191.86 | 4157.26 | 2786.85 | 678.85 | 841.84 | 3381.16 | 1621.83 | 725.66 | 1001.95 | 946.23 | 5.8 |
| 2019 | 19217.03 | 5034.84 | 3474.56 | 882.36 | 895.52 | 3872.78 | 1945.67 | 844.82 | 1172.73 | 1093.76 | 5.7 |

资料来源：2017~2020 年《福建统计年鉴》。

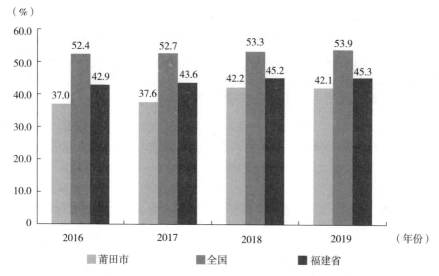

图 4-8　2016~2019 年全国、福建省、莆田市服务业增加值占地区生产总值比重

资料来源：2016~2019 年《莆田市国民经济和社会发展统计公报》、2016~2019 年《福建省国民经济和社会发展统计公报》、国家统计局年度数据，http：//data.stats.gov.cn/easyquery.htm？cn=C01。

　　莆田市服务业特别是现代服务业发展的不断进步带来对经济发展的拉动作用和吸纳社会就业能力较为突出，但是相对于福建省的平均水平而言仍有较大的差距。如表 4-8 所示，莆田市服务业对地区生产总值增长贡献率 2014~2016 年呈上升状态，但从 2017 年开始逐年下降到 2019 年的 35.2%，2015~2019 年莆田市服务业对经济增长的贡献率均比福建省平均水平低，两者差距 2016 年最小为 2.4 个百分点，2018 年最大为 8.4 个百分点。从图 4-9 可以直观看出，1985~2019 年莆田市服务业从业人数占全社会从业总人数的比重这些年总体不断上升，但却一直低于福建省整体平均水平，而且从 2012 年开始莆田市和福建省的服务业从业人数占比的差距越来越大。

表 4-8　2014~2019 年莆田市、福建省服务业对经济增长的贡献及拉动

单位:%

| 年份 | 莆田市 | | 福建省 | |
|---|---|---|---|---|
| | 服务业对经济增长的贡献率 | 服务业拉动经济增长百分点 | 服务业对经济增长的贡献率 | 服务业拉动经济增长百分点 |
| 2014 | 34.4 | 3.8 | 30.7 | 3.0 |
| 2015 | 38.7 | 4.1 | 42.2 | 3.8 |
| 2016 | 51.7 | 4.6 | 54.1 | 4.5 |
| 2017 | 47.1 | 4.0 | 52.3 | 4.2 |
| 2018 | 36.3 | 3.0 | 44.7 | 3.7 |
| 2019 | 35.2 | 2.3 | 42.0 | 3.2 |

资料来源：《莆田统计年鉴 2020》《福建统计年鉴 2020》。

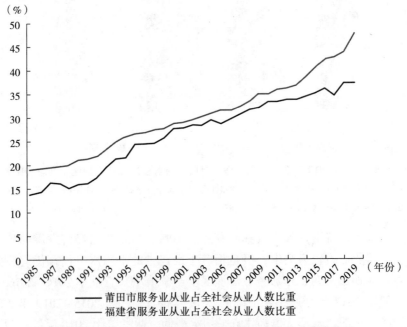

图 4-9　1985~2019 年福建省和莆田市服务业从业所占比重

资料来源：《莆田统计年鉴 2020》《福建统计年鉴 2020》。

### （二）内部结构层次仍然偏低

从莆田市服务业内部行业结构看，仍以传统服务产业为主，内部产业结构和层次不高。全市交通运输、仓储和邮政业，批发和零售业，住宿和餐饮业等传统服务业增加值占服务业增加值比重虽然从 2016 年的 30.4% 进一步下降到 2018 年的 27.0%，但是 2019 年回升到 41.0%。而标志服务业发展水平的金融保险与房地产业增加值占服务业增加值的比重"十二五"时期均值为 9.1%；"十三五"时期均值为 11.6%，远远低于同期福建省 22.6% 的平均水平，具体如表 4-9 所示。其他营利性服务业中的新兴产业尤其是信息传输、计算机服务、软件业、科学研究、技术服务业等发展规模不够大，文化创意、研发设计等新兴服务业起步晚，尚处于发展初期，在服务业中所占比重远低于传统服务业，2020 年 1~9 月新兴服务业比重为 19.7%，而传统服务业所占比重达到 54.3%。①

**表 4-9　莆田市和福建省金融业、房地产业增加值占服务业增加值比重**

单位:%

| 年份 | 莆田市 | | 福建省 | |
|------|--------|--------|--------|--------|
| | 金融业比重 | 房地产业比重 | 金融业比重 | 房地产业比重 |
| 2011 | 4.2 | 5.3 | 12.5 | 13.2 |
| 2012 | 2.4 | 2.2 | 13.1 | 13.4 |
| 2013 | 4.7 | 5.7 | 14.6 | 12.6 |
| 2014 | 5.1 | 5.2 | 15.2 | 11.4 |
| 2015 | 5.8 | 4.8 | 15.6 | 10 |
| 2016 | 5.7 | 4.9 | 15.2 | 10.3 |
| 2017 | 5.8 | 6.6 | 14.1 | 12.1 |
| 2018 | 5.3 | 7.5 | 13.5 | 11.9 |
| 2019 | 5.0 | 5.6 | 6.8 | 6.3 |

资料来源：2012~2019 年《莆田统计年鉴》《福建统计年鉴》。

"十三五"以来，莆田市服务业中信息、金融、科技、商务、教育、文化创意等高端现代服务业固定资产投资增速不够稳定，如表 4-10 中的 2016 年、2017 年

---

① 资料来源：根据以下资料来源整理计算。莆田市统计局 . 2020 年 9 月地区生产总值［EB/OL］.（2020 - 10 - 26）［2020 - 10 - 28］. http://www.putian.gov.cn/zfxxgkzl/bmzfxxgk/ptstjj/zfxxgkzl/zfxxgkm/tjx/jdsj/202010/t20201026_ 1533146. htm.

和 2019 年大幅增长，但是 2018 年却负增长 10%；从服务业固定资产投资中高端服务业的占比来看，2016 年莆田市是 7.5%，低于福建省的 11.6%，两者差距 4.1 个百分点，而 2019 年莆田市是 8.6%，低于福建省的 16.8%，两者差距进一步拉大到 8.2 个百分点。

表 4-10　莆田市服务业固定资产投资情况

单位：亿元，%

| 年份 | | 2016 | | 2017 | | 2018 | | 2019 | |
|---|---|---|---|---|---|---|---|---|---|
| | | 投资额 | 比上年增长 | 投资额 | 比上年增长 | 投资额 | 比上年增长 | 投资额 | 比上年增长 |
| 莆田市 | 服务业 | 1299.34 | 6.2 | 1554.01 | 19.6 | 1829.06 | 17.7 | 1894.91 | 3.6 |
| | 高端服务业 | 97.12 | 67.2 | 126.65 | 30.4 | 113.93 | -10.0 | 162.91 | 43.0 |
| | 高端服务业占比 | 7.5 | | 8.1 | | 6.2 | | 8.6 | |
| 福建省 | 服务业 | 14390.68 | 9.3 | 16282.24 | 13.1 | 18172.18 | 11.6 | 17905.40 | -1.5 |
| | 高端服务业 | 1664.46 | 15.7 | 1898.66 | 14.1 | 2714.00 | 42.9 | 3013.56 | 11.0 |
| | 高端服务业占比 | 11.6 | | 11.7 | | 14.9 | | 16.8 | |

资料来源：2016~2019 年《莆田市国民经济和社会发展统计公报》《福建省国民经济和社会发展统计公报》。

## (三) 各县区发展不平衡

如表 4-11 所示，2016~2019 年城厢区、涵江区、荔城区、秀屿区、仙游县、湄洲岛、北岸的服务业增加值占全市服务业增加值比重变化较小，各县区发展不平衡状况未能得到改善，比如 2019 年城厢区所占比重为 26.0%，荔城区所占比重为 21.9%，仙游县所占比重为 20.5%，远超过涵江区、秀屿区、湄洲岛和北岸。从服务业增加值增长速度来看，这些年湄洲岛和北岸的服务业发展年度增速普遍低于全市平均水平。

如表 4-12 所示，2020 年 1~9 月，服务业增加值增长比率最高的是城厢区，然后是仙游县，排名倒数两名的湄洲岛和北岸服务业增加值呈现负增长；结合规模以上服务业营业收入和规模以上其他非营利性服务业营业收入两方面指标，秀屿区都是负增长状态。

表4-11 莆田市及各县区服务业增加值情况

| 区域 | 2016年服务业增加值 | | | 2017年服务业增加值 | | | 2018年服务业增加值 | | | 2019年服务业增加值 | | |
|---|---|---|---|---|---|---|---|---|---|---|---|---|
| | 绝对数 | | 比上年增长 | 绝对数 | | 比上年增长 | 绝对数 | | 比上年增长 | 绝对数 | | 比上年增长 |
| | 实绩(亿元) | 占全市比重(%) | 实绩(%) | 实绩(亿元) | 占全市比重(%) | 实绩(%) | 实绩(亿元) | 占全市比重(%) | 实绩(%) | 实绩(亿元) | 占全市比重(%) | 实绩(%) |
| 全市 | 674.53 | 100.0 | 12.4 | 768.39 | 100.0 | 10.8 | 946.23 | 100.0 | 8.6 | 1093.76 | 100.0 | 6.2 |
| 城厢区 | 170.34 | 25.3 | 11.4 | 193.43 | 25.2 | 10.1 | 235.37 | 24.9 | 9.7 | 284.85 | 26.0 | 5.7 |
| 涵江区 | 122.35 | 18.1 | 10.2 | 138.14 | 18.0 | 10.6 | 179.48 | 19.0 | 6.5 | 173.46 | 15.9 | 7.0 |
| 荔城区 | 133.34 | 19.8 | 13.5 | 152.59 | 19.9 | 12.5 | 184.98 | 19.5 | 12.6 | 239.00 | 21.9 | 5.5 |
| 秀屿区 | 85.38 | 12.7 | 15.5 | 99.14 | 12.9 | 11.5 | 118.25 | 12.5 | 4.8 | 120.23 | 11.0 | 4.1 |
| 仙游县 | 137.59 | 20.4 | 12.9 | 156.12 | 20.3 | 10.4 | 191.02 | 20.2 | 8.3 | 223.85 | 20.5 | 8.0 |
| 湄洲岛 | 7.46 | 1.1 | 11.9 | 8.69 | 1.1 | 10.4 | 11.03 | 1.2 | 8.5 | 11.14 | 1.0 | 6.0 |
| 北岸 | 18.07 | 2.7 | 10.9 | 20.28 | 2.6 | 8.6 | 26.10 | 2.8 | 4.5 | 41.22 | 3.8 | 6.8 |

资料来源：2017~2020年《莆田统计年鉴》。

表 4-12　2020 年 1~9 月莆田全市及分县区服务业主要经济指标

| 区域 | 服务业增加值 | | 规模以上服务业营业收入 | | 规模以上其他营利性服务业营业收入 | |
|---|---|---|---|---|---|---|
| | 绝对数（亿元） | 增长比率（%） | 绝对数（亿元） | 增长比率（%） | 绝对数（亿元） | 增长比率（%） |
| 全市 | 927.04 | 3.2 | 164.48 | 43.1 | 42.41 | 13.6 |
| 城厢区 | 248.78 | 5.7 | 23.84 | 15.8 | 16.11 | 29.2 |
| 涵江区 | 142.99 | 2.6 | 6.67 | 9.1 | 4.99 | 15.8 |
| 荔城区 | 200.89 | 1.7 | 36.58 | 9.1 | 8.88 | 20.2 |
| 秀屿区 | 98.66 | 0.5 | 8 | -10.3 | 3.49 | -28.5 |
| 仙游县 | 194.55 | 5 | 7.09 | 20.8 | 5.84 | 28.6 |
| 湄洲岛 | 8.95 | -1 | 1.2 | 0.6 | 0.79 | 65.6 |
| 北岸 | 32.21 | -2.1 | 81.1 | 109.7 | 2.31 | -29.5 |

资料来源：莆田市人民政府：《2020 年 9 月全市及分县区主要经济指标》，http://www.putian.gov.cn/zwgk/tjxx_222/tjsj/202010/t20201026_1533190.htm。

## （四）具有一定规模和竞争实力的服务企业相对较少

莆田市服务业中具有上规模、上档次的大企业还相对较少，大部分服务企业规模、实力不强，带动和辐射能力有限，创新能力不足，造成莆田服务业整体竞争实力较弱。如表 4-13 所示，2019 年莆田服务业法人单位总数量 46404 个，规模或限额以上企业单位数 2297 个，规模或限额以上企业数量所占比重 5.0%，其中，高端或新兴现代服务业法人单位数量所占比重更低，比如信息传输、软件和信息技术服务业比重才 1.7%，科学研究和技术服务业比重仅 1.1%。2019 年福建服务业企业 100 强榜单显示，其中福州地区有 42 家，厦门地区有 44 家，泉州地区有 11 家，漳州地区有 2 家，三明地区有 1 家，而莆田地区没有任何一家服务业企业能够跻身进入 100 强榜单内。①

表 4-13　2019 年莆田服务业法人单位数量和比重情况　　　　单位：个，%

| 行业类别 | 法人单位数 | 规模或限额以上服务业企业单位数 | 规模或限额以上服务业企业单位所占比重 |
|---|---|---|---|
| 批发和零售业 | 30658 | 1781 | 5.8 |

---

①　资料来源：根据福建省企业与企业家联合会、福建省广播影视集团、福建社会科学院联合发布的《2019 年福建服务业企业 100 强榜单》整理。

续表

| 行业类别 | 法人单位数 | 规模或限额以上服务业企业单位数 | 规模或限额以上服务业企业单位所占比重 |
|---|---|---|---|
| 交通运输、仓储和邮政业 | 728 | 57 | 7.8 |
| 住宿和餐饮业 | 878 | 108 | 12.3 |
| 信息传输、软件和信息技术服务业 | 2316 | 40 | 1.7 |
| 房地产业 | 1168 | 21 | 1.8 |
| 租赁和商务服务业 | 4377 | 160 | 3.7 |
| 科学研究和技术服务业 | 1971 | 22 | 1.1 |
| 水利、环境和公共设施管理业 | 353 | 12 | 3.4 |
| 居民服务、修理和其他服务业 | 888 | 37 | 4.2 |
| 教育 | 1573 | 14 | 0.9 |
| 卫生和社会工作 | 330 | 3 | 0.9 |
| 文化、体育和娱乐业 | 1164 | 42 | 3.6 |
| 总计 | 46404 | 2297 | 5.0 |

资料来源：根据《莆田统计年鉴2020》整理计算。

## （五）受到人力资本制约严重

服务业内部结构升级趋势体现为服务业从劳动密集型转向知识密集型，金融、管理、咨询、广告、研发、会计等现代新兴服务业的发展越来越需要专业知识、专业技能的进步或信息来实现。但是，目前莆田服务业从业队伍整体素质不高，新兴服务业人才供应严重不足，有关专业人才匮乏。服务业人才、队伍层次偏低，行业领军人才、高素质复合型专业人才严重短缺，人才"短板"效应凸显。根据2015年人口抽样调查数据公报，莆田市常住人口为287.0万人，其中具有大学（指大专以上）教育程度人口为19.7万人，占比6.9%，具有高中（含中专）教育程度人口为43.6万人，占比15.2%，具有初中教育程度人口为101.4万人，占比35.3%，具有小学教育程度人口为76.5万人，占比26.7%;[①] 而福建全省具有大学（指大专以上）教育程度人口占比是9.8%，具有高中（含中专）教育程度人口占比是15.0%，具有初中教育程度人口占比是38.7%，具有小学教育程度人

---

① 资料来源：莆田市统计局．莆田市2015年全国1%人口抽样调查主要数据公报［EB/OL］．（2016-05-23）［2020-07-18］．http：//www.putian.gov.cn/zfxxgkzl/bmzfxxgk/ptstjj/zfxxgkzl/zfxxgkm/tjx/pcgb_20384/201605/t20160523_566261.htm.

口占比是27.4%。① 将莆田市常住人口受教育程度和福建省的进行对比，除了高中（含中专）教育程度占比之外，其他受教育程度的人口占比莆田市的都要低于福建省总体水平，其中具有大学（指大专以上）教育程度人口占比更是低于全省2.9个百分点。

### （六）城市化滞后，经济体量小，服务业需求基础薄弱

绝大多数服务业企业要求一定的聚集效应才能够盈利，即城市化达到一定水平，经济体量和人口达到一定规模，服务企业才能作为产业来经营，这也是服务业往往主要集中在中心城市的原因。2019年福建省常住人口城镇化比率是66.5%，莆田是61.7%，厦门是89.2%，福州是70.5%，泉州是67.2%，可见莆田城市化发展明显滞后于全省平均水平和厦门、福州、泉州等省内其他城市；2019年福建省实现地区生产总值42395.00亿元，莆田2595.39亿元，厦门5995.04亿元，福州9392.30亿元，泉州9946.66亿元，说明莆田经济体量也远远低于省内其他城市。② 莆田市城市化比较滞后，经济体量小，导致服务业缺乏市场需求基础。

### （七）面临区域和市场竞争压力

首先，莆田市发展现代服务业面临严峻的国内和省内区域竞争。传统的"沿海城市"由于拥有良好的基础设施、发达的科技教育和日趋完善的政策环境，已成为国内外投资"热土"；西部大开发战略下，西部的城市得到了国家政策的重点扶持，具有后发优势成为投资的新热点，发展后势强劲。而莆田市在城市规模、人才集聚、基础设施、产业配套等方面滞后于比邻的泉州和福州，在政策优惠上不及附近的平潭综合试验区，对外招商引资相对困难，竞争压力较大。其次，在世界经济后危机的大背景下，国外市场需求较疲软，同时国内部分行业产能过剩，经济发展进入新常态，消费者收入预期不稳定，导致拓展内需难度加大，使得莆田市一些行业企业生产面临经营困难，这些都会直接或间接地影响现代服务业发展的市场需求空间，使其面临市场竞争压力加大。

## 三、莆田市现代服务业的发展趋势

2020年新冠肺炎疫情使莆田市现代服务业受到明显的冲击，但只是暂时的外

---

① 资料来源：《福建统计年鉴2016》。
② 资料来源：福建省、厦门市、福州市、泉州市和莆田市2019年《国民经济和社会发展统计公报》。

生冲击，不会改变莆田市"十四五"时期甚至更长的将来服务业体量规模不断扩大、内部层级结构加速优化升级、数字化和智能化特征明显的发展趋势。

## （一）规模、比重不断增长趋势

纵观国内外经济社会发展历程，随着经济发展水平不断提高、经济结构变迁和产业演变，经济服务化是基本趋势与客观规律。莆田市服务业发展体量、对经济增长贡献比重相对于福建省内其他城市和全国平均水平而言都呈明显滞后状态，未来有很大的发展需求空间。鉴于服务业是拉动经济增长、稳定就业、促进产业结构优化升级的重要保障，未来莆田市现代服务业的发展规模和在经济中的贡献将进一步提升。首先，工业化发展带来现代服务业发展。莆田市工业门类齐全度在福建省内名列前茅，石化、电子、机械装备、能源、食品、纺织服装、制鞋、木材加工等在莆田市都有比较好的发展，但莆田市工业也呈现劳动密集型居多、粗放型发展和大多产业处于产业价值链的中低端的问题，随着人口老龄化下低劳动成本比较优势减弱、能源资源消费增速不断下降、工业分工及布局进一步细化优化，莆田市生产性服务业将呈现加快发展态势。其次，城镇化提升带来现代服务业发展。有研究显示，城镇化水平与现代服务业关系显著，城镇化率每提高1%，拉动现代服务业增加值提高 0.26%。城镇化一方面通过人口聚集和较高的收入水平为现代服务业发展提供了市场，另一方面也通过完善基础设施等关联作用带动现代服务业及相关行业的发展。莆田市获批全国首批新型城镇化综合改革试点、全省唯一城乡一体化综合配套改革试点，但如上文所述，2019 年福建省常住人口城镇化比率是 66.5%，莆田是 61.7%，厦门是 89.2%，福州是 70.5%，泉州是 67.2%，莆田市城镇化率未来还有很大的提升空间和发展潜力。"十四五"时期乃至更长时期内，推进新型城镇化和乡村振兴都是莆田市必须着力实施的重大战略。未来实现城镇化重点将由数量型增长向数量与质量并重、更加注重质量的转变，为此，必须把推进现代服务业高质量发展放在更加突出的地位。随着莆田市城镇化率的不断提高，越来越多的农村人口、信息、资金、技术等生产要素汇聚城市，必将促进莆田市城镇现代服务业蓬勃发展。总之，未来莆田市现代服务业在工业化、城镇化、全球化和技术进步等因素驱动下，其发展空间和潜力不断被释放出来，现代服务业的体量规模、在经济中所占比重必然会不断攀升。

## （二）新模式、新业态不断涌现，内部层级结构优化升级加速

首先，产业结构变革和产业细化分工的加速，极大地带动了现代服务业的中间需求，促使现代服务内嵌于商品生产体系内而蓬勃发展，推动了专业分工基础上的一批新兴服务业的独立化发展，比如表现在与商品生产、流通和消费密切关

联的信息收集、识别、处理、加工、分析等需求带动新型服务业务的迅猛发展，以及业务管理、咨询、广告、研发、会计等服务进一步专业化。其次，新一代信息技术，如互联网、大数据、人工智能、云计算等全面嵌入制造业和服务业领域，打破了传统封闭式的制造流程和服务业业态，促进了制造业和服务业在产业链上的融合，产业边界逐渐模糊，推动了生产方式、服务方式、生活方式的技术创新、业态创新和商业模式创新。互联网、人工智能、物联网等不同技术迭代下实现平台、信息、资源、智慧共享，将催生更多以无人服务、虚拟经济、智能服务为代表的现代服务业新业态，比如发展家政服务业人工智能，开发养老、医疗、清洁等家政服务业的人工智能产品，延伸家政服务业产业链，实现家政服务业和养老、育幼、物业、快递等其他生活性服务业、生产性服务业等多种形式的跨界发展。总之，未来专业化分工和科技进步将加速衍生新兴服务业的独立化发展，使现代服务业自身的生产率水平得到大幅提高，形成了现代服务业发展的"知识化""信息化""专业化""高附加值化"，使现代服务业内部结构升级优化不断加速。

### （三）数字化趋势

2020年初，突如其来的新冠肺炎疫情对经济社会发展带来重大冲击，在此期间为了减少人群接触风险，无接触的数字化技术得到推广。首先，政府数字化转型，比如政府大力使用数字技术，通过政务微信公众号、政务微博、政务官方网站等提供政务信息和线上公共服务。其次，企业数字化办公，比如OA系统让远程指挥、管控、决策变得简单，在线会议可以容纳千人、可以视频，又比如金融机构运用金融科技将更多的产品和服务转移到线上渠道，ETC加油自动付费技术支持服务实现车主加油"零接触"无感支付不下车，优化丰富"零接触"业务应用场景，保障客户"不出门"就能享受"一站式"线上金融服务。最后，居民数字化消费，比如居民线上购物、网络影视、线上教育、线上医疗咨询等。本次新冠肺炎疫情催化现代服务业数字化进一步发展，居民数字消费习惯正在养成和巩固，服务业数字化的需求侧基础基本形成，企业供给侧数字化"短板"将会随着用户对数量、质量、效率等服务体验要求的提升而逐渐补强，从而形成需求与供给共同驱动整个服务行业转型升级的良性局面，疫情结束后的将来，随着数字技术应用成本的降低、第三方服务供给主体的增加以及更多成功案例的出现，企业主动谋求数字化转型的意愿在不断增强，现代服务业普遍数字化成必然趋势。

### （四）智能化趋势

经历了以蒸汽技术为标志的第一次工业革命、以电力技术为标志的第二次工业革命、以信息技术为标志的第三次工业革命，当前以人工智能为标志的第四次工业革命已经到来。以 5G 为主要标志的新技术突破实现了信息技术到人工智能技术的革命，未来将进入人工智能制造时代，大量的无人工厂、无人车间、无人驾驶、无人物流、无人售卖将成为常态，并对产业结构、产业链条、用户体验等产生革命性影响。随着 5G、计算机、机器人和传感器等信息技术在各服务行业的大量应用，智能化也是现代服务业未来发展的必然趋势。当前，人工智能技术已经开始在服务业中有一定的渗透，无论是在金融、零售、医疗、教育等数据密集型行业，还是在法律服务、人力资源管理、翻译等劳动密集型领域，人工智能的替代服务都已经悄然崛起。"十四五"时期和未来更长时期，现代服务业与机器学习、大数据分析、物联网等人工智能技术会更加主动积极地实现全方位渗透和融合。人工智能技术在服务产业的运用，主要体现在知识和数据密集型服务业，比如新零售、金融、医疗卫生、传媒与教育、竞技体育和汽车驾驶等领域，以服务业的智能化推动服务业转型升级和服务业生产率提升。

## 四、莆田市现代服务业发展重点领域及空间布局

在中国特色社会主义进入新时代、开启全面建设社会主义现代化国家新征程、世界格局处于百年未有之大变局的新情况下，莆田市应明确现代服务业发展的重点领域和空间布局，引导现代服务业加快发展。

### （一）发展重点领域

根据莆田市面临的国内外经济局势新变化、机遇和挑战并存以及本地优势资源禀赋特征和产业结构优化升级发展需要，现代服务业的发展重点领域主要包括：

#### 1. 现代物流

莆田位于海峡西岸经济区中部发展轴的前沿，拥有湄洲湾、兴化湾、平海湾等优良的港口资源和便捷的交通设施，是海峡西岸经济区福建对接江西、湖南、湖北等中部省份重要的物流枢纽。首先，充分发挥向莆铁路及湄洲湾港口支线、福厦铁路、沈海高速、沈海高速复线、莆永高速、324 国道、疏港大通道、兴尤高速等海陆交通优势，借助发达的铁路、公路网构建京台铁路快速通道，构建集疏运通道网络，加强港口对内地的辐射能力，开办港口货物装卸、仓储、中转、驳运、船舶拖带服务，国际国内进出口货物（含集装箱）的理货业务、船舶代理、货运代理业务，港口工程开发建设以及港口服务相关业务，打造特色优势明显、竞争力强的东南沿海现代物流中转中心。其次，进一步加速推进流通企业、商贸物流企业、快递物流企业、电子商务企业在更偏远村镇地区布点和设立农村电商县级服务中心和村级服务站，新建快递物流营业网点等，完善面向农村的网络购

销和物流仓储配送服务，形成城乡一体化的物流服务网络。再次，应加强规划和引导，制订现代物流数字化、智能化的专项行动方案，建立数据规范和标准，推动企业物料采购、物流、加工、零售、配送和服务等业务流程全链条以及城镇和乡村联网的数字化、智能化，打通上下游企业、城乡数据通道，鼓励物流企业建设深度感知智能仓储系统，对物流基础设施及信息系统进行升级改造和综合集成，提高物流企业智能化水平和运转效率。最后，通过物流网络、物流公共信息、物流研发三大平台，进一步完善物流服务体系建设，努力把莆田建成具有竞争力的区域性物流中心。

2. 金融服务

首先，提升莆田市金融业集聚效应。吸引更多的商业银行、证券公司、保险公司等金融机构来莆田设立分支机构，支持符合条件的制造业企业在莆田建立融资租赁公司、金融租赁公司等金融机构，引导民营资本积极参与设立村镇银行、农村商业银行、小额贷款公司、担保公司、典当、拍卖行等，规范发展第三方支付、股权众筹、股权投资基金、风险投资基金、创业投资基金、产业投资基金等机构，发展地方债券市场和股权交易市场，探索特色商品期货市场。其次，完善中小微企业融资服务体系。鼓励金融机构建立和完善中小微企业（含涉农企业）融资服务体系，发展中小企业信用保证基金，设立海峡股权交易中心"小微企业发债增信资金池"，为小微企业发债提供增信支持，鼓励支持创新型、创业型、成长型中小微企业开展"新三板"融资服务，发挥国有融资担保企业骨干作用，鼓励县（区）设立担保机构，完善"政银担企"四方合作机制，重点向小微企业贷款担保业务倾斜。最后，加快金融业大规模数字化转型，将发展智能金融提高到战略高度，全面布局大数据、云计算、区块链、人工智能等技术，利用这些技术培育更好服务实体经济的新型金融业态、打造新兴业务模式，推动金融行业产品创新、流程优化和再造，降低银行服务与运营成本，延伸服务范围，覆盖到更多的农户、小微企业、贫困及低收入人群等，不断提高便民惠民的服务能力，通过智能风险控制实现金融交易数据全时监控和高频风险隐患筛查预警。

3. 电子商务

首先，发展跨境电子商务。在 2020 年 4 月 27 日中国（莆田）跨境电子商务综合试验区正式获批的基础上，打造莆田市跨境电子商务线上综合服务平台、线下专业园区平台、供应链及品牌孵化平台、"数字丝路"（闽台跨境电商）信息服务平台四大平台，挖掘、整合莆田本地及周边区域制造业和供应链资源，打造鞋业、食品、工艺美术等莆田特色产业、优势产业区域品牌，依托莆田区位、妈祖文化等特色优势，打造闽台跨境电商合作重要基地；完善跨境电商贸易监管体系、物流服务体系、金融服务体系、信用管理体系、统计监测体系、风险防控体系六大体系，推动跨境电商信息共享、专业物流发展、跨境电商金融服务创新、健全跨境电商诚信记录数据库、建立跨境电商统计数据中心和风险信息采集评估预警处置机制；培育形成 5 个以上功能完善、各具特色的跨境电子商务发展集聚区，重点打造 10 个以上国际市场上具有竞争力和影响力的跨境电子商务品牌，实现全市跨境电子商务交易额超 200 亿元，[①] 打造跨境电商发展的"莆田模式"，提升"莆田制造"国际竞争力和影响力。其次，建设专业电商园区，招大引强、树立品牌，推动电商产业集聚发展。支持建设电商园区，吸引规模以上或限额以上服务企业入驻电商园区。围绕鞋服、医疗器械、农副食品、红木家具、工艺美术、金银首饰等莆田市特色产品，扶持壮大更多自主电商平台，培养国家级和省级电商示范企业（平台），树立更多的电商独立品牌。支持电商龙头企业和重点项目招商，吸引国内外知名电商平台、综合供应链企业、第三方专业服务商在莆田市设立全国性或区域性总部以及对莆田市产业创新发展具有重大意义的电子商务相关项目。最后，提升农村电商发展水平。建设具有商品代购、产品代销、线下展示、物流配送、扶贫助农、便民信息服务等功能的农村电商综合服务项目，对接服务莆田市乡村农副产品、文化旅游等特色资源，鼓励邮政、快递企业在贫困村建设服务网点，助推当地农村电商发展。

### 4. 科技服务

借助互联网、云计算、大数据、人工智能、区块链等技术和双创平台、创新孵化基地、产业联盟等服务平台，提升科技服务业的服务范围、效率和专业水平，催生新的业态和服务模式，延展科技创新服务链。重点发展研究开发、技术转移、检验检测认证、创业孵化、知识产权、科技咨询、科技金融、科学技术普及等专业科技服务和综合科技服务，形成覆盖科技创新全链条的科技服务体系。提高全市科技服务市场化水平和国际竞争力，培育一批拥有知名品牌的科技服务机构和龙头企业，形成化工新材料、食品加工、工艺美术、医疗器械、制鞋纺织服装方面的科技服务产业集群。

### 5. 信息服务

依托国家级高新技术产业开发区，发挥"莆田国家液晶显示高新技术产业化基地"平台优势，以医疗健康云平台、联通东南云数据中心、全国二手车第三方认证平台为基础，推进以 5G、物联网、工业互联网、人工智能、云计算、区块链等为代表的新一代信息技术基础设施建设，提高新一代信息技术与传统产业的深

---

① 资料来源：福建省办公厅印发的《中国（莆田）跨境电子商务综合试验区实施方案》。

度融合，加大新信息技术在智慧医疗、智慧教育、智慧交通、智能制造、智慧生活等领域的覆盖运用，促进软件和信息服务业新型业态发展。

6. 服务外包

依托莆田市良好的制造行业基础，通过招商引资、政策支持，引导资本、技术和各种经济力量进入服务外包领域，引进外来和培育本土具有较强竞争力的服务外包公司两手一起抓，提高服务外包从业人员数量和年均产值达到省内前三水平。支持信息技术外包发展，将企业开展云计算、基础软件、集成电路设计、区块链等信息技术研发和应用纳入专项支持范围，培育一批信息技术外包和制造业融合发展示范企业，并在云计算、大数据、移动互联、物联网为核心的新一代信息技术支持下，推动服务外包从过去的"成本套利"转向"智能化服务""数字化服务"发展，推动服务外包企业从单一接包企业转型为综合解决方案供应商。

7. 创意设计

整合"中国木雕之城"、"中国古典工艺家具之都"、"中国珠宝玉石首饰特色产业基地"、"中国银饰之都"（秀屿）、中国黄金珠宝首饰之乡（荔城北高）等特色优势资源，重点发展创意设计、数字服务创意、文化创意、时尚设计及咨询服务创意等重点领域，形成集研发设计、标准制定、品牌打造、推广销售、电商服务等为一体的文化创意产业链，抓紧构建历史文化创意园和创意设计产业基地，培育有影响力和竞争力的文化创意、艺术设计交易服务平台，发挥莆田市工业设计协会作用，加快工业设计产业发展，构建工业设计生态体系，培育国家级和省级专业化、开放型的工业设计企业和工业设计服务中心，加快工业设计成果转化。推进文化创意设计服务与科技、旅游、制造业等相关产业融合发展，鼓励化工新材料、工艺美术、新一代信息技术、装备制造、纺织鞋服等领域企业开展研发设计服务，加强新材料、新产品、新工艺的研发和推广应用，开展行业共性技术开发。积极推进妈祖文化、禅武文化、"三蔡文化"、祈梦文化等与创意产业相关的文化旅游项目建设。建立创意人才流动机制，引进懂运营、管理，能创意、创新的高端人才，特别是要吸引一些有重大带动示范作用的名人名家。

8. 商务服务

完善莆田金融中心、医药高新区、中央商务区等商务集聚区的建设，整合荔城总部大楼、莆商中心、北岸经济城等现有总部经济资源，围绕平台经济和总部经济，有针对性地扶持一批有地方特色和竞争优势的企业和品牌。在已建成的西天尾镇莆田市总部商务区的基础上，打造金融商务集聚区，通过引导总部在外地的各类企业在莆田设立总部和结算中心、货源基地、研发基地等，采用"政企协作、统一招商、分类规划、同步引进"的方式进行招商，将该园区打造成区域性的金融商务集聚区。培育一定数量的审计、会计、法律、设计、策划、律师、人才培训等专业服务龙头企业，构建完整的商务服务链条并更好支持莆田产业升级。结合莆田本地特色、契合市场需求，举办莆仙戏汇演、莆商大会、莆田好鞋展、莆田特色文化元宵节展览、艺博会等特色活动，将莆田文化与会展经济有效融合，并大力推进周边配套项目建设，带动旅游、餐饮、住宿、广告等相关产业的发展，精心打造以会展中心为依托的莆田新"会展经济"。

9. 节能环保

完善绿色低碳循环发展产业体系，构建新形势下节能环保服务与能源转型的新体系。培育一批有一定实力、有发展特色、有专业队伍的节能环保服务公司，促进传统节能环保服务向综合化、信息化、智能化转型，重点发展电力市场化交易服务、分布式能源开发与供应服务、综合能源系统建设与运营服务、环保用能服务、综合储能服务、综合智慧能源服务等，加深业界间合作，延长产业链条。

10. 旅游

改变莆田各景区景点各自开发宣传局面，进行资源整合和品牌提炼，重点打造"妈祖文化、九鲤祈梦、莆田工美"三大品牌，并提高在全国全省的品牌影响力。整合湄洲岛附近景区景点，构建大妈祖文化景区，为湄洲岛打造 5A 级景区创造有利条件；以九鲤湖为中心的半径 30 公里内景区景点统一打上"九鲤湖"品牌，构建大九鲤湖景区。以湄洲岛、九鲤湖两大景区为轴心，以湄洲岛至九鲤湖的快速通道为轴线，各景区景点主动对接两轴心一轴线，以此打造莆田市旅游交通的道路架构。在两大景区周边创建莆田工艺美术之窗和开发旅游地产，提高景区交通、住宿、购物、娱乐、文化、休闲等旅游配套设施，吸引游客、香客驻留景区消费，发展慢节奏的度假休闲旅游。以大妈祖文化景区和大九鲤湖景区为两轴核心，按照"全域化、一体化、标准化、生态化、景区化"原则，把全市规划为一个大景区，通过"点、线、面"结合引导全域旅游差异化和特色化发展，按照"全景式打造、全季节体验、全产业发展、全社会参与、全方位服务、全区域服务"的思路，加快建设一批度假区、景区景点、旅游小镇、乡村旅游点和旅游综合体。

11. 健康服务

莆田市健康产业以建成"健康中国产业先行区、两岸医疗健康产业合作试验区、国家健康旅游示范基地、国家区域医疗中心"为目标，打造"一城六园"（妈祖健康城、湄洲岛妈祖文化和生态康养产业园、秀屿健康产业园、涵江健康旅游产业园、仙游中医药康养产业园、荔城健康文化与贸易产业园、城厢生态体育养生产业园），创建莆田全域健康产业发展新格局，实现医疗健康与健康文化、健康旅游、养生养老、体育健身、药械制造与交易、医学教育、商务经济等协同发展。发挥莆田作为中国民营医疗医院发祥地的品牌优势，大力发展医疗健康产业，加大招商力度、促进项目落地，培育健康龙头企业，把普天药械网打造成国内民营医疗机构最大、交易量最大的阳光采购平台和数据共享平台，并借助普天药械网的"吸磁效应"着力筹划产业链条，规划打造医疗健康产业的总部基地、医疗器械设备药品的生产基地和仓储物流基地，吸引国内外知名企业入驻。着手推动莆田学院医学院与国内外知名医学院校、莆系医疗合作办学，探索订单式新型人才培养模式，为健康城各类医疗健康机构提供实用人才。推广九鲤湖道家养生、南少林禅武养生、龟山禅茶养生、大蚶山山海养生、湄洲岛朝圣旅游及海岛日光浴养生五个特色的养生产业片区和健康服务业品牌。适应人口城市化的发展趋势，建立覆盖城乡的基本医疗卫生制度，居民主要健康指标保持在全省中上水平。大力发展体育健身产业，开放公共体育设施，为城乡居民健身休闲活动提供更多便利。

12. 养老服务

首先，在推进公办养老机构改革、鼓励社会力量兴办养老服务机构，进一步加快养老服务设施建设的同时，盘活高效利用现有养老设施。从现有养老服务业已有供给使用率来看，养老服务床位在数量上已经接近政策目标，但从实际使用率上却异常惨淡，现有养老服务床位不管在功能上还是在品质上，皆存在"重量不重质"的问题，没有根据实际需求导向明确分配床位类型和功能。应重视护理型床位建设，关注医养结合，规范养老服务设施机构质量检查及星级评定，质量化、高效化盘活利用现有空置的"存量养老床位"。其次，归纳总结、推广部分区县养老服务建设的试点经验。将城厢区、荔城区养老信息服务网络平台建设，为居家老年人提供助餐、助浴、助洁、助急、助医等服务的试点范围进一步扩大到全市。归纳总结仙游县和秀屿区的农村社区居家养老服务试点经验教训，发展更多的医养结合养老机构，提升医疗机构养老服务能力，创造条件向老年护理院、老年康复医院转型。再次，针对未来老年群体数量和结构特征的变化，莆田市养老服务业基本使命和长线任务仍是服务好刚需群体的刚性需求，在不断完善以上任务之外，可关注中低龄老年群体、活力老人的新需求展开文化娱乐服务、心理精神服务等。最后，进一步推行"智慧城市"建设，基本实现网络化全覆盖，为智慧养老发展提供条件，推广适用于智能健康养老的5G技术、智能传感技术、高精度定位技术、高性能处理器和操作系统在莆田市的使用，突破诊断和养老服务地域限制，推动传统养老模式向智慧养老服务转型。

### 13. 商贸流通

首先，进一步完善商贸流通基础设施建设，引进、落地国际化商圈建设工程、特色化商街建设工程等，优化市级核心商圈、区级商业中心、重点商业街区、社区商业网点，加快形成层级分明、跨界融合、模式创新的现代化城市商业网点体系。其次，大力发展商贸流通新业态新模式，促进数字化、智能化商贸流通体系形成。通过无人机配送、北斗导航、5G 云端智能机器人等技术发展，实现点对点的供给，形成电商直供、无人零售等商贸流通新业态。加大物料供给整合力度，不断提升供应体系的智能化水平，带动全社会商贸供应体系的协同效率大幅提升。再次，引进国内外知名商贸流通企业，支持莆田市本土品牌大型商贸流通企业发展壮大，支持有实力的流通企业跨行业、跨地区兼并重组，做强做优一批知名连锁经营企业，鼓励商贸企业提升品牌，重点推荐商贸流通业、"老字号"、商贸物流等企业进行中国驰名商标及省、市著名商标认定。最后，鼓励城乡商贸流通网建设，积极发展农产品批发市场、农贸市场、菜市场、社区菜店、农副产品平价商店等便民服务连锁网点。鼓励企业参与农村连锁工程建设，鼓励各县（区、管委会）、乡镇政府以土地作价入股、土地租赁等形式支持农产品批发市场建设，完善农副产品流通体系和农村消费网络体系。

### 14. 文化体育

提高经常参加体育锻炼的市民人口比重，提高成功申报国家级和省级体育产业示范单位数量，培育体育龙头企业或示范单位，打造国际（国家）级体育品牌赛事和自主品牌赛事，培育国家级和省级体育产业特色基地，建成并完善涵盖运动鞋服制造、竞赛表演、健身休闲、体育场馆服务、体育康复、体育电子商务、体育中介培训、体育旅游等门类的体育产业体系。发挥妈祖文化、祈梦文化、工艺美术、禅武文化等莆田传统文化优势，重点建设妈祖民俗体育文化区、南少林武术文化休闲区、仙游涵江康体养生户外运动休闲体验区。

### 15. 家庭服务

发展母婴护理、产后康复、小儿推拿、家庭保姆、健康管理师、养老护理、病患陪护服务等家庭服务业态，鼓励社会资本创办、发展多种形式的家庭服务机构，培育壮大家庭服务企业，仙游、荔城、城厢、涵江各发展至少 2 家规模以上家庭服务企业。推动家庭服务业走进社区，提供各类全民生活服务，培育具有特色的家庭服务品牌，促进居民就近享有便捷服务。适应转型升级要求和家庭服务需求变化，采取综合措施，引导大中专职业类院校增设家庭服务业专业并扩招生源，提高加大家庭服务业职业技能培训工作力度，将家庭服务业从业人员培训纳入职业技能培训"见证补助"范围，提高家庭服务业从业人员素质，增加高知、全能、综合素质强的家庭服务人员比重，健全体检服务业体系，提升家庭服务人员健康水平，健全家庭服务领域信用体系，推进家庭服务业标准化，提升家庭服务规范化水平和可持续发展。

## （二）空间布局

莆田市产业空间布局呈现为一心（主城区现代服务业中心）、两带（妈祖文化蓝色经济带和绿色农业休闲旅游带）、三基地（湄洲湾北岸临港工业基地、兴化湾南岸临港工业基地和文化创意产业基地），围绕此产业空间布局特征，现代服务业发展空间布局相应如下：

### 1. 以城厢区和荔城区为核心，构建莆田主城区现代服务业中心

城厢区是莆田市的中心城区，肩负着莆田政治、文化、商贸中心的功能，拥有电子商务、食品加工、金融服务、商贸物流等主导、特色产业；荔城区是莆田市的老城区，继承了莆田深厚的文化遗产，拥有纺织鞋服、装备制造、文体会展、仓储物流等主导、特色产业。应以城厢区和荔城区作为莆田市现代服务业发展的核心，重点发展现代商务、现代金融、商贸流通、研发设计、文化创意、电子商务、现代物流、科技咨询、文体会展、信息服务和旅游业等，引进更多优质的人工智能、建筑设计、保险代理、直播基地、人力资源等项目，增加高端服务业规模，大大提高数字型、智能型服务经济比重，促进现代服务业提质增效，打造成具有竞争力的全市现代服务业中心，并提高该主城区现代服务业发展中心对全市其他县区的集聚辐射能力和对临港产业的服务支撑能力。

### 2. 以涵江区发展生产性服务业为主，目标定位为莆田市现代服务业次中心

涵江区既是莆田的老工业基地，又是莆田的高新技术产业高地，全市70%以上的电子信息产业集中于此、工业总量30%出自于此，拥有装备制造、电子信息、制鞋服装、食品加工、特色农业等主导、特色产业，应立足产业优势，围绕现代商贸、平台经济、总部经济、现代物流、软件信息技术和现代金融等重点领域，推进涵江区制造业和服务业进一步深入、高端跨界融合，突出发展大且强的知识密集和信息技术带动为特征的新兴服务业，承接城厢区和荔城区现代服务业中心辐射作用，发展为莆田市现代服务业次中心。推进现代商贸产业集群建设，发展商贸流通新模式，推进特色街区、专业市场、跨境电商、网红直播平台、研发平台建设，鼓励莆商莆智回归、企业总部回归，加快形成总部经济集聚区。推进大型物流基地项目、冷链物流项目和第三方物流平台项目建设，拓展物流新业态，整合提升物流园区，发展智慧物流、智慧仓储、共享仓储等现代物流业。围绕软件和信息服务业，实施推进创新中心、软件开发、大数据、云计算、工业互联网、物联网、研究院、产教融合等项目，为涵江区装备制造、鞋业、纺织服装、食品

等优势产业开展专业化、定制化的服务。积极推进金融机构加大对涵江区主导优势产业、重点企业、重点项目以及中小企业的有效信贷投入，加强征信服务机构、担保机构等金融服务机构建设。

3. 仙游县以木兰溪为主轴，重点突出特色产业，促进城区现代服务业集聚带生成

仙游县是莆田市唯一的县，县域总面积占全市总面积的40%以上，总人口占全市总人口的1/3左右，有丰富的山地生态资源和广阔的工业腹地，形成一定规模的工艺美术集聚区，所以现代服务业发展应以木兰溪为主轴，鲤城、鲤南县城中心区和榜头新城区为基点，辐射带动赖店、龙华、大济等周边乡镇发展，构建集综合服务、区域商贸、生活居住、生态休闲为一体的城市发展带和现代服务业集聚带。发挥"中国古典工艺家具之都"品牌优势，依托古典工艺博览城、国际油画城等特色专业市场，仙游县榜头镇、赖店镇、度尾镇、大济镇重点发展古典工艺家具、"六编六雕"、油画、古玩、仙游石等行业，形成仙游特色的工艺美术集群，建成现代文化创意核心区。以九鲤湖为核心，链接麦斜岩、菜溪岩、仙水洋等，发展祈梦文化旅游，构建大九鲤湖旅游景区，并依托北部山地绿色农业项目推进，在书峰乡、菜溪乡、西苑乡、社硎乡、石苍乡、钟山镇、游洋镇重点发展休闲农庄、生态旅游业等。

4. 秀屿区应依托产业优势重点发展和补"短板"，提高现代服务业整体规模水平

秀屿区是莆田的工业重地，莆系民营医院的发祥地、长寿之乡，港口资源丰富，拥有医疗健康、珠宝首饰和港口物流等优势，但是现代服务业整体规模体量较小，在经济总量中所占比重较低，应依托区内特色产业和平台优势，重点发展健康养老、创意设计、现代物流和电子商务，此外，补齐秀屿区现代服务业"短板"，全力支持现代商贸、金融服务、文化体育、旅游会展、总部经济等现代服务业发展，提高秀屿区现代服务业整体规模水平。发挥莆田（中国）健康产业总会作用，围绕普天药械交易网这一龙头，把福建健康产业园建成医疗健康产业的总部基地、医疗器械设备药品的生产基地和仓储物流基地，发展医疗健康服务业。培育养老服务龙头企业和机构，完善社区养老服务设施网络，支持家政服务业规范管理，提升服务水平。在找银网、药械网入选中国大宗商品电商企业，上塘银饰小镇被淘宝确认为"珠宝行业淘宝直播基地"的基础之上，进一步培育壮大电商平台，打造电子商务产业发展新高地。依托电商，开拓市场，加强对企业品牌的扶持力度，加快推进珠宝交易中心、文化创意产业园等平台项目建设，力促金银珠宝首饰产业集聚发展，助推工艺美术创意产业做大做强。充分利用港口、铁

路货运客运站以及便捷的交通功能，发展成品油储运、专业市场等商贸物流业，使之成为物流、资金流、信息流的聚集地。

5. 北岸经济开发区重点发展港口物流和文化旅游

完善东吴作业区、罗屿作业区港口泊位码头及后方物流园建设，依托东吴深水泊位码头，建成省内大型的粮食集散基地和农产品交易基地；依托国投配煤基地和全国物流煤炭节点，打造全国知名的煤炭交易中转基地；依托罗屿40万吨铁矿石码头，打造南方最大的铁矿石集散基地，着力构建辐射海峡两岸的商贸物流中心。通过招商引资、提高服务力度等措施争取更多有影响力的商贸物流企业入驻开发区，引进国内外知名的船务公司参与港口物流业建设与经营，开拓国际海运航线。建立北岸区域口岸联检机构，推动设立保税仓库、出口监管仓库。完善物流公共信息平台，构建以物流大通道和以港口、物流园区、物流基地为重要节点的现代物流服务网络。高起点规划北岸特色旅游产业，以妈祖文化旅游为主导，港口旅游、工业旅游为补充，形成北岸特色旅游产业全面发展的生动局面。完善妈祖城游乐项目、旅游地产、星级酒店等项目建设，打造滨海休闲度假旅游圈；积极举办妈祖文化论坛、高尔夫国际赛事等活动，推动旅游与商贸、文化、休闲、会展等产业联动发展，延伸旅游产业链条。发挥港口和产业优势，发展港口旅游、工业旅游。

6. 湄洲岛依托妈祖文化，以发展旅游业为主，兼顾文化创意产业

湄洲岛是妈祖的故乡，具有浓厚的妈祖文化氛围。依托湄洲岛妈祖文化和生态资源禀赋，促进湄洲岛旅游开发集约化、服务优质化，积极创建特色鲜明的海西滨海朝圣旅游胜地，推进文化旅游、滨海旅游项目建设，促进旅游与文化、健康养生、农业等产业融合发展，延伸旅游产业链条。建立妈祖文化研究基地，发展以妈祖文化为核心的演艺、创作、纪念品等文化创意产业链。

# 五、促进莆田市现代服务业健康发展的政策建议

根据莆田市现代服务业发展趋势、存在问题和面临挑战以及发展重点布局，未来应着重从政策扶持、人才供应保障、区域协调、服务业企业发展壮大等方面采取措施，以促进莆田市现代服务业健康发展。

## （一）转变政府职能，打造一流营商环境

转变政府职能，进一步取消和调整服务业领域的行政审批项目，合理区分教育、医疗、文化、科技、体育、咨询等服务业中的营利性服务和非营利性服务，推进公共服务领域中政府与社会多元化相结合方式提供，完善税费优惠政策、深

化金融体制改革以加大对现代服务业发展支持力度，健全相关促进现代服务业发展的产业政策体系，采取有效措施切实破除服务业行政垄断、行业垄断和地方保护，建立统一、开放、竞争、有效的服务业市场环境，降低服务业行业准入门槛，引导更多的社会资本进入更多的服务业领域。面临疫情、国际形势严峻等特殊时期政府更要加强舆论引导，进一步稳定企业和市场预期，及时释放有利于经济社会发展的政策信号，积极回应社会关切，提振发展信心，加强对已出台惠企暖企系列政策的宣传和解读，及时对现有政策进行跟踪评估，研究解决各地实施中存在的问题，及时完善政策，精准有效为市场主体解难纾困。

## （二）优化内部结构，推动产业融合升级

一是改造提升商贸、餐饮、交通等传统服务业，推动现代金融、现代物流、科技研究与技术服务、信息服务等生产性服务业提档升级，加快发展旅游、会展、总部经济等带动性较强的服务业，重点培育贴近服务人民群众生活、需求潜力大、带动作用强的生活性服务短板领域，在行业准入、土地供应、资金支持等方面给予重点倾斜，推动服务业的行业内部结构优化升级。二是以信息化、网络化、便利化为方向，积极培育服务业新业态、新模式，积极引进智能型、信息技术型企业，将"互联网+"融入健康养老、社区服务、文化娱乐等领域，增加智慧交通、智慧医疗、智慧管理、智慧通信、智慧教育等公共服务应用场景，将大数据接入公共服务，充分利用互联网、云计算、大数据、物联网、"互联网+"等新技术，聚焦产业链对接，推动服务业向价值链高端延伸，提高服务业发展质量，促进产业转型升级。三是促进生产性服务业与现代制造业、现代农业深度融合，加快生产性服务业专业化、高端化发展，加快第三产业与第一、第二产业和扶贫产业融合发展。

## （三）统筹各县区协调发展

莆田市政府应该树立发展全市现代服务业的整体观、协调观、前瞻观、务实观，尊重产业发展特性、人口空间布局演变规律，结合不同县区资源禀赋特征，抓重点、补"短板"、强弱项，统筹安排全市不同县区现代服务业发展定位和空间布局。各县区、各部门应按照"全市统一领导、市三产办牵头、部门归口管理、县区分级负责、各方共同参与"的原则，依托区位、产业基础等优势，因地制宜地发展本县区特色服务业经济，确立各自服务业区域发展功能，并加强各县区横向联系和沟通，最终形成各县区服务业优势互补、相互促进、协调发展的局面。

## （四）做大做强服务业企业，提高品牌影响力

服务业企业自身方面应该要勇于抓住市场需求性机遇，提早利用新一代信息

技术改造企业自身软实力，优先面向农业、制造业转型发展所需和人民群众最关心最现实的利益问题，增加和创新生产性服务业和生活性服务业有效供给；抓住混改落地的制度性机遇，激发企业自身发展活力；抓住对外开放的跟随性机遇，打造全球化服务能力；要以价值创造为商业本源，健全管理机制，促进人力资本增值。政府政策支持方面，优先选择一些发展态势良好、经营管理规范的企业进行融资、税收等方面的重点扶持，促进其快速发展，培育品牌服务业企业，支持企业走品牌扩张之路，引导企业采用现代经营方式，特别是连锁、加盟经营方式加快扩张型发展，促进服务业的集团化、品牌化和网络化经营，加快培育在全国有一定影响力的著名品牌，发展一批现代服务业大集团。

## （五）完善人才培养和支持体系

应该根据现阶段莆田市现代服务业发展的实际情况出发，逐步完善现代服务业人才培养、支持体系。学历教育体系方面，莆田学院等高等院校、中等职业学校专业目录里与现代服务业相关的专业还应进一步完善，如细化现代服务业的专业划分，科学合理设置课程，创新人才培养模式以及课程体系、教学方式和手段，紧贴市场和行业需求培养现代服务业急需的相关人才，特别是注重培养跨行业具有多种知识和技能的复合型人才。职业培训体系方面，应建立培训效果的追踪检测与评估体系，整合现代服务业人才培养、培训的各种资源，建立现代服务业人才职业培训平台。人才引进方面，应该紧紧围绕莆田现代服务业的发展需求，从自身现代服务业的发展定位出发，引进急需的现代服务业紧缺人才，可以考虑把招才引智与招商引资结合起来，通过引进一个高层次人才、带来一个创新团队、落户一批重大项目，促进一个产业发展。此外，应注重发挥服务业相关行业协会在人才培养中的作用，在一些涉及现代服务业人才培养开发的重要问题时，应及时沟通征求相关行业协会的意见，以便做出科学的决策。

## （六）抓住机遇、发挥优势，挖掘需求基础，化解竞争压力

根据莆田市现代服务业发展现状和布局，紧紧抓住国家启动"海上丝绸之路"、赋予福建"自贸试验区"以及中央、省赋予莆田许多体制机制改革、经济与社会发展创新试点带来的新机遇，认真落实国家和省、市有关加快现代服务业发展的一系列扶持政策，支持企业用足、用好这些政策，加强基础建设、平台集成，深化新旧互动、产业融合，强化项目支撑、龙头牵动，加大招商引资力度，按照现代管理理念，以莆田制鞋、食品、医疗健康、金银珠宝、工艺美术、红木家具、湄洲湾深水港口、电子商务等优势产业为核心，以数字化、智能化、信息化为技术支持，打造、推广莆田现代服务业的自有品牌，构建具有莆田特色的现

代服务业体系，建设现代物流园、创意产业园、电子商务产业园、信息服务产业园、现代专业交易市场、综合型服务业集聚区、旅游文化休闲区、健康养生产业园等集聚中心，提高莆田市现代服务业竞争实力，从而更好应对严峻的国内和省内区域竞争。坚持扩大内需这个战略基点，进一步深入推进莆田城镇化发展，加快挖掘莆田现代服务业发展内需基础，以高端制造业发展和制造业数字化、智能化改造需求为引导，以增进人民福祉、满足人民群众日益增长的生活性服务需要为主线，深化莆田市现代服务业供给侧结构性改革，坚持莆田市现代服务业对外开放原则，畅通国内、省内和境外多重循环，拓展现代服务业投资空间，聚焦消费新增长点，引导资金更多投向供需共同受益的现代服务业等领域，加快5G网络、数据中心等新型基础设施建设，全面促进现代服务业需求，化解当下和未来国内和国际的市场竞争压力。

# 第五节　三明市现代服务业发展研究报告

## 一、三明市现代服务业发展总体情况

### （一）总体概况

总量指标平稳增长。2019年三明市第三产业实现增加值895.52亿元，增长8.0%，第三产业增加值占地区生产总值的比重为34.4%。2019年三明市服务业投资增长0.4%，其中信息传输、软件和信息服务业比上年增长57.4%，居民服务和其他服务业比上年增长54.2%，文化、体育和旅游业比上年增长45.2%。2018年三明市实现服务业增加值815亿元，同比增长7.5%。第三产业增加值比重为35.8%。[①] 并且通过实施了《现代服务业创新发展行动计划（2018-2020年）》及服务业"双百工程"项目建设，每年实施市级服务业重点项目100项，年度投资100亿元以上，为加快现代服务业创新发展提供坚实项目支撑。[②] 2017年第三产业增加值758.38亿元，增长11.1%。第三产业增加值比重为35.5%。2016年第三产业增加值653.03亿元，增长10.0%。第三产业增加值比重为35.1%（见图4-10）。[③]

---

① 资料来源：《三明市统计年鉴2019》。
② 资料来源：《三明市实施现代服务业创新发展行动计划（2018-2020年）》（明政〔2018〕2号）。
③ 资料来源：2016~2019年《三明市国民经济和社会发展公报》。

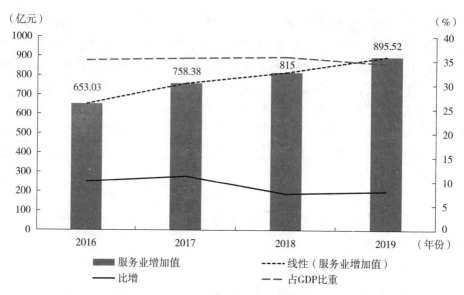

**图 4-10   2016~2019 年三明市现代服务业增加值基本情况**

资料来源：根据 2016~2019 年《三明市国民经济和社会发展统计公报》计算整理。

2019 年三明市服务业重点项目 19 个，总投资 44.2 亿元，年度计划投资 7.2 亿元。其中，新建项目 10 个，当年计划投资 3.2 亿元；续建项目 9 个，当年计划投资 4 亿元。重点抓好金牛物流园、天斗玄空文化园、潮远智选酒店等 12 个亿元以上项目建设。2019 年确保金牛物流园、供销农副产品物流园等 5 个以上项目开工建设，国德养老康养中心、洪田横山湾生态旅游等 4 个项目竣工投入使用，为服务业发展提供有力支撑。

面对突如其来的疫情，2020 年三明市克服疫情带来的不利影响，经济稳步复苏、运行良好，上半年服务业增加值 445.31 亿元，增长 2.0%，增幅高于全省 0.4 个百分点，对全市经济增长贡献率为 58.6%。2020 年第三季度三明市服务业增加值 664.57 亿元，同比由上半年增长 2.0% 提高至增长 3.4%，比上半年提高 1.4 个百分点，对全市经济增长贡献率为 45.0%。服务业回升明显，增幅高于全省 0.6 个百分点，居全省第 4 位。其中，零售业销售额增长 3.0%，住宿业营业额下降 8.0%，增幅分别比上半年回升 1.7 个、7.7 个百分点，高于全省 2.3 个和 17.7 个百分点，均居全省第 1 位；规模营利性服务业营业收入增长 24.7%，餐饮业营业额下降 3.2%，增幅分别比上半年回升 6.0 个和 5.5 个百分点，高于全省 14.4 个和 2.2 个百分点，居全省第 2 位。[①]

--------

① 资料来源：三明市统计局 2020 年第三季度《三明市经济运行情况分析》。

## (二) 分行业状况

### 1. 商贸流通业

全年社会消费品零售总额 649.22 亿元,比上年增长 10.2%。其中,限上企业零售额 316.61 亿元,增长 11.6%;限下企业和个体户零售额 332.61 亿元,增长 8.9%。限额以上企业实现网上零售额 45.18 亿元,比上年增长 10.8%。

在限额以上企业商品零售额中,家具类零售额比上年增长 27.8%,中西药品类增长 25.8%,烟酒类增长 18.8%,粮油食品类增长 13.2%,家用电器和音像器材类增长 10.5%,汽车类增长 10.1%。[①]

### 2. 现代物流

"十三五"期间,三明市建成三明汽车南站、永安汽车南站,实现与南龙快速铁路"零距离换乘"和"无缝衔接"的交通综合客运枢纽,铁路、公路、城市交通等不同层次运输方式的组合模式科学便捷。2019 年,邮政包裹业务 1.47 万件,下降 37.7%。快递业务量 3303.17 万件,增长 9.7%。以生产服务型国家物流枢纽城市建设为契机,三明市线下物流枢纽、公路港等物流节点,重点打造三明陆地港、三元大坂物流园项目,基本实现现代物流枢纽网络。三明市正成为区域性综合交通枢纽和物流中心、国家重要物流节点城市。[②]

### 3. 电子商务

消费市场回暖。前三季度,全市社会消费品零售总额 572.06 亿元,同比下降 0.9%,降幅比上半年收窄 1.9 个百分点,高于全省 1.6 个百分点,居全省第 2 位。主要特点如下:一是网上零售额继续回升。在 2020 年新增 12 家网上零售企业的带动下,全市限上企业实现网上商品零售额 37.18 亿元,增长 20.4%,增幅比上半年提高 2.4 个百分点,比去年同期提高 8 个百分点。二是通信器材类消费增长迅猛。随着智能手机更新换代的加快,全市限上企业通信器材类零售额 1.72 亿元,增长 70.1%,增幅比去年同期提高 56.6 个百分点。三是服装鞋帽针纺织品类零售额增速加快。全市限上企业服装、鞋帽、针纺织品类零售额 38.79 亿元,增长 16%,增速较上半年提高 3.6 个百分点,比去年同期提高 14 个百分点。[③]

### 4. 旅游业

由图 4-11、图 4-12 可以看出,三明市旅游业 2019 年相比 2016 年有一定提高,但与 2018 年相比有一定程度的下滑。2019 年接待旅游人数 3917.56 万人次,增长 18.3%;旅游总收入 416.86 亿元,增长 26.2%。2018 年接待国内旅游人数

---

①③　资料来源:三明市统计局。

②　资料来源:三明市人民政府网。

3303.09 万人次，增长 20.1%；旅游总收入 330.33 亿元，增长 34.3%。2017 年接待国内旅游人数 2749.23 万人次，增长 20.2%；旅游总收入 246.03 亿元，增长 28.9%。2016 全年接待游客 2293.13 万人次，实现旅游总收入 190.84 亿元，分别比上年增长 17.5% 和 27.2%。反映了三明市接待游客仍以国内游客为主，旅游总收入主要靠国内旅游拉动。截至 2019 年底，三明市以拥有 18 家国家 4A 级以上旅游景区——1 家中国 5A 景区三明泰宁风景旅游区。①

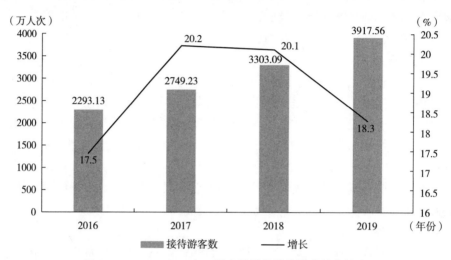

**图 4-11　2016~2019 年三明市旅游业接待游客基本情况**
资料来源：根据 2016~2019 年《三明市国民经济发展统计公报》计算整理。

5. 金融业

年末全市金融机构本外币各项存款余额 1899.52 亿元，比上年末增长 8.7%；金融机构本外币各项贷款余额 1523.66 亿元，比上年末增长 11.4%。全年农村合作金融机构人民币各项贷款余额 295.64 亿元，比上年末增长 10.3%。金融机构人民币个人消费贷款余额 543.09 亿元，比上年末增长 19.4%。金融存贷增速稳步增长。9 月末，全市金融机构本外币各项存款余额 2089.10 亿元，比上月末增加 65.87 亿元；同比增长 10.6%，增幅比上半年回落 0.3 个百分点，比全省低 1.1 个百分点，居全省第 6 位。本外币各项贷款余额 1664.31 亿元，比上月末增加 24.16 亿元；同比增长 13.7%，增幅比上半年提高 0.3 个百分点，比全省高 1.5 个百分点，居全省第 3 位。存贷比 79.7%，同比提高 2.2 个百分点。②

---

① 资料来源：三明市文化和旅游局。
② 资料来源：《三明市国民经济和社会发展统计公报 2019》。

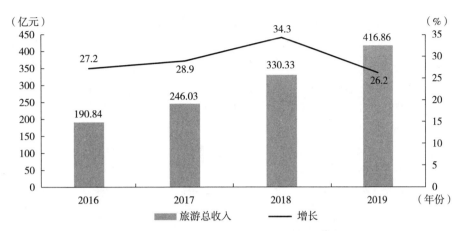

**图 4-12　2016~2019 年三明市旅游业收入基本情况**

资料来源：根据 2016~2019 年《三明市国民经济发展统计公报》计算整理。

6. 信息服务业

全市电信业务总量 153.78 亿元，增长 66.6%；4G 电话用户 207.63 万户，净增 14.75 万户。全市互联网用户 319.71 万户，比上年增加 15.85 万户，互联网用户普及率为 123.44%，提高 5.7 个百分点，其中：固定宽带用户 102.75 万户，增加 10.83 万户，固定宽带家庭普及率为 107.9%，提高 15.6 个百分点；移动互联网用户 216.96 万户，增加 5.02 万户，移动宽带用户普及率为 84.1%，提高 2.8 个百分点。

7. 科技服务业

全年 R&D 经费支出 24.74 亿元，比上年增长 19.7%，占全市生产总值的 1.05%。全市共申报各类科技项目 80 项，获上级科技部门批准立项和支持的项目 45 项。认定国家高新技术企业 44 家，总数 118 家。入库国家科技型中小企业 132 家。新认定省级科技小巨人领军企业 16 家，总数 124 家。新增市级企业技术中心 2 家，共有省级重点实验室 7 家、省级新型研发机构 8 家、省级工程技术研究中心 44 家、省级企业技术中心 24 家、市级工程技术研究中心 23 家、市级企业技术中心 81 家。全市共建成市级及以上众创空间 44 家，其中 3 家经国家级备案、9 家经省级认定；建成市级及以上科技企业孵化器 24 家，其中 7 家经省级认定、14 家经省级备案；共建成省级星创天地 10 家，其中 7 家经科技部备案。全市专利申请 3826 件，专利授权 2201 件，其中，发明专利申请 616 件，发明专利授权 115 件。截至 2019 年底，全市共拥有有效发明专利 733 件，比上年增长 13.3%；每万人口发明专利拥有量 2.84 件，比上年增加 0.32 件。全年共登记技术合同 18 项，成交额 0.23 亿元。

全市共有国家地理标志保护产品 24 个，"中国驰名商标" 19 件。年末全市共有 115 家机构通过检验检测资质认定，比上年增加 1 家，国家产品质量监督检验中心 1 个，省级产品质量监督检验中心 3 个。全市累计获得 1822 张产品及管理体系认证证书。全市共有法定计量技术机构 11 个，全年强制检定工作计量器具 9.3 万台（件）。全年制修订国家标准 8 项、行业标准 8 项、地方标准 4 项，累计全市共制修订国家标准 108 项、行业标准 79 项、地方标准 217 项。①

8. 养老服务业

2019 年末全市城镇职工基本养老保险人数 62.77 万人，比上年增加 1.80 万人。其中在职 44.40 万人，离退休人员 18.37 万人，企业参加城镇职工基本养老保险离退休人数 14.09 万人，全部实现养老金按时足额发放。参加城乡居民社会养老保险人数 135.53 万人。参加职工基本医疗保险 41.44 万人，比上年增加 0.38 万人；参加城乡居民基本医疗保险 221.29 万人，增加 0.04 万人。参加失业保险人数 23.29 万人，比上年增加 1.2 万人。

全市纳入城市最低生活保障的居民 4610 人，比上年增加 33 人；纳入农村最低生活保障的居民 32849 人，增加 2272 人；城乡特困人员 4616 人，减少 115 人。全年全市脱贫 11 户 38 人，"造福工程"搬迁 82 户 344 人。年末全市养老机构床位数增至 19457 张，每千名老人拥有养老床位 38.9 张。全市建立社区服务中心（站）199 个。全年销售社会福利彩票 15490.55 万元，筹集福利彩票公益金 4727 万元。②

## 二、三明市现代服务业发展存在的突出问题及面临的挑战

### （一）总体规模小，发展水平还有待提升

三明市区服务业增加值在"十三五"期间稳步增长，年均增长率为 11%，2019 年三明市区服务业增加值达到 895.52 亿元，服务业占市 GDP 比重为 34.4%。虽然较上一阶段实现了快速增长，但与先进城市还有较大差距。由于市区人口规模小，增长慢，导致三明区域第三产业发展并不稳定，总体规模仍然太小，未对县域服务业形成有效的中心带动作用。县域服务业人口和市场规模小，缺乏整体性、连贯性布局规划，与沙县、永安和各县没有形成统一的规划布局，再加上中心城区对周边县域辐射力偏弱，使三明区域服务业总体发展水平还比较落后，未能突出特色，形成群体和品牌优势，吸引力和影响力不足。

---

① 资料来源：三明市科技局公开数据。
② 资料来源：《三明市国民经济和社会发展统计公报 2019》。

## （二）服务业内部结构有待优化

生产性服务业对现代服务业的发展至关重要，但是三明区域生产性服务业规模整体偏小，研发、设计、商贸服务、电子商务、文化创意、服务外包等领域起步晚、孕育孵化还需时间，发展相对先进城市来说严重滞后。由于地处山区，开放程度不够，"互联网+"进程缓慢，导致三明区域现代服务业的整体产业层次偏低，产业升级阻碍重重，整体发展进度已经受到了严重的影响，这对三明市经济发展是极为不利的。因此，行业结构优化调整、技术升级和人才引进迫在眉睫，应该积极挖掘和提升行业内部结构的优势产业，持续快速发展。

## （三）同质化严重，特色不突出

三明由于地处山区，由于人口、政策方面的局限，长期发展过程中大企业、大项目始终不多，缺少实力雄厚、规模大的企业带动，过去大多以模仿、借鉴的方式发展。制造业、农业是三明经济的根基，但能够与这些产业实现关联的科技、文创、物流、人力等生产性服务业发展滞后，同时服务业与互联网的融合进度也不够理想，创新能力严重不足，使三明区域服务业集聚区功能无法显现，导致趋同现象严重。作为新兴的工业城市，三明应该在文化建设方面加大投入，以文化为突破口打造特色，充分利用闽学文化等当地特色文化形成文化向心力，将服务需求引向高端化，提升服务业发展层次水平。

## （四）生产性服务业与工业化进程不够配套协调

当前，三明市生产性服务业发展水平和技术含量仍然偏低，发展动力仍显不足，与工业发展明显还不够协调，尤其是科技服务业实力偏弱，金融服务业对实体经济融资效率较低，商务服务业、会展业等行业发展较为缓慢，现代物流业尚需进一步提升。而且，这些服务业还普遍存在规模偏小、效益偏低、经营模式滞后、创新活力不足的问题，难以形成规模效益，达不到产业集聚发展的要求，生产性服务业发展滞后，已成为制约三明市产业转型升级和经济持续发展的重要因素。

# 三、三明市现代服务业的发展趋势

## （一）创新服务业发展

大力发展信息资讯、商品交易、物流运输等领域平台经济，向企业全面开放国家级和省级科技创新平台，向社会开放市级以上大型科研基础设施。完善有利于平台型企业发展的融资支持、复合型人才供给、兼并重组等政策。鼓励发展分享经济。推动交通、住宿、餐饮、金融、教育培训、技术服务等领域发展分享经济。加快建立统一的数据资源开放平台，推动交通出行、医疗健康、教育文化、空间位置等与民生息息相关领域的数据资源向社会开放，优先将政务数据资源向分享经济平台开放。支持发展体验经济。鼓励企业挖掘生产、制造、流通各环节的体验价值，利用虚拟现实等新技术创新体验模式，在生产制造、旅游购物、医疗保健、文化消费等领域发展线上线下新型体验服务。支持 VR 企业争取纳入"科技小巨人"领军企业培育计划，支持龙头企业组建科技研发创新平台。

## （二）服务业融合和集聚

服务业与农业的融合，以信息、金融、农业科技、市场营销为重点，拓展农业产业化产前、产中、产后各个环节的生产性服务需求，推动现代农业转型升级；充分发挥制造业对服务业发展的基础作用，有序推动双向融合。促进制造企业向创意孵化、研发设计、售后服务等产业链两端延伸，鼓励制造企业优化供应链管理，推动网络化协同，发展服务型制造；促进服务业内部融合，鼓励基于互联网的教育、健康、养老、旅游、文化、物流等融合发展。加快服务业集聚发展，在现代物流、创意产业、电子商务、现代专业交易市场、综合型服务、旅游休闲、健康养生等产业领域，积极培育服务业集聚区。

## （三）总部经济起带动作用

积极推进徐碧中央商务区等商务楼宇建设和招商，营造适宜总部经济发展的软硬环境，增强对总部企业的吸引力、凝聚力，重点引导明资企业总部回归和引进区域总部。扶持现有总部企业，支持建筑、物流、会展等龙头企业做大做强，发展跨省跨市经营业务。支持工程咨询、信息服务等中介机构发展跨省和跨市业务。引导总部在市外的企业将营销、结算、研发、物流、资本运作、创意设计等职能总部设立在三明市，注册成立具有独立法人资格的子公司。鼓励知识产权成果转化，支持引进和就地转化设计、创意、研发等知识产权成果，培育吸引总部企业的战略资源。

## （四）外包服务业发展

着力拓展服务外包行业领域，大力发展信息技术、业务流程、供应链管理、能源管家、机关后勤化服务、人力资源服务等领域服务外包。加快发展与制造业联动的研发设计、现代物流、电子商务、会展服务、节能环保服务等服务外包。依托大数据、物联网、移动互联网、云计算等新技术推动服务外包模式创新，增加高技术含量、高附加值外包比重，积极发展离岸外包。落实优惠税收政策，培育一批创新能力强的服务外包龙头企业。支持企业依托各类服务平台购买专业化服务，鼓励政府机构和事业单位购买服务，促进管理创新。

## 四、三明市现代服务业发展重点领域及空间布局

### （一）生产性服务业

#### 1. 现代物流业

着眼于降低流通成本、提高效率，增强基础支撑能力，加快构建高效便捷、通达顺畅、绿色安全的现代物流体系，重点推进三明陆地港、三明大坂物流园、三明城市物流园等物流集聚区建设，推动每个县（市、区）建成 1 个综合性物流园区，争创国家级、省级示范物流园区。创新运输组织模式，开展多式联运、甩挂运输，逐步实现"一单制"的全程无缝运输服务。着力提高供应链管理、物流标准化水平，推动物流、制造、商贸等联动发展。加快发展冷链物流、农村物流、智慧物流。大力发展第三方物流，培育一批专业化、社会化的大型物流企业。

#### 2. 电子商务

积极培育覆盖产业链上下游的行业垂直自营电商平台，支持永安云竹网、海鑫钢网、清流花卉苗木网等专业网站打造成为行业知名平台。鼓励第三方电子商务平台与制造业企业合作，利用电子商务优化供应链和服务链体系，发展装备远程监控、运行维护、技术支持等服务市场。全年计划培训人员 300 人，新建农村村淘服务站 3 家，实现电子商务交易额 16 亿元。依托三明市 7 个国家级和 3 个省级电子商务进农村示范县建设，发展农村电商和农产品电商，挖掘优选全市名特优地产品，打造三明网络销售精品，培育一批销售额超亿元的电商龙头企业。推进生态新城电商产业园、信迈润土（尤溪）电商产业园等园区建设，争创省级电子商务集聚示范区。

#### 3. 金融服务

引进全国性商业银行设立分支机构，推进农村金融机构改革，加快组建农村商业银行，完善农村金融服务体系。做大信贷总量，优化信贷结构，防控金融风险。推进"三去一降一补"、供给侧结构性改革、乡村振兴战略实施的金融支持。推动绿色信贷、普惠金融、科技金融创新，积极发展金融仓储、融资租赁，推广"福农贷"系列产品，完善中小微企业和"三农"金融综合服务体系。深化金融改革试点，总结推广沙县村级融资担保基金经验，推进村级担保基金向各类新型农业经营主体复制，逐步实现村级融资担保基金县域全覆盖。

#### 4. 科技服务业

重点培育研发设计、技术创新、创业孵化等科技服务，支持在研发设计、检

验检测、文化创意等领域，建设一批国家级、省级科技创新平台。支持企业建立技术中心、技术创新平台和技术创新联盟，打造培育一批有特色、有潜力的孵化器和众创空间。培育基于移动互联网、大数据、云计算、物联网等新技术服务。完善大数据资源配置和产业链，加快建立政府数据开放平台，构建重点行业数据云。深入推进永安市"互联网+竹产业"、沙县"互联网+沙县小吃产业"、泰宁县"互联网+旅游产业"等"互联网+"行业和区域试点，促进传统产业转型升级。

### （二）生活性服务业

**1. 商贸服务**

鼓励和引导商贸企业通过线上、线下互动，开展全渠道经营，构建差异化、特色化、便利化的现代商贸服务体系。打造城市智慧商圈和具有丰富互联网属性的特色商业街区。整合供销、邮政等资源，加强农村商业网点建设，支持连锁经营向多行业、多业态和农村延伸。推动一批农产品批发市场、城乡便利超市、社区便利店、农副产品平价商店建设改造。着力抓好三元永嘉天地商业中心、永安豪德森达商贸城等大型商业设施和三明肉制品加工及冷链物流等农产品冷链设施建设。

**2. 旅游业**

着眼于提升服务品质、改善服务体验，提高消费满意度，促进旅游资源开发集约化、产品多样化、服务优质化。积极推动"旅游+"，培育文化旅游、养生旅游、体育旅游、研学旅游产品体系，发展个性化、精细化、高端化旅游产品。大力培育智慧旅游产业，建立和完善旅游信息基础数据平台、游客信息服务体系、智慧旅游管理体系及智慧旅游营销体系。支持泰宁县、建宁县、尤溪县创建国家级全域旅游示范县，永安市创建省级全域旅游试点，加快市区"两山一谷""百千万"两条郊野休闲旅游带开发，积极发展都市休闲旅游和乡村旅游。争创泰宁国家级旅游度假区，打造沙溪百里画廊休闲旅游带、向莆铁路深呼吸健康旅游带、泉南高速客家风情旅游带，创建国家旅游休闲区试点，建设旅游休闲示范城市。

**3. 健康养老**

加快公办养老机构改革，支持民间资本和社会力量申办养老机构，推广梅列区"三社三化"助力居家养老和三元"乐龄家园"经验模式，加快发展居家和社区养老服务，建设以"居家为基础、社区为依托、机构为补充、医养相结合"的社会养老服务体系。积极发展以老年人康复服务和护理服务为主的专业组织，引导养老与医疗、保险、教育、健康、旅游、文化等产业融合发展。引导发展专业的医学检验中心、影像中心和病理诊断中心等第三方检查检验机构，面向区域提供服务。加快发展中医医疗、预防和保健服务。加快实施美年大健康三明体检中心、永安市国德老年康养中心等一批健康养老项目建设。

4. 文化创意

进一步挖掘提炼三明特色文化，提升文化服务品质，推动文化旅游、教育研究、图书出版、影视拍摄等综合性开发。推进文化创意和设计服务与科技、旅游、制造业等产业融合，充分发挥文化创意在设计、研发、推广等方面作用，通过发展文化创意产业，激发服务业发展活力、提高产业结构层次，将闽学文化、客家文化等地方文化品牌融入产业发展和规划，促进文化资源内涵和产业经济的互动发展。组织实施三明1958文化创意园、永安新华文化城、沙溪十里闽学文化长廊等一批项目，推进文化创意园区建设。

### （三）空间布局

现代服务业是推动地区经济增长的动力，三明市现代服务业主要分布在三明市区、永安、沙县、尤溪、大田。五个地区现代服务业产值占三明市服务业总产值的70%以上，在三明市具有很强的辐射和带动作用。2018年起至2020年的三明市服务业"双百工程"项目建设安排服务业重点项目180项，分布在三明市各个区县。①

三明市区的服务业水平和三明市整体的服务业发展水平互相影响、互相促进，因此三明市区的服务业的空间布局非常重要。三明市区具有服务业发展的区位优势，建设了现代物流、商贸服务、文化创意等项目，包括台湾青年创业园、华铺购物广场、三明美年大健康医疗检测中心、三元智创show智能制造产业基地、三元大坂物流园、梅列区翁墩物流信息港、三元兄弟物流产业园、三明饭店江滨广场、梅列华铺连锁商业中心、三元永嘉天地商业中心、三明山水御园婚庆广场、三元"多彩莘口"休闲旅游圈、宁化蛟湖小镇旅游建设项目、泰宁金湖上坊岛水上综合服务区。文化创意及旅游业包括三明1958文化创意园、三元沙溪十里闽学文化长廊（四贤长廊）、三明万寿岩国家考古遗址公园等。新兴服务业包括三钢闽光物联云商、梅列高端商务集中区建设项目、梅列台湾青年创业园等。

永安市服务业重点是现代物流、休闲旅游、文化创意，以及为石墨烯等发展较完善的产业提供配套服务。永安市位列福建省县域经济实力"十强"行列，煤炭、水泥、石墨等各类工业资源丰富，鹰厦铁路和南三龙快速铁路贯穿永安，泉三、永武、永宁、永漳四条高速公路汇集永安，交通便利。这些条件都为服务业的健康发展提供了便利。重点项目包括中储棉永安储备库、永安槐南安贞（中国）古银币交易市场建设项目、永安上坪天斗玄空文化园项目等。

---

① 资料来源：三明市商务局。

沙县服务业发展重点主要集中于现代物流、科技研发服务、专业市场、休闲旅游等。现代物流业有沙县快递物流产业园，文化旅游业有沙县千年古县记忆建设。同时，沙县金古空港开发区、三明生物医药产业园、沙县中节能环保产业园、沙县金沙园海西高端装备产业园、医疗器械产业园、沙县食品产业园等平台的发展也促进了沙县服务业的发展。

尤溪县服务业发展的重点是现代物流、纺织业、香料生产等专业市场，以及尤溪九阜山生态旅游开发、尤溪枕头山休闲养生度假区、青印溪"一河两岸"河滨景观等文化旅游产业。尤溪是全国农村电商综合示范创建县和全国电商示范百佳县，电商产业蓬勃发展，快递物流需求量较大。已建成尤溪特色产业商品流通市场、尤溪现代汽车物流产业园等项目，促进电子商务与快递物流协同发展。同时致力建设一个在行业内具有影响力的国家级示范园区和"南方香谷"，打造中国香精香料生产加工基地、产业集聚中心和文化体验中心。纺织业是尤溪首个产值超百亿产业集群，推动尤溪成为中国革基布名城、中国混纺纱名城。2019年重点建设项目包括尤溪县高性能差别化纺织新材料生产项目、尤溪县纺织器材生产项目、尤溪县氨纶高档面料生产项目、尤溪县新型水刺非织造生产线项目、尤溪县新型熔喷、纺粘以及工艺交叉非织造生产线项目、尤溪县差别化功能性化纤长丝织造织物项目、尤溪县PTT高性能纺织材料生产项目、尤溪县香精香料产业园、尤溪县闽中电子商务快递分拨中心。

大田的服务业主要依托大田比较完善的冶炼铸造、机械加工、热处理、整机装配等机械制造体系的传统产业发展相关服务业，以及大田济阳马力小镇、大田现代陶瓷文化产业园等文化旅游服务，大田VR产业示范区等新兴服务业。获评中国铸造产业集群试点县、省级铸造产业基地。大田牲畜定点屠宰场及冷链一体化建设、清流龙郡华联购物广场、宁化天家福购物广场、大田永兴达机动车驾驶员考训中心、大田石牌美食城等项目建成。2019年重点建设项目包括大田县机械铸造产业集聚区、大田县肉制品精深加工及冷链一体化。

## 五、促进三明市现代服务业健康发展的政策建议

### （一）做大做强服务业产业链

在经济发展新常态下，发展现代服务业应坚持创新发展、协调发展、绿色发展、开放发展、共享发展五大发展理念，发挥区位优势，结合区域特色打造主导产业，使现代服务业成为经济发展的支柱性产业。三明可依托闽中区位优势打造智能、高端商贸物流产业辐射赣西南及省内周边区域；可立足三明生态环境优势

和闽学、客家以及红色文化，打造特色旅游产业；可加快发展具有地方特色的健康养老服务业。通过做大做优主导产业夯实现代服务业的根基。实现"文商旅"融合发展，提升现代服务业发展的品质内涵。大力发展商贸物流，建设农产品专业市场，积极打造有特色的大型专业市场，壮大市场群，着力提高市场销售规模，充分发挥集聚功能。在商贸物流、冷链物流、电子商务、创意设计、文化体育、休闲旅游、健康养老等方面大力引进投资项目，把三明打造成为闽中地区现代商贸物流中心、休闲康养中心、创意设计中心、电子商务中心、文体服务中心。

## （二）抓住制造业服务化的机遇

促进制造企业向创意孵化、研发设计、售后服务等产业链两端延伸，建立产品、服务协同盈利新模式。鼓励有条件的制造企业向设计咨询、设备制造及采购、施工安装、维护管理等一体化服务总集成总承包商转变。支持领军制造企业"裂变"专业优势，面向全行业提供市场调研、研发设计、工程总包和系统控制等服务。以产需互动为导向，推动以服务为主导的反向制造。鼓励服务企业开展批量定制服务，推动生产制造环节组织调整和柔性化改造。支持服务企业利用信息、营销渠道、创意等优势，向制造环节拓展业务范围，实现服务产品化发展。发展产品全生命周期管理、网络精准营销和在线支持新型云制造服务，实现创新资源、生产能力和市场需求的智能匹配和高效协同。随着信息化和网络化的深层次应用，生产性服务业和制造业的融合不断涌现出新业态、新模式和新业务。不同行业之间通过模式创新和战略互补，形成以生产性服务业为中心的新型经营模式。生产性服务企业不仅可以通过延伸价值链，提升业务附加值，同时还可以借助互联网平台实施跨界融合，构建业务交易中心和信息、资金平台，提升自身竞争力优势。三明市相关部门还可以通过实施工业信息化和网络化改造，促进传统大型制造业如三明钢铁向智能制造和模块化制造发展。利用公司的专业优势，拓展公司服务功能，向整个行业提供网络协同、大数据、工业流程改造和系统控制等高端服务，从而实现向现代服务业延伸。

## （三）重视文化品牌形象的作用

三明拥有客家文化、闽学文化（朱子学）、红色文化等各类文化资源，尤其是闽学文化，朱熹的思想不但对中国有较大影响，在韩国、日本等国家的思想和文化历史上也有重要的地位。"一带一路"的实施为三明挖掘、弘扬闽学文化、打造文化产业提供了动力因素。首先，顺应"一带一路"的开放态势，扩大宣传，打造优秀的文化产品，充实文化产品的内容，积极地"走出去"，让其他国家与地区了解三明，塑造三明的文化形象。同时，应该以"大众创业、万众创新"理念为指导，将"闽学文化"融入地方产业发展规划，促进文化资源内涵和产业经济的互动发展。进一步加大对文创产业的投入，实现文化创意与互联网深度融合，构建创意产业集群，塑造创意产业文化内涵。可以围绕"闽学文化之都、生态宜居名城"等主题，结合区域特色推动创意设计产业发展，扩大景点开发，打造文化特色旅游品牌。打造文化载体，大力发展文化旅游业与餐饮业。三明各县市都有其独特的旅游资源与文化，政府可加大文化旅游基础设施投入力度，推进各县市文化产业合作，明确各自文化产业的定位和功能布局，避免彼此间的同质化竞争，谋求文化产业共同发展，全面激发文化旅游业发展活力，推动文化旅游业大发展大繁荣。同时，三明还有其独特的饮食文化，沙县小吃源远流长，是古代中国传统饮食文化的"活化石"，永安、泰宁、宁化、尤溪等地方小吃也蕴藏了回味悠长的历史文化。打造文化餐饮的新消费模式，用文化来提升品牌，用文化来提升餐饮的升值空间。

## （四）培育服务业发展平台

三明市属于福建省区域性物流枢纽中心，各类物流平台在三明已经形成了品种齐全、资讯发达的商品交易中心和集散中心。三明相关部门需要积极促进既有的各级创新平台向辖区内企业全天候开放，同时以有偿服务的形式对各类科研设备的使用提供便利。提升制造业各环节和生产流程的体验价值，引入 VR 等新型虚拟场景技术，支持企业在工业旅游、智能制造、文化体验等领域开展线上线下业务，提升企业品牌知名度和附加值，为企业创新提供新动能。根据区位优势和产业优势，重点规划培育特色服务业集聚区，推进高端商贸商务服务集聚，通过特色服务业集聚区的建设，充分扩大高端商贸服务的覆盖范围，实现资源的有效配置，提升服务业规模，促进生产型服务业发展。继续推进现代物流园区、电子商务产业园区、创意产业园区、现代专业交易市场、旅游休闲区和综合性服务业集聚区的建设，培育一批规模较大、特色鲜明、业态多样、功能完善的省级现代服务业集聚示范区。构建特色鲜明、功能完善的现代服务业聚集区。通过聚集区打破区域分割，整合资源集聚发展，突出区域特色，建设一批特色市场、特色文化、特色旅游、特色园区、特色社区等服务业项目，辐射周边，拓展服务发展空间。政府主导引进大型商贸企业、高端商业品牌，通过统一规划，优化特色聚集区购物环境，形成品牌效应，吸引人流，聚集人气，以此作为新常态下现代服务业发展的突破口。

## （五）加快发展新兴服务业

随着"互联网+"快速发展和群众生活水平的提升，三明市服务业发展呈现新业态、新模式，激活大量生产性、生活性服务潜在需求。作为福建省服务业发展的新增长区域和后发区域，以电子商务、商贸、旅游、现代物流为重点的现代服务业正加快发展。应该大力发展各类电子商务主体，完善电子商务配套设施；要通过电子商务产业示范基地，引导传统企业转型升级；要建设好电商服务平台，加快电子商务大厦、产业园等集聚区建设；通过专业化、规模化、集中化的电商平台来推广地方特色产品，扩大三明电子商务影响力，提升服务业发展水平。以集聚区为中心，培育现代金融集聚区，配合实现服务业的集聚发展；应该大胆创新金融产品体系，引导发展新型金融业务，建设示范区鼓励金融产品服务创新；促进互联网金融健康发展为县域服务业发展提供便利的金融服务。

# 第六节　漳州市现代服务业发展研究报告

## 一、漳州市现代服务业发展总体情况

近年来，漳州服务业加快发展，截至 2019 年 3 月，第三产业增加值 1621.83亿元，增长 9.7%。2019 年底，三次产业比例由上年的 11.1∶47.8∶41.1 调整为10.1∶48.8∶41.1。本节将漳州现代服务业分为生产性服务业、消费性服务业以及民生性服务业三个部分，以便分析其现代服务业发展情况。

### （一）生产性服务业对制造业支撑能力增强

"十三五"时期是漳州推动经济发展方式转变、实现产业结构优化升级、加快现代服务业发展的关键时期，"供给侧结构性改革"的出台，进一步促使漳州优先发展现代物流、金融服务、电子商务、信息服务、科技服务、商务服务六大生产性服务业，全年批发和零售业增加值 175.78 亿元，比上年增长 8.3%；交通运输、仓储和邮政业增加值 210.30 亿元，增长 4.5%；金融业增加值 153.00 亿元，增长6.3%；房地产业增加值 215.08 亿元，增长 7.3%；全年完成邮电业务总量 222.97亿元，比上年增长 107.4%。生产性服务业占第三产业增加值的比重逐年增加，对漳州制造业的支撑能力逐渐增强（见图 4-13）。

### （二）消费性服务业结构优化升级

2018 年全年房地产投资完成额 712.72 亿元，增长 41.3%，其中，住宅投资545.87 亿元，增长 60.2%；接待国内旅游人数 3881.96 万人次，比上年增长

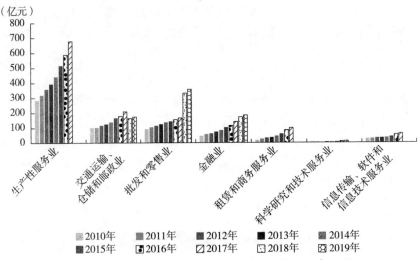

**图4-13 2010~2019年漳州市生产性服务业及其细分行业增加值**

资料来源：历年《漳州市统计局年鉴》及漳州市统计局统计，本节下同。

21.0%；接待入境游客70.39万人次，增长15.3%。全年旅游总收入521.23亿元，增长33.7%。年末A级旅游景区18家，比上年增加2家；全市共拥有有效发明专利1466件，比上年增长22.3%；每万人口发明专利拥有量2.88件，比上年增加0.51件；年末全市文化系统共有艺术表演团体11个，公共图书馆11个，文化馆12个，博物馆12个。公共图书馆图书总藏量173.51万册；体育产业发展引导基金规模达到923万元；住宿和餐饮业增加值46.90亿元，增长7.6%。旅游业的快速发展带动漳州市消费性服务业结构优化升级，但可以看出文体娱乐以及住宿和餐饮业的增长缓慢，产业结构调整的任务仍然艰巨（见图4-14）。

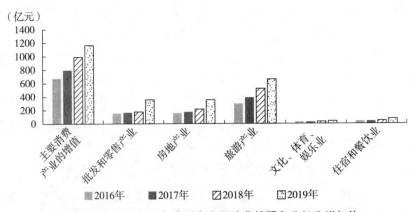

**图4-14 2016~2019年漳州市主要消费性服务业行业增加值**

## （三）民生性服务业规模显著扩大

结合漳州市具体情况将民生性服务业划分为健康服务业和养老服务业。漳州市健康服务业正处于快速发展当中，其中卫生技术人员数、医疗床位数增幅较大；医师数增幅居中，处于稳步增长阶段。生物医药产业是漳州市四大战略性新兴产业之一，截至 2019 年底，漳州市拥有小规模以上医药企业数十家，获得"片仔癀""水仙"等 3 个全国驰名商标和"益安""聚善堂"等 6 个省级著名商标，2 个福建名牌（见图 4-15）。由图 4-16 可知，漳州市养老服务业相较于健康服务业发展缓慢，如何推动养老服务业快速发展是值得思考的问题。

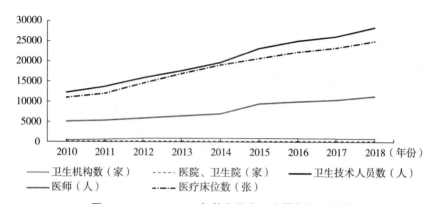

**图 4-15  2010~2018 年基本医疗卫生服务产业规模**

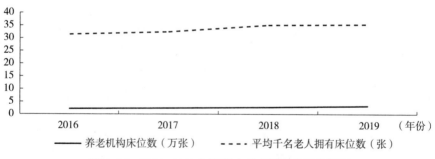

**图 4-16  2016~2019 年漳州市养老服务业行业数据**

# 二、漳州市现代服务业发展存在的问题及面临的挑战

## （一）高端生产性服务业规模较小，比重偏低

漳州市生产性服务业正处于快速发展之中，其中交通运输、仓储和邮政业，

批发和零售业为主的传统生产性服务业的规模最大，并且长期处于行业领先地位。相对来说高端生产性服务业的规模较小，从大到小依次为金融业，租赁和商务服务业，信息传输、软件和信息技术服务业，科学研究和技术服务业。在其中金融业在2017年度首次增加值超过交通运输、仓储及邮政业；租赁和商务服务业及信息传输、软件和信息技术服务业两者在2014年之后生产规模也进入了较快的发展阶段。而在科学研究和技术服务业其生产规模一直处于落后位置，并且增长水平不明显（见图4-17）。

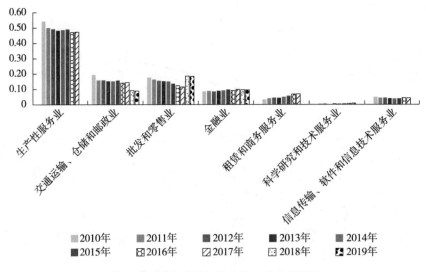

图4-17　分产业增加值占第三产业的比重

## （二）行业结构升级较慢，旅游业带动作用弱

漳州市2019年全年旅游总收入660.74亿元，增长26.8%；住宿和餐饮业增加值74.41亿元，增长6.29%。旅游业作为一个关联度很高，为游客提供"食住行游购娱"综合性消费的劳动密集性服务行业，近年来成为漳州市消费性服务业的主要贡献行业，且保持较快的增长速度，但旅游业却没能较好地带动漳州市文化、体育、娱乐及住宿和餐饮业的快速发展。因此，在提升漳州市旅游业的同时，如何完善的旅游产业链，加大对其他产业的带动作用，优化现代服务业结构，是漳州现代服务业发展面临的一个严峻问题（见图4-18）。

## （三）居民收入水平低，降低对养老服务业的需求

2018年漳州市城镇居民人均可支配收入35997元，比福建省城镇居民人均可支配收入42121元低6124元；2018年漳州市农村居民人均可支配收入18186元，

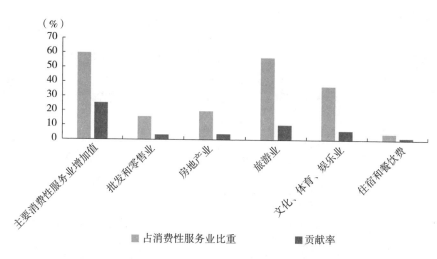

图 4-18　2019 年漳州市主要消费性服务业行业增加值

比福建省农村居民人均可支配收入 17821 元高 365 元。近年来，漳州市居民家庭恩格尔系数不断减小，但较之全省，居民食品支出占家庭总支出的比重仍然较高，较低的收入水平制约着漳州市人民生活消费，因此，大部分家庭仍选择择以传统的家庭养老和居家养老为主，仅有少部分老年人选择进行机构养老（见表 4-14）。

表 4-14　2015~2018 年漳州市市城乡居民家庭人均收入及恩格尔系数

| 年份 | 漳州市 | | | | | |
| --- | --- | --- | --- | --- | --- | --- |
| | 城镇居民家庭人均可支配收入（元） | | 农村居民家庭人均可支配收入（元） | | 城镇居民家庭恩格尔系数（%） | 农村居民家庭恩格尔系数（%） |
| | 绝对数 | 指数 | 绝对数 | 指数 | | |
| 2015 | 28092 | 109.1 | 13866 | 109.3 | 37.6 | 40.5 |
| 2016 | 30726 | 109.4 | 15320 | 110.5 | 37.4 | 39.8 |
| 2017 | 33359 | 108.6 | 16676 | 108.9 | 36.0 | 37.1 |
| 2018 | 35997 | 107.9 | 18186 | 109.1 | 35.2 | 36.8 |

## （四）区域行业发展不均衡

就地区整体实力而言，漳州市区、龙海市和漳浦县这三个地区生产总值占了漳州市生产总值的一半以上。仅从整体上我们就可判断漳州市存在严重区域发展不均衡的情况。在生产性服务业中也尤为明显，从数据上来看以科学研究、技术服务和地质勘查业这样的高科技行业在漳州市区已经形成产业集聚，除龙海市外其他各区产出占比不到10%。而这种现象普遍存在于生产性服务业之中，形式上也与各地区占漳州市生产总值的比重相匹配。造成这种现象的原因是多方面的，主要原因是高质量人才普遍向市区集聚，以及相比漳州市区和龙海市，其他地区在基础设施、配套市场环境、科研设备等方面有着相当大的差距（见表4-15）。

表4-15　2017年漳州市分县（市、区）地区生产总值

| | 地区生产总值 | | 第三产业 | |
| --- | --- | --- | --- | --- |
| | 总量（万元） | 比重（%） | 总量（万元） | 比重（%） |
| 漳州市 | 35285330 | 100.00 | 14347660 | 100.00 |
| 市区 | 8148209 | 23.09 | 4300329 | 29.97 |
| 龙海市 | 8226129 | 23.31 | 2988925 | 20.83 |
| 云霄县 | 2004587 | 5.68 | 758668 | 5.29 |
| 漳浦县 | 3765054 | 10.67 | 1662643 | 11.59 |
| 诏安县 | 2495490 | 7.07 | 954827 | 6.65 |
| 长泰县 | 2414987 | 6.84 | 775911 | 5.41 |
| 东山县 | 2026960 | 5.74 | 736984 | 5.14 |
| 南靖县 | 2864761 | 8.12 | 925355 | 6.45 |
| 平和县 | 2024337 | 5.74 | 908159 | 6.33 |
| 华安县 | 1314815 | 3.73 | 335859 | 2.34 |

## 三、漳州市现代服务业的发展趋势

### （一）产业结构趋于优化，产业集聚现象明显

从漳州市生产性服务业的各行业产业规模和产业结构来看，漳州市以交通运输、仓储和邮政业，批发和零售业为主的传统生产性服务业的增加值占第三产业增加值的比重由2010年的36.83%逐渐降至2017年的25.85%。可以说，传统生产性服务业比重虽然较大但是已经在逐渐缩小。而以金融业，租赁和商务服务业，科学研究和技术服务业，信息传输、软件和信息技术服务业等为主的高端生产性服务业的增加值占第三产业增加值的比重由2010年的17.41%逐渐增加至2017年的21.41%，说明漳州市的生产性服务业结构在逐渐趋于优化。抽取2014年和2017两年漳州市各县市各行业的产值及其占漳州市地区生产总值的数据进行横向

分析，发现对于呈现出高技术含量、高经济收益的行业比如科学研究、技术服务和地质勘查业和金融业其行业增加值绝大部分来源于漳州市区，尤其是科学研究、技术服务和地质勘查业比重 2014 年为 61.02%，2017 年上升至 71.52%，高端生产性服务业向市区集中，而传统生产性服务业也呈现出明显的区域集聚态势。

### （二）加深漳台合作，迸发现代服务业新活力

漳州是海西经济区的骨干地区和台商投资集中区，2011 年 3 月，国务院公布《海峡西岸经济区发展规划》，给漳州市现代服务业发展带来千载难逢的历史机遇。加强两岸文化民俗交流，促进漳台文化互生互荣；在区域产业体系中寻找自己的位置，发挥漳台产业互补性强的优势，科学规划开发区建设，加强产业对接与合作，重点发展漳台旅游、贸易和现代农业等行业。

## 四、漳州市现代服务业发展重点领域及空间布局

### （一）发展重点领域

#### 1. "四轮驱动"助力现代物流业

通过消费服务、商务服务、生产性服务、精神服务"四轮驱动"，大力发展共同配送，开展城乡共同配送试点，实施城乡共同配送示范工程，培育城乡共同配送龙头企业。鼓励大型连锁企业、现有城乡客运场站建设改造物流配送中心，完善物流配送功能，发展统一配送。建设完善物流基础设施，充分发挥港口优势，大力发展港口现代物流业。加强冷链物流产业发展，落实绿色通道政策，支持产地预冷、冷藏运输、冷库设施、低温配送中心、信息化等设施建设提升。在已经建成菜鸟物流园、宝湾物流园、宇培物流园的基础上，引进饿了么、美团等物流品牌，丰富现代物流业的产业布局。作为农业大市，漳州应深化"互联网+"发展，建设"一条龙"现代物流服务体系，以地区特色和品牌优势为依托，打造漳州特色农产品物流中心。

#### 2. 大力发展电子商务

2013 年 11 月 24 日漳州市电子商务协会成立，漳州积极抢抓电商领域的"新零售"机遇，持续推进"政府搭台、企业唱戏"帮扶模式，通过各种对接、招商活动以及政策引导，助力企业"线上线下"双线开拓国际国内市场，不断激发发展活力。2020 年 1~9 月，全市完成电子商务交易额 381 亿元，同比增长 21.27%；农产品电商交易额突破 12 亿元，同比增长近 30%；电商助力贫困户 881 人次增收 143.683 万元。电子商务在助力农产品上行、推动商贸流通行业转型升级和解决就

业等方面发挥了积极作用。打响"漳州产全球销"公共品牌。漳州市先后举办"全闽乐购·漳州产全球销"系列线上线下促消费行动，"夏月热销节""折上折、奖上奖、全闽乐购来分享"、农产品电商展暨网上农民丰收节等大型活动的成功开展，带动线下商圈进一步转型升级。未来漳州市将继续全力推进国家级跨境电商综合试验区建设，以获评跨境综试区为抓手，做好顶层设计，先后制订总体实施方案、"两平台八体系"实施方案等，明确"一核两翼多园"发展结构布局；推动对外贸易创新发展，加快传统外贸企业向跨境电商转型、向内外贸融合方向发展。

3. 加快发展金融业

探索金融服务经济新举措，推动符合条件企业跨境投融资。探索用项目抵押融资方式，发展多种形式的对外投资基金，鼓励更多金融机构来漳开设分支机构。支持有条件的民营资本进入金融服务领域，设立金融中介服务机构。推动辖区内银行、证券、保险机构优化网点布局，进一步向中心镇、产业园区等区域延伸服务网点。规范发展互联网金融，规范发展第三方支付、股权众筹、网络信贷等新型金融业态。建立和完善中小微企业融资服务体系。支持设立融资租赁公司，支持融资租赁公司通过借用外债、资产转让等方式多渠道引入境内外资金。推进企业进入多层次资本市场，培育企业通过境内外上市，以及新三板、区域性股权交易市场挂牌等方式实现直接融资。

4. 推动科技服务业再上新台阶

鼓励发展与制造业联动的研发设计、信息技术服务等科技服务外包，加快发展工业设计、数字创意、文化创意、时尚设计等科技服务业。积极推进科技基础资源类创新平台共享机制建设，强化平台资源向社会组织开放。积极培育创业创新服务中介机构，促进创新与创业、线上与线下、孵化与投资深度融合。大力培育节能环保产业，支持污染治理技术研发企业与高校、科研机构共建工程技术研究中心等科技创新平台，促进重大节能环保技术装备、产品的创新开发与产业化应用。加快引进全过程节能管理和综合利用的环保龙头骨干企业，鼓励发展环保服务总承包和环保特许经营模式。加快培育和提升龙人古琴文化村等重点园区建设，组织一批创意设计服务与文化、旅游、制造业等产业融合发展项目。组织工业设计大赛和成果人才对接活动，加快优秀工业设计资源引进步伐。

5. 推动特色旅游业发展

倡导精神服务，"十二五"期间，漳州市以提升四大旅游品牌为基础，培育八大旅游品牌产品为路径，打造十大精品旅游路线为方式，转变发展方式和推动旅游产业发展，转型升级作为发展的主线，促进旅游产业发展再上新台阶。投资建设滨海火山、南靖土楼、马洋溪生态旅游、龙海隆教湾海滨、平和林语堂文化博览园、漳浦红色旅游景区、平和大芹山等15个省重点项目。完善旅游基础配套设施，提升品景区品质。大力发展乡村旅游，扎实推进"百镇千村"三年行动计划。利用地区特色，大力发展温泉旅游，打响中国温泉之城名片。打造"清新福建·花样漳州"品牌，加强对台合作，积极创新营销方式，进一步提升漳州旅游市场营销力度，打造特色旅游业。

### 6. 全面发展文化体育产业

创新发展文化消费，推进实体书店创新经营方式，走"专、精、特、新"之路，支持实体书店进一步融入文化旅游、创意设计等相关行业发展，建成集阅读学习、教育培训、展示交流、聚会休闲、创意生活等功能于一体的复合式文化场所。创新文化便民服务，推进全民阅读。鼓励大力发展文化创意、数字出版、动漫网游、互联网电视、移动多媒体及文化电商等文化新业态，实施一批"互联网+"文化产业重点项目。大力促进体育消费。鼓励举办具有地域特色的体育赛事活动，实现"一县一特色赛事"。积极推动足球、篮球、排球、羽毛球、乒乓球职业化、产业化发展，支持社会资本发展职业体育，投资修建体育基础设施，多建面向广大居民开放的体育娱乐场馆、体育健身中心、体育俱乐部等。加大现有体育公共设施免费或低收费开放力度，推进有条件的企事业单位、学校等主体体育设施逐步向社会有序开放。

### 7. 培育发展健康消费

自2017年起，漳州市加快推进市第二批国家级医养结合试点和南靖县、芗城区东铺头街道、漳州市社会福利院、漳州市正兴医院四个省级医养结合试点创新医养结合模式，加大政策和金融扶持力度，形成一批可复制、能推广的经验和模式，为全市医养结合融合发展提供示范。鼓励社会力量以合资、合作、独资等形式兴办护理型养老机构，推动"互联网+"在医养融合中的应用。加快发展养生旅游产业，培育一批国家级中医药健康旅游示范项目。发展中医特色康复服务，加强中医医院康复科建设，鼓励各地设立中医特色康复医院和疗养院，鼓励社会资本创办中医特色康复服务机构。构建具有中医特色的三级康复服务体系，2020年基本所有社区卫生服务机构、乡镇卫生院和70%的村卫生所都具备与其功能相适应的中医药服务能力。

### 8. 全面提升养老消费

创新居家社区养老服务模式，建立覆盖城乡的居家养老网络信息平台。推进医养服务融合发展，建立健全医疗卫生机构与养老机构合作机制，积极发展健康养老、生态养老、旅居养老等新型养老模式，做大养老养生产业。探索建立由政府、用人单位和个人共同承担的老年人长期护理保险制度，积极发展与长期社会护理保险相衔接的商业护理保险，满足多样化、多层次的长期护理保障需求。优化财政资金扶持方式，由"补砖头""补床头"向"补人头"转变。

9. 完善家庭服务业体系

鼓励社会资本创办、发展多种形式的家庭服务机构，构建以准员工制企业为主导、从业人员注册制为主体、公共信息服务平台为载体的综合性家政服务体系。引导大型家庭服务企业深入社区，设立便民站点，提供各类全民生活服务，培育具有特色的家庭服务品牌。创新社区综合服务方式，通过新建、改扩建、购买、置换等方式，加强社区和乡村综合服务中心建设，完善社会服务设施，推进社区家庭服务业公共服务平台建设，实现政府基本公共服务事项同意办理。建成社区家庭服务体系，提供较完善的各类全民生活服务。

## （二）空间布局

"十三五"期间漳州市围绕打造"田园都市、生态之城"的战略定位，以产业转型、消费升级为导向，重点推动现代物流、电子商务、金融服务、服务外包、科技服务五大生产性服务业发展，继续加快旅游观光、健康养老、商贸流通、文化体育、家庭服务五大生活性服务业发展，集聚与全面并举八大领域打造一批现代服务业特色集聚区。

"十四五"期间将继续完善以服务城市发展、服务重点产业、适度集中集聚、形成若干特色为原则的"一个中心、两大城镇群、两大发展带、四大经济增长极"的空间格局，不断加快规划建设现代物流、创意产业、综合型服务业等特色鲜明、功能完善的服务业产业聚集。重点发展中心城市核心区现代物流、科技服务、商务服务、家庭服务、服务外包、制造业服务化等多种服务业，提升中心城区服务功能，强化辐射和集聚能力。重点打造的两大发展带中沿海经济发展带的港口和交通条件较好，滨海旅游资源丰富，服务业发展空间较大，将积极培育以水产品、石化、机械、钢材、港口、光电产业为主的现代物流，水产品综合交易市场、跨境电子商务、漳台创意文化产业、休闲旅游、健康养老等领域的现代服务业。而在内陆生态经济发展带中，由于片区旅游资源丰富，土楼文化旅游资源独特，未来将重点培育土楼旅游、农产品电商、特色农产品商贸物流、休闲旅游、健康养老等服务业。

大力发展两大城镇群，中心城镇组群涵盖中心城区和厦门港南岸新城，是市域未来城镇服务业发展的优先地区；环东山岛城镇组群涵盖漳州南部滨海平原地区，是市域未来城市与产业深度融合发展的聚集区。加上深入打造的古雷港经济开发区、厦门港南岸新城、漳州高新技术产业开发区、环东山岛经济区域四大经济增长极，这些组群聚集区未来将成为漳州市现代服务业发展的重要"新势力"。

此外，为适应新形势的发展需要，作为厦漳"桥头堡"的漳州台商投资区，主动融入闽西南协同发展区和厦漳泉大都市区同城化发展规划。

## 五、促进漳州市现代服务业健康发展的政策建议

### （一）加强组织领导

各级各部门要把扩大旅游文化体育健康养老教育培训等领域消费作为服务业供给侧结构性改革的一项重要任务，结合实际研究制订具体工作方案，明确责任分工、推进措施和时间节点。各责任单位要强化协调配合，坚持分类指导，加强督查检查，抓好政策落实，及时解决扩大消费和服务业发展所面临的新问题。各县（市、区）政府、开发区（投资区）管委会要落实工作责任，加大推进力度，及时总结经验，促进服务业发展和经济转型升级。

### （二）落实扶持政策

落实相关税费政策，支持小微生产性服务企业、高新技术企业等发展；强化资金扶持，从2017年开始，市财政每年根据财力及现代服务业发展情况再新增安排一定的现代服务业资金，用于市区服务业集聚区和国家、省级服务业综合改革试点区域的基础设施、公共服务平台以及新兴服务业态的扶持和奖励；鼓励金融机构开发适合服务业特点的金融产品，调整信贷期限，扩大信贷规模，简化审批流程，倾斜信贷资金支持服务业中小企业。落实企业信贷风险补偿机制，鼓励金融机构支持服务业重点领域企业。

### （三）创新产业发展模式

积极推动现代服务业的"产业融合+主辅分离"，引导大中型企业将生产流程中的非核心但具有比较优势的原料采购、研发设计、品牌运营等环节从原企业分离出来，设立独立的法人企业，向社会提供第三方专业化服务。同时，鼓励企业把不具有比较优势的薄弱服务环节进行外包，向社会释放服务需求，从而进一步降低生产成本，促进转型升级。促进传统服务业转型升级，加快现代服务业与多产业有机融合，培育发展新产业、新业态、新模式，打造农村现代服务业"一村一品一特色"，实现"互联网+"模式下服务业的持续创新。

### （四）重视人才引进

完善多元化专业人才的引进和培养机制，助推漳州市现代服务业转型升级。充分发挥各高等院校的作用，实施引进国内外高水平高校优秀毕业生专项行动计

划，扎实做好人才引进工作，增强人才引进的针对性和实效性。将高精尖人才多运用于高端生产性服务业和新兴服务业，助力理论与实践互生互荣，为漳州市现代服务业发展提供有力的人才支撑和智力支持。

### （五）推进"互联网+外贸"

以构建开放型经济新体制的试点城市为契机，推进"互联网+外贸"，支持传统外贸企业开展国际业务。搭建跨境电子商务公共服务平台，设立国际邮件监管中心。鼓励服务业企业开展科技创新、信息交流、金融服务、人力资源开发等多方面国际合作，推动本地特色产品、重点行业建设国际营销和售后服务网络。拓展对外开放深度广度，认真落实中央实施更大范围、更宽领域、更高层次的全面开放政策，注重发挥侨乡优势，加强与"一带一路"沿线国家科技、文化、旅游等领域合作，讲好漳州故事、传播漳州声音、展现漳州魅力，吸引海外侨胞回漳投资兴业。

### （六）探索漳台融合发展新路径

充分发挥漳州对台优势，积极探索"新四通""小四通"对接洽谈新路径，努力打造台胞台企登陆的"第一家园"。全面落实各级惠台政策，优化市台胞台商服务中心和其他台胞服务窗口建设，全方位鼓励支持台胞来漳就业、创业，更好满足台胞在教育、购房、就医、参加"五险一金"等方面的实际需求，推动更多领域对台先行先试。在用好台资企业资本项目管理便利化试点政策的基础上，推动漳台农渔业、冷链物流等领域的标准互认、采认，支持台企在漳设立第三方检验检测和认证机构。加强对台产业合作园区建设，推进漳台农业、食品、石化、特殊钢铁、精密机械等产业深度融合。实施台湾人才引进工程、乡情亲情延续工程，深化对台文化交流，促进两岸同胞心灵契合。

# 第七节　南平市现代服务业发展研究报告

"十三五"期间，南平市委、市政府以新发展理念为引领，积极落实全市服务业高质量发展要求，坚持以供给侧结构性改革为主线，着力提升全市服务业的产业竞争力。同时，抓住现代服务业的新发展机遇，制定创新驱动和产业融合发展战略，以点带面，补齐"短板"，优化服务业产业结构，打造全国性及世界性的服务品牌。

# 一、南平市现代服务业发展总体情况

## （一）发展规模不断扩大，增速明显

如表 4-16 所示，2016~2019 年，全市服务业增加值、服务业增加值占 GDP 的比重和全社会消费品零售总额均呈上升趋势。2019 年，全市服务业发展迅速，全年生产总值实现 844.8 亿元，同比增长 7.1%，接近全省第三产业同比增长率 7.3%。服务业生产总值在地区 GDP 中的占比越来越高，达到 42.4%；服务业对 GDP 的贡献率不断上升，由 2018 年的 42.8% 上升为 2019 年的 48.6%，拉动地区 GDP 增长 2.9%；规模以上服务业营业收入同比增长 8.7%，其他营利性服务业营业收入同比增长 16.3%。全社会消费品零售总额达到 730.62 亿元，同比增长 10.7%。综上所述，南平市服务业发展整体呈向好趋势，且发展潜力较大。服务业发展规模的不断扩张对增加居民可支配收入、扩大城乡居民消费、吸引社会投资、拉动经济增长、增加社会就业等方面起到了重要作用，成为全市实现高质量绿色发展的重要动能。

表 4-16　服务业发展有关指标实现情况

| 指标 | 2016 年 | 2017 年 | 2018 年 | 2019 年 |
|---|---|---|---|---|
| 服务业增加值（万元） | 5212373 | 5976950 | 7256567 | 8448176 |
| 服务业增加值占地区 GDP 的比重（%） | 35.8 | 36.8 | 40.5 | 42.4 |
| 全社会消费品零售总额（万元） | 5566788 | 6152590 | 6600500 | 7306200 |

2020 年 1~9 月，尽管面临着全球范围内的疫情挑战，全市服务业依旧表现出较强的发展韧性。全市第三产业增加值达到 636.80 亿元，同比增长 1%，高于全国第三产业增加值增速 0.4% 的水平，但低于全省第三产业增加值增速 2.8% 的水平。社会消费品零售总额实现 471.06 亿元，同比下降 4.9%，降幅低于全国 7.2% 的下降率。以金融业为例，人民币存款余额达到 2257.23 亿元，同比增长 10.4%，人民币贷款余额达到 1666.46 亿元，同比增长 8.9%，为疫情期间企业的融资提供了便利，进而推动企业的复工复产。

## （二）服务业投资高速增长

合福高铁的顺利开通运营使南平市全面迈入了"高铁时代"；邵关、京台、延顺、松建、宁武、龙浦、武邵等高速铁路建成通车；武夷山机场改造工程顺利完成。一批物流园区和电子商务集聚园区相继建成投入使用；全市建成旅游集散中心6个，新增国家A级景区23家。为全市服务业的快速发展奠定了坚实的物质基础。2020年1~9月，尽管遭遇疫情冲击，全市批发和零售业、教育业等服务业固定资产投资仍出现正增长，增长率分别为34.7%和14.3%。

### （三）从业人员快速增加

随着全市服务业的不断转型升级，服务业吸纳的劳动力数量进一步增加。2016~2019年，全市服务业从业人员数量从81.02万人上升至93.16万人，年均增幅4.99%，增长数量达到12.14万人；全市第三产业就业人数在总就业人数中的占比从41.36%上升至43.58%。2019年，福建省第三产业就业人数在总就业人数中的占比为47.6%，南平市比该水平低4.02个百分点，说明全市服务业发展不断向好，同时也反映了全市服务业吸纳劳动力的潜力还比较大。

### （四）传统行业稳步向前，新兴行业快速崛起

"十三五"期间，旅游业和金融业等传统服务业发展动力依然充足，信息服务业、文化创意业、健康养老业、现代物流业等新兴服务业也蓬勃发展。如表4-17所示，2019年，从增速来看，交通运输、仓储和邮政业增速最高，达到10.3%，高于全市服务业平均增速3.2个百分点，反映全市发展现代物流业这一新业态取得的成效；其次是金融业，增速达到8.6%，高于全市服务业平均增速1.5个百分点，反映传统的支柱产业依然发展迅速；最后是其他服务业，增速达到7.6%，高于全市服务业平均增速0.5个百分点，说明各类新兴服务业发展劲头充足。从占GDP的比重来看，其他服务业、批发和零售业及房地产业占比较高，分别达到16.7%、7.5%和7.0%，这说明传统服务产业正在已有的发展基础上与新兴服务产业协同发展。

表4-17　2019年南平市服务业各行业发展情况

| 指标 | 总量（万元） | 比上年增长（%） | 占GDP的比重（%） |
| --- | --- | --- | --- |
| 服务业 | 8448176 | 7.1 | 42.4 |
| 交通运输、仓储和邮政业 | 704997 | 10.3 | 3.5 |
| 批发和零售业 | 1484218 | 5.4 | 7.5 |
| 住宿和餐饮业 | 296821 | 4.5 | 1.5 |
| 金融业 | 1124622 | 8.6 | 5.6 |
| 房地产业 | 1388802 | 5.0 | 7.0 |
| 其他服务业 | 3330000 | 7.6 | 16.7 |

## 二、南平市现代服务业发展存在的突出问题及面临的挑战

"十三五"时期以来，南平市服务业发展状况总体不断向好，但产业发展过程中仍有一定的问题，与达到福建省发展服务业的愿景和要求还存在一定的差距。

### （一）发展规模相比全省有待进一步提高

根据表 4–18 可知，从发展规模看，2019 年南平市服务业生产总值达到844.82 亿元，在全省服务业生产总值中占比 4.4%，在福建 9 个地级市中排名第9，发展水平位于下游；相比占比排名前三的福州市、泉州市和厦门市，南平市服务业增加值总量仅分别为它们的 16.8%、21.8% 和 24.3%。

从发展速度看，2019 年南平市服务业同比增加 7.1%，与宁德市位于全省增速第四位，与增速最快的福州市相差 1.2 个百分点，且高于全省平均增速 1 个百分点。这表明南平市服务业的规模虽然与福建其他地级市差距较大，但发展后劲较充足，有较大的发展潜力。

从服务业生产总值占地级市 GDP 的比重看，2019 年南平市服务业增加值在GDP 中占比 42.4%，相比全省平均水平低 1%；在全省 9 个地级市中排名第 4，比排名前三位的厦门市、福州市和龙岩市分别低 15.5%、11.2% 和 1.4%。

表 4-18　2019 年福建省各地级市服务业发展情况比较

| 2019 年 | 服务业增加值（亿元） | 占全省服务业增加值的比重（%） | 占当地 GDP 的比重（%） | 增速（%） |
|---|---|---|---|---|
| 福州市 | 5034.84 | 26.2 | 53.6 | 8.3 |
| 厦门市 | 3474.56 | 18.1 | 58.0 | 6.6 |
| 莆田市 | 1093.76 | 5.7 | 42.1 | 6.2 |
| 三明市 | 895.52 | 4.7 | 34.4 | 8.0 |
| 泉州市 | 3872.78 | 20.2 | 38.9 | 7.8 |
| 漳州市 | 1945.67 | 10.1 | 41.0 | 5.5 |
| 南平市 | 844.82 | 4.4 | 42.4 | 7.1 |
| 龙岩市 | 1172.73 | 6.1 | 43.8 | 6.7 |
| 宁德市 | 882.36 | 4.6 | 36.0 | 7.1 |

## （二）区域发展不平衡

如表4-19所示，从第三产业增加值占GDP的比重看，2019年，全市10个行政单位中共三个行政单位第三产业占比高于全市平均水平42.4%，其中，延平区为48.6%，武夷山市为47%，浦城县为42.5%，而占比最低的光泽县为28.6%，仅略微高于占比最高的延平区的1/2，两者差距为20个百分点；全市共三个行政单位第三产业增加值增速高于全市平均水平，其中，邵武市和武夷山市增速均为8.8%，顺昌县增速达到8.1%。从规模以上服务业营业收入看，总量位列前三位的是延平区、武夷山市和邵武市，分别达到435671万元、276186.1万元和70263.3万元，而最后一位政和县仅为2906.2万元，相比收入最高的延平区，两者差距432764.8万元；增速位列前三位的是建阳区、政和县和松溪县，分别达到65.1%、44.9%和38.5%，而最后两名邵武市和光泽县分别为0.8%和-25.7%。综上，全市各县（区、市）间服务业发展差距加大，实现区域协调发展应得到重视。

表4-19　2019年南平市各县（市、区）服务业发展情况比较

| 各县（市、区） | 第三产业增加值占GDP的比重（%） | 规模以上服务业营业收入（万元） | 同比增长（%） |
|---|---|---|---|
| 全市 | 42.4 | 884642.9 | 8.7 |
| 延平区 | 48.6 | 435671 | 7.4 |
| 建阳区 | 40.5 | 23573.8 | 65.1 |
| 邵武市 | 39.5 | 70263.3 | 0.8 |
| 武夷山市 | 47.0 | 276186.1 | 11.5 |
| 建瓯市 | 41.1 | 31766 | 3.5 |
| 顺昌县 | 41.8 | 11243.5 | 6.4 |
| 浦城县 | 42.5 | 3983.2 | 37.9 |
| 光泽县 | 28.6 | 14942.9 | -25.7 |
| 松溪县 | 42.2 | 14106.9 | 38.5 |
| 政和县 | 40.5 | 2906.2 | 44.9 |

## （三）人才供给相对不足

现阶段，南平市服务业从业人员的总体素质仍有待提高以更好地满足现代服务业进一步发展的需求，特别是技术开发、法律、金融、咨询、电子商务等中高

端人才集聚的服务业行业更需要大量复合型的专业人才。而当前南平市现代服务业的基础配套总体而言依然较薄弱,教科文卫体、民生保障、组织人事、城市建设与管理等方面需进一步完善,以提升城市的吸纳能力,留住高水平的现代服务业人才,为南平市实现服务业转型升级培育高层次智库。

### (四) 资金扶持力度有待完善

服务业企业"融资难、融资贵"的问题依然存在。产生的原因主要有:第一,大部分服务业企业注册资本的规模较小,且资产构成中一般以软件、知识产权等无形资产为主,固定资产投资占比低。这使服务业企业在申请银行贷款时,没有足够的固定资产作为抵押,多数情况下以企业家的个人财产作为抵押品或是通过中小担保公司作担保,因此难以筹融资以支持企业的进一步发展。第二,政府在推动服务业发展方面所提供的财政资金较少以及服务业企业融资的制度环境有待进一步改善。

### (五) 生活性服务业的有效需求较低

较低的可支配收入将抑制人们在旅游业、商贸流通业、居民和家庭服务业、体育服务业、健康服务业、养老服务业等生活性服务业的消费。2019 年,福建省城镇居民人均可支配收入 45620 元,位居全省城镇居民人均可支配收入第一的厦门市为 59018 元。南平市城镇居民人均可支配收入为 35148 元,分别相差 10472 元和 23870 元。福建省农村居民人均可支配收入 19568 元,位居全省第一的厦门市农村居民人均可支配收入 24802 元。南平市农村居民人均可支配收入为 17385 元,分别相差 2183 元和 7417 元。相比高收入家庭,低收入家庭的恩格尔系数通常都较高,即食品支出在家庭总支出中比重较大,这在一定程度上抑制了南平市居民进一步释放对生活性服务业的有效消费需求。

## 三、南平市现代服务业的发展趋势

### (一) 服务业结构优化,新业态发展向好

旅游、金融等传统重要产业发展突出,文化创意、现代物流、电子商务等新兴服务业奋起前行,共同拉动全市服务业的高质量增长。2016 年,全市共 14 个项目列入福建省现代服务业重点招商项目库,在全省项目数中占比 11.67%,总投资达到 226.5 亿元。2017 年,南平市武夷山国家旅游度假区和建阳区聚融电子商务产业园分别入选旅游休闲(A 类)和电子商务(B 类)省级现代服务业集聚示范区。每个园区将获得最高不超过 450 万元的项目补助资金以及 50 万元的一次性奖

励。全市3个旅游基础设施建设项目获得国家专项建设基金2.65亿元，4个项目列入国家红色旅游经典景区三期总体规划。2019年，全市接待旅游总人数达到5829.90万人次，同比增长16.8%，旅游总收入达到985.60亿元，同比增长24.7%；全市金融机构人民币存款余额达到20227364万元，同比增长9.5%，人民币贷款余额达到15329960万元，同比增长11.0%。

### （二）发展环境持续改善

日益优化的发展环境，奠定了全市现代服务业发展的坚实基础。第一，随着以机场、高速铁路、高速公路为主的现代化交通基础设施支撑体系在全市的逐步建立，降低了南平市和周围城市往来运输的成本，提高了相互联系的效率，进一步发挥出南平市作为闽北区域中心城市并辐射闽浙赣三省的区位优势。第二，随着机电制造、新型轻纺、生物、竹产业、食品加工五大主导产业与战略性新兴产业融合发展进一步实现提质增效，现代服务业和先进制造业的协同发展将创造更大的生产性服务需求市场。第三，居民人均收入的大幅提高将激发市民的消费潜力，加速新消费群体的崛起，以传统消费提质升级、新兴消费蓬勃发展为主要特征的新消费及其催生的基础设施建设、公共服务、科技创新、产业发展等领域的新投资和新供给，将进一步促进消费结构的优化升级，提供给消费性服务业更为广阔的发展空间。

### （三）城镇化进程提供广阔发展空间

随着新型城镇化战略的加快落实，城乡之间人流、物流、资金流、信息流不断聚集，将给电子商务、信息、物流、金融等生产性服务业以及旅游、健康养老、商贸流通等消费性服务业带来巨大的市场需求，加快了产城融合的发展。同时，城镇功能逐步实现从生产中心向综合服务中心的转变，现代服务业将作为城镇化向高级阶段攀升的重要引擎。

### （四）发挥对台优势，为服务业发展注入新活力

台湾地区在旅游、信息服务、金融、广播影视等服务业方面优势明显，积累了先进的对接国际标准的管理经验以及集聚了全球优秀的服务业专业人才，技术创新度高；而南平市自然资源丰富，文化底蕴深厚，市场潜力有待进一步释放。因此全市加强与台湾地区在现代服务业发展上的交流与合作具有广阔的前景。南平充分发挥福建省的对台优势，积极规划参与海峡两岸经济区的建设，降低服务业的进入门槛，加快开放服务业市场，大力搭建海峡两岸现代服务业交流合作的平台。学习台湾日月潭旅游区的发展经验，提高武夷山景区的国际化水平，增强其国际影响力；加强与台湾服务型制造企业的合作，利用好台湾服务业企业进入

国际市场的渠道，加快实现全市服务业企业嵌入全球服务业生产分工网络的目标。

## 四、南平市现代服务业发展重点领域及空间布局

### （一）发展重点领域

#### 1. 做大做强现代物流业

（1）优化物流业发展结构。第一，在城市物流网络的基础上把配送体系延伸到农村，构建物流服务体系城乡互补和区域联动的发展格局，为数字经济时代优质农产品走出大山提供便利的运输条件。第二，积极推动第三方物流的发展，提高物流业和制造业以及其他服务业融合发展的程度，通过财政政策鼓励电子商务物流、制造业供应链和农产品冷链物流等项目的建设，实现降本增效。

（2）加快特色型物流园区等重点项目的建设。完善物流园区配套体系的建设，着力落实顺昌现代物流园区、闽赣（邵武）批发市场冷链物流项目、荣华山现代物流园等重大项目的发展，实现配送物流园区、产业物流园区和专业物流园区的协同发展。继续发挥延平区和武夷新区作为全市物流发展关键区域的引领作用，在"邵武—建阳—浦城""浦城—松溪—政和"和"延平—建瓯—建阳—武夷山"三个现代物流产业发展轴的基础上带动周边区域物流业的发展。

（3）推动"物联网+物流"建设。抓住全省建设数字经济的发展机遇，洞悉后疫情时代现代物流业的发展趋势，加大物流信息化投入，借助5G网络、大数据、云计算等技术实现物流业的标准化和智能化发展。同时，完善物流信息枢纽的布局，建立多方位、多层次的综合物流信息平台。

#### 2. 大力发展旅游业

（1）发挥旅游品牌优势。加强武夷山"世界文化与自然双重遗产"的品牌建设工作，引进专业的旅游服务人才，充分运用新媒体和新信息技术，根据参会代表的反馈精准规划旅发大会，扩大武夷山国家公园的品牌影响力，宣传武夷山正在打造凸显中国传统养生文化的国际度假区、具有全球吸引力的山水人文观光胜地和海峡西岸经济区的养生天堂。

（2）推动旅游和文化融合发展。进一步挖掘自然遗产中的人文财富，充分彰显南平市独特的文化底蕴，把"武夷水秀""邵武张三丰演艺""印象大红袍"等演艺项目做精做优，以旅游带动文化产业发展，深入打造旅游大产品和制定大营销战略。同时借助人文关怀增添旅游吸引力，培育旅游竞争的独特优势。

（3）提升旅游业服务质量。完善旅游地基础设施的建设，提高旅游安全质量。定期获取游客意见和建议，公开票价等收费信息，规范导游引导行为，以武夷山

国家 5A 级景区的服务标准带动全市旅游业向优质旅游服务提升。

3. 积极发展金融业

（1）提升服务实体经济的能力。加强金融部门、政府和企业之间的联系，在处理金融服务的重大问题时多加协调。支持地方性商业银行的发展，健全信用担保体系，通过完善如"中征应收账款"等立足当地的融资业务和"助保贷"等信贷产品提高企业特别是中小企业融资的便利程度。同时加快农村信用社改革，简化农村土地承包经营权的抵押贷款流程，助力农业发展；发展农村普惠金融保险业务，有机衔接商业健康保险和农村基本医疗保险。

（2）提供稳定的金融环境。进一步推动金融业相关配套设施的建设，重视数字经济时代互联网支付给金融系统带来的不确定性，防范电子系统漏洞和黑客攻击。相关监管部门需完善金融业管理制度，定期检查银行、证券公司、保险公司等金融部门的业务流程，并建立便利公开的企业和群众监督反馈体制，有效避免金融风险带来的损失，为全市经济发展提供良好的金融发展体系。

（3）推动金融机构集聚发展。落实武夷新区金融 CBD 项目的建设进展，积极吸引境内外金融部门在南平市设立区域总部机构和分支机构，继续推进海峡股权交易中心南平运营中心和闽浙赣区域性金融服务中心的建设。

4. 加快发展文化创意产业

（1）文化旅游产业。挖掘非物质文化遗产和历史文化名镇名村的契合点，把握文化旅游产品发展机遇，使文化旅游产品蕴含更多独具特色的创意。

（2）工艺美术产业。继承和发展传统工艺，实现松溪版画、闽北彩蜡石雕刻、建窑建盏、浦城剪纸产业的创新发展，推动富含传统工艺的竹木制品进入国内和国际的日用品市场，推动文化保护和经济增长的协调前行。

（3）文化会展产业。承办和策划具有全球或国内影响力的各类茶文化、工艺品、体育赛事等活动，继续做好"全国武术散打锦标赛""朱子文化节"等传统文化体育平台的宣传活动，以主打品牌活动带动新兴会展业的发展。

（4）文化传媒产业。利用好南平市独特的红色文化资源、文化遗产资源和自然遗产资源，积极承接国内外文化传媒的服务外包业务，加强同台湾广播影视产业的交流和合作。推进顺昌和武夷山影视基地的建设，培育影视前期创意服务和后期制作服务的产业链。

（5）娱乐演艺产业。传承优秀的地方剧种和民间歌舞文化，重视传统民俗的保护和发扬，加快民间表演平台的建设，为影视传媒业的发展奠定地方文化特色基础。

5. 积极发展商贸流通业

（1）优化商贸空间布局。因地制宜建设一系列专业商贸街区和商贸综合体，如培育花卉果蔬、工业原材料、建材家居专业批发市场和城乡集贸市场，加快完善商贸服务业综合信息系统，支持中小商贸服务企业合作平台的构建。

（2）发展商贸流通新业态。培育物流配送、连锁经营、"互联网+"等新型商业模式。一方面继续提升餐饮、运输和住宿等传统商贸流通业的发展质量；另一方面运用好互联网直播和电商平台等数字经济手段实现商贸流通业的创新发展。

（3）推动商贸流通网络向农村延伸。统筹城乡商贸流通业发展，便利农业用品和生活用品配送下乡，推动农资向规模化、集团化和品牌化发展；同时借助海峡两岸农产品交易会、农产品博览会等平台为农产品满足城市需求提供渠道。

6. 加快发展数字信息产业

（1）推动数字经济服务业务的发展。重视物联网、大数据和云计算等服务业务在发展初期可能遇到的困难，加强制度创新，简化行政服务流程，为数字信息服务企业提供高质量的发展培训。支持政府、事业单位和企业借助互联网信息技术提高工作效率，释放数字信息产业的市场需求。

（2）培育数字信息产业龙头企业。为南威软件、浪潮集团等数字信息产业龙头企业落户南平市提供财政优惠和金融支持，积极吸引京东商城、淘宝、唯品会、亚马逊等境内外优秀电商平台在南平设立服务网点，通过学习效应提升南平市数字信息产业的整体生产率。

（3）打造综合电子商务园区。后疫情时代，数字信息产业将在电子商务方面大有作为。应着力构建以"示范县（市）—示范园区—示范企业"为发展框架的多层次电子商务示范体系，进一步加快电商企业及其配套设施企业的集聚发展。

7. 加快发展健康养老服务业

（1）积极推动养老服务业的发展。运用好以武夷山为代表的"千载儒释佛，万古山水茶"的自然资源和文化底蕴优势，培育特色养生度假项目，扩大"养生武夷山"的品牌影响力。加快改革公办养老机构管理体制，完善"公建民营"、连锁化、规模化等多样化的运营模式，支持以PPP、股份合作制、股份制等形式建设或做大做强养老院，进而提高服务效率。保质提速地完成武夷山国家度假区提升工程、武夷山国际养生度假区、世界养生健康文化坛城、武夷山天和旅游养生基地等综合养生度假项目的建设。

（2）大力提升医疗健康服务质量。总结新冠肺炎疫情防控经验，支持心理咨询、卫生保健、健康保险、健康管理、医疗护理、特色专科等医疗卫生服务业新业态的发展。加强医疗健康行业的大数据、云计算创新运用，加快区域公共卫生平台建设，把握数字经济发展机遇，打造远程医疗网络体系，加快实施分级诊疗和双向转诊，开发基于移动终端的预约诊疗、报告查询、第三方支付等服务软件，实现全市人民共享优质卫生医疗资源的目标。重视发展中医预防、医疗和保健服务，加快传统中医同现代医疗机构的协调发展。支持民间资本参与建设医疗健康服务机构。

（3）支持医养融合发展。加强医疗卫生机构和养老机构的交流与合作，推动双方携手培育"预防、医疗、康复、养老"深度融合的健康养老服务平台，使养老服务功能升级为医疗、医护和养老的复合型功能。推动医养融合延伸至社区养老和居家养老，加快社区健康养老服务的发展。合理配置部分医疗资源建立老年医院、老年康复医院和老年护理院。加强养老医护人员职业技能培训，提高其人才待遇。

## （二）空间布局

在南平市委、市政府建设全国绿色发展示范区和海西绿色腹地的战略部署下，坚持重点集聚、产业互动和产城融合的发展原则，立足全市特色资源实现现代服务业统筹协调、有序竞争的发展，构建"一带两翼多园区"的空间发展战略格局。进一步引导产业发挥集聚效应，构建完善、高效、多层次的现代服务业分工体系。

### 1. 一带

以合福高速铁路为轴线辐射周边区域，发挥中心城市核心功能区的作用，积极发展南北向服务业产业发展带，即"延平—建瓯—武夷新区（建阳）—武夷山"，把金融、商贸、现代物流、旅游、文创产业作为重点发展的领域。不断推进武夷山旅游养生板块、武夷新区金融商务板块、建瓯现代物流板块和延平商贸金融板块四大产业板块的发展。具体而言，武夷山市应大力发展大武夷旅游经济圈，积极打造成为我国东部生态文明旅游区的窗口、旅游集散枢纽和产业创新园区，引领南平市的旅游产业发展；武夷新区应着力发展为福建省北部区域性的重要物流中心和连接闽浙赣三省内陆地区的疏港大通道节点城市；建瓯市应构建智慧物流园区，提升物流产业的综合服务能力；延平区应积极探索成为闽北商贸流通枢纽的发展要求，合理规划全国地区性物流中心的建设，努力实现成为南平市现代服务业强区的目标。

### 2. 两翼

从东北向和西南向分别构建"浦城—松溪—政和"和"光泽—邵武—顺昌"两个现代服务业增长轴。其中，东北向增长轴"浦城—松溪—政和"主要发展旅游养生、电子商务和现代物流等产业，推动政和电子商务板块、松溪旅游养生板块和浦城现代物流三大板块的形成，扩大政和全域化乡村休闲品牌的影响力，使浦城成为闽浙赣物流集散枢纽。西南向增长轴"光泽—邵武—顺昌"则以电子商务、旅游养生、家庭服务等产业作为发展重点，推动光泽县向全国性绿色旅游示范县和区域性冷链物流服务枢纽的目标迈进，积极推进邵武市成为现代商贸优势区和高知名度旅游观光基地。

3. 多园区

发挥好南平市由资源禀赋、产业基础和区位优势等方面组成的复合比较优势，立足于提升全市综合服务功能和区域竞争力，着力建设一批服务业集聚示范区，实现功能完善和强辐射力的发展目标。构建以武夷山区和延平区为核心的现代服务中心，在闽北产业集中区、邵武经济开发区和南平工业园区的基础上促进服务业与制造业深度融合发展，积极打造区域性综合物流园区和发展政和、顺昌、邵武和建瓯四地专业性物流中心。打造一批现代商务综合区、特色街区和大型专业市场、旅游综合体等功能性服务平台，增强服务业的辐射能力。大力发展武夷山核心区和延平新区商业服务新业态的发展，打造公开高效的服务业市场，加快建设以延平、建瓯和顺昌为重点的南部闽源文化旅游区，以浦城、松溪和政和为重点的东部田园养生度假区和以邵武、光泽为重点的西部山水休闲娱乐区。

# 五、促进南平市现代服务业健康发展的政策建议

## （一）鼓励企业做大做强

### 1. 打造省级服务业龙头企业

对服务业重点领域中积极创新、发展后劲足的骨干企业予以金融和财政支持，帮助它们申请省级服务业扶持资金。同时，鼓励服务业企业进行跨国、跨地区和跨行业的收购重组以及参与资本市场，在市场中不断壮大，从而培育一批具有综合业务能力和抵抗风险能力的服务业领军型企业，引领全市服务业向价值链高端攀升。

### 2. 支持中小企业的发展

切实了解中小企业在成长过程中所面临的困难，为其引进人才、筹资融资、审证办证提供高效便利的制度环境。大力支持中小企业发展技术创新，并以此为突破口申请国际资质认证，进而凸显中小企业的独特优势，提升其竞争力。对于主营业务收入增长速度高于20%和年上缴税收增长速度高于20%的新增规模以上服务业企业，当地政府应给予一定的资金奖励和财政优惠。

## （二）打造服务品牌

### 1. 加快服务品牌的培育

支持旅游业、现代物流业、金融业、文创业、电子商务业等产业培育特色品

牌。各行业主管部门应积极组织对服务品牌的评选活动，制定相应政策奖励被授予福建省政府质量奖、驰名商标、中国质量奖等奖项的服务业企业。

2. 完善服务标准化体系

对于参与或主导地方、行业、国家、国际标准制度修订的服务业企业和机构，若被纳入高新技术企业名录的，享有企业所得税优惠政策。全市应积极申请国家级和省部级的服务业标准化试点项目，着力打造一批服务业标准示范工程，并按规定奖励已获得国家级、省部级服务业标准化试点（示范）项目的服务业企业和单位。

## （三）加快主辅分离和服务型制造

### 1. 大力推进主辅分离

促进大中型制造业企业发挥其专业化生产优势，把生产过程中不涉及核心技术但具有比较优势的工业设计、科技研发和物流运输等环节从原有企业中分离出来，新设独立企业，提高专业化、社会化的行业生产性服务的供给能力。按照闽政办〔2017〕29号文件的规定，对从制造业中分离设立的年主营业务收入首次达到300万元且至少服务5家制造业企业的服务业企业给予一次性奖励；对省级服务型制造公共服务平台新增投资150万元以上的信息化建设项目和服务型制造示范企业按开展项目的投资额给予补助；对纳入省级服务型制造公共服务平台，向行业开放共享服务设施、仪器设备等资源，且超过10家以上受益企业的服务业企业给予补助。落实财政优惠政策的实施，推动制造业企业主辅分离后设立的服务业企业的快速发展。对分离后新设的属于信息化服务、工业设计、科技研发等知识密集型的生产性服务业企业，支持其申请高新技术企业的认定，通过认定后按国家相关政策享受税收优惠和资金支持。

### 2. 积极推动服务型制造的发展

支持制造业企业延伸服务链条，由原来的以产品制造为核心向"产品+服务"、提供整体解决方案转变。重点发展融资租赁、专业化社会化服务、全生命周期管理、在线支持与诊断服务、个性化定制、总集成总承包等业务。大力培育一批省级服务型制造示范企业，并推荐其参加国家级服务型制造示范企业及专项项目的申报。

## （四）加快服务业创新发展

### 1. 提升技术创新水平

加快移动互联网、人工智能、大数据、云计算、物联网等新兴技术在金融、交通、餐饮、住宿等行业的运用。支持新型服务业企业与科研院所和高校建立长效合作机制，推动产学研深入发展；鼓励新型服务业骨干企业进行共性和关键性技术研发和实现成果转移转化。集聚重点服务业企业的优质资源，打造一批具有南平市特色的新型区域服务业专业科技平台，推动新型服务业企业的交流与合作，携手实现创新发展。

2. 加快平台经济的发展

打造一批具有鲜明特色、强大竞争力的工业互联网平台、多样化细分服务平台、物流专业服务平台、电子商务平台等类型的平台企业。其中，互联网平台企业的发展应充分依托南平市物联网产业生态园、武夷智谷软件园等大数据重点园区。

3. 推动体验经济的发展

支持企业从生产、制造、流通等各环节挖掘体验价值，在文化消费、医疗保健、旅游购物、生产制造等领域开发线上线下的新型综合体验服务和其他各类服务新业态、新模式。支持 VR 高成长性企业积极参与各级各类科技品牌、资质认证等申报活动，鼓励领军型企业组建省级、国家级的创新发展平台，实现服务业企业的转型升级。

### （五）优化投资环境

1. 落实要素保障制度

对达到国家产业政策、土地利用总体规划、城乡规划、用地节约集约要求的服务业项目，优先纳入年度新增建设用地计划。在原有土地和房产基础上设立生产性服务业的工业企业可延期办理土地用途变更手续；对已有厂房加层改造或开发地下区域提高使用空间以满足生产线服务的工业企业不需再缴土地出让金；将为工业生产提供配套服务的物流配送中心及物流园区等物流仓储用地视为工业用地。同时推动改造城镇低效用地，增加生产性服务业的土地供给。

2. 助力发挥项目带动作用

依据相关政策，优先对重大项目库内的项目申报预算内资金和专项债券。各地应根据本地区发展现代服务业的定位、规划和运营等情况，主动对接重大项目库，大力推动创新项目的策划。对于生产性服务业重大项目，优先安排市重点建设项目指标或参照市重点项目标准进行管理。积极助力项目前期发展，落实项目落地建设，协调在建项目和相关政府部门的沟通与协作，及时了解和解决项目建设过程中遇到的问题和挑战，推进重点项目的建成投产。

### （六）提高产业发展融合度

1. 促进产业融合发展

加快服务业与农业深度融合发展，积极推动农村电子商务产业的发展，完善农产品电子商务供应链管理体系和农村电子商务物流体系，打造一批符合当地实际需求的供销物流云仓，构建覆盖全部县（市、区）、乡镇和行政村的现代物流云仓体系。加快建瓯海西蔬果茶交易中心、邵武综合物流园区、顺昌全国海鲜菇交易批发市场等项目的实施；推进完成顺昌县、政和县国家级农村电子商务示范县和顺昌县、浦城县省级农村电子商务示范县的建设；促进茶人小镇、武夷茶旅小镇、武夷田园小镇、王台百合花小镇、五夫镇田园综合体试点项目、巨口乡农村综合性改革试点试验区实现高质量发展。推广"农旅结合"模式，打造休闲农业示范基地，培育具有乡村特色和文化内涵的生态旅游品牌。支持工业企业完成生产全流程的智能化转型，加快工业互联网骨干企业的培育，引导制造业向创意孵化、研发设计、售后等服务业链两端延伸。引导物流业与制造业融合发展，培育一批示范企业和示范园区，做大做强物流枢纽区，促进综合货运中心与制造业集聚区协调发展，建设产、购、销、运、储一体化的产业生态园。

2. 加快集聚发展

加大集聚区扶持力度，大力争取国家级和省级的扶持政策和资金，在纳税、用地、建设集聚示范区公共服务平台等方面给予支持，引导各类优质的资源和要素在园区中集聚，提高资源配置效率和利用效率。

3. 优化园区布局

加快现代服务业产业在省级开发区的集聚，根据集聚区发展构想并结合实际集聚情况，合理、高效布局现代服务业集聚区。参照所在县（市、区）开发区工业企业的优惠政策，对省级及以上开发区内省级现代服务业集聚示范园区的生产性服务业企业予以政策支持。

## （七）深化组织领导，加强统计考核

### 1. 建立组织领导协调机制

推进完善现代服务业实现高质量发展的统筹协调工作机制，由市发改委会同市直有关部门牵头建立全市现代服务业发展局际联席会议制度，积极提出加快现代服务业发展的总体要求、重点任务、保障措施等，协调好发展过程中重大问题的商议和解决，落实重大项目的规划和建设。各部门应发挥各自的职能优势，加强沟通与协作，合力推动全市现代服务业的发展。

### 2. 完善服务业统计体系

提升服务业统计数据的质量，增强数据查询和分析的便利性。按照部门的职能优势进行分工，把蓝图分解为各部门的小目标，落实责任划分，建立完善的监督检举检查机制，及时对重大项目的建设进度、规划目标的完成情况、政策措施的落实情况等进行监督检查，制定合理的绩效评价体系，提高财政资金的利用效率，确保重点工作推动、重大项目建设、重点领域发展等落到实处。

# 第八节 龙岩市现代服务业发展研究报告

## 一、龙岩市现代服务业发展总体情况

"十三五"时期以来，龙岩市高度重视现代服务业集聚发展工作，出台了《龙岩市"十三五"现代服务业发展专项规划》《关于进一步推动服务业发展的实施意见》《关于加快现代服务业发展十五条政策措施》《龙岩市加快现代服务业集聚区建设实施方案》等政策措施，为服务业发展提供政策保障，同时还召开了全市服务业发展大会和举办全市服务业发展工作业务培训会营造发展氛围，围绕培育新增长点、推动产业集聚发展、培育龙头企业等方面进一步推动龙岩市现代服务业迅速发展，服务业已成为推进龙岩市发展方式转变、促进经济转型升级的重要支撑。

### （一）服务业比重上升

随着龙岩市经济发展水平的提高，对生产性和生活性服务的需求不断扩大，服务业在经济中的地位上升，占 GDP 的比重提高。"服务业十五条"实施两年来，龙岩共兑现奖励补助资金超过 3500 万元，1400 多家企业享受政策优惠，涉及文化旅游、健康养老、商贸物流、互联网等 11 个服务业行业领域。在"服务业十五条"政策效应的推动下，促进了龙岩全市服务业总量提升和加速发展。2019 年，龙岩市经济总体保持平稳增长态势，第三产业增加值 1172.73 亿元，增长 6.7%；服务业产值占 GDP 比重由 2016 年的 37.20% 增长为 2018 年的 44.5%，但 2019 年又下降为 43.8%（见图 4-19）。[①]

2019 年第三产业投资增长 3.2%，其中文化、体育和娱乐业领域投资增长 11.2%。规模以上服务业企业总数从 190 家增加至 413 家，推动了互联网+家装平台+居家养老、制造业服务化、红色教育培训等服务业新业态、新模式的发展。

2020 年初受到新冠肺炎疫情影响，第一季度服务业遭受较大打击，龙岩市制定出台了《关于推动服务业安全有序复工复产的指导意见》《龙岩市推进服务业

---

① 资料来源：《龙岩市国民经济和社会发展统计公报 2019》。

图 4-19　2016~2019 年龙岩市服务业发展情况

资料来源：《龙岩市国民经济和社会发展统计公报 2019》。

增产增效行动工作方案》等政策文件，第三季度已逐渐恢复活力。前三季度，龙岩市服务业增加值 876.38 亿元，增速 3.8%。其中，交通运输、仓储和邮政业同比增长 2.1%，金融业同比增长 5.8%，其他服务业同比增长 10.6%，其余行业增长均为负。1~8 月，规模以上服务业企业营业收入 108.47 亿元，同比增长 18.7%，增速比 1~7 月提高 0.7 个百分点。其中，科学研究和技术服务业增长 26.0%，比 1~7 月提高 10 个百分点；信息传输、软件和信息技术服务业增长 18.4%，比 1~7 月提高 0.6 个百分点。第三产业投资下降 5.5%，降幅比上半年扩大 3.0 个百分点。而在 2020 年 1~8 月规模以上服务业中，仅信息传输、软件和信息技术服务业、租赁和商务服务业、科学研究和技术服务业与上年同期相比增长为正。①

## （二）文旅康养产业形成品牌效应

龙岩市在 2019 年举办首届文化旅游产业发展大会和文旅康养产业博览会，在 2020 年举办第二届文化旅游产业发展大会和文旅康养产业博览会，并且通过组织一系列活动和产品打响龙岩市的品牌知名度，比如中国数字文旅产业发展论坛、"一元游龙岩"全域旅游活动、龙岩市首届"红古田"杯文化旅游商品创意设计大赛活动、中国旅游日福建分会场、红色文化街巷、龙岩百里红色朝圣之旅等。

————————

① 资料来源：龙岩市统计局公开信息。

突出红色、生态、客家三大文化和"一县一特色"，重点打造了上杭古田红色文化旅游区、永定客家土楼文化旅游区、长汀历史文化名城旅游区、连城冠豸山绿色生态旅游区、新罗龙岩洞文化旅游区、漳平台创园休闲农业旅游区、武平梁野山生态旅游区七大景区，搭建具有影响力的文化和旅游交流及产业合作平台，旅游品牌知名度持续提升。

在加快推动文旅康养产业融合发展方面，加大了"红古田"教育培训品牌推广力度，南溪土楼沟漂流、古田红军小镇等一批体验互动式的文化旅游项目建成投入使用，打造了"文化旅游+剧场演出+民俗体验"等新业态模式及体验互动式项目；加快推进夜间经济繁荣发展；爱尔眼科、美年大健康体检中心、慈爱康复医院等一批康养项目落地开工或投入运营，推进了医养融合发展，发展中医健康养生品牌，支持社会办医，着力培养健康养生养老服务新业态。文化服务业法人单位数迅速增加。2018 年，在全部文化产业法人单位中文化服务业法人单位 2268 家，比 2013 年增加 1545 家，年均增加 309 家；全年营业收入达55.08 亿元，比 2013 年增长 66.5%，年均增长 10.8%。[1] 2019 全年旅游总收入576.47 亿元，比上年增长 27.0%，其中，国内旅游收入 562.37 亿元，增长 26.8%（见图 4-20）。

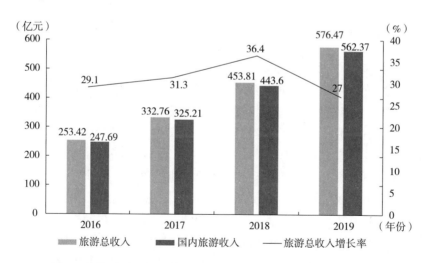

图 4-20　2016～2019 年龙岩市旅游业收入情况

资料来源：龙岩市文化和旅游局。

---

① 资料来源：《龙岩市统计年鉴 2020》。

2019 全年接待旅游总人数 5504.06 万人次，比上年增长 19.5%。其中，国内旅游人数 5478.80 万人次，增长 19.4%；接待入境游客 25.26 万人次，增长 29.7%。其中，接待外国游客 7.48 万人次，增长 18.7%；港澳台同胞 17.77 万人次，增长 35.0%（见图 4-21）。

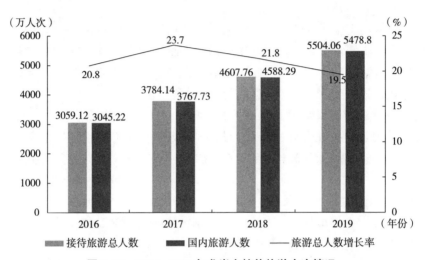

图 4-21　2016~2019 年龙岩市接待旅游人次情况

资料来源：龙岩市文化和旅游局。

## （三）招商引资初见成效

福建省发改委公布 2020 年省级重点招商项目，龙岩 33 个项目入选，总投资 575 亿元，入选项目数位居全省第 3。现代服务业项目 6 个：卦坑湖生态旅游度假区、武平狮子山旅游开发、永定龙湖旅游综合开发、长汀红色军工文化旅游建设、连城环梅花山乡村旅游区、上杭县古田镇水泥工业遗产旅游开发。下一步，龙岩将持续加大招商引资力度，聚焦产业转型升级和产业链建强补延，在海内外重大投资交流活动中积极对外推介龙岩重点招商项目，吸引更多优质企业来岩投资兴业。目前，龙岩市共有服务业行业协会近 70 家，涵盖了居民与家庭服务业、金融服务业、互联网、交通物流、商务服务等各个领域，服务业行业协会作为政府和服务业企业的桥梁、纽带，具有专业、信息、人才、机制等市场资源配置方面的优势。

依托龙岩籍互联网企业家优势，持续推进"互联网返乡工程"，吸引今日头条、微医等龙岩籍互联网企业来岩投资设立相关业务机构。字节跳动落地了内容质量中心、创作空间和指悦科技等项目，其中指悦科技 2019 年 1~10 月营业收入

30.55 亿元、税收收入 5154.2 万元；美团落地了智慧公交、智慧旅游和智慧食安等项目；微医集团落地了"健共体"等项目。其中，今日头条投资的内容质量中心——吉云互动科技落户经开区珠江大厦，员工人数达到 300 多人，2019 年营业额超过 2000 万元。[①]

### （四）服务业新业态迅速发展

龙岩市高度重视推动以互联网为代表的服务业新经济业态模式发展工作，互联网广告运营企业永定指悦科技依托抖音短视频平台开展互联网广告服务，2019 年营业收入 4.9 亿元。通过有效引导和帮扶措施，有力地促进一批互联网相关企业做大做强，实施"互联网返乡工程"和夜间经济。如漳平深田网络服务通过 YY、虎牙、腾讯等互联网直播平台主播提供管理服务，2019 年营业收入 7933.3 万元；本土创业企业建筑帮（龙岩）信息科技，2019 年服务近 3 万家庭用户，平台营收达 1187 万元；由新罗龙盛集团开发的本土生鲜电商平台"龙盛菜菜姐"，一经推出就受到广大市民的欢迎，当月营业额超过 200 万元。在加快数字产业经济发展方面，依托数字经济产业园、文秀军民融合产业园等互联网产业园区及中心城区，构建"一南一北一中心"的数字产业发展格局，探索建设龙岩"数字小镇"，努力培育互联网新产业新增长点。强化服务业发展政策引领，以服务业"三比一看"竞赛活动为抓手，发挥"服务发展十五条"等政策措施引导作用，积极引进培育做大互联联网和相关服务业、软件和信息技术服务业、网络新零售、网络直播平台等新经济业态企业，2017～2019 年累计培育新增漳平深田网络服务、建筑帮（龙岩）信息科技、伏击网络科技等规上互联网信息科技企业 16 家；兑现互联网经济相关政策奖励资金达 1100 万元，涉及 93 家企业。

2020 年面对疫情造成的人流、物流受阻，线下实体商业营业收入锐减等不利因素，龙岩市服务业相关部门充分把握疫情期间"宅经济""云消费"快速升温、居民对互联网娱乐消费需求显著上升这一契机，推动漳平森田网络、永定指悦科技等涉及互联网直播、信息服务的规上企业深入挖掘线上网络消费存量，引导大润发、新华都、米兰春天等传统限额以上零售企业通过互联网平台开展线上下单、线下配送服务，增加线上销售额，实现企业营业额快速增长。2020 年 1～8 月龙岩市基础电信业务增长了 24%，软件和信息技术服务业增长了 18.4%；2020 年上半年，龙岩市互联网经济规模达 44.5 亿元，同比增长 10.8%。

---

[①] 资料来源：龙岩市商务局。

## 二、龙岩市现代服务业发展存在的突出问题及面临的挑战

### （一）服务业内部结构需要优化

服务业与服务贸易统筹发展的问题。在开放条件下，服务业是服务贸易发展的产业基础，服务贸易为服务业发展提供更大市场空间和更多要素组合。统筹两者协同发展，是服务业提质增效的关键举措。与发达国家相比，我国服务业开放水平有待提高，服务业企业不断增长的国际化发展需求与国际化能力严重不匹配。近年来，龙岩市招商引资力度不断加大，通过各种招商会、洽谈会吸引了许多服务业投资项目。但体验式、互动式项目少，缺乏具有带动性的大项目；项目支撑仍然不足。从2020年拟安排的300个省市重点项目看，总投资10亿元以上的产业项目35个，仅占龙岩市项目总数的11.7%（见表4-20）。

表4-20  2009~2018年龙岩市服务业内部各行业占比　　　　单位：%

| 年份 | 农林牧渔服务 | 批发零售 | 交通运输仓储邮政 | 住宿餐饮 | 金融 | 房地产 | 软件信息技术服务 | 租赁商务服务 | 居民服务 | 文化体育娱乐 | 科学研究技术服务 | 公共设施管理 | 教育 | 卫生社会工作 | 公共管理社会保障 |
|---|---|---|---|---|---|---|---|---|---|---|---|---|---|---|---|
| 2009 | 0.86 | 27.85 | 15.56 | 4.68 | 11.81 | 8.88 | 2.41 | 2.70 | 3.22 | 1.48 | 1.65 | 0.49 | 6.76 | 2.72 | 8.92 |
| 2010 | 0.80 | 29.29 | 14.73 | 4.53 | 12.61 | 6.69 | 2.22 | 2.86 | 3.27 | 1.41 | 1.84 | 0.50 | 6.81 | 2.83 | 9.60 |
| 2011 | 0.77 | 29.33 | 13.52 | 4.66 | 12.97 | 7.18 | 2.01 | 3.01 | 3.03 | 1.45 | 1.79 | 0.61 | 6.78 | 2.62 | 10.26 |
| 2012 | 0.71 | 28.56 | 12.53 | 4.64 | 13.00 | 9.01 | 1.78 | 2.99 | 2.96 | 1.42 | 1.75 | 0.69 | 6.72 | 2.88 | 10.36 |
| 2013 | 0.66 | 29.37 | 11.72 | 4.40 | 13.97 | 9.06 | 1.48 | 2.89 | 2.64 | 1.31 | 1.78 | 0.67 | 6.61 | 2.72 | 10.73 |
| 2014 | 0.63 | 30.67 | 11.29 | 4.45 | 13.35 | 7.74 | 1.56 | 3.38 | 3.18 | 1.45 | 1.80 | 0.69 | 6.38 | 2.76 | 10.68 |
| 2015 | 0.63 | 30.03 | 11.28 | 4.29 | 13.30 | 7.00 | 1.79 | 3.52 | 3.71 | 1.50 | 1.98 | 0.72 | 6.39 | 2.92 | 10.94 |
| 2016 | 0.58 | 29.29 | 10.43 | 4.28 | 12.61 | 7.65 | 2.02 | 3.82 | 4.27 | 1.81 | 2.10 | 0.74 | 6.73 | 3.02 | 10.66 |
| 2017 | 0.53 | 28.48 | 9.48 | 3.96 | 12.23 | 8.25 | 2.00 | 4.59 | 4.84 | 2.27 | 2.07 | 0.84 | 6.42 | 3.43 | 10.59 |
| 2018 | 0.51 | 26.34 | 8.98 | 3.94 | 12.01 | 10.08 | 2.17 | 5.28 | 4.90 | 2.11 | 1.97 | 0.93 | 6.50 | 3.16 | 11.13 |

资料来源：《龙岩市统计年鉴2020》。

## （二）高端服务业人才紧缺

服务业企业发展需要大批具有较高素质的专业人才作为支撑。人才是服务业，特别是轻资产服务行业提质增效的核心资源。近年龙岩市服务业人才结构有所改善，2019 年龙岩市第三产业从业人数为 876517 人，2016 年为 863356 人，仅增长 1.5%。且服务业高层次、高技能人才缺口仍然较大，产业升级引发的人才需求变化与人才培养之间不相匹配。2019 年 1~11 月龙岩市规模以上服务业企业 394 家，有 311 家企业营业收入实现正增长，增长面为 78.9%，比上年同期提升 2.6 个百分点，近八成企业实现正增长。随着服务业规模和质量的提高，新兴技术的普及和应用，从业者专业素养和技能不适应发展需要的问题日益突出。同时，人才发展在收入分配、人事管理、职称评定等方面还存在一些体制机制障碍。不少服务业企业对人才培训不够重视，培训方式陈旧，效果不明显。龙岩市大部分服务业企业人才结构无法满足现代化发展需要，高水平专业技术人才不足。

## （三）新兴产业需要持续培育

在龙岩市原有的主导产业中，商贸业、房地产业等行业已经面临发展瓶颈，物流产业受周边地市产业辐射影响大、缺乏竞争力，而文旅康养产业等新兴产业同质化较明显，差异化发展还需提高，由于西部地区文化差异不明显，多个地区的特色产业十分相似，反而不具备各自的特色，阻碍了龙岩特色产业的发展。闽西地区以客家文化著称，因此永定、上杭都有客家文化的主题公园，虽然从不同的角度切入，但总体上大同小异。这种同质化问题是很多旅游景区共有的特点，造成这一问题的原因有很多。其中一个主要的原因就是对当地文化元素的挖掘不够深入，旅游从业人员缺乏对当地文化的深入了解，仅停留在介绍文化背景、讲述文化特色方面，对于各种民族文化元素的形成原因缺乏必要说明，游客在游玩的过程当中，面对大量具有强烈民族特征的文化元素，仅感觉到新奇，却无法对这些文化元素进行深入了解。缺少能够在全市和周边形成区域带动和支撑的产业。

## （四）各区服务业发展不平衡

龙岩市七县（市、区）之间服务业发展差距较大，2019 年，新罗区服务业产值 434.2658 亿元，位列第一，并且与第二的上杭县拉开较大差距。而排在末尾的是连城县，服务业产值仅为 102.781 亿元。龙岩市服务业的总体发展需要各区域相互协调，相互促进，根据各区的自身特色，提高现代服务业的发展水平（见图 4-22）。

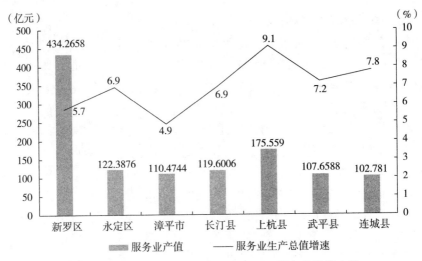

图 4-22　2019 年龙岩市各县（市、区）服务业发展水平

资料来源：《龙岩市统计年鉴 2020》。

# 三、龙岩市现代服务业的发展趋势

## （一）品牌效应带动主导产业

龙岩市围绕龙岩生态环境、红色资源丰富的比较优势，着眼推动文化旅游、健康养老、红色教育、商贸物流等"6+5"等现代服务业重点品牌，不断延伸和拓展产业链。与龙洲公司签订"一企一策"扶持措施，对龙头企业进行全方位扶持，推动企业做大做强。围绕着"双培育"计划确定的文旅康养、现代物流业等重点发展行业抓龙头企业培育，重点培育龙洲股份、上杭古田建设发展公司、客家土楼旅游发展公司、龙岩文旅发展集团、连城冬龙旅游投资公司等龙头企业。

培育文旅康养支柱产业，引进参与式、互动式、体验式的文化旅游项目，延伸产业链条，培育新增长引擎，引进建设一批中高端养生养老项目，推进医养深度融合，重点推进永定土楼沟漂流、连城冠豸山体验游、龙岩会展中心、龙岩洞文化创意产业园、红炭山健康养老基地等项目建设，打造文旅康养之城、全国性养生养老中心。依托红色文化优势，通过整合各类红色教育培训资源，打造全国性干部培训基地，"红古田"培训品牌日益提升，初步打造了以古田为中心覆盖全市的红色文化培训产业链条。

## （二）新兴服务业创新发展

近年来，龙岩市服务业的产业规模持续扩大，龙岩市服务业的产业结构也在几年的发展中得到不断优化，在传统物流业不断发展的同时，龙岩市现代物流、金融保险等生产性服务业发展迅速，文创、旅游、康养等新兴服务业不断壮大。在龙岩市的政策推动下，新兴业态不断涌现：鼓励传统制造业和现代服务业的碰撞，涌现出了以龙净环抱为代表大工程总包服务模式、以龙马环卫为代表大整体解决方案服务模式等新商业模式；在全国首创"互联网+分级诊疗"模式，实现市、县、乡三级医疗机构连接就诊；培育出蚁人之家、建筑帮等"互联网+装修"平台，推动传统建筑装修行业线上线下融合发展；农村电商涌现长汀县"县级工作站+村级供销综合服务站+专业合作社+种养专业户"模式，走出电商助推扶贫攻坚大新路子，促进了"互联网+家装平台""互联网+居家养老"等新业态、新模式的发展。

"制造+服务"作为龙岩市现代服务业业态创新和商业模式创新，正推动产业结构转型升级，在协同融合发展、优化供应链管理、主辅分离等方面进行积极探索实践，为经济发展提供持续动力。工程总包服务模式、"一揽子"解决方案、"一条龙"服务等都是制造业服务化的新模式。此外，龙岩市还加快互联网与服务业深度融合。近两年龙岩市电子商务发展迅速，截至目前，注册登记的电子商务企业超过1000家，开设网店近6700家，相关从业人员超过15万人。龙岩市成为全省首个农村淘宝全覆盖的设区市，长汀县、武平县列为国家级电子商务进农村综合示范县，连城县、漳平市列为省级农村电子商务示范县。[①]

## （三）产业集聚效应突出

推进服务业集聚区建设，坚持"一县一特色"，增强服务业要素吸附能力和产业支撑能力。提出建设现代物流园、大数据产业园、电子商务产业园等8大类17个现代服务业集聚区。其中，武平物流中心项目、福龙马"智慧云平台"和龙岩泰华实业果树保鲜加工服务项目等16个项目申请升级服务业引导资金和省级服务业集聚区示范项目，在龙岩中心城区提出北部、中部、西部、南部四大现代服务业集聚区规划，通过规划产业集聚推动现代服务业规模化发展。2018年龙岩市的长汀县历史文化名城旅游核心区、福建土楼（永定）旅游休闲区两个项目入选省发改委公布的2018年省级现代服务业集聚示范区11个项目公示名单》，这是龙岩市在推动服务业产业集聚建设方面取得的新突破。依托生态、文化、地缘优势，打造新的服务业增长点。以南三龙铁路建成通车契机，推进龙岩公路港综合物流园区、龙岩火车站改造工程项目建设，打造闽粤赣边区域性物流节点城市。同时，发挥"乡缘"优势，实施"互联网返乡工程"，吸引龙岩籍互联网企业家将云存

---

① 资料来源：龙岩市商务局。

储、数据中心、呼叫客服等细分业务领域项目在龙岩布局建设，打造互联网后台服务产业聚集区，今日头条、美团等龙岩籍互联网精英企业在设立基地、拓展业务等方面开展合作。按照《龙岩市加快现代服务业集聚区建设实施方案》，坚持重点集聚、产城一体、一县一特色、功能互补的原则，推动产业集聚发展，重点推进长汀"汀州电商物流城"、"唐宋古城"、永定"客家土楼文旅新城"、新罗"海西汽贸城"、中国（龙岩）农产品交易物流城；上杭古田红色旅游教育基地等项目建设，打造省级服务业集聚示范区。

## 四、龙岩市现代服务业发展重点领域及空间布局

### （一）商贸物流业

适应互联网经济新形势，支持和推动实体店发展体验消费，线上线下互动。2020年龙岩市交通运输局与龙岩市邮政管理局联合举办交通运输现代服务业项目推介活动并签约。交通运输部"十三五"时期重点项目——龙岩公路港物流园项目一期快递物流区主体建设全部完成并通过验收。顺丰快递、邮政EMS快递、供销通士达快递等企业在推介现场举行了入园签约仪式。龙头快递企业入驻园区标志着龙岩市快递物流产业完成了初步整合，快速打造以"货物转运中心""快递分拨中心""电子商务中心"为三大核心业务的闽粤赣边综合型全生态智能化物流园区的创建愿景已拉开帷幕。截至2020年9月底，龙岩市交通运输现代服务业累计完成投资17.607亿元，占年度投资任务的92.67%，超序时进度17.67个百分点；并按照"五个一批"要求完成了8个项目的阶段转换，挖掘生成10个新项目。[①]

### （二）文旅康养业

美年大健康、福能集团等国内行业龙头通过兼并重组、合作开发等形式加快在龙岩市布局康养产业，文旅康养产业初具成效。文化搭台、旅游唱戏，充分利用红色文化和客家文化资源，重点培育一批乡村旅游龙头，打造以古田会议会址为中心、以长汀红色旧址群等为重点的红色旅游系列产品，创建"清新福建，欢乐龙岩"旅游名片，旅游业实现由小产业向大产业转变。健康养老产业方面，除了在全省率先实现市、县福利中心，乡镇敬老院，城市社区居家养老服务站建设全覆盖，全市各地还开展公建民营、医养结合等模式推动产业发展：新罗区依托

---

① 资料来源：《龙岩市国民经济和社会发展统计公报2019》。

生态优势，推进红炭山、冠豸山、东肖等中高端养老产业项目建设。上杭金秋老年公寓引进民资建设酒店式颐养公寓，为 700 多位常住老人、1000 多位"候鸟式"度假老人提供颐养服务。长汀医养服务中心依托新桥镇卫生院，整合医疗和养老资源，吸引本地及邻县约 180 位老人入住。[①]

### （三）红色教育培训

打响古田红色教育培训品牌，整合各类红色文化资源和教学资源，壮大红色培训师资队伍，完善红色培训教材、课程，提升红色培训质量。建设全国党员干部教育基地，支持古田干部学院建设，发挥市委党校新校区作用，为各领域、各层次的学员提供多元化保障，促进全国性的培训班延伸对接，扩大干部教育培训品牌效应。加强与国家有关部委、中央党校、部队、央企对接，积极争取在龙岩市设立干部教育、职业培训等各类全国性教育培训基地或中心。推进教育培训与红色体验旅游相结合，统筹开发红色旅游资源，组织开展各类教育、培训活动，拓展新业态，带动提升旅游消费水平。加强市场管理，以打造"大古田"红色品牌为目标，加大红色培训机构整顿规范力度，探索组建红色教育培训行业协会，实行统一规划、统一标准、统一管理。

### （四）金融服务业

全面加强金融生态环境建设，引进、培育、发展各类金融市场主体。支持上杭农商行等作为发起人，探索组建闽西农村商业银行，并加快推动股改上市。稳步推进村镇银行试点。推动普惠金融、互联网金融、绿色金融等领域的产品创新，规范发展新型金融业态。发挥汇金集团等投资基金平台作用，在推动区域金融与支持实体经济发展良性互动。2019 年金融业产值 142.30 亿元。

### （五）电子商务业

支持电商协会或重点企业开展电商产品统一品牌、统一包装、统一溯源体系建设，大力推动龙岩市特色产品上行，促进电子商务产业集聚化发展。龙岩市政府发布了《龙岩市电子商务发展三年行动计划》（2017—2019 年），加快培育电子商务平台，深化普及电子商务应用，整合区域优势特色产业资源，推动电子商务产业专业化、特色化、集聚化发展，探索农村电子商务发展"龙岩模式"，大力培育农村电商市场主体，扶持创建一批特色农产品网络品牌，2019 年龙岩市规模以上企业电子商务应用率达 90%以上。

---

① 资料来源：《龙岩市国民经济和社会发展统计公报 2019》。

# 五、促进龙岩市现代服务业健康发展的政策建议

## （一）加强服务业人才队伍建设

建立健全和完善激励机制，积极引进高层次的复合型人才，吸引高素质的人才，特别是急需的服务技术人才，留住人才、用好人才，为龙岩市现代服务业发展提供人力和智力支持。同时，充分发挥高等院校、科研院所和各类社会机构的作用，支持开展培育现代服务业发展所需的紧缺人才，对技能型服务业人才进行再教育的人才培育体系。建立适应龙岩市现代服务业发展的人才使用、评价与激励机制，形成有利于现代服务业创业发展的良好环境。

首先是政策牵引。随着市场经济的发展，人才流动越来越市场化，城市间的人才争夺战愈演愈烈，各地政府通过放开落户政策、提供生活补贴、提供特殊奖励等措施，大力吸引各层次的优秀人才。建议政府制定相关人才政策，大力吸引优秀人才到龙岩创业和就业。前一段时间，深圳市政府宣布将为杰出人才减免个人所得税，就引发了良好的社会反响。其次是产业牵引。要发挥紫金矿业、龙净环保、龙工集团等知名企业在吸引人才上的作用，通过提供事业平台的方式，大力吸引国内外优秀人才。最后是感情牵引。要加强与优秀人才的联系，通过举办各种活动，邀请全国各地人才，尤其是福建籍人才到龙岩来参观、旅游和交流，通过感情纽带的方式，吸引人才到龙岩发展。

## （二）优化现代服务业发展环境

龙岩市"互联网返乡工程"以及一系列招商引资吸引了许多优秀企业在龙岩投资，但后续如何长期保持现有优势，持续集聚现代服务业主导产业园区，需要不断优化服务业企业的营商环境。一方面需要实行有利于服务业发展的土地政策，优先保障服务业发展用地。对符合城市总体规划、土地利用总体规划和列入自治区、市发展规划的重点服务业项目，包括大型市场、总部基地、研发中心等服务业聚集区的建设用地，要确保用地并优先办理有关手续。加强服务业用地出让合同和划拨决定书的履约管理，严格禁止服务业用地闲置和擅自改变土地用途。另一方面要切实落实已有的各项服务业税收政策，凡是政策有明文规定的，要不折不扣执行；政策规定有幅度的，要按照最优惠的执行，确保税收政策最大限度地支持服务业发展。

## （三）统筹各区域服务业共同发展

龙岩市除了新罗区服务业产值较高、上杭县发展速度较快之外，其他区域处

于经济积累较薄弱,并且发展增速缓慢的状态,比如漳平市。龙岩市的总体发展离不开各区域统筹协调,首先要加强龙岩市内部各区域服务业发展规划的衔接和配合,通过各区域自身特色发展现代服务业;其次要加强与省内各周边城市的配合,实现服务业产业对接,各县市融合发展。服务业集聚区提质增效是龙岩市服务业发展的中心任务,要把服务业集聚区打造成为服务业发展的核心载体。推动服务业聚集区从规模扩张向提质增效发展,着力发展现代物流、科技服务、电子商务等现代服务业态,拓展"互联网+"在集聚区的广泛应用。提升商贸流通、文旅康养、专业市场和县域中心区的业态及功能。突出服务业集聚区项目建设,强化"项目支撑",重点引进新兴业态和品质优秀的项目,以现代服务业项目为契机,推进各地区现代服务业领域深度合作。

# 第九节 宁德市现代服务业发展研究报告

宁德市坚持新发展理念,全面实施"一二三"发展战略①,大力发展现代服务业,坚持生产性服务业与生活性服务业并重,激发旅游、现代物流、金融、电子商务等行业释放出新动能,提高了现代服务业的综合竞争力,经济发展质量稳步提升。

## 一、宁德市现代服务业发展总体情况

### (一) 概况

(1) 发展态势保持稳中有进。2016~2019 年,宁德市服务业增加值分别为530.36 亿元、616.22 亿元、678.85 亿元、882.36 亿元,比上年增长 9.5%、11.1%、9.7%、7.1%,年均增长率为9.5%,② 高出地区生产总值年均增速 2 个百

---

① "一二三"发展战略的总体思路:"一"就是围绕"一个中心任务",即"开发三都澳、建设新宁德";"二"就是做到"两个坚持",即坚持开发与保护并重、坚持沿海与山区联动;"三"就是建立"三个生态",即建立高质高效的经济生态、山清水秀的自然生态、风清气正的政治社会生态。

② 资料来源:2016~2018年宁德市服务业增加值及增长率数据来源于《宁德统计年鉴2019》;2019 年宁德市服务业增加值及增长率数据来源于《宁德市 2019 年国民经济和社会发展计划执行情况及 2020 年国民经济和社会发展计划》;年均增长率为笔者计算而得。下文数据如未特别说明,均来源于宁德市统计局官网发布的统计年鉴、统计公报、国民经济和社会发展计划、经济普查、统计信息、统计分析、宁德市人民政府发布的政府工作报告等。

分点①。2019 年，全市规模以上服务业企业数共有 362 家，比 2016 年增加了 203 家；实现营业收入 94.37 亿元，同比增长 11.8%（见图 4-23）。

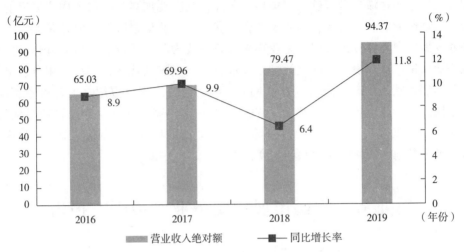

图 4-23　2016~2019 年宁德市规模以上服务业营业收入及其增长率

2020 年随着新冠肺炎疫情防控取得成效，经济呈现复苏态势，服务业增势向好。1~7 月，全市规模以上服务业营业收入 60.97 亿元，增长 4.1%，增幅比上半年提高 2.7 个百分点，高于全省平均水平 1.9 个百分点。其中，规模以上其他营利性服务业营业收入 19.05 亿元，增长 18.5%，增幅比上半年提高 5.1 个百分点，高于全省平均水平 10.5 个百分点，居全省各设区市第 3 位。企业实现营业利润 3.62 亿元，下降 65.9%，降幅比上半年收窄 19.4 个百分点。

（2）对经济社会发展支撑作用明显。2016~2019 年，全市服务业增加值占地区生产总值的比重分别为 33.1%、35.1%、34.9% 和 36.0%，相较于"十二五"末的 31.9%，4 年提高了 4.1 个百分点。2016~2019 年服务业对经济增长的贡献率分别为 41.7%、68.0%、40.0%、26.5%（见表 4-21），分别拉动经济增长 3.0 个、3.6 个、3.2 个、2.4 个百分点；特别是 2017 年对经济增长的贡献率超过了一半，成为全市经济社会发展的主动力。2020 年 1~6 月，全市实现服务业增加值 519.88 亿元，同比增长 4.6%，对全市经济增长贡献率为 46.3%，拉动经济增长 1.8 个百分点。

---

① 2016~2019 年地区生产总值增长率分别为 7.3%、5.3%、8.1%、9.2%，年均增长率为 7.5%。

表 4-21　2016~2019 年宁德市服务业贡献率及拉动经济增长

| 年份 | 服务业增加值（亿元） | 地区生产总值（亿元） | 服务业贡献率（%） | 拉动经济增长（百分点） |
|---|---|---|---|---|
| 2016 | 530.36 | 1600.29 | 41.7 | 3.0 |
| 2017 | 616.22 | 1756.26 | 68.0 | 3.6 |
| 2018 | 678.85 | 1942.80 | 40.0 | 3.2 |
| 2019 | 882.36 | 2451.70 | 26.5 | 2.4 |

（3）成为吸纳就业的主渠道。2019 年 12 月末，全市规模以上服务业企业吸纳从业人员 3.27 万人，比 2016 年末增加 1.01 万人，增长 44.69%。电子商务、互联网、大健康、文化娱乐、家政等服务业领域成为消费的新热点，消费结构升级带动了市场单位数增加，拓宽了就业渠道。2018 年末，全市城镇非私营单位从业人员中，服务业从业人员占 60.3%。其中，居民服务、修理和其他服务业，文化、体育和娱乐业单位数分别为 678 个和 865 个，占服务业比重为 2.5% 和 3.2%；从业人员分别为 7800 人和 8352 人，占服务业比重为 2.4% 和 2.6%。

（4）持续推进产业结构调整。随着宁德市千亿产业集群推进计划的实施，以旅游、港口物流为重点的现代服务业加快发展。2019 年，旅游业全年接待游客总人数 3838 万人次，比上年增长 18%，旅游总收入 437 亿元，比上年增长 27%。2019 年，港口货物吞吐量突破 4000 万吨，增长 22%，集装箱吞吐量超 13 万标箱、增长 35%。2020 年，为应对新冠肺炎疫情，宁德服务业企业积极创新商业模式，基于云计算、大数据、移动互联网、平台经济、电子商务实现了线上和线下融合发展，带动了零售、住宿、餐饮、旅游、文娱等传统服务业数字化转型，发展了网上直播带货、地摊经济等新模式，开拓了服务业发展新空间。

从增长速度来看（见表 4-22），2019 年全市批发零售业增加值和金融业增加值分别比上年增长 8.8% 和 10.2%，领先于服务业其他行业增速，增加值占地区生产总值的比重分别为 4.9% 和 6.3%，均比上年有所提高。2019 年金融业实现增加值 120.43 亿元，是 2015 年的 2.2 倍，4 年内年均增长 11.2%，增幅居服务业之首，对服务业增加值增长的贡献率为 20.0%，拉动增长 1.4 个百分点。

表 4-22　2016~2019 年宁德市服务业部分行业增加值及其增长速度

| 年份 | | 2016 | 2017 | 2018 | 2019 |
|---|---|---|---|---|---|
| 批发和零售业 | 增加值（亿元） | 72.77 | 81.63 | 78.75 | 154.16 |
| | 比上年增长（%） | 6.2 | 10.9 | 3.9 | 8.8 |

续表

| 年份 | | 2016 | 2017 | 2018 | 2019 |
|---|---|---|---|---|---|
| 交通运输、仓储和邮政业 | 增加值（亿元） | 77.49 | 98.00 | 97.34 | 71.53 |
| | 比上年增长（%） | 4.1 | 8.1 | 7.5 | 8.6 |
| 住宿餐饮业 | 增加值（亿元） | 25.81 | 27.11 | 28.47 | 33.21 |
| | 比上年增长（%） | 2.0 | 3.2 | 0.1 | 5.1 |
| 金融业 | 增加值（亿元） | 60.59 | 71.51 | 87.01 | 120.43 |
| | 比上年增长（%） | 9.0 | 7.4 | 18.2 | 10.2 |
| 房地产业 | 增加值（亿元） | 41.71 | 47.02 | 54.44 | 152.71 |
| | 比上年增长（%） | 7.9 | 12.3 | 0.5 | 3.2 |

## （二）分行业状况

（1）现代物流。现代物流业是衡量一个地区现代化程度和投资环境的重要标志。在主导产业快速发展带动下，宁德市现代物流业逐渐成长为极具潜力的新兴产业。① 2019 年全市交通运输、仓储和邮政业增加值 71.53 亿元，增长 8.6%。全年货运量 5341 万吨，比上年增长 11.2%；货物周转量 166.53 亿吨公里，增长 11.2%。2019 年，全年辖区内港口货物吞吐量完成 4217.29 万吨，增长 28.2%，增幅居全省第二；集装箱吞吐量 13.08 万标箱，增长 36.1%，增幅居全省第一。随着宁德加快港口码头建设，推进"港城一体、产城联动"发展。与港口码头相关的水上运输业快速发展。1~11 月，规模以上水上运输业实现营业收入 1.51 亿元，同比增长 74.5%。2019 年，宁德市水陆联运中心、宁德国际物流中心工程（B 型保税物流中心项目）等物流园区项目加快建设，漳湾临港物流园一期、好运海神无车承运人企业投入运营。

（2）金融服务。宁德市以创建"普惠金融改革试验区"为抓手，深化金融服务民营和小微企业发展，金融业在实现自身快速发展的同时，服务经济社会发展的水平不断提升，金融机构业务种类和服务领域不断扩展，金融业总量稳步攀升。2019 年末，金融机构本外币各项存款余额 2056.22 亿元，比上年末增加 212.87 亿元，增长 11.6%；本外币各项贷款余额 2006.73 亿元，比上年末增加 241.49 亿元，增长 15.1%，两项指标增幅均居全省第一。2019 年，宁德市获批创建国家普

---

① 2020 年 5 月 7 日，宁德市市长梁伟新带领市直有关部门负责人开展现代物流业发展工作专题调研的讲话。

惠金融改革试验区，小微企业贷款余额突破 300 亿元，搭建"普惠金融+智慧县域"平台为农户提供普惠、便捷、可持续的金融服务；金融生态环境持续改善，不良贷款余额和不良贷款率连续五年实现"双下降"，地级市综合信用指数全国排名从 2018 年初第 223 位跃升至第 76 位；并成功引进招商银行、深圳前海勤智资本、上汽股权投资、中信建设证券。新冠肺炎疫情背景下，金融持续发挥对实体经济的支持作用。2020 年 1~9 月，金融业增势较好，增加值同比增长 7.8%，增幅高于经济增长率；全市金融机构本外币存款余额 2540.63 亿元，比年初增加 484.41 亿元，增长 20.4%，增幅比第一季度和上半年分别提高 12.6 个和 6.8 个百分点，居全省各设区市第一位，高于全省平均水平 8.7 个百分点；全市金融机构本外币贷款余额 2197.18 亿元，比年初增加 190.46 亿元，增长 12.2%。结合普惠金融改革试验区建设，至 2020 年 9 月末，全市普惠型小微贷款余额 270.26 亿元，同比增长 30.15%。

（3）电子商务。电子商务的"互联网+商贸"新兴业态持续平稳增长，不仅拉动了宁德市消费需求，也促进了传统产业升级，逐渐打造了一个闽东产品行销全国乃至全球的网络销售体系，拥有水产品、电机电器、按摩器、剪刀、太子参、食用菌、茶业等达千亿规模的传统产业，均已转为电子商务服务。2016 年全市通过公共网络实现的商品销售额仅为 24.24 亿元，2019 年全市电子商务网络零售额已达到 216 亿元，增长了 8.91 倍；同时，全市限额以上企业实现网上零售额 44.03 亿元，比上年增长 22.7%。突如其来的新冠肺炎疫情，使无接触消费新方式应运而生，网络商品零售逆势增长。2020 年 1~9 月，通过县长直播带货、全闽乐购、发放消费券等网络促销措施，持续带动线上消费。据"商务万象"系统和统计联网直报平台分别统计，1~9 月，全市网络零售累计 211.9 亿元，同比增长 24.7%。

从县域农村电商发展情况看，寿宁县致力打造县域公共品牌"下乡的味道"，全力建设"下乡的味道"线上电商服务平台；柘荣县建立了"中国太子参信息网""中国刀剪网"等四大县域特色产品电商平台；古田县通过互联网销售水蜜桃等特色农产品等。2018 年，寿宁、柘荣入选国家级电子商务进农村综合示范县；2019 年，屏南、古田入选国家级电子商务进农村综合示范县，2020 年，周宁、霞浦入选国家级电子商务进农村综合示范县。2020 年 7 月 14 日，阿里研究院、浙江大学中国农村发展研究院联合发布的《2020 阿里农产品电商报告》中，宁德市福鼎县以特色产品"白茶"、古田县以特色产品"食用菌（银耳、白木耳）"分列 2019 年农产品电商销售 50 强县的第 10 位、第 27 位。

（4）旅游业。宁德集"山海川岛湖林洞"于一体，有特色独具的畲文化、茶文化、古文化、红色文化等，旅游资源丰富。2016～2019年，全市年均接待游客总人数为2978万人次，累计旅游收入1220.27亿元。宁德全面推广"全域旅游"发展新理念，全面落实"旅游+"战略，着力发展旅游新业态，将文化、体育、海洋、健康等元素与地方山水风光巧妙融合，推动旅游产业发展。九龙漈荣膺国家级风景名胜区，闽东红色旅游系列景区列入全国红色旅游经典景区名录，白水洋、九鲤溪获批国家体育旅游示范基地（项目），寿宁获评全国休闲农业和乡村旅游示范县，周宁鲤鱼溪成为全国首个国家级鱼文化主题公园，白水洋·鸳鸯溪景区成为首批国家绿色旅游示范基地，三都岛获评中国"十大美丽海岛"，蕉城霍童、寿宁西浦入选第十八批国家水利风景区；周宁、福鼎入选福建省全域旅游试点县；连续成功举办九届宁德世界地质公园文化旅游节。2019年，全市现有中国历史文化名镇5个、名村14个，省级历史文化名镇6个、名村28个，中国传统村落141个，省级传统村落126个，数量均为全省各设区市第一位；截至2020年4月，宁德市文化和旅游局已评选出33个旅游小镇。

（5）商贸流通。商贸流通体系不断健全和完善，为消费市场开辟了新的发展空间。2016年，全市社会消费品零售总额突破500亿元，2019年实现848.53亿元，是2016年的1.66倍。其中，零售业、餐饮业增速快于批发业、住宿业。全市批发业实现零售额18.08亿元，增长7.5%；零售业实现零售额598.0亿元，增长10.3%；住宿业实现零售额6.34亿元，增长7.7%；餐饮业实现零售额53.47亿元，增长12.3%。区域消费品市场平衡发展。2019年，沿海四县实现社会消费品零售总额496.36亿元，占全市社会消费品零售总额的比重为73.4%，增长10.3%。山区五县充分利用其文化积淀、旅游资源、特色产品等优势，助推消费品市场快速发展。2019年，五个山区县实现社会消费品零售总额179.54亿元，增长10.6%。随着疫情防控取得的成效和经济复苏，商品销售不断好转，2020年1～9月全市批发业实现销售额681.65亿元，同比增长31.5%，增幅较上半年提高2.4个百分点，高出全省平均水平20.3个百分点，增速连续三个季度位居全省第一。2020年1～9月全市社会消费品零售总额561.45亿元，同比下降3.7%，降幅持续收窄，比一季度和上半年分别收窄7.2个和2.7个百分点。

宁德第四次全国经济普查结果显示，2018年末，宁德批发和零售业、住宿和餐饮业企业法人单位数合计1.01万个，从业人员7.24万人。其中，全市小微商贸企业法人单位0.99万个，从业人员5.57万人，在全市商贸企业法人单位数和从业人员数中所占比重分别为98.0%和76.9%。小微商贸企业的快速发展对激发市场活力和促进就业增长起到了积极推动作用。

城市商业综合体对宁德市经济发展贡献突出。自2012年以来，宁德市以城市商业综合体为代表的新商业模式快速发展，截至 2018 年底，宁德市相继出现如宁德万达广场、宝信城市广场、联信财富广场三个城市商业综合体，经营以零售业、餐饮业为主要行业，显示出"一站式"消费经营模式的发展优势推动了消费增长。

（6）信息服务。宁德市政府将推进"十三五"数字宁德信息化建设工程列入为民办实事项目；着力提升基础设施的支撑能力，切实落实"数字宁德·宽带工程"战略，实现全市了所有高速、高铁等交通干线覆盖，城市和重要场景的深度覆盖，行政村 4G 网络覆盖率达 100%；2020 年 7 月 24 日，宁德电信完成 5G 网络规模搭建，助力"数字宁德"发展；推进政务大数据平台建设，目前已基本完成软件研发工作，该软件集公安、民政、人社等 30 多个部门的核心业务数据，为全市各部门提供统一高效的数据服务[①]。2020 年 1~8 月，面对新冠肺炎疫情的严峻考验，信息传输、软件和信息技术服务业逆势实现了增收，营业收入增长 18.9%。

（7）科技服务。大力推进创新驱动发展，提升创新能力，加快创新型宁德建设。2019 年，全市拥有国家高新技术企业 75 家，新增 17 家；推荐认定科技型中小企业 51 家、福建省科技小巨人领军企业 9 家。持续推进高水平创新平台建设。2019 年全市有省级创新型企业 43 家，国家重点实验室 1 家，省级重点实验室 9 家。2020 年 6 月 24 日，中国福建能源器件科学与技术创新实验室（宁德时代创新实验室）正式奠基；2019 年，三祥新材料福建省锆材料工程研究中心获批，力捷迅药业获批创建省高端药物制剂山海协作创新中心，青拓集团省不锈钢创新中心通过专家评审；2019 年，云舟众创空间、福安市大学生（青年）创业孵化园共两家被认定为省级科技企业孵化器和众创空间。加大了研发投入力度，科技成果不断涌现，创新驱动成效明显。2016~2019 年，全市研发投入分别增长 39.1%、32.7%、22%、62.2%，保持全市研发投入年均 22% 以上的增速，增幅连续三年居全省第一。2019 年，全市科研成果荣获省科学技术一等奖 1 项、二等奖 2 项、三等奖 3 项，其中宁德时代荣获省科技进步一等奖。

（8）创意设计。立足得天独厚的文化资源，宁德市一手抓传统文化产业的升级，一手抓新兴文化业态的培育，将传统文化元素融入文创设计当中，赋予了本土文创产品生机与活力，文化创意产业蓬勃发展。一是文创产业持续释放活力。在 2019 年的第十二届海峡两岸文化产业博览交易会上，宁德馆展示出闽东文化产业新亮点，如融合传统瓷绘技艺与霞浦滩涂风光的霞浦映象手工陶瓷产品、新开发与新包装的"八年蜜沉"酒、与新能源汽车新兴产业合作定制的拓荣剪纸作品、

---

以中国传统书法画框形式包装的"藏茶匾"产品、屏南竹木弓箭与砯器等。[①] 2019 年，宁德寿山石微雕作品《天生我才必有用》荣获第十七届全国工艺品博览会"金奖"。2018 年 11 月，闽东畲族传统服饰技艺第六代传承人林章明设计的作品《畲华》获得第十届海峡两岸（厦门）文化产业博览交易会海峡工艺优秀作品评比金奖。至今已逾 700 年的珍华堂银雕技艺在秉承传统工艺精髓基础上，融合 3D 扫描打印设备、吸盘设备等现代科技，让老工艺在传统与科技交相辉映中华彩绽放。二是打造涵盖多门类的创意设计示范园。2019 年，有 5 家企业[②]的工业设计中心被认定为第一批宁德市市级工业设计中心。2018 年新增 1 家、2017 年新增 2 家省级文化产业示范基地[③]。至此，宁德市省级文化产业示范基地已达 10 家，涵盖了工艺美术业、创意设计业、演艺业、网络文化业等多个产业门类。三是加强创意产业的人才培养。通过名师传帮带、产学研结合，积极参加各类工艺赛事磨炼等多种方式，不断加大传统工艺美术人才队伍的培养力度。2019 年，在第五届福建省工艺美术大师和工艺美术名人评选活动中，全市有 11 人被评为省工艺美术大师、13 人被评为省工艺美术名人。目前，宁德市共有国家级工艺美术大师 1 人，中国工艺美术行业艺术大师 1 人，省级工艺美术大师 14 人，省级工艺美术名人 20 人，工艺美术人才队伍日益壮大。[④]

（9）健康服务。合理配置医疗卫生资源，鼓励社会资本投资健康服务业。2019 年宁德师范学院二级医学院、市妇幼保健院（儿童医院）、市康复医院综合病房楼、市中医院医养结合项目开工建设，闽东医院门急诊综合大楼建成投用。建成"双达标"基层医疗卫生机构 55 个，完成全市村卫生所一体化达标建设。全市新增医疗床位 621 张。2018 年，在霞浦福宁医院设立首家民营医院医保服务站。促进中医药传承创新发展。宁德素有"闽东药库"之称，打造建设福建省最大的中药材产业基地，培育中医药产业作为健康服务业的支撑。健康服务业发展势头良好。2019 年 1~9 月，全市规模以上服务业中，与健康服务相关的卫生、体育、保健养生等行业共实现营业收入 1.95 亿元，同比增长 15.6%，增幅高于全市规模以上服务业 7.4 个百分点。其中，养生保健服务业同比增长 100.0%，护理机构服

---

① "闽东之光"耀八方——第十二届海峡两岸（厦门）文化产业博览交易会宁德馆侧记 [N]. 闽东日报, 2019-11-04（4）.

② 5 家企业分别为三禾电器（福建）有限公司、福建荣耀健身器材有限公司、福建万达电机有限公司、福建盈浩文化创意股份有限公司、福建宸润生物科技有限公司。

③ 2018 年新增的 1 家是福建省创意广告传播有限公司，2017 年新增的 2 家是屏南县鸳鸯溪文化发展有限公司、福安市豆豆游软件开发有限公司。

④ 台海网. 宁德市新增 11 位省工艺美术师 [EB/OL]. http://www.taihainet.com/news/fujian/nide/ 2019-01-25/2228545.html.

务业同比增长 40.3%，健身休闲活动业同比增长 14.3%。

（10）养老服务。为提升养老服务质量，推进养老机构迈入长效机制建设新阶段，宁德市政府高度重视养老服务业的发展，先后出台了《"十三五"宁德市老龄事业发展和养老体系建设规划》《宁德市 2018-2020 年健康老龄化行动计划》《宁德市主城区养老服务设施布局专项规划》《2019 年养老院服务质量建设专项行动实施方案》等政策文件。2017~2019 年，连续 3 年把实施养老服务工程建设列入为民办实事项目，围绕构建"低端有保障、中端有市场、高端有选择"的多层次养老服务格局推进养老制度体系建设发展。2017 年以来，全市累计完成养老服务业投资 8.78 亿元；2019 年，为了加快养老服务体系，全市有 3 个①养老服务体系列入省级健康与养老服务工程重大项目。

居家养老服务方面取得了长足发展，建立了以社区基层政权为基础、社会养老专业化企业为平台、社会组织为服务载体、社会工作专业人才为支撑的"四社联动"养老机制。古田县的"小巷管家"、福鼎市的"时间银行"、福安市的"社区智慧养老网络服务中心"、蕉城区的"慈善+养老"等模式②，依托于互联网，提升了养老服务水平。2019 年，居家养老服务照料中心覆盖所有街道和中心城区乡镇，农村养老服务设施覆盖率提高到 87.7%，新增养老床位 2572 张。

（11）文化体育。文体事业繁荣发展。2016~2019 年，新增 4 个全国重点文物保护单位，新增 20 个省级文物保护单位。截至 2018 年末，全市共有各类艺术表演团体 7 个，公共博物馆（纪念馆）11 个，公共图书馆 10 个。文艺精品创作富有成效。2019 年，创排《山海的交响》献礼新中国成立 70 周年；2018 年，汤养宗诗集《去人间》荣获全省首个鲁迅文学奖诗歌奖；《山哈魂》荣获 2017 年省百花文艺奖一等奖、2016 年全国少数民族文艺会演银奖。成功举办第九届、第十届和第十一届海峡论坛·陈靖姑文化节。畲族银器制作、柘荣剪纸技艺入选国家传统工艺振兴目录；古田临水宫祖庙列入全省首批对台交流基地。蕉城黄鞠灌溉工程入选世界灌溉工程遗产名录；蔡威事迹展陈馆被命名为全国爱国主义教育示范基地。

体育事业发展上新台阶。一是优化整合场馆资源。2019 年，市体育中心内 15000 平方米功能房对外招租运营，实现年租金 500 万元；市体育中心内各场馆全年免费开放时间累计超过 16000 小时，据统计，每天前来市体育中心锻炼运动的

---

① 养老服务体系 3 个，福鼎市社会福利中心项目、古田县老年养护院（老人公寓）项目、柘荣县社会福利中心项目。

② 宁德市民政局．宁德市打造多元化养老服务体系［EB/OL］．http://mzt.fujian.gov.cn/yw/mzdt/202007/t20200707_5318870.htm，2020-07-07．

群众平均达 8000 多人次。二是推动全民健身事业发展。2019 年以来，投入资金 900 多万元，在全市新建 26 处全民健身场所，更新 25 条健身路径；全年举办"运动健身进万家"等全民健身活动 2000 多场次，参加人数近 100 万人次；目前，人均体育场地面积已达 1.91 平方米，提前超额完成全民健身实施计划（2016-2020 年）中"到 2020 年体育场地面积达到 1.82 平方米/人"的目标。① 三是增强体育品牌赛事、大型赛事影响力。2019 年，成功举办宁德霞浦（三沙）国际山地马拉松赛、福安富春溪河道越野车赛、金云龙国际跆拳道赛等 6 项品牌体育赛事，承办 2019 年福建省全民健身运动会（宁德赛区）的 28 个项目比赛；2018 年，成功举办第十六届省运会、第十届老健会，展现了新时代"宁德形象"。2019 年，屏南白水洋运动休闲体验基地被评为国家体育产业示范项目；在全省体育产业高质量现场推进会上，宁德市签约闽东国际文体艺术中心、霍童国际山地自行车竞训基地等 4 个项目，总投资 3.8 亿元。四是弘扬民族传统体育文化。2018 年，参加福建省第九届少数民族传统体育运动会，获得竞赛项目 22 枚金牌，位列全省第一；2019 年，参加第十一届全国少数民族传统体育运动会，获一等奖 2 个，二等奖 3 个，三等奖 5 个。2020 年 7 月启动首届"民间传统体育项目进校园"活动，普及推广畲族体育，传承发展优秀传统体育文化。

（12）家庭服务。2016 年以来，市政府先后出台了《宁德市家政服务业补短板工作计划》《关于补齐发展短板扩大有效供给的实施意见》《关于促进家庭服务业职业化发展的通知》等文件，鼓励和支持家政服务业的发展。为推动家政服务行业规范化，保障家庭服务供给，提高家庭服务质量，宁德市已举办了 5 届家政服务职业技能竞赛；同时，在 2018 年福建省家政服务业职业技能竞赛上，树人家政服务有限公司的郑小华进入前十名之列。2016 年，贝尔月护家政服务有限公司、好帮手家政服务有限公司认定为省级示范性家政服务站；2017~2018 年，树人家政服务有限公司连续 2 年认定为省级示范性家政服务站。截至 2019 年 3 月，全市累计有省级示范性家政服务站 5 家，从业人员数万人。② 2020 年，柘荣县树人家政有限公司成为全市首个省级家政服务标准化项目，有助于在更大范围内推广实施服务标准及先进的服务业发展理念。

---

① 宁德市体育局．借省运会东风宁德市体育事业迎来新发展［EB/OL］．http：//tyj．ningde．gov．cn/ywdt/201912/t20191210_ 1250578．htm.

② 宁德网．巾帼之花"80 后"创业者曾秋霞——家政服务让生活更美好［EB/OL］．http：//www．nd-www．cn/xw/ndxw/2019/0308/116443．shtml，2019-03-08.

# 二、宁德市现代服务业发展存在的突出问题及面临的挑战

## （一）服务业总体发展不快

宁德市服务业对拉动经济增长的作用有限，整体发展仍不快、发展水平低。宁德市服务业对经济增长的拉动作用下降，从 2015 年拉动经济增长 3.0 个百分点减少到 2019 年的 2.4 个百分点；对经济增长的贡献率不高，从 2015 年的 35.1%下跌到 2019 年的 26.5%。与福建省其他地市横向对比来看（见表 4-23），一是服务业增加值额，宁德市处于倒数第 2 位，与三明、南平大体相当，与福州、泉州、厦门差距巨大。二是服务业增速，宁德市从 2015 年末的第 8 位上升至第 4 位。2020 年 1~9 月，宁德市服务业增速达到 5.7%，增幅居全省首位。三是服务业占GDP 的比重，2019 年宁德市该指标为 36.0%，虽然已经实现"十三五"发展规划中提到的 35%的发展目标，但是对比最高的厦门 58.0%、排名第二的福州 53.6%，宁德市发展水平相对滞后，排在了倒数第 2 位，也落后于福建省服务业占比的平均值 43.4%的发展水平。四是从服务业增速与工业增速对比来看，除了南平外，其他地区的服务业增速都低于工业增速，差值平均为 2.2 个百分点，而宁德的服务业增速远远低于工业增速，达到了 7.1 个百分点。这说明了宁德市服务业发展规模仍然偏小，发展速度偏慢，未能成为支柱产业。

表 4-23　2019 年福建省各设区市服务业发展情况

| 地区 | 服务业增加值（亿元） | 服务业增速（%） | 占 GDP 比重（%） | 工业增速（%） |
|------|------|------|------|------|
| 福州 | 5034.84 | 8.3 | 53.6 | 8.6 |
| 厦门 | 3474.56 | 6.6 | 58.0 | 8.6 |
| 莆田 | 1093.76 | 6.2 | 42.1 | 8.5 |
| 三明 | 895.52 | 8.0 | 34.4 | 8.7 |
| 泉州 | 3872.78 | 7.8 | 38.9 | 8.6 |
| 漳州 | 1945.67 | 5.5 | 41.0 | 9.0 |
| 南平 | 844.82 | 7.1 | 42.4 | 7.1 |
| 龙岩 | 1172.73 | 6.7 | 43.8 | 7.9 |
| 宁德 | 882.36 | 7.1 | 36.0 | 14.2 |

如表 4-24 所示，纵向对比来看，除 2019 年外，2016~2018 年宁德市服务业

增加值增长速度都快于地区生产总值速度。服务业占 GDP 比重逐渐提高，从 2016 年的 32.6% 增加到 2019 年的 36.0%，4 年上升了 3.4 个百分点；2020 年 1~9 月该比重为 39.8%，服务业持续发展。

表 4-24　2016~2019 年宁德市服务业发展情况

| 年份 | 服务业增加值（亿元） | 服务业增加值增长速度（%） | 地区生产总值（亿元） | 地区生产总值增长速度（%） | 占 GDP 比重（%） |
|---|---|---|---|---|---|
| 2016 | 529.01 | 9.3 | 1623.22 | 7.5 | 32.6 |
| 2017 | 615.47 | 10.9 | 1793.87 | 5.3 | 34.3 |
| 2018 | 678.85 | 9.7 | 1942.80 | 8.1 | 34.9 |
| 2019 | 882.36 | 7.1 | 2451.70 | 9.2 | 36.0 |

## （二）服务业内部产业结构不合理，发展不平衡

服务业经济仍然以传统服务业为主。自 2016 年福建省开展省级现代服务业集聚示范区认定以来，宁德市仅有白水洋·鸳鸯溪旅游休闲区、古田食用菌批发市场 2 个，且集中在传统服务业。从法人单位数看，2018 年末单位数量最多的行业是批发和零售业达到 9468 家，占全部单位的比重为 25.9%，占据了绝对优势；新兴服务业中如信息运输、软件和信息技术服务业，金融业，科学研究和技术服务业，居民服务、修理和其他服务业占比较低，分别为 2.2%、0.3%、2.6% 和 1.9%。相较于 2015 年末的情况，绝大多数行业单位数量减少了，出现增长的仅有 4 个行业，增速最快的是信息传输、软件和信息技术服务业，其次是居民服务、修理和其他服务业，分别增长了 24.5% 和 12.4%（见表 4-25）。

表 4-25　2018 年末服务业主要行业的法人单位数

| | 法人单位（个） | 比重（%） | 比 2015 年增加（个） | 比 2015 年增长（%） |
|---|---|---|---|---|
| 批发和零售业 | 9468 | 25.9 | -1931 | -16.9 |
| 交通运输、仓储和邮政业 | 821 | 2.2 | -82 | -9.1 |
| 住宿和餐饮业 | 591 | 1.6 | -27 | -4.4 |
| 信息传输、软件和信息技术服务业 | 809 | 2.2 | 159 | 24.5 |
| 金融业 | 118 | 0.3 | -355 | -75.1 |
| 房地产业 | 930 | 2.5 | -93 | -9.1 |

续表

| | 法人单位<br>（个） | 比重<br>（%） | 比 2015 年增加<br>（个） | 比 2015 年增长<br>（%） |
|---|---|---|---|---|
| 租赁和商务服务业 | 2914 | 8 | −150 | −4.9 |
| 科学研究和技术服务业 | 965 | 2.6 | −229 | −19.2 |
| 水利、环境和公共设施管理业 | 338 | 0.9 | −80 | −19.1 |
| 居民服务、修理和其他服务业 | 678 | 1.9 | 75 | 12.4 |
| 教育 | 1135 | 3.1 | 112 | 10.9 |
| 卫生和社会工作 | 410 | 1.1 | −1715 | −80.7 |
| 文化、体育和娱乐业 | 865 | 2.4 | 43 | 5.2 |
| 公共管理、社会保障和社会组织 | 6663 | 18.2 | −1239 | −15.7 |

注：比重值为各行业占全社会所有产业的单位数的数值，全社会所有产业单位数为 36536 个。

从分行业增加值占服务业比重来看，2019 年上半年，全市批发和零售业，住宿和餐饮业，交通运输、仓储和邮政业，公共管理、社会保障和社会组织等传统服务业增加值占比超过 60%，而信息服务业、商务服务业、科研服务业、文化旅游业等现代服务业增加值占比较低。"互联网+"正在对制造业发展方式带来颠覆性的影响，然而宁德市的大数据、人工智能、物联网等与互联网相关的现代服务业发展水平低，尚未形成与先进制造业的融合发展态势。

从分行业的营业收入来看，2019 年 1~11 月，全市服务业中有 7 个行业营业收入保持两位数增长。增速居前三位的行业是科学研究和技术服务业，居民服务、修理和其他服务业，交通运输、仓储和邮政业分别同比增长 28.2%、21.2%、15.1%；最低的是信息传输、软件和信息技术服务业同比增长仅有 0.7%。行业间增幅差距高达 27.5 个百分点。2020 年面临新冠肺炎疫情的考验，服务业持续复苏，1~8 月，全市规模以上服务业实现营业收入 70.91 亿元，同比增长 6.1%，增幅比一季度和上半年分别提高了 11.3 个和 4.7 个百分点，高于全省平均水平 2.3 个百分点。其中，信息传输、软件和信息技术服务业，租赁和商务服务业，居民服务、修理和其他服务业，卫生和社会工作 4 个行业实现增收，营业收入分别增长 18.9%、33.7%、108.7%和 7.2%。

### （三）新兴服务业人才存在结构性供给不足

近年来宁德市高度重视人才工作，出台了一系列人才政策，每年安排人才专项经费，但由于宁德市的区位优势不明显，经济发展水平不高，对外来人才、高精尖人才的吸引力不强。

　　人才资源行业分布不合理，影响了现代服务业的优化调整。从表4-26可以看出，2016~2018年，从业人员多集中在金融业，公共管理、社会保障和社会组织，批发和零售业等传统服务业，居民服务、修理和其他服务业，科学研究、技术服务和地质勘查业，租赁和商务服务等新兴服务业的从业人数占比偏低。

　　新兴服务业的发展势头良好，但缺乏高素质技术技能人才。与新兴服务业相适应的人才存在结构性的供给不足，尤其是"工匠型技能人才"、成熟的创业型人才和团队、高水平的管理人才等高精尖人才，市场还存在较大缺口。根据2017年宁德市人才状况调查报告，在全市人才学历结构中，研究生比重仅占1.3%；在全市技能人才队伍中，主要以高中、初中等文化程度为主，占74.6%。人才总体素质和水平不高。从行业分布来看，企业经营管理人才中，批发和零售业是服务业中占比最高的为16.2%；专业技术人员中，科研人员仅占14.1%，非公有制服务业专业技术人才占比为26.0%。

表4-26　2016~2018年服务业主要行业城镇非私营单位从业人员数

| 年份 | | 2016 | 2017 | 2018 |
|---|---|---|---|---|
| 服务业合计数 | | 164276 | 166443 | 162565 |
| 批发和零售业 | 人数 | 12530 | 10369 | 9574 |
| | 占比% | 7.63 | 6.22 | 5.89 |
| 住宿和餐饮业 | 人数 | 3074 | 2761 | 2815 |
| | 占比% | 1.87 | 1.66 | 1.73 |
| 交通运输、仓储和邮政业 | 人数 | 11739 | 11096 | 9661 |
| | 占比% | 7.15 | 6.67 | 5.94 |
| 居民服务、修理和其他服务业 | 人数 | 1069 | 1235 | 562 |
| | 占比% | 0.65 | 0.74 | 0.35 |
| 信息传输、软件和信息技术服务业 | 人数 | 4234 | 3217 | 3104 |
| | 占比% | 2.58 | 1.93 | 1.91 |
| 金融业 | 人数 | 20037 | 23218 | 20323 |
| | 占比% | 12.20 | 13.95 | 12.50 |
| 房地产业 | 人数 | 4810 | 4551 | 4021 |
| | 占比% | 2.93 | 2.73 | 2.47 |
| 租赁和商务服务业 | 人数 | 4569 | 4499 | 4585 |
| | 占比 | 2.78 | 2.70 | 2.82 |

续表

| 年份 | | 2016 | 2017 | 2018 |
|---|---|---|---|---|
| 科学研究、技术服务和地质勘查业 | 人数 | 2406 | 2300 | 1868 |
| | 占比 | 1.46 | 1.38 | 1.15 |
| 文化、体育和娱乐业 | 人数 | 2010 | 2078 | 1780 |
| | 占比 | 1.22 | 1.25 | 1.09 |
| 教育 | 人数 | 39338 | 40118 | 39611 |
| | 占比 | 23.95 | 24.10 | 24.37 |
| 卫生和社会工作* | 人数 | 18167 | 18828 | 18824 |
| | 占比 | 11.06 | 11.31 | 11.58 |
| 水利、环境和公共设施管理业 | 人数 | 2654 | 2732 | 2650 |
| | 占比 | 1.62 | 1.64 | 1.63 |
| 公共管理、社会保障和社会组织* | 人数 | 37639 | 39441 | 43187 |
| | 占比 | 22.91 | 23.70 | 26.57 |

注：*全社会从业人员包括了城镇非私营单位从业人员数、城镇私营企业和个体从业人员数、乡村劳动力数；因后两个组别未按行业分类统计数据，故此处仅以城镇非私营单位从业人员数说明。

## （四）服务业发展潜力有待挖掘

服务业固定资产投资低速增长，减弱了投资拉动作用，在一定程度上影响了全市服务业的快速发展和整个经济增长的后劲。2016~2019 年服务业固定资产投资增速缓慢（见表 4-27），四年平均增速为 2.8%，2019 年甚至出现了负增长；分行业来看，2019 年金融业，居民服务、修理和其他服务业的固定资产投资比重大幅下滑，批发和零售业、租赁和商务服务业增长明显。2020 年 1~9 月经济运行复苏，需求动力逐步回暖，服务业固定资产投资同比增长 1%，增幅比上半年提高 1.0 个百分点。房地产投资和本年新开工项目投资增长较快，分别增长 15.9% 和 28.5%，拉动全市固定资产增长 7.6 个百分点。

表 4-27　2016~2019 年服务业分行业固定资产投资（不含农户）增长速度

| 行业 \ 年份 | 2016 | 2017 | 2018 | 2019 |
|---|---|---|---|---|
| 总计 | 3.8 | 0.5 | 10.4 | -3.4 |
| 批发和零售业 | -6.2 | -18.2 | 13.1 | 222.9 |

续表

| 年份 行业 | 2016 | 2017 | 2018 | 2019 |
|---|---|---|---|---|
| 交通运输、仓储和邮政业 | −10.4 | −18 | −81 | −8.1 |
| 住宿和餐饮业 | −41.2 | 30.2 | 0.5 | 53.5 |
| 信息传输、软件和信息技术服务业 | 315.1 | −0.5 | 38.5 | −2.2 |
| 金融业 | −10.8 | 48.7 | −33.5 | −63.9 |
| 房地产业 | −30.6 | 20.5 | −0.1 | 7.8 |
| 租赁和商务服务业 | −11.3 | −82.3 | 5.5 | 702.2 |
| 科学研究和技术服务业 | 3 | 15.8 | 33.1 | 86.4 |
| 水利、环境和公共设施管理业 | 56.3 | −0.6 | 79.4 | −16 |
| 居民服务、修理和其他服务业 | −65.8 | 809.7 | 18.8 | −78.1 |
| 教育 | −8.2 | 14 | 21.9 | −13.1 |
| 卫生和社会工作 | −27.5 | 68.1 | 25 | 21 |
| 文化、体育和娱乐业 | 97.5 | −42.2 | 45.5 | −19.8 |
| 公共管理、社会保障和社会组织 | −45.5 | 33.8 | 53.7 | 88.4 |

　　现代服务业对外开放程度不足，制约了知识技术密集型的服务业发展的活力和潜力。全市服务业利用外资总体规模偏小，2016~2019 年服务业实际利用外商直接投资与第二产业中的制造业相比，占制造业的比重分别为 21.85%、20%、6.1%、41.1%。分行业来看，如表 4-28 所示，2016~2019 年大部分外资都集中在交通运输、仓储和邮政业，批发和零售业，租赁和商务服务业等行业，而科学研究、技术服务和地质勘查业，信息传输、软件和信息技术服务业等具有高知识技术含量、高附加值的行业实际利用外商投资极低甚至为零，未能起到有效引导新兴服务业的发展和壮大作用，也不利于服务业转型升级。

表 4-28　2016~2019 年宁德市服务业主要行业实际利用外资金额

单元：万美元

| 年份 行业 | 2016 | 2017 | 2018[*] | 2019[*] |
|---|---|---|---|---|
| 交通运输、仓储和邮政业 | 3060 | | | |
| 批发和零售业 | 930 | 144 | | |
| 住宿和餐饮业 | | 26 | | 1515 |

续表

| 年份<br>行业 | 2016 | 2017 | 2018* | 2019* |
|---|---|---|---|---|
| 租赁和商务服务业 | | | 633 | 1235 |
| 房地产业 | 69 | 253 | | 828 |
| 科学研究、技术服务和地质勘查业 | | 3 | | |
| 水利、环境和公共设施管理业 | | 692 | | |

注：*2018~2019 年计量单位为元（人民币）。

# 三、宁德市现代服务业的发展趋势

当前，随着现代服务业在经济中发挥的作用日益增大，宁德市应积极发展现代服务业，在补齐与强化教育、医疗、养老等社会民生服务业"短板"的同时，带动整个经济结构优化升级，未来将形成以现代服务业为主导的产业体系。

## （一）现代服务业的数字化发展

互联网的快速发展叠加 2020 年新冠肺炎疫情的冲击，加速了数字经济的发展，宁德市以互联网、信息技术为主的高技术服务业、科技服务业和新兴服务业逆势增长。以数字技术为依托，新一代信息技术开始广泛且深度地参与服务业，智慧养老服务、互联网医疗健康、智慧旅游等领域快速发展，成为拉动服务业增长的新动能；而互联网改变了服务业的产业链环节和商业模式，智慧物流、金融、信息技术等开始成为服务。现代服务业未来发展的模式将不断创新，呈现更加多元化的业态，从规模扩张迈向高质量发展。

## （二）现代服务业与先进制造业的融合发展

2019 年 11 月 10 日，国家发改委等 15 部门联合印发《关于推动先进制造业和现代服务业深度融合发展的实施意见》，明确提出先进制造业和现代服务业"两业融合"的概念，推动了产业融合进程。

宁德市已培育形成锂电新能源、新能源汽车、不锈钢新材料、铜材料等关联度高且协同性强的主导产业集群，应大力推动一批现代物流、互联网、电子商务、金融保险、文化旅游等服务业"补短板"项目，为服务四大主导产业提供有力的支撑。一是拓展供应链协同、运营管理、仓储物流、售后服务等增值服务，大力发展智能化解决方案服务，加快人工智能、5G 等新一代信息技术在制造业与服务业的应用，促进主导产业由单一的"制造"向"制造+服务"转化，实现两业融合发展。二是引导研发设计企业与主导产业的制造业企业进行嵌入式合作，促进工业设计向高端综合设计服务转型。三是有条件的主导产业如新能源汽车企业或园区，可开发集生产展示、教育科普等于一体的旅游产品。

# 四、宁德市现代服务业发展重点领域及空间布局

宁德市现代服务业正朝着多元化、高端型、创新型的模式发展，而新冠疫情下数字经济的蓬勃兴起也为现代服务业转型升级注入了新动力。依据福建省、宁德市促进现代服务业发展行动计划，按照"做大物流、做强旅游、做活商贸"的要求，积极探索与培育新产业、新业态、新技术、新模式，加快现代服务业发展提速、比重提高。

## （一）重点领域

（1）旅游业。全力打造"清新福建、绿色宁德"品牌①，建立服务质量标准化体系，发展特色旅游、体验旅游、精品旅游。一是统筹整合各种资源要素，提升宁德特色文化的影响力，积极推广屏南"古村落+文创"、福鼎"白茶+文化"、霞浦"摄影+民宿"、福安"数字+文创"等新模式，发展富有宁德特色的旅游产业；依托山、海、渔业资源，促进"旅游+海洋"跨界融合，深入挖掘特色文化内涵，做大休闲度假产业，培育渔家体验、山海观光、水上运动、滨海休闲、海湾度假、非遗科普等旅游产品，以环沙埕湾为典型打造海湾特色旅游，延伸旅游产业链。二是推动旅游景区转型升级。按照景区提升标准体系，优化旅游产品结构，推动太姥山、白水洋·鸳鸯溪、鲤鱼溪·九龙漈、白云山等4A级以上景区创新提升，引导重点景区向综合型旅游景区转型。以国家5A级、4A级景区为龙头，整合区域旅游资源，推动宁德世界地质公园扩园提质，支持屏南创建国家全域旅游示范区。三是以全市地域范围内的工业展示区、工业园区为载体，主要采取工业遗产、文化创意、观光工厂、工业博物馆、研学科普等模式，加快发展工业旅游新业态，充分挖掘工业文化旅游潜力，创建一批市级工业旅游示范基地。②

（2）现代物流业。落实2020年7月出台的《宁德市进一步促进现代物流业发展的九条措施》文件政策，同时立足宁德千亿产业集群，充分考虑主导产业发展、货物运输量、物流用地优惠等因素，统筹规划、合理划分物流园区功能布局，全

---

① 资料来源：《宁德市人民政府办公室关于印发宁德市全力打造"清新福建、绿色宁德"品牌实施方案的通知》（宁政办〔2019〕75号文），2019年8月18日。

② 资料来源：《关于创建宁德市市级工业旅游示范基地实施细则（2020年）》。

面打造现代物流生态系统，提升现代物流的网络化、数字化、智能化水平。加快推动宁德市水陆联运中心、宁德国际物流中心（B型保税物流中心项目）、电商配送中心、台水集散中心保税仓、冷链物流交易中心等现代物流园区项目建设，为产业提供更好的物流服务。加强引导智慧物流企业与电商企业的业务联动，规划建设农副产品、副食品、电商快递等专业仓储物流园区，推广智能仓储，培育便捷配送新业态，打造覆盖城乡的智能网联与智慧物流。推进网络货运平台建设，整合货运资源，降低物流成本，实现线上线下深度融合，创新物流服务模式。①

（3）商贸流通业。加大限上贸易企业培育，鼓励批发、零售、住宿、餐饮等行业具有一定规模的城乡个体工商户转型升级为商贸企业。引导更多龙头企业实施主辅分离，开展供应链采购或集中销售成立商贸企业。政策支持与引进"世界500强"中的服务业企业、"中国服务业500强"和知名商贸企业来宁设立商贸企业或区域总部、区域结算中心。②

依托中心城市商圈发展的优势，推动城市商业综合体发展，适应网上零售新兴业态的市场变化，开设电商品牌体验店，发挥实体店和物流的双重优势，发展网订店取、网订店送、线下体验、线上下单、在线支付等模式，实现线上线下融合发展；开展智慧商圈建设试点，探索"无人售货商店"应用。

支持与规划建设夜间经济集聚区与特色商圈，在有条件的步行街、大型商场、人流量密集的景区、公园周边等地进行夜经济各业态的规划布局。依托城市特色文化优势，打造独具风格的民俗风情街、当地特色小吃街、茶文化街、特色酒文化街、东南亚侨文化商业街区等。

（4）金融服务。增强金融服务供给。推进宁德国家普惠金融改革试验区建设，构建"一中心、五平台"普惠金融体系，在已设立市级普惠金融服务中心基础上，实现普惠金融服务中心县域全覆盖，设立乡镇普惠金融服务站点，打通金融服务"最后一公里"；加快建设覆盖全域的信用信息体系和政府担保服务体系，规划建设综合信用信息平台、担保增信平台、地方产业扶持平台、金融产品创新平台、普惠金融保障平台5个综合性功能平台，实现公共数据、政府信息资源整合，③创新服务模式。

主动融入金融服务乡村振兴的工作，建设"线上行+垄上行"金融服务队，

---

① 资料来源：《宁德市发展和改革委员会关于印发宁德市数字经济招商工作指导意见的通知》（宁发改数字〔2019〕1号文）2019年4月8日。

② 资料来源：《宁德市人民政府办公室关于宁德市促进商贸业提质增效六条措施的通知》2020年6月29日。

③ 宁德：普惠金融改革迈大步〔EB/OL〕. https：//www.sohu.com/a/408776388_162758，2020-07-21.

推广"线上+线下"基础服务，进一步提升农村基础金融服务普惠金融服务的广度、深度和密度；加大信贷投放，向"三农"、脱贫攻坚等薄弱领域提供融资支持，优先支持"8+1"特色产业。

加大普惠型小微企业、民营企业的金融支持力度。加强银政合作，依托大数据技术，改革创新线上普惠金融产品，丰富中长期贷款品种，优化担保方式，降低融资成本，满足小微企业、民营企业的多元化融资需求。

支持应用"股权+债权""专项债+PPP"等融资新模式，推进基础设施和公共服务领域项目建设。

（5）电子商务。深化推进农村电商示范县建设，打造农村电商升级版，积极引导传统优势产业与电商产业互动融合，发展线上线下结合的专业市场，支持电商与快递物流协同发展，打造优势产业电商营销平台，推进传统农业大县向现代电商强县转型。持续推动做大做强知名品牌农特产品电商，如柘荣太子参、古田银耳、福鼎白茶、坦洋工夫、福鼎槟榔芋、天山绿茶、霞浦海带等。山区县充分利用好农业资源，大力发展农业电商；沿海县大力发展海产品电商优势。

依托丰富的农海产品资源和地标性特产大黄鱼，运用阿里巴巴国际站的跨境电商平台，拓宽线上销售渠道，拓展全球市场，构建宁德海产品产业带。

支持智能零售系统等新零售、新业态发展，持续探索"电商+扶贫""直播+电商""电商+产业"等模式，鼓励电商规模发展。

（6）信息服务。主动融入国家数字经济创新发展试验区建设，积极推进云计算、大数据、物联网、人工智能等新兴产业布局。持续推进产业信息化进程，促进互联网、云计算、大数据在企业研发设计、生产制造、经营管理、销售服务等全流程和全产业链的综合集成应用，推动企业从生产型制造向服务型制造转变。围绕大数据、物联网、人工智能、区块链、虚拟现实等数字经济产业方向，对接国内知名软件信息服务业企业和专业化公司，积极引进行业龙头企业及关键技术应用项目，打造软件和信息服务特色产业园区，拓展软件和信息产业发展空间。

积极推动5G技术与工业互联网、人工智能以及各垂直行业的融合创新，加快行业应用探索，为物联网应用等奠定网络基础，构建产业深度融合的生态圈。围绕城市治理模式创新，打造新型智慧城市平台，加快"互联网+政务服务"建设，扩大"i宁德"城市公共服务平台功能，建成投用"数字城管"平台，有效整合、共建共享城市政务数据，促进城市大数据与智慧城市协同发展。

（7）文化创意。强化本地品牌建设，加快自主知识产权、传承民族传统文化和技艺创新发展，发展文化创意产业。积极发展特色文化产业，加快推进文化创意产业园、文化主题公园、工艺博览城、茶文化城、闽东畲族生态文化保护区等项目建设；结合乡村振兴战略，推广以屏南县"文创"村、古田"文创"基地为代表的文化创意产业精准扶贫的经验，大力扶持畲族银器、木雕根雕、柘荣剪纸、霞浦盆景、古田双坑油画、蕉城仿古家具、寿宁乌金陶艺、福安水密隔舱福船、福鼎白茶等特色文化产业做大做强，形成一批特色工艺产品，形成具有宁德特色的文化创意产业精准扶贫模式。

（8）科技服务。聚焦研发设计服务、科技成果转化服务、创业孵化等科技服务业的重点领域，培育一批具有较大规模的科技服务龙头企业，形成辐射带动作用；积极推动省能源器件科学与技术创新实验室、宁德时代电化学储能国家工程研究中心高标准建设，充分发挥青拓集团省不锈钢创新中心、广生堂省肝病药物工程研究中心等创新平台作用；壮大现有创新平台和科技服务机构，发展科技服务新业态，推动科技创新面向产业集群开展跨界融合，加快科技成果转化；鼓励创建省重点实验室，培育建设创新创业示范中心、院士专家工作站、科技企业孵化器、大学生创业园、众创空间等各类创新平台。

（二）空间布局

主动融入全省"六大湾区"建设布局和闽东北协同发展区建设，聚焦"开发三都澳、建设新宁德"战略核心，宁德市中心城区构建"一城四区"的空间结构，发展环三都澳湾区经济构筑"一核两带三湾区"的空间发展格局，优化"沿海先行山区延伸多点衔接"产业发展布局。

（1）一城四区。一城即宁德中心城区，由主城区、白马城区、海西宁德工业区和三都岛群区四大城区组成。主城区集聚发展商贸金融、商务会展、文化教育、旅游配套服务、港口物流等生产与生活性服务业，同时北部漳湾临港工业区大力发展现代物流、高新技术、文化创意等服务业；白马城区发展城市生活类服务业；海西宁德工业区发展临港物流业；三都岛群区发展科技文化、商务会议、休闲度假等高端服务业。

（2）一核两带三湾区。以现代服务业创新发展为突破口，将环三都澳大湾区作为现代服务业的核心承载区，着眼三都澳、福宁湾、沙埕湾"三湾联动"，实现"沿海与山区联动发展"。[①] 以三都澳区域为核心，构建由干线铁路、高速公路和部分国省道组成的三都澳—福鼎—长三角通道、三都澳—蕉城—珠三角通道、三都澳—海上丝绸之路通道等6条便捷联系周边及内陆地区的"一核六放射"的综合交通运输通道布局，延伸带动霞浦、福鼎，形成城镇和产业高度集聚、海洋经

---

① 汇聚强大合力推动湾区发展——市政协为环三都澳大湾区经济发展献计献策［EB/OL］. http://www.ndwww.cn/xw/ndxw/2020/0203/149198.shtml.

济特色鲜明的沿海发展带，辐射古田、屏南、周宁、寿宁、柘荣，形成湾区向内陆延伸的山海联动发展带。

（3）沿海先行山区延伸多点衔接。宁德市以蕉城、福安、福鼎、霞浦、东侨为核心，以古田、周宁、屏南、寿宁、柘荣为延伸，以各类大型产业集群为多点集聚，从总体上构筑"沿海先行山区延伸多点衔接"的产业发展布局。

"沿海"即蕉城、福安、福鼎、霞浦、东侨经济技术开发区。重点布局"智能制造与自动化""海洋数字经济"两大主导产业发展体系，打造闽东北地区的中央科技区，集聚发展前端高端研发要素，成为宁德市支柱产业转型升级和高新产业导入的智库中枢和技术输出基地；打造闽东北地区的中央服务区，提供以"科技成果产业转化"为核心的全周期服务；打造闽东北地区的中央协同区，与周边产业平台形成产业链条的互补，实现协同创新发展。

"山区"即古田、周宁、屏南、寿宁、柘荣。依托山区县市良好的生态资源优势，重点发展特色旅游、电子商务、现代物流等项目，发展现代物流、旅游服务等数字化经济，培育一批"互联网+电商""互联网+旅游"新模式，促进产业集聚发展和创新发展。

"多点"即青拓、上汽、时代新能源、中铝铜冶炼等龙头企业。依托落户宁德的大型制造型产业龙头企业，着力引进"互联网+智能自动化"企业，突出延伸产业链、提升价值链、强化创新链，加快新一代信息技术服务与先进制造业深度融合。

# 五、促进宁德市现代服务业健康发展的政策建议

## （一）强化政策支持引导

认真落实福建省和宁德市政府扶持现代服务业发展的一系列政策，围绕"一带一路"、闽东北协同发展区、环三都澳湾区建设，优化现代服务业集聚发展的环境，加快现有省级现代服务业集聚示范区的提档升级，创建跨境电商综合试验区，促进现代服务业的集聚发展；结合主导产业特点和服务资源的优势，着力培育特色化的产品和服务，形成行业优势，促进宁德市现代服务业全面发展；支持符合行业发展趋势、代表市场发展方向的优势现代服务业企业加快发展，不断增强现代服务业企业的综合竞争力。

设立现代服务业产业发展扶持资金，支持金融、现代物流、电子商务、旅游、商务服务、文化创意等重点领域和项目建设，培育发展新兴服务业，促进产业转型升级。合理安排财政预算资金，采取贷款贴息、投资补助、财政奖励等多种方式，重点支持信息传输、软件和信息技术服务业、科学研究等关键领域、薄弱环

节的发展，提高自主创新能力。同时，要鼓励支持和引导社会资金投入现代服务业关键领域和薄弱环节，增强现代服务业发展的后劲。

要继续加大现代服务业的税费优惠与金融支持，通过减免相关企业税费、捐赠支出税前扣除等税收手段，重点缓解生活类服务业中小微企业现金流压力；商贸流通、现代物流、文化旅游等行业，以及有发展前景但受疫情影响暂遇困难的中小微企业，给予展期、续贷或降免息等金融帮扶，支持中小微企业融资纾困。

## （二）推动现代服务业与主导产业的融合发展

立足锂电新能源、新能源汽车、不锈钢新材料、铜材料四大主导产业集群，积极推动现代服务业与主导产业的深度融合，促成现代服务业与先进制造业"双轮驱动"的发展格局。大力发展与主导产业关联度高、与产业链协调性强的生产性服务业，如研发设计、软件和信息技术服务业，形成生产和研发上的竞争合作关系，构建产业共生、资源共享的生态系统，推动物联网、大数据、云计算、人工智能实现跨界融合，建设面向产业集群的智能制造与服务型平台，提升服务业的数字化、信息化、智能化水平。此外，推进生活性服务业融合发展，因地制宜、积极发展"文化+生活性服务业""互联网+生活性服务业"的新业态、新模式，加强智慧医疗、虚拟养老等产业链的建设；重点培育商贸、旅游、物流、文化创意等生活性服务业内具有引领示范作用的企业，打造行业龙头，鼓励龙头企业建立服务平台。

## （三）深化宁台现代服务业交流合作

宁德作为福建东北翼新兴的港口城市，与台湾一水相连，区位优势凸显，两地经贸文化交流密切，应依托环三都澳湾区的综合开发开放，以海峡论坛·陈靖姑文化（旅游）节作为重点交流项目，充分挖掘宁台两地在产业结构、资源禀赋上的互补优势和发展潜力，加大对台现代服务业的开放力度。宁德市已相继出台了《关于进一步深化宁台经济文化交流合作的若干措施》（以下简称"惠台56条"）、《关于实施"三都澳人才计划"的意见》的政策文件，为两地经济社会文化融合发展提供了更广阔的空间。围绕现代服务业的发展路径和目标，要运用好利好政策，大力推动科技服务、电子商务、现代物流、文化创意、养老服务、旅游等现代服务业领域的宁台合作，实现互惠共赢。

## （四）加强人才队伍建设

抓住培养、吸引和用好人才三个环节：一是推动现代服务业重点企业与院校合作，在现代物流、商贸服务、旅游、电子商务、文化创意等领域，建设一批现代服务业人才培养基地，培养一批适应宁德市经济发展需求的创新型人才。二是围绕研发设计、科技服务、软件、电子商务等服务领域，大力引进一批智能制造、绿色制造、服务型制造、工业互联网、制造业标准化建设等工业转型升级相关领域的创业创新人才（团队）。三是制定更加积极、更加开放的人才政策，完善人才激励机制，鼓励各县区制定现代服务业人才发展专项规划和现代服务业人才需求目录，落实好"天湖人才"、专技人才、紧缺急需人才等相关政策，推进"互联网+人才公共服务"平台建设，为现代服务业人才提供职称评定、项目申报、公共信息等"一揽子"服务，打造产业人才高地。

### （五）降低市场准入门槛

优化服务业发展的制度环境，多措并举推动服务业市场准入门槛进一步放宽，破除市场准入的隐性壁垒，降低企业制度性交易成本，落实外商投资准入负面清单，激发外商投资，推进服务业开放；允许和鼓励个体、私营、外资等非国有经济进入服务业，促进服务企业数量和规模的增大，形成多元经济主体参与的充分竞争格局，提升服务效能。

# 第十节 平潭综合实验区现代服务业发展研究报告

## 一、平潭综合实验区现代服务业的发展现状

平潭综合实验区的服务业依托海洋能源、港口岸线以及滨海旅游等资源，以港口物流、海岛生态旅游为代表的现代服务业成为平潭经济发展的有力增长点。

### （一）总体概况

1. 服务业发展速度较快

2016~2019 年，平潭综合实验区第三产业的发展速度均远远超过了本地区的 GDP 增长速度。尤其是 2019 年，平潭综合实验区全年实现生产总值 282.85 亿元，按可比价格计算，比上年增长 8.1%。[①] 其中，第一产业增加值 35.90 亿元，同比增长 2.2%；第二产业增加值 80.64 亿元，同比下降 2.5%；第三产业增加值 166.31 亿元，同比增长 15.3%。具体见表 4-29。

---

① 资料来源：本节数据如未特别说明，均来源于福州市统计局、《福州市统计年鉴 2020》、2016~2019 年《平潭综合实验区国民经济和社会发展统计公报》。

表4-29　2016～2019年平潭综合实验区服务业生产总值及增速

单位：万元，%

| 年份 | 2016 | | 2017 | | 2018 | | 2019 | |
|------|------|------|------|------|------|------|------|------|
| | 总值 | 增速 | 总值 | 增速 | 总值 | 增速 | 总值 | 增速 |
| 地区总值 | 206.10 | 6.2 | 230.83 | 7.2 | 254.28 | 8.7 | 282.85 | 8.1 |
| 服务业 | 110.06 | 13.6 | 128.44 | 12.4 | 147.88 | 13.1 | 166.31 | 15.3 |

资料来源：2016～2019年《平潭综合实验区国民经济和社会发展统计公报》。

## 2. 服务业占比不断提高

2016～2019年，平潭综合实验区服务业占GDP的比重不断提高。三次产业结构由2016年的17.6∶29.0∶53.4调整为2019年的12.7∶28.5∶58.8。具体见表4-30。

表4-30　2016～2019年平潭综合实验区三次产业增加值占地区生产总值比重

单位：%

| 年份 | 2016 | 2017 | 2018 | 2019 |
|------|------|------|------|------|
| 第一产业 | 17.6 | 16.1 | 13.6 | 12.7 |
| 第二产业 | 29.0 | 28.3 | 28.3 | 28.5 |
| 第三产业 | 53.4 | 55.6 | 58.1 | 58.8 |

资料来源：2016～2019年《平潭综合实验区国民经济和社会发展统计公报》。

## 3. 服务业对经济增长贡献较大

从2016～2019年三次产业对经济增长贡献率及拉动情况看，平潭综合实验区服务业表现亮眼。其中，2019年第一产业贡献率为4.3%，拉动GDP增长0.3个百分点；第二产业贡献率为负8.6%，拉低GDP 0.7个百分点；第三产业贡献率为104.3%，拉动GDP增长8.5个百分点。具体见表4-31。

表4-31　2016～2019年平潭综合实验区服务业对GDP的贡献率及拉动情况

单位：%

| 年份 | 2016 | 2017 | 2018 | 2019 |
|------|------|------|------|------|
| 贡献率 | 110.9 | 92.8 | 86 | 104.3 |
| 拉动GDP增长 | 6.8 | 6.7 | 7.5 | 8.5 |

资料来源：2016～2019年《平潭综合实验区国民经济和社会发展统计公报》。

4. 服务业的载体建设日益完善

经过多年的建设，平潭综合实验区促进服务业发展的载体建设得到持续完善。平潭的道路、电网、绿化、污水处理等基础设施日益完善，投资环境和城市面貌得到极大改观。

具体来说，平潭金井口岸顺利通过国家验收，进出岛的第二通道——平潭海峡公铁大桥实现合拢，高铁中心站综合交通枢纽及高铁中心站站前城市综合体建设稳步推进；福州平潭快速铁路建成后，平潭与福州市区形成"半小时生活圈"；国家高速公路网京台线长乐松下至平潭段工程、平潭海峡二桥二线通道已竣工；建成东环路、东大路等20条市政道路；打通西航东路（金井大道—万景路）、东碑路（澳前西路—澳前中路）、中湖路、康德路、西航东路（金井大道—康湖路）等"断头路"；获批"四好农村路"全省示范县；畅通市政管网建设，新建、改造各类城区老旧供水管网、污水管网共67公里；推进竹屿湖景观改造提升工程、平潭大礤下排洪渠周边景观提升改造工程等建设，园林城市格局不断完善。

总之，平潭新兴城市构架初步完成，旅游商贸休闲区、港口经贸区、中心商务区、高新技术产业区和科技文教区初具雏形。

## （二）分行业状况

1. 现代物流

2016年平潭全区各种运输方式完成交通货运量为1245万吨，货运周转量仅为202.23亿吨公里；客运量2601万人，旅客周转量4.85亿人公里。到了2019年，交通运输、仓储和邮政业实现增加值45.01亿元，比上年增长25.9%。平潭全区各种运输方式完成交通货运量3889.44万吨，同比增长45.4%，货运周转量630.64亿吨公里，同比增长45.9%；客运量778.34万人，下降4.2%，旅客周转量4.28亿人公里，同比增长2.2%。具体见表4-32。

表4-32　2019年平潭交通运输情况

| 指标 | 绝对数 | 比上年增长（%） |
|---|---|---|
| 货运量（万吨） | 3889.44 | 45.4 |
| 水路（万吨） | 3689.16 | 48.0 |
| 公路（万吨） | 200.28 | 10.1 |
| 货物周转量（亿吨公里） | 630.64 | 45.9 |
| 客运量（万人） | 778.34 | −4.2 |
| 水路（万人） | 18.99 | −71.1 |

续表

| 指标 | 绝对数 | 比上年增长（%） |
|---|---|---|
| 公路（万人） | 759.35 | 1.7 |
| 旅客周转量（亿人公里） | 4.28 | 2.2 |

资料来源：《平潭综合实验区国民经济和社会发展统计公报 2019》。

车辆保有量方面。年末全区各种机动车保有量 60827 辆，其中汽车保有量 47362 辆、摩托车保有量 13436 辆、挂车保有量 29 辆。按用途分：客运车保有量 43095 辆、货运车保有量 4189 辆。

对台三通往来方面。海上直航货运量 22.67 万吨，下降 51.7%；集装箱运量 40525 标箱，同比增长 49.0%。赴台旅游 95295 人次，增长 25.0%（其中，个人游 51208 人次，增长 15.5%；团组游 44087 人次，增长 38.2%），外省居民经平潭口岸赴台湾本岛旅游的团组 40 个，下降 60.0%，共 1633 人次，下降 120.1%；经平潭口岸出入境台胞总数达 120670 人次，同比增长 32.1%，其中出境 58802 人次，同比增长 32.2%；入境 61868 人次，同比增长 32.1%。

全年完成邮电业务总量 30.45 亿元，同比增长 71.2%。其中，邮政业务总量 1.35 亿元，下降 13.4%；电信业务总量 29.10 亿元，增长 79.4%。邮政业全年完成邮政函件业务 6.58 万件，包裹业务 3939 件，快递业务量为 2098 万件。年末固定及移动电话用户 46.47 万户，同比增长 2.9%。其中，固定电话用户 5.98 万户，下降 2.4%；移动用户达 40.49 万户，增长 3.7%。（固定）互联网宽带接入用户 17 万户，同比增长 15.1%。移动互联网用户 35.63 万户，同比增长 1.2%。其中，4G 用户达 31.81 万户，同比增长 7.0%。

2. 金融服务

平潭片区着力推进两岸金融合作先行先试，提升两岸金融产业的对接水平，进一步扩大跨境双向人民币资金池、资本金意愿结汇、借用外债业务规模，在人民币资本项目可兑换、人民币跨境使用和外汇管理等领域改革创新。2016 年，全区共有商业银行 15 家（法人机构 2 家），银行业金融机构网点 56 个，自助银行 72 个，社区银行 3 家，实验区银行网点遍布辖区各个乡镇，在农村设有 18 个营业网点，在边远小岛设有离行式网点 2 个，布设助农取款点 261 个。到了 2019 年末，全区共有商业银行 17 家（法人机构 3 家），银行业金融机构网点 61 个，同比增长 3.4%，自助银行 86 个。

2019 年，全区金融机构本外币存款余额 483.72 亿元，增长 7.8%，同比提升 2.7 个百分点；金融机构本外币贷款余额 527.63 亿元，增长 29.1%，同比提升

4.1个百分点。具体见表4-33。2019年，全区证券机构共5家，其中3家在实验区开设营业网点，2家在上海经营。2019年末，全区证券机构资产总额28.63亿元，增长20.3%。营业收入5.62亿元，净利润1.46亿元，下降16.6%。2019年，全区保险机构共17家，其中产险机构9家、寿险机构8家。2019年，全区保险机构实现保费收入11.69亿元，同比增长9.1%，赔付给付2.74亿元，同比增长24.1%。其中寿险保费收入9.28亿元，全年给付1.27亿元；产险保费收入2.41亿元，全年赔付1.47亿元。

表4-33　2019年平潭金融机构本外币存贷款情况

| 指标 | 年末数（亿元） | 比上年增长（%） |
|---|---|---|
| 金融机构本外币存款余额 | 483.72 | 7.8 |
| 其中：非金融企业存款 | 132.68 | −28.0 |
| 住户存款 | 237.77 | 57.9 |
| 其中：人民币存款余额 | 481.79 | 8.6 |
| 金融机构本外币贷款余额 | 527.63 | 29.1 |
| 其中：人民币贷款余额 | 525.63 | 28.8 |

资料来源：《平潭综合实验区国民经济和社会发展统计公报2019》。

### 3. 旅游服务

平潭位于国家重点建设的海峡西岸经济区，是福建省第一大、全国第五大岛，拥有丰富的海洋旅游资源，是我国海洋旅游业发展的重点区域。近年来，平潭旅游开发瞄准"国际旅游岛"，以高定位、高标准、高口标来全面打造旅游业。总体上看，平潭接待的旅游人数呈逐年稳步增长的趋势，而旅游要素保障类公共服务正处于逐步完善和提升的过程。

2019年，平潭全年接待国内外游客583.02万人次，同比增长20.4%。实现旅游总收入71.09亿元，同比增长25.3%，其中国内旅游人数578.21万人次，同比增长20.4%。实现国内旅游收入69.62亿元，同比增长24.9%。接待外国游客4.81万人次，同比增长17.5%，其中台湾同胞3.27万人次，同比增长10.2%。旅游外汇收入2127.17万美元，同比增长42.9%。具体见表4-34。

表 4-34　旅游经济主要指标

| 指标 | | 2019 年 | 比上年增长（%） |
|---|---|---|---|
| 旅游总人数（万人次） | | 583.02 | 20.4 |
| 旅游总收入（亿元） | | 71.09 | 25.3 |
| 国内旅游人数 | 合计（万人次） | 578.21 | 20.4 |
| | 省外游客（万人次） | 99.06 | 25.9 |
| | 省内过夜游客（万人次） | 134.27 | 21.3 |
| | 一日游游客（万人次） | 344.89 | 18.6 |
| 国内旅游收入（亿元） | | 69.62 | 24.9 |
| 入境旅游人数（万人次） | | 4.81 | 17.5 |
| 台湾同胞（万人次） | | 3.27 | 10.2 |
| 旅游外汇收入（万美元） | | 2127.17 | 42.9 |

资料来源：《平潭综合实验区国民经济和社会发展统计公报 2019》。

石牌洋、仙人井、将军山、崎沙澳、远垮澳、田美澳、山岐澳（象鼻湾）等景区在集散广场、生态停车场、旅游厕所、观景游憩平台、智慧智能设备、标识标牌等配套设施方面得到提升，东美古村、北港文创村、磹水风韵古村、南岛语族文化村"乡村+旅游"、"文化+旅游"等模式初具规模，国际演艺中心项目、坛南湾游步道一期工程、海上环岛游、欢海水世界等项目有序推进。

4. 文化体育

2019 年，平潭文化系统共有国有艺术表演团体 1 个，公共图书馆 1 个，文化馆 1 个，非国有博物馆 1 个。文化系统各类艺术表演团体演出 500 场，本年度首演剧目 4 个，观众 6 万人次，其中，政府采购公益性演出 82 场，观众 1.2 万人次。各级公共图书馆组织各类讲座 29 次，书刊文献外借 25.19 万册，总流通人数 24.38 万人次；组织举办画展 20 次，参观人数 2200 人次。各级文化馆组织文艺活动 60 次，参加 3500 人次。免费开放培训 22 班，2500 人次。公益性讲座 20 次，参加人员 500 人。博物馆的基本陈列和临时展览共接待观众 279 批次，共计 8582 人次，其中对台文化交流共 85 批次，共计 2528 人次，政务接待 194 批次，共计 6054 人次；接待台湾地区学生 31 批，925 人，大陆学生 19 批，759 人。

2019 年，平潭全区运动员参加省青少年体育锦标赛共获得 1 金 2 银 7 铜，参加 2019 年全国级别比赛共获得 1 金 3 铜。为民办实事项目新建 2 个多功能运动场、2 个笼式足球场、1 个笼式篮球场、1 个门球场。以全民健身运动会为抓手，组织各项体育赛事活动 52 场，直接参与人数 2 万多人次。社会体育指导员人数 370 名。全年销售体育彩票 805 万元。

5. 养老服务

一方面，养老服务设施持续优化。2019 年，新建 20 家农村幸福院及 2 个居家社区养老服务照料中心，推动童心颐养中心一期工程项目建设；区福利中心开始试运营；新增 1 所民办养老机构；首家智慧化养老服务机构——平潭孝心养老服务共为 7000 多名老年人提供养老服务。全年新增养老床位 89 张，全区养老总床位数 2317 张，每千名老年人床位数达 34.1 张。

另一方面，社会保障基本面持续扩大。全区新增参保 2892 人，城乡居民保参保人数达 19.26 万人，5.5 万名城乡居民养老保障待遇从每人每月 150 元提高到 173 元，1.65 万名被征地农民养老保障金由每人每月 300 元提高到 462 元，552 名无力参保和高龄未参保职工老年生活保障金待遇由每月 570 元提高到 660 元，各项养老保障水平均居全省前列。

6. 科技服务

平潭科技创新步伐不断加快。7 家区级科技型中小企业分获 5 万元政府奖金补贴，下达 4 家科技公司共计 22.78 万元省级科技创新券补助，8 家省级高新技术企业各获得 20 万元奖补，8 家国家高新技术企业各获 100 万元奖补；宗仁科技（平潭）有限公司通过省级新型研发机构认定及省级科技计划项目立项；平潭台湾创业园科技企业育成中心获省科技计划项目补助金额 100 万元，纳仕达电子股份有限公司获省级科技小巨人领军企业补助资金 52.2 万元。积极培育高新技术企业，新推荐申报的 6 家企业顺利通过国家高新技术企业认定；新通途信息技术、瑞谦智能科技等 8 家企业顺利通过省级高新技术企业备案专家评审认定；瑞谦智能科技与迈康生物科技两家企业顺利通过省级高新技术企业抽查现场核实。

7. 电子信息

平潭的电子信息产业集中在电子信息制造和软件信息技术这两个方面。近年来，平潭依托电子信息制造业园区，积极推进金井湾片区电子信息产业的集成电路、新型显示的发展。2018 年，平潭新增电子信息产业企业 117 家，其中电子信息制造新增 7 家，软件与信息技术服务新增 110 家。同时，加大培育智慧产业力度，依托商务营运中心、高新技术产业园区等区域，落地电子信息产业的重点项目。目前，平潭电子信息业运行平稳，增幅攀升，发展良好。

## 二、平潭综合实验区现代服务业发展存在的突出问题及面临的挑战

平潭综合实验区现代服务业的发展取得了一定的成绩，但现代服务业未来进一步发展还面临着一些困难：平潭的现代服务业经济发展基础比较薄弱，要素保障相对不足，生态环境相对脆弱，公共服务水平有待提高。

### （一）经济发展基础比较薄弱

一方面，工业基础薄弱，城镇化水平相对较低。实验区成立前，平潭的主要产业为海水养殖业、远洋捕捞业、海洋运输业、船舶修造业和商贸旅游业等，人均 GDP、城镇化率均低于福建省平均水平。2019 年，平潭综合实验区人均地区生产总值 62619 元，而同年，福建省人均地区生产总值为 107139 元。按常住人口口径统计，2019 年末平潭全区常住人口 46 万人，城镇化率 51.5%，远低于 2019 年福建全省 66.5%的平均水平。

另一方面，产业支撑能力相对不足。首先，本土现代服务相关企业基础薄弱，以中小型企业为主，成立时间相对较短。由于缺乏领军型企业，严重影响了企业技术创新和管理能力的提升，业务稳定性欠缺，竞争力明显不足。其次，以信息技术、金融服务、综合商务服务等为代表的高端服务业发展不足，对平潭现代服务业及产业链的构建支持有限。最后，外资企业（含港澳台）及区外优势驻点企业比例偏高，驻点企业存在有利则来、无利则退的情况。例如，依托服务两岸的现代服务业集聚区和两岸服务外包合作示范区等平台和相关优惠政策的台资企业，在电子信息、电子商务、进出口贸易以及旅游服务等领域重点发力，对本土企业产生较大的挤压。

### （二）要素保障相对不足

#### 1. 土地资源总量有限

一方面，平潭综合实验区北靠长三角经济区，南近珠三角经济区，作为港口直接覆盖的纵深经济腹地面积狭窄，土地资源总量有限，较易被边缘化。另一方面，目前平潭综合实验区的经济体量偏低，在当前地区相关产业发展滞后的情况下，对土地等各类生产要素的吸附能力也就相对较弱。这在很大程度上束缚了平潭综合实验区现代服务业的发展。

#### 2. 高端人才资源总量匮乏

现代服务业的推进依靠的是人才的聚集，而人才聚集一方面靠的是人才的引

进，另一方面靠的是本土的培养。由于缺乏集聚人才的载体和平台以及宜居环境有待进一步改善，近几年平潭引进的高层次人才数量不多，重点产业发展急需的园区规划、港口贸易、现代物流、金融服务、旅游管理等专业人才短缺，高端领军人才更是匮乏。同时，目前平潭综合实验区本土高端人才培养的软硬条件薄弱，校企合作实际效果较差。平潭第一所高校——福建信息职业技术学院平潭校区的一期工程于2019年结束，校区才开始投入使用不久。而平潭大学闽台合作项目和平潭海洋大学都还在筹建中。符合平潭综合实验区现代服务业发展特点的校企联合培养脱节，合作也大多浮于表面。

因此，平潭的用工成本呈现两极分化的现象。中低端操作人员作为企业的用工主体，人工成本极低，目前暂无明显缺口；高端技术技能人才资源总量匮乏且流动性强，成本相对于省内其他地区总体上偏高，缺口大。

3. 资本、技术与信息等资源供给不足

一方面，投向平潭综合实验区的金融资本大部分是直接投资，以政府主导的大中型基建工程为主，企业主导的投入到生产运营中的中间产品和金融性资本，无论是直接投资还是间接投资，无论是总体体量还是所占比例，都偏低。另一方面，平潭现有的服务企业不论是实体形态、经验形态还是知识形态的技术和信息类要素都未形成体系，且在企业的实际运营中未见明显效益。

## （三）生态环境相对脆弱

平潭地处海岛，沿海风力较大，分布有流东、流西、燕下埔、长江澳、远中洋等风口。由于平潭特殊的地理位置，冬季会受到由东北季风带来的干冷强风影响，气温较低。平潭中部及东部基岩分布有裸岩山体，沙质海岸线前沿形成飞沙和流动沙丘，土壤贫瘠，盐碱度高，属于典型的生态脆弱地带。受此影响，平潭旅游季节性明显。在旅游淡季，宾馆、餐饮等旅游资源普遍闲置；而到了旅游旺季，景区、宾馆等旅游资源却又十分紧张。经济建设与环境保护的矛盾较为突出。

## （四）产业政策扶持和落实不到位

一方面，平潭综合实验区的现代服务业起步较晚，地方配套政策还没有与时俱进。不管是政策的产业覆盖面、企业品牌发展的针对性，还是奖励力度，都存在一定程度的滞后。另一方面，扶持政策在具体落实上也存在一定困难，公共服务水平较低。首先，平潭的现代服务企业大部分都是中小微企业，能达到扶持政策条件的企业数量相对较少。其次，平潭相关部门对于现代服务业未来发展前景的理解不够，重视度不够，主动服务意识不强。从平潭综合实验区地税局纳税人满意度分析报告中可以发现，平潭在落实税收优惠政策准确、到位方面的指标得分为固定低分项，2015 年为 87.22，2016 年为 89.1，2017 年为 92.36。部分税务人员对税收优惠政策的具体内容掌握不够充分。最后，现代服务业相关的创业产业园区定向招商的举措方法创新性不足，优惠政策宣传不够到位，招商举措的承诺存在无法兑现或推迟兑现的现象。

## 三、平潭综合实验区现代服务业的发展趋势

总体来看，平潭综合实验区具有诸多优势，其现代服务业的发展态势良好，发展空间广阔。

一是区位优势。单纯从地理位置考虑，平潭综合实验区紧邻港澳台，背靠海西经济区，距离福州 71 公里，厦门 200 公里，长乐机场 50 公里，和中国台湾地区的新竹市隔海相望，既是远东海上走廊的咽喉要道，也是贯通中国南北方之间的海上交通要道。平潭作为海上丝绸之路的桥头堡和中转枢纽，对外连接海上丝绸之路沿边、沿线国家及地区，对内连接海西及中西部地区，具备优质港口条件，依托福建省其他地区可以衔接珠三角和长三角经济区，拓展现代服务业的地理区位优势明显。

二是资源优势。自然资源方面，平潭拥有优质的海岸线和港湾，拥有海岛国家森林公园和海坛国家级风景名胜区，海蚀地貌景观遍及全区。文化资源方面，平潭特殊建筑、历史街区、南岛语族文化等独具特色。同时，平潭拥有金井作业区码头和澳前作业区码头，对台客货通道已基本形成，具有发展物流贸易产业和旅游文化的资源禀赋。人力资源方面，福建信息职业技术学院平潭校区的首批新生已于 2018 年 10 月正式入学，标志着平潭的高等教育事业实现了零的突破，未来将为平潭现代服务业的建设和发展提供人才保障和智力支持。

三是政策优势。作为实验区、自贸区和国际旅游岛多区叠加的平潭，在国家政策支持、项目立项及运作上具有明显的优势，主要政策包括跨境贸易电子商务试点、国际旅游岛等在内的政府项目及其配套政策，涉及规划编制、项目安排、政策实施以及体制创新方面的大力度支持政策，以及财政政策、金融政策、创新支持和其他保护性政策。2018 年 2 月，福建省委、省政府发布《关于进一步加快平潭开放开发的意见》，强调要继续举全省之力共同推进平潭开放开发取得新成效，要求实验区聚焦重点产业，优先发展旅游文化、物流贸易和总部经济。同时，平潭税收政策优惠明显。平潭综合实验区专有的电商、物流、新一代信息技术等领域实行 15% 的企业所得税优惠政策。在体制机制创新方面，平潭政府在运转和为民服务上已走在全省乃至全国前列。此外，平潭当地政府还重视科技创新，落

实科技特派员制度。引导科技人员到基层创业创新和科技服务，支持科技特派员在服务单位开展项目研究或进行实质性技术合作。

## 四、平潭综合实验区现代服务业发展的重点领域

平潭综合实验区应将相关产业进行梳理，立足现有产业态势，通过政策引导及支持，加快发展生产性及生活性服务业，促进现代服务业结构优化升级。

### （一）生产性服务业——以服务外包为代表

总体来看，平潭综合实验区服务外包业务相关产业呈零散分布态势，未形成集聚的产业体系，产业基础比较薄弱。因此，可以通过构建服务外包产业链及产业群，拓宽服务外包物业合作途径，推动平潭服务外包行业的发展。

1. 构建服务外包产业链及产业群

一方面，应促进主导产业向上下游延伸，完善产业链。区内服务外包企业要加大管理以及技术等方面的创新研发投入力度，推动企业从中低端向高附加值产业链延伸，整体性提升平潭服务外包业务及相关产业的核心优势和竞争力。摆脱之前企业依靠低成本和低人力的局限，以创新驱动相关企业的资源整合和转型升级。另一方面，应加快相关产业的集聚及配套产业发展，推动产业群的协调发展。目前平潭综合实验区政府推进的涉及服务外包产业的项目较多，各项目的对应配套优惠举措也不少，需要区内政府各职能部门进行有效的协调和沟通，有效整合资源，重点厘清各项目之间的阶段推进和合作关系，推动产业群的协调发展。

2. 拓宽服务外包业务合作途径

一方面，构建通道，为区域间的业务对接提供支持。平潭综合实验区通过对区内服务外包企业通道和中转点运营建设、业务拓展、配套服务等活动提供政策支持，加快培育服务外包核心功能相关产业，形成辐射省内外的战略格局。另一方面，业务对接，推动在岸和离岸两个市场协调发展。鼓励区内进出口企业与省内及内陆地区企业进行业务合作，集中发展区内服务外包相关的优势产业，积极培育在岸市场，辐射带动周边省市经济发展。此外，建立专项业务开拓资金，支持服务外包企业大力开拓跨境贸易，承接国际（离岸）服务外包业务。

### （二）生活性服务业——以旅游服务为代表

平潭要建设国际旅游岛和全域旅游示范区，需要对区域内的旅游资源、相关产业、生态环境、公共服务等进行全方位、系统化的优化提升。

1. 充分评估游客需求

海岛游客在旅游活动中需要一定的游乐活动与购物活动，因此有关旅游企业

可评估游客在此方面的需求，除打造滨海观光、两岸高端医疗养生、南岛语族文化等特色旅游产品外，还应规划、建设大型综合娱乐设施，投资民宿产业和推出文体娱乐活动。利用平潭的港口优势开拓闽台游轮旅游市场，设计环海峡邮轮旅游新产品、拓展环海峡邮轮旅游新领域。这对提升平潭国际旅游岛地位，弥补平潭旅游季节性明显的短板具有重要作用。另外，在这一过程中，应重点扶持具有旅游设施规划、建设和服务能力的本地公司。

2. 加强旅游公共服务建设

受海岛的资源限制和地理位置的影响，平潭旅游发展所需要的公共服务建设往往滞后，无法满足日益扩张的旅游需求。因此，政府相关部门应加大各方面投入，加强平潭旅游公共服务建设，尤其是旅游要素保障类，如食、住、行、游、购、娱等公共服务建设，以保障游客的基本需求。

# 五、促进平潭综合实验区现代服务业发展的政策建议

平潭综合实验区应发挥集聚效应，优先解决要素"短板"，保护生态环境，提高公共服务水平，从而推动现代服务业的发展。

## （一）发挥集聚效应

目前，平潭现代服务的相关优势产业主要集中在港务、物流及仓储等领域，其他产业呈零散分布。因此，应策划高端重点服务项目，加快高端服务业集聚。

1. 策划高端重点服务项目

平潭要充分发挥"多区叠加"等区位和政策优势，进一步融入国内、国际现代服务业产业链，推进一批具有平潭特色的高端项目和重点项目的引进、拓展，构建完整的现代服务业产业链。例如，在平潭的"一岛两标"（大陆标准和台湾地区标准同时在平潭岛内包容共存、互认互通）的基础上，借鉴新加坡营造一流营商环境的做法，构筑企业适宜生长的生态系统，就能不断吸引公司总部进驻。再如，平潭发展影视产业有其独特的资源和政策优势，可以尝试将其发展为两岸最大的影视基地和影视器材租赁地。此外，台湾在创意农业、健康养生方面积累了丰富经验，平潭可以引进台湾资源，拓展创意农业和健康养生方面的高端服务。

2. 加快高端服务业集聚

产业园区是高端服务业集聚发展的重要载体。平潭工业基础薄弱，人均 GDP 低，高端服务需求不足，靠自然性分工演化短期内无法集聚，必须由政府主导推动。尤其是重点项目必须由平潭实验区高层领导亲自推动，并作为样板予以扶持，以此带动相互关联的产业集聚产业园区。

根据《福建省"十三五"现代服务业发展专项规划》，平潭规划有港口经贸区、文化教育区和休闲旅游区等。在建设这些产业园区时，要根据市场发展需要精准招商引资。要加强与实力雄厚的大企业合作，引导支持市场主体规模壮大，推动大众创业、万众创新，构建以重点企业为主导、中小微企业协作发展的现代服务业企业集群。推动集聚发展，打造功能互补、错位协同、立体发展的现代服务业产业集群。

## （二）优先解决要素短板

通过政府主导、企业及社会力量参与的专项立项模式，提高平潭综合实验区对现代服务业发展所需的各类要素的吸附能力，优先解决要素短板问题。

### 1. 土地资源

首先，支持平潭综合实验区开展土地管理改革综合试点，积极探索土地管理改革新举措、新政策。其次，优先保证平潭综合实验区开发建设用地，其用地计划指标由福建省人民政府单列并予以倾斜。最后，允许平潭综合实验区按照国家规定合理开发利用海坛岛周边附属海岛及海域，对重大项目用海的围填海计划指标给予倾斜。

### 2. 人力资源

一方面，加大力度引进平潭急需的高端服务业人才，特别是领军人才和创新团队。领军人才和创新团队对重大项目的落地具有决定性的作用，重大项目落地对关联产业又具有很强的带动作用。具体来说，要立足于福建区域范围内的人才优势条件，建立跨区域的现代服务业人才交流平台，建立平潭现代服务业专家库，继续推进体制机制创新，完善高端人才引进机制，营造良好的生活和工作氛围，为平潭在现代服务领域的可持续发展提供人员保障。另一方面，利用平潭首所高校——福建信息职业技术学院作为平台，引进境内外优质教育资源。高端人才，短期靠引进，长期要靠自己培养。平潭综合实验区目前仍处于偏低端技术应用的中职人才培养阶段。所以，要通过本土培养的方式提升相关人力资源优势，必须先向技术管理层面的人才培养转型，再加上合作办学的方式，培养符合现代服务业发展的高素质人才。目前，福建信息职业技术学院已经正式入驻，但办学规模和办学层次还有很大的提升空间。平潭要积极利用这一平台引进境内外优质教育资源，快速提升平潭的高等教育办学水平，为平潭现代服务业的发展奠定坚实的人才基础。

## （三）保护生态环境

作为海岛，平潭岛生态环境较为脆弱，在发展的同时应重点关注生态脆弱区和生态脆弱带的生态修复与生态屏障构建，这也关系到平潭宜居环境建设和生态文明建设。首先，未来平潭岛发展应在生产、生活、生态空间的基础上划定重点生态用地和一般生态用地，对重点生态用地实施严格保护。努力构建保障有力、功能完整的沿海绿色屏障和生态安全保护体系。其次，合理规划城区范围，划定城镇增长边界，严禁开展不符合功能定位的开发活动，防止城镇一味扩张。加强环境安全危机防范，提高环境安全突发事件预警和处置能力。再次，提高土地利用效率，盘活存量建设用地，促进低效用地再开发。生产建设项目要严格执行水土保持方案制度，加强水土流失综合防治。最后，提高生活宜居性和生产高效性，积极打造"新兴产业区""高端服务区"和"宜居生活区"，努力构建人居环境优美、生态环境良性循环的新兴海岛城市。

### （四）提高公共服务水平

#### 1. 提升统筹能力

目前平潭综合实验区内涉及现代服务业发展的项目较多，且各有相应的优惠配套政策，相关职能部门的统筹、协调与沟通能力十分重要。各政府部门要加强统筹工作，完善协调机制，厘清项目间的关系，对各类资源进行综合统筹并有效利用，以促进现代服务业的优化及发展。

#### 2. 优化软硬环境

应以解决企业需求为导向，陆续出台一系列符合平潭现代服务企业落地和发展的优惠政策措施，给予相关产业在税收减免和科技创新等方面的支持。同时，健全服务业发展考核体系，引进或自主培育并规范市场拓展、信息技术管理、人力资源管理、财务管理、知识产权管理、相关行业法律法规、公共诚信评价及其他认证咨询等综合商务配套产业体系。提高服务质量，改善服务业基础设施，逐步完善健全现代服务业发展所必需的软性配套系统与硬件设施，优化投资环境，为现代服务业的发展提供有力的支撑。

#### 3. 发挥行业组织作用

通过市场运作，政府主导发力，企业、社会组织等多方参与，大力推进平潭综合实验区现代服务行业协会、产业联盟等行业组织的培育和发展，充分发挥各行业组织在保护本地产业、支持区内产业群、增强核心竞争力等方面的作用。

# 本章参考文献

［1］福州市统计局. 福州统计年鉴 2020［EB/OL］. http：//tjj. fuzhou. gov.

cn/zz/fztjnj/2020tjnj/indexch. htm，2020-10-28.

　　[2] 福州市统计局. 2019年福州市国民经济和社会发展统计公报 [EB/OL]. http：//tjj. fuzhou. gov. cn/zz/zwgk/tjzl/ndbg/202004/t20200407_32406 14. htm，2020-08-31.

　　[3] 吴贵华，李勇泉，逯付荣. 福州新区生活性服务业空间集聚特征及影响因素研究 [J]. 资源开发与市场，2020，36（5）：510-516.

　　[4] 吴翔凌，梁兆国. 基于改进熵值法的福州市现代服务业发展竞争力评价 [J]. 福建论坛·人文社会科学版，2018（8）：180-188.

　　[5] 吴学强. 改革开放40年福州服务业发展探析 [J]. 福州党校学报，2019（3）：64-68.

　　[6] 吴学强. 提升发展生活性服务业　推进建设福州幸福之城 [J]. 福州党校学报，2019（4）：76-80.

　　[7] 翁新汉. 提升服务业发展水平　为福州转型发展打造新引擎 [J]. 全国流通经济，2018（30）：64-65.

　　[8] 中机产城规划设计研究院. 福州市服务业跨越发展升级版工作方案（2018—2020年）[EB/OL]. https：//wenku. baidu. com/view/2e55b86011a6f524ccbff 121dd36a32d7275c769. html#，2018-08-06.

　　[9] 钟惠芸，郭其友. 福建自贸区与台湾自经区现代服务业对接研究 [J]. 福建论坛（人文社会科学版），2017（3）：167-171.

　　[10] 张勤，陈勇. 福建自贸区与台湾现代服务业对接策略研究 [J]. 科技和产业，2018（4）：30-35+45.

　　[11] 张昀倩. 加快福州新区现代服务业发展问题研究 [J]. 科技、经济、市场，2017（9）：96-198.

　　[12] 钱嘉宜，邹家骅. "联姻"现代服务业福州制造谋升级 [EB/OL]. http：//news. fznews. com. cn/dsxw/20190805/5d4772363740c. shtml，2019-08-05.

　　[13] 福建省社会科学院. 福州"十三五"服务业发展专项规划 [EB/OL]. http：//www. doc88. com/p-1416993437364. html，2016-10-21.

　　[14] 叶向东. 基于海陆统筹的福州现代海洋服务业发展研究 [J]. 海洋开发与管理，2016（10）：49-54.

　　[15] 佚名. 福建应对新冠肺炎疫情支持交通运输现代服务业发展 [J]. 政策瞭望，2020（4）：55.

　　[16] 孟小璐. 福州现代服务业可持续发展能力研究 [J]. 北方经贸，2018（12）：139-140+147.

［17］浙江省发展改革委服务业处　浙江省发展规划研究院联合课题组．"十四五"浙江现代服务业高质量发展的基本思路与对策建议［J］．浙江经济，2020（2）：38-40.

［18］李丽，晁文博，李尚容等．北京市流通服务业发展现状、问题及对策——基于回溯"十三五"视角［J］．商业经济研究，2020（18）：155-157.

［19］叶森辉，郭秋燕，俞日中．福州新区现代服务业发展问题及对策研究［J］．科技经济市场，2019（5）：155-156.

［20］石俊华．杭州服务业产业集群发展现状、问题与对策［J］．经济论坛，2019（12）：52-59.

［21］李萍萍．河北省现代服务业发展中的问题与对策［J］．合作经济与科技，2018（18）：28-29.

［22］张丽丽．秦皇岛市现代服务业发展现状及对策研究［J］．冶金管理，2020（9）：250-251.

［23］高钧．珠三角现代服务业发展对策研究［J］．商业经济，2016（1）：58-61.

［24］广州市人民政府办公厅关于印发广州服务经济发展规划（2016—2025年）的通知［EB/OL］．http：//www.gz.gov.cn/zwgk/fggw/sfbgtwj/content/post_6491428.html.

［25］青岛市人民政府办公厅．关于印发青岛市"十三五"现代服务业发展规划的通知［EB/OL］．http：//www.qingdao.gov.cn/n172/n68422/n68424/n31280899/n31280901/170314112534858325.html.

［26］重庆市人民政府关于印发重庆市现代服务业发展计划（2019—2022年）的通知［EB/OL］．http：//www.cq.gov.cn/zwgk/fdzdgknr/lzyj/xzgfxwj/szf_38655/202001/t20200115_4754141.html.

［27］厦门市人民政府关于加快推进软件和信息技术服务业发展的意见［EB/OL］．http：//www.xm.gov.cn/zwgk/flfg/sfwj/201812/t20181228_2197955.htm.

［28］深圳市发展和改革委员会．深圳市服务业发展"十三五"规划［EB/OL］．http：//fgw.sz.gov.cn/zwgk/ghjh/zxgh/content/post_4561211.html.

［29］厦门市人民政府办公厅关于印发厦门市"十三五"期间促进服务贸易和服务外包加快发展工作措施的通知［EB/OL］．http：//www.xm.gov.cn/zwgk/flfg/sfbwj/201609/t20160926_1363757.htm.

［30］2020年第三季度《三明市经济运行情况分析》。

［31］三明市国民经济和社会发展统计公报2019［EB/OL］．http：//www.

sm. gov. cn/zw/zwgk/tjxx/tigb/202003/t20200302_1478909. htm.

[32] 莆田市人民政府. 经济增长实现转正主要指标继续回升——1-9 月我市经济运行情况分析 [EB/OL]. （2020 - 10 - 20）[2020 - 10 - 28]. http：//www. putian. cn/zwgk/tjxx_222/tjfx/202009/t20200930_1528214. htm.

[33] 莆田市人民政府. 1-8 月莆田经济持续回暖向好 [EB/OL]. （2020-09-30）[2020 - 10 - 26]. http：//www. putian. gov. cn/zwgk/tjxx _222/tjfx/202009/t2020 0930_1528214. htm.

[34] 2016~2019 年《莆田市国民经济和社会发展统计公报》。

[35] 2012~2020 年《莆田统计年鉴》。

[36] 莆田市统计局. 1-5 月全市规模以上服务业增速全省第一 [EB/OL]. （2020-07-07）[2020-07-18]. http：//www. putian. gov. cn/zfxxgkzl/bmzfxxgk/pt-stjj/zfxxgkzl/zfxxgkm/tjx/tjfx/202007/t20200707_1507210. htm.

[37] 林玲. 莆田市服务业发展困境与对策讨论 [J]. 纳税, 2019 （35）：203.

[38] 薛文婷. 我国现代服务业发展影响因素及趋势分析 [J]. 商业经济研究, 2019 （15）：177-180.

[39] 夏杰长. 迈向"十四五"的中国服务业：趋势预判、关键突破与政策思路 [J]. 北京工商大学学报（社会科学版）, 2020, 35 （4）：1-10.

[40] 莆田市人民政府. 关于加快发展现代服务业的实施意见（莆政综〔2016〕21 号）[EB/OL]. （2016-03-28）[2020-07-18]. http：//swj. putian. gov. cn/xxgk/tzgg/201604/t20160411_1223582. htm.

[41] 莆田市人民政府. 莆田市"十三五"产业发展专项规划 [EB/OL]. （2016-05-24）[2020-07-20]. http：//www. putian. gov. cn/zfxxgkzl/gkml/fzgh/201605/t20160524_465787. htm.

[42] 姜长云. "十四五"时期生活性服务业发展的战略需求和基本思路 [J]. 区域经济评论, 2020 （3）：44-49.

[43] 漳州市 2017 国民经济和社会发展统计公报 [EB/OL]. http：//www. zhangpu. gov. cn/cms/siteresource/article. shtml? id = 60427586950180000&siteld = 604 23208258790000.

[44] 沈文馥, 叶俊霞等. "十三五"时期漳州现代服务业的发展重心及路径选择 [J]. 漳州职业技术学院学报, 2017 （2）：33-40.

[45] 颜莉虹. 闽台服务业企业合作模式研究——基于厦漳两市台资、闽资企业的调研 [J]. 台湾研究集刊, 2019 （4）：64-73.

[46] 范洁. 生产性服务业与创新型城市融合发展探讨 [J]. 合作经济与科

技，2018（12）：54-56.

［47］《漳州市人民政府关于进一步加快服务业提升发展十二条措施的通知》（漳政综〔2018〕104 号）。

［48］《福建统计年鉴 2020》、2016～2020 年《福建省国民经济和社会发展统计公报》。

［49］《南平统计摘要 2020》。

［50］2016～2020 年《南平统计年鉴》。

［51］2020 年 2 月、9 月《南平统计月报》。

［52］南平市人民政府办公室关于印发南平市"十三五"现代服务业发展专项规划的通知［EB/OL］. http：//www. np. gov. cn/cms/html/npszf/2016 - 12 - 16/1729933947. html，2016-12-16.

［53］南平市发展和改革委员会. 关于印发《南平市关于加快现代服务业发展行动（2019 - 2020 年）》的通知［EB/OL］. http：//fgw. np. gov. cn/cms/html/fgw/2019-02-01/2141469392. html，2019-04-05.

［54］鲁小琴. 龙岩市旅游产业发展对策研究［J］. 商讯，2020（29）：5-6.

［55］福建龙岩市社. 福建龙岩市社　传承红色基因　打造"金扁担"党建品牌［N］. 中华合作时报，2020-10-13（A06）.

［56］龙岩市统计局，国家统计局龙岩调查队. 2019 年龙岩市国民经济和社会发展统计公报［N］. 闽西日报，2020-03-11（003）.

［57］龙岩市统计局. 龙岩市第四次全国经济普查领导小组办公室. 龙岩市第四次全国经济普查公报（第四号）［N］. 闽西日报，2020-02-17（003）.

［58］龙岩市人民政府关于印发龙岩市深入实施服务业发展"三比一看"竞赛行动方案的通知［J］. 龙岩市人民政府公报，2019（2）：2-8.

［59］龙岩市人民政府关于加快现代服务业发展十五条政策措施（修订）的通知［J］. 龙岩市人民政府公报，2019（2）：9-13.

［60］宁德市统计局，国家统计局宁德调查队. 宁德统计年鉴 2019［M］. 北京：中国统计出版社，2019.

［61］陈章銮. 宁德市电子商务发展状况及对策分析［J］. 时代金融，2019（33）：40-41.

［62］陈旭芳. 德国现代服务业与先进制造业融合发展启示［J］. 浙江经济，2019（24）：54-55.

［63］周文魁，陆蒨. 加快现代服务业人才队伍建设［J］. 群众，2018（20）：38-39.

　　[64] 平潭综合实验区 2019 年国民经济和社会发展统计公报 [EB/OL]. ht-
tp：//www. pingtan. gov. cn/jhtml/ct/ct_2971_93256，2020-06-01.

　　[65] 张明洲. 平潭高端服务区形成、发展的路径和突破点研究 [J]. 对外经
贸，2019（3）：67-71.

　　[66] 吴倩倩，殷杰，郑向敏. 海岛旅游流与旅游要素保障类公共服务路耦合
研究——以福建省平潭岛为例 [J]. 资源开发与市场，2017，33（7）：873-876+881.

　　[67] 包娟. 经济后发区域服务外包产业发展战略分析——以平潭综合实验区
为例 [J]. 对外经贸，2019（11）：58-63.

　　[68] 江剑敏. 基于修正国家竞争优势模型发展服务外包的产业分析及政策建
议——以平潭综合实验区为例 [J]. 重庆科技学院学报（社会科学版），2017
（12）：64-67+73.

　　[69] 李立敏，何燊，张著名. 从平潭实际出发推动人才特区建设 [J]. 发展
研究，2017（8）：91-94.

　　[70] 聂森，黄朝法等. 平潭岛生态建设现状分析及展望 [J]. 福建林业，
2017（4）：18-20.

　　[71] 王霞. 平潭综合实验区税务局纳税服务优化研究 [D]. 福建农林大学
硕士学位论文，2018.

　　[72] 欧惠，陈娟，戴文远. 平潭岛"三生空间"格局演变与生态系统服务
研究 [J]. 云南地理环境研究，2019，31（6）：30-38.

# 后 记

本研究报告是福建省财政厅"福建省现代服务业发展研究"项目的最终研究成果。厦门市人文社科研究基地集美大学产业与区域经济研究中心研究团队全体成员参与了该项目的调查、研究与撰写工作。项目调查工作还得到了福建省政府有关部门和福建省九地市政府有关部门领导的帮助,尤其是省财政厅陈强副厅长对项目给予了极大的支持,在此特向各位领导表示衷心的感谢!

在本书写作过程中,我们团队参考和引用了许多学界前辈的观点和思想,尽管力争做到——注明,但唯恐挂一漏万,特此说明并致谢意。在完成项目和出版过程中得到集美大学校领导和学校有关职能部门领导的关心和鼓励,经济管理出版社申桂萍、赵亚荣等编辑也对本书的出版给予大力支持,在此向他们表示衷心的感谢!

由于水平有限,项目的研究和本书的写作还有很多不足之处,敬请学界同仁和广大读者斧正!

作者

2020 年 12 月